DROEMER

Laurent Richard
Sandrine Rigaud

Die Akte Pegasus

Wie die Spionagesoftware Privatsphäre, Pressefreiheit und Demokratie attackiert

Aus dem Englischen von Karl Heinz Siber,
Karsten Singelmann, Monika Köpfer, Ulrike Strerath-Bolz,
Christiane Bernhardt und Nadine Lipp

Die amerikanische Originalausgabe erschien 2023 unter dem Titel
Pegasus: How a Spy in Our Pocket Threatens the End of Privacy, Dignity, and Democracy
bei Henry Holt & Company, New York.

Besuchen Sie uns im Internet:
www.droemer-knaur.de

Aus Verantwortung für die Umwelt hat sich die Verlagsgruppe Droemer Knaur zu einer nachhaltigen Buchproduktion verpflichtet. Der bewusste Umgang mit unseren Ressourcen, der Schutz unseres Klimas und der Natur gehören zu unseren obersten Unternehmenszielen. Gemeinsam mit unseren Partnern und Lieferanten setzen wir uns für eine klimaneutrale Buchproduktion ein, die den Erwerb von Klimazertifikaten zur Kompensation des CO_2-Ausstoßes einschließt.
Weitere Informationen finden Sie unter: www.klimaneutralerverlag.de

Deutsche Erstausgabe Februar 2023
Droemer Verlag

Ein Imprint der Verlagsgruppe Droemer Knaur GmbH & Co. KG, München

Redaktion: Gisela Fichtl
Covergestaltung: Pete Garceau
Coverabbildung: Pete Garceau
Satz: Adobe InDesign im Verlag
Druck und Bindung: GGP Media GmbH, Pößneck
ISBN 978-3-426-27890-1

2 4 5 3 1

Inhalt

Vorwort

Cyberangriff auf die Demokratie

Frederik Obermaier und Bastian Obermayer*

Alle Telefone bitte draußen abgeben«, wiederholen Sandrine Rigaud und Laurent Richard an einem Wintertag Anfang März 2021 in Paris immer wieder, geduldig und freundlich, aber doch sehr bestimmt. Wir befinden uns in einem fensterlosen Konferenzraum der Zeitung *Le Monde,* wohin die beiden uns und gut zwanzig weitere Kolleginnen und Kollegen der *Washington Post,* der *Zeit* und von *Le Monde* im Namen der Non-Profit-Redaktion Forbidden Stories eingeladen haben. Aber eben zu speziellen Bedingungen, und die erklären die beiden Franzosen wieder und wieder: »Alle Handys, alle Smartwatches, alle normalen Laptops müssen bitte draußen bleiben.«

Wir folgen ihren Anweisungen, natürlich, auch wenn wir kurz zucken. Denn wenn wir Sie zu Beginn einmal kurz in den Alltag von recherchierenden Journalistinnen und Journalisten mitnehmen dürfen: Wir telefonieren mit unseren Smartphones und wir schreiben damit berufliche E-Mails, SMS und andere Kurznachrichten mit allen möglichen Chatprogrammen – manche, etwa Signal oder Threema, gelten als besonders sicher, weil sie verschlüsselt sind. Wir fotografieren mit unseren Telefonen auch entscheidende Belege, wir recherchieren mit Google, DuckDuckGo und anderen Seiten, wir

* Bastian Obermayer ist seit der Gründung Mitglied im Vorstand von Forbidden Stories.

lassen uns von Navigationsdiensten in fremden Städten zu Treffpunkten mit Quellen führen. Gespräche mit Informanten nehmen wir mit unseren Handys auf, die Aufnahmen speichern wir oft gleich in der Cloud – dann haben auch unsere Kolleginnen und Kollegen direkten Zugang. Das ist nur ein Klick, denn natürlich sind unsere Telefone mit zig Clouds verbunden, genauso, wie sie selbstverständlich mit unseren Laptops verbunden sind, mit unseren Smartwatches und mit unseren Autos.

All das machen wir nicht, weil wir davon so unheimlich überzeugt wären. Sondern weil jeder einzelne Dienst uns vor allem eines spart: Zeit. Das ist die eine Ressource, von der wir immer zu wenig haben, für jede Recherche, jedes Thema, jeden Informanten. Dabei ist Zeit der Schlüssel: Mit viel Zeit findet man mehr heraus als mit wenig Zeit. Immer immer immer.

Deswegen sind Smartphones unerlässliche Begleiter von Journalistinnen und Journalisten. Sie sind Telefon, Schreibmaschine, Notizblock, Telefonbuch und Stadtplan in einem. Ohne sie wären wir aufgeschmissen.

Eine Recherche ohne Handy? Unvorstellbar. Bis zu jenem Tag im März 2021 in Paris.

Aber ein besonderes Projekt erfordert manchmal besondere Maßnahmen, und wenn Forbidden Stories zu einem Treffen lädt, dann wissen wir: Es ist nicht nur besonders, es ist vor allem auch wichtig. Weil es um Leben und Tod geht.

Der Kern der Idee, für die Laurent Richard 2017 Forbidden Stories gründete, war immer: mit kollaborativen, grenzüberschreitenden Methoden die Recherchen von Journalistinnen und Journalisten fortzusetzen, die wegen ihrer Arbeit ermordet oder inhaftiert worden waren.

Klingt hart. Ist es auch.

Leider ist es aber dringend notwendig – selbst wenn die Dramatik sich aus deutscher Sicht womöglich nicht auf den ersten Blick erschließen mag. Aber allein im Jahr 2021 wurden nach UNESCO-Angaben 55 Journalistinnen, Journalisten und andere Medienschaffende ermordet, und auch in Deutschland werden die Drohungen lauter und schärfer. Regelmäßig werden Kollegen mittlerweile von Impfgegnern, Russlandfans, Rechtsextremen oder anderen Extremisten angegriffen.

Wir kennen Laurent Richard seit Herbst 2016, als er seinen Job beim französischen Fernsehen für ein Fellowship an der University of Michigan ruhen ließ, um in Ann Arbor ein Jahr lang an einer Idee zu arbeiten – der Idee für Forbidden Stories. Dort traf er einen von uns (Bastian Obermayer), und wir drei kamen anschließend ins Gespräch über investigative Gruppenrecherchen und wie wir seiner Idee helfen könnten. Wir hatten damals gerade von Deutschland aus die Panama-Papers-Recherchen koordiniert und dabei reichlich Erfahrungen mit großen, grenzüberschreitenden Recherche-Teams gemacht. Am Ende arbeiteten wir mit mehr als 400 Kolleginnen und Kollegen von allen Kontinenten zusammen, um Dokumente aus dem Innersten eines verrufenen Anbieters von Briefkastenfirmen auszuwerten.

Nach Laurents Rückkehr aus den USA im Sommer 2017 gründete er Forbidden Stories, und als im Herbst 2017 dann die maltesische Investigativjournalistin Daphne Caruana Galizia, die auch zu den Panama Papers recherchiert hatte, mit einer heimlich an ihrem Mietauto angebrachten Bombe in die Luft gesprengt wurde, stand der erste Ernstfall an: Gemeinsam recherchierten wir im Rahmen des »Daphne-Projekts« das, was die ermordete Kollegin nicht hatte vollenden können. Und wo wir schon dabei waren, recherchierten wir – insbesondere Jacob Borg von der *Times of Malta* und Stephen Grey von der Nachrichtenagentur Reuters – auch die Umstände und die Hintergründe dieses brutalen Mordes. Weitere Recherche-Projekte folgten, sie galten Morden an Kolleginnen und Kollegen in Mexiko oder Indien sowie der höchst fragwürdigen Inhaftierung unseres marokkanischen Kollegen Omar Radi.

Dieses Mal würde sich Forbidden Stories allerdings nicht mit Bomben befassen, sondern mit einer digitalen Waffe: einer Spähsoftware namens Pegasus. Einmal auf dem Handy installiert, erlaubt die

Technologie des israelischen Überwachungssoftwareherstellers NSO es, heimlich sämtliche Gespräche mitzuhören und alle Nachrichten mitzulesen. Ob sie nun verschlüsselt sind oder nicht. Mit dieser Methode können die Überwacher in die Telefone und damit in die Privatsphäre von Tausenden Menschen eindringen und heimlich auf sämtliche dort gespeicherten E-Mails, Fotos, Dokumente oder Nachrichten zugreifen. Sie können sogar aus der Entfernung die Mikrofone der Handys einschalten und live mithören. Denn Pegasus macht jedes Handy zur Wanze. Eine beängstigende Vorstellung – und das ist auch dem Pegasus-Hersteller NSO bewusst.

Immer wieder betonte der damalige NSO-Boss Shalev Hulio in Interviews, dass seine Firma nur an die Guten liefere: an Terrorismus-Bekämpfer, die Jäger von Pädophilen und anderen Verbrechern. Letztlich sei NSO auf der Seite der Guten, weil die Firma geholfen habe, ungezählte Verbrechen zu verhindern, erzählte Hulio oft in kleinen Runden. Ihre Kunden seien ausschließlich Staaten. An Privatleute verkaufe er nicht.

Nicht auszumalen, was mit einer Waffe wie Pegasus alles angerichtet werden könne, wenn sie in die falschen Hände geriete.

Genau darum geht es aber in dem Konferenzraum von *Le Monde*, wo Forbidden Stories im Frühjahr 2021 das Treffen arrangiert hat. Sandrine Rigaud und Laurent Richard sind an Daten gelangt, die auf etwas Ungeheuerliches hindeuten: Unrechtsstaaten in aller Welt hören mithilfe der invasiven, aber unsichtbaren und vor allem kaum zu entdeckenden Pegasus-Technologie die Telefone von Oppositionellen, Menschenrechtsaktivisten und eben Journalisten ab. Schon vor dem Treffen haben Sandrine und Laurent uns in kleiner Runde bei einem Treffen in Berlin einen ersten Blick in die Daten werfen lassen. Und wir haben, nachdem wir die Systematik verstanden haben, schnell eine dunkle Ahnung: Es könnten auch befreundete Journalistinnen und Journalisten betroffen sein. Zum Beispiel solche, mit denen wir an den Panama Papers recherchiert haben.

Das Einsammeln unserer Handys in einer Plastikbox mit ausreichend Abstand zu dem Versammlungsraum ist in diesem Sinne

Notwehr. Denn wir wollen diesem ungeheuerlichen Verdacht gegen NSO nachgehen. Und es ist klar: Wenn wir solche Vorwürfe erheben, brauchen wir Beweise. Wir müssen die heimlichen Nutzer von Pegasus auf frischer Tat ertappen, beziehungsweise: auf den Handys. Und das geht selbstverständlich nur, wenn sie von unserem Unterfangen nichts wissen. Also ohne Handys. Um digitale Hochtechnologie aufzuspüren, gehen wir back to the roots und arbeiten wie damals unsere Kolleginnen und Kollegen in der Zeit vor Smartphones und Computern.

Ganz ehrlich: Für die Zeit des gemeinsamen Treffens in Paris ist das handylose Dasein seltsam, aber kein großes Ding.

Schwierig wird es danach. Denn es folgen etliche Monate, in denen wir unsere Arbeit ohne all die eingangs genannten Geräte verrichten müssen – und das ist ein logistischer Albtraum. Wie über die Ferne miteinander Fälle und Recherchen diskutieren, wenn wir keine Telefone nutzen dürfen? Wie E-Mails schreiben, wenn wir unsere Computer nicht nutzen dürfen? Und wie sollen wir ohne hilfreiche Apps zu teils abgelegenen Orten finden, um Quellen zu treffen?

Tatsächlich haben Laurent und Sandrine mithilfe der Cyberspezialisten der Menschenrechtsorganisation Amnesty International einen Plan erarbeitet: Wir müssen einen vollkommen getrennten, parallelen Technik-Kosmos errichten, in dem wir auf speziell gesicherten Laptops und mit speziell aufgesetzten Telefonen anonym und ohne Verbindung zu unseren tatsächlichen digitalen Persönlichkeiten recherchieren, uns austauschen, schreiben und planen können. Wir dürfen uns nicht einmal in demselben Raum aufhalten, in dem unsere normalen Geräte waren.

Wir sind perplex.

Das alles ist unheimlich umständlich. Es ist unheimlich nervig. Es ist die Hölle. Aber es ist absolut notwendig.

Zu den Leuten, mit denen wir alle uns hier anlegen, gehören Männer wie Muhammad bin Raschid Al Maktum, der Herrscher aus Dubai, oder Ilham Alijew, der aserbaidschanische Diktator. Autokraten also aus Staaten, in denen missliebige Journalistinnen und Journalisten auch einfach mal verschwinden. Dass eine westliche Firma wie NSO ihnen modernste Überwachungstechnik zugänglich macht, ist, vorsichtig formuliert, sehr problematisch. Etwas weniger vorsichtig ausgedrückt ist es das Allerletzte.

Und tatsächlich finden wir mit unseren Kolleginnen und Kollegen spektakuläre Geschichten. So wurde beispielsweise der aktuelle Präsident des Europäischen Rates und ehemalige belgische Premierminister Charles Michel ebenso mit Pegasus ins Visier genommen wie Frankreichs Präsident Emmanuel Macron, die Präsidenten des Irak, von Südafrika und Algerien wie aktuelle und frühere Premiers von Ägypten, Kasachstan, Marokko, Pakistan, Uganda und des Jemen. Der Emir von Dubai setzte Pegasus im Scheidungsstreit gegen seine Ex-Frau und deren Anwälte ein – und zwar in Großbritannien, nicht etwa nur in Dubai. Auch Freunde, Familienangehörige und Kollegen des saudischen Kolumnisten Jamal Khashoggi wurden ins Visier genommen, bevor er 2018 von einem saudischen Killerteam in Istanbul ermordet, zerstückelt und in Müllsäcken entsorgt wurde.

Diese Funde sind alle wichtig, näher an unserem Herzen sind aber andere Spuren. In den Daten ist nämlich zum Beispiel auch unsere Kollegin Khadija Ismayilova zu finden, eine aserbaidschanische Rechercheurin, die gemeinsam mit uns etwa an den Panama Papers arbeitete. Khadija lebt anders als wir aber in einem Land, dessen autoritäre Führung kritische Recherchen unterdrückt. Sie recherchiert seit Jahren über Korruption in Regierungskreisen – und legte sich damit mit der Herrscherfamilie an. 2012 erreichte sie ein anonymer Brief, in dem ihr gedroht wurde, man werde sie »extrem bloßstellen«, sollte sie weiter recherchieren. Kurz darauf kursierte im Internet ein Video, das sie in intimen Situationen zeigte. Offenbar hatte jemand in ihrem Schlafzimmer heimlich eine Kamera installiert. Später musste sie wegen offensichtlich erfundener Vorwürfe sogar ins Gefängnis. Als wäre all das nicht schlimm genug, finden wir den Beleg, dass ihr Handy mit Pegasus-Software infiziert wurde – es ist der Beweis, dass die israelische Firma NSO dem aserbaidschanischen Unrechtsregime dabei hilft, unliebsame Stimmen verstummen zu lassen.

Ein anderer Kollege ist Jorge Carrasco, Chefredakteur des mexikanischen Magazins *Proceso,* der ebenfalls mit uns an den Panama Papers recherchierte. Carrasco allerdings in Mexiko, dem Land, in dem weltweit die meisten Journalisten ermordet werden: erstochen, stranguliert oder erschossen von Drogenkartellen und erbarmungslosen Auftragskillern. Die verdächtige Nachricht mit der Abhörsoftware erhielt Carrasco just in der Zeit nach seinen Panama-Papers-Veröffentlichungen – vermutlich kein Zufall.

Und dann stoßen wir noch auf Szabolcs Panyi, einen renommierten ungarischen Kollegen. Mit seinem Chef, András Pethő, arbeiten wir seit Jahren vertrauensvoll zusammen, unter anderem bei verschiedenen Projekten des International Consortium for Investigative Journalists (ICIJ), mit dem wir unter anderem die Panama Papers veröffentlicht haben. Szabolcs treffen wir später in Budapest in einem Hotel, und nachdem wir alle Handys und anderen Geräte ausgeschaltet und im Bad eingeschlossen haben, erzählen wir ihm von unserer Entdeckung. Er reagiert, wie wir auch reagieren würden – geschockt vom Eindringen der Behörden seines Heimatlandes, immerhin eines EU-Staates, in seine Privatsphäre und von dem Angriff auf die Pressefreiheit. Panyi ist auch sehr besorgt um seine Quellen, sie könnten alle aufgeflogen sein. Nicht auszumalen, was das für seine berufliche Zukunft bedeuten würde. Er braucht erst einige Zeit, dann schießt er Fragen um Fragen ab: Wann wurde er angegriffen? Was wurde von seinem Handy gezogen? Wie lange dauerte der Angriff? Wer ist verantwortlich?

Wir können noch längst nicht alles beantworten, aber die gemeinsame Recherche hat begonnen ...

Es ist ja so: Wir Journalisten sprechen gerne von der Distanz, die wir zu wahren haben. Aber hier wird es persönlich. Wenn Khadija, Jorge und Szabolcs mit digitaler Waffe angegriffen werden, ist das nicht nur eine Katastrophe auf verschiedenen Ebenen. Es bedeutet auch: Wir könnten die Nächsten sein. Jederzeit. Und wir würden es zunächst nicht einmal bemerken. In diesem Fall ließen auch wir unsere Geräte untersuchen und erhielten die frohe Botschaft, dass wir nicht mit Pegasus abgehört wurden.

Aber das ist nur eine Momentaufnahme, schon zwei Minuten später kann das Gegenteil der Fall sein, unbemerkt, ohne dass wir uns dagegen wehren können - weil die Abhörtechnik inzwischen derart fortgeschritten ist, dass man nicht einmal mehr auf einen Link klicken muss, um sich zu infizieren. Zero-Click-Infektion nennt man das dann - die klicklose Infektion des Geräts.

Klar, wir sind in Deutschland. Nicht in Aserbaidschan, nicht in Mexiko und auch nicht Ungarn, das zwar EU-Mitglied ist, aber von einem sich stetig weiter radikalisierenden Rechtspopulisten regiert wird.

Deutschland ist ein Land der wehrhaften Demokratie. Das bedeutet auch: Die Arbeit der Geheimdienste wird streng kontrolliert. Es gibt dafür ein eigenes Gremium des Bundestags, das in einem abhörsicheren Raum im Keller des Bundestags zusammentritt. Hinter verschlossenen Türen werden dort 13 Abgeordnete über Tätigkeit, Vorgehen und Ziele von Bundesnachrichtendienst BND, Verfassungsschutz und Militärischem Abschirmdienst (MAD) eingeweiht. Die Arbeit der Polizeibehörden wiederum wird im Innenausschuss kontrolliert.

Die Idee ist einfach: Unsere demokratisch legitimierten Abgeordneten sollen den Diensten auf die Finger schauen können und Stopp rufen, wenn diese Gesetze übertreten oder kurz davor sind, dies zu tun. Dafür erfahren die Volksvertreter sehr geheime Geheimnisse. Um dennoch das wichtige Tun der Dienste und die Aufklärung zu ermöglichen, dürfen die Abgeordneten allerdings in der Öffentlichkeit nicht darüber reden, was sie hinter den verschlossenen Türen erfahren.

Auch über Spionagewerkzeuge sollen die Abgeordneten informiert werden, anders als in autokratischen Staaten, wo Behörden tun und lassen können, was sie wollen. Also über Spionagewerkzeuge wie: Pegasus.

So zumindest die Theorie.

Denn während wir mit unseren Kolleginnen und Kollegen von der *Zeit* zum Einsatz von Pegasus in Ungarn, Dubai und Saudi-Arabien recherchieren, erfahren wir, dass auch etliche EU-Staaten Pegasus ankauften. Einer davon ist ausgerechnet die Bundesrepublik Deutschland.

So kauften sowohl das Bundeskriminalamt (BKA) als auch der Bundesnachrichtendienst (BND) die digitale Waffe ein. Gegen wen sie und wie oft sie bislang eingesetzt wurde, ist unklar. Wir können aber herausfinden, dass das BKA zum ersten Mal 2017 mit NSO verhandelte und sich die Fähigkeiten der Software vorführen ließ. Allerdings hatten die Juristen des BKA massive Bedenken. Pegasus, so die Sorge, sei schlicht zu mächtig – und deswegen mit dem in der deutschen Verfassung verbrieften Schutz der Grundrechte unvereinbar. Anstatt sich von der Idee komplett zu verabschieden, einigte sich das BKA am Ende aber trotzdem mit NSO. Geliefert wurde eine modifizierte Variante, die angeblich mit deutschem Recht konform sei: eine Art Pegasus light. Wie genau gewährleistet werden soll, dass keine Grundrechte verletzt werden, ist bis heute unklar – Experten bezweifeln sogar, dass dies technisch möglich sei. Trotzdem kam Pegasus im Frühjahr 2021 erstmals beim BKA zum Einsatz – und ist es vermutlich bis heute.

Um eines ganz klar zu sagen: Wir wollen nun nicht den Einsatz der Software in Deutschland gleichsetzen mit dem Tun der Regime in Afghanistan oder Saudi-Arabien. Natürlich nicht. Aber es ist schon eine diskussionswürdige Entscheidung der Bundesregierung, sich NSO als Partner auszusuchen, nachdem Journalistinnen und Journalisten aus aller Welt ausführlich berichteten, wie NSO Autokraten und Menschenrechtsverächtern hilft – und vor allem: wie der Missbrauch der Software nicht die Ausnahme, sondern eher die Regel zu sein scheint. Pegasus sei ein »Werkzeug repressiver Regierungen, um Debatten, Kritik und Journalismus zu unterdrücken«, sagte uns der ehemalige UN-Sonderberichterstatter David Kaye in einem Interview. Es gebe nur eine wirksame Antwort, so Kaye: »den Verkauf und die Weitergabe der Technologie zu stoppen«.

Deutschlands Behörden entschieden sich, genau das Gegenteil zu tun.

Besonders fragwürdig ist das Vorgehen, da die üblichen Kontrollmechanismen offenbar bewusst außer Kraft gesetzt wurden. Der Innenausschuss beispielsweise wurde über den Kauf erst nachträglich informiert. Ebenso lief es beim BND. Der deutsche Auslandsgeheimdienst setzte das Spionagetool ein, informierte das Parlamentarische Kontrollgremium aber zunächst offenbar nicht.

Entsprechend aufgebracht war die Opposition. »Ob in den Gremien des Parlaments oder bei ihren Antworten auf sehr konkrete Fragen von Abgeordneten – die Bundesregierung hat gemauert, wo es nur geht«, kritisierte der Geheimdienstexperte der Grünen, Konstantin von Notz. Die FDP forderte gar, die Überwachung durch Staatstrojaner zu stoppen. Mittlerweile sind beide Parteien – Grüne wie FDP – in der Regierung. Sie könnten den Einsatz von Pegasus und anderen ähnlichen Waffen beenden, oder zumindest einschränken. Erkennbar ist bisher aber noch nichts dergleichen.

Dabei steht viel auf dem Spiel. Jeder, dem das Wohl freier Gesellschaften am Herzen liegt, sollte mit sehr viel Vorsicht auf Firmen wie NSO schauen. Wenn man aus den vergangenen Jahrzehnten eine Lehre ziehen kann, dann ist es diese: Was technisch an Überwachung möglich ist, das wird auch eingesetzt. Erst nur vereinzelt, dann massenhaft. Und auch Unrechtsstaaten werden sich dieser Instrumente bedienen. Was auch immer die Intentionen anfangs gewesen sein mögen, dann wird es in diesen Staaten nur noch eine Richtung geben – den andauernden Terror für und die Unterdrückung von unliebsamen Meinungen.

Es ist das Verdienst von Laurent und Sandrine, unseren Freunden aus Paris, dass dieses Thema wieder so präsent ist und dass wir alle uns ein Stück weiter bewusst wurden, welche Gefahr dort lauert. Erst nur für manche von uns. Dann für alle.

Einleitung

Rachel Maddow

Es musste sich um etwas Dringendes handeln, denn es war schon fast Mitternacht in Tel Aviv, als am 5. August 2020 das Telefon klingelte, jemand aus der Geschäftsführung der NSO Group rief an. Cherie Blair, ehemalige First Lady des Vereinigten Königreichs, langjährige Anwältin, bekannte Unterstützerin weiblichen Unternehmertums in Afrika, Südasien und dem Nahen Osten, eine prominente Stimme für Menschenrechte in aller Welt, blieb nichts anderes übrig, als den Anruf entgegenzunehmen. Mrs Blair hatte kürzlich als bezahlte Beraterin bei der israelischen Firma NSO angeheuert, mit der Aufgabe, »den Aspekt der Menschenrechte in die geschäftlichen Aktivitäten der NSO einzubringen, nicht zuletzt auch in den Kundenbeziehungen und bei der Bereitstellung von NSO-Produkten«.

Das war, in ethischer Hinsicht, durchaus ein Drahtseilakt, denn das Vorzeigeprodukt der NSO, eine Cyberüberwachungssoftware namens Pegasus, war ein bemerkenswertes und bemerkenswert unreguliertes digitales Werkzeug – außerordentlich lukrativ für die Firma (der Umsatz in jenem Jahr lag bei 250 Millionen US-Dollar) und eine gefährliche Versuchung für ihre Kunden. Erfolgreich installiert, übernimmt Pegasus praktisch die Herrschaft über das betroffene Mobiltelefon, überwindet geräteinterne Sicherheitshürden, inklusive Verschlüsselungstechniken, und kann mit dem Gerät effektiv nach Belieben schalten und walten, ohne dass der eigentliche Nutzer auch nur etwas ahnt. Das gilt für jegliche eingehende und ausgehende Text- oder Sprachkommunikation, für Standortdaten, Fotos und Videos, Aufzeichnungen und Suchverläufe; selbst die

Kamera und das Mikrofon können, für den Nutzer unbemerkt, eingeschaltet werden. Vollständige Fernüberwachung von Personen, auf Knopfdruck.

NSO versichert, Lizenzen für ihre Software und Supportleistungen würden nur an souveräne Staaten für den Einsatz in der Strafverfolgung und für nachrichtendienstliche Zwecke erteilt. Auf diese Feststellung legt die Firma großen Wert, denn – o Gott, o Gott – man stelle sich vor, es wäre anders!

Das digitale Überwachungssystem, das die Firma entwickelt hat und für ihre mehr als sechzig Kunden in über vierzig Ländern fortlaufend aktualisiert und ausbaut, habe die Welt zu einem sehr viel sichereren Ort gemacht, behauptet NSO. Zehntausende Leben seien gerettet worden, weil Terroristen, Kriminelle und Pädophile (Pädophilie ist in den vergangenen Jahren zu einem großen Thema für die Firma geworden) ausgespäht und aufgehalten werden können, bevor sie Gelegenheit haben zuzuschlagen. Die Zahlen sind unmöglich zu überprüfen, aber so wie NSO es darstellt, sind die Vorzüge von Pegasus, sofern innerhalb rechtlicher und ethischer Rahmenbedingungen eingesetzt, mehr oder weniger unbestreitbar. Wer möchte Kinderschändern nicht das Handwerk legen? Oder Terroristen? Wie könnte man dagegen sein?

»Hallo Kontrollzentrum, wir haben ein Problem«, das war in etwa die Botschaft, die Cherie Blair an jenem warmen Sommerabend im August 2020 übermittelt wurde.

»NSO hatte erfahren, dass ihre Software möglicherweise missbraucht worden war, um das Handy der Baroness Shackleton und das ihrer Mandantin, Ihrer Königlichen Hoheit Prinzessin Haya, zu überwachen«, erklärte Blair wenige Monate später während eines Gerichtsverfahrens in London. »Das Mitglied der Geschäftsleitung teilte mir mit, dass NSO darüber äußerst besorgt sei.«

Die Sorge der Firma schien eine doppelte zu sein, wie sich aus der Verhandlung vor dem Londoner Gericht ergab. Zum einen war es eine Frage der Reputation. Pegasus war sowohl gegen eine Frau eingesetzt worden, die *zwei* mächtigen Königsfamilien im Nahen Osten angehörte, als auch gegen ihre überaus gut vernetzte britische

Anwältin, Baroness Fiona Shackleton. Shackleton war nicht nur eine angesehene Scheidungsanwältin für die Reichen und Berühmten, darunter Paul McCartney, Madonna, Prinz Andrew und Prinz Charles, sie war obendrein selbst Mitglied des britischen Oberhauses. Als noch problematischer für NSO stellte sich die Tatsache dar, dass es ein externer Experte für Cybersicherheit war, der die Angriffe auf die Baroness und die Prinzessin entdeckt hatte. Wenn er dieser speziellen Nutzungsmöglichkeit von Pegasus auf die Schliche gekommen war, was mochte er dann noch herausgefunden haben? Und wie viel von diesen Erkenntnissen würden an die Öffentlichkeit dringen?

Der Anrufer der NSO bat Cherie Blair, »umgehend Baroness Shackleton zu kontaktieren, damit sie Prinzessin Haya informieren könne«, so Blairs Zeugenaussage. »Das Mitglied der Geschäftsleitung sagte, sie hätten Vorkehrungen getroffen, die weitere Zugriffe auf die Handys verhindern würden.«

Näheres zu dem spätabendlichen Anruf bei Blair und zur Ausspähung der Prinzessin sickerte freilich erst über ein Jahr später durch und auch nur, weil es Gegenstand des Sorgerechtsverfahrens war zwischen Prinzessin Haya und ihrem Mann, Scheich Muhammad bin Raschid Al Maktum, Emir von Dubai und Premierminister der Vereinigten Arabischen Emirate. Der Präsident der Abteilung Familienrecht am High Court of Justice kam zu dem im Oktober 2021 veröffentlichten Ergebnis, dass die Mobiltelefone der Prinzessin, ihrer Anwältin, der Baroness, und vier weiterer Personen aus ihrem engsten Umfeld mit Spähsoftware angegriffen worden seien und dass »die eingesetzte Software NSOs Pegasus war«. Der Richter befand, es sei mehr als wahrscheinlich, dass die Ausspähung »von Bediensteten oder Beauftragten [des Ehemanns der Prinzessin, Scheich Muhammad bin Raschid Al Maktum], des Emirats Dubai oder der Vereinigten Arabischen Emirate durchgeführt« worden sei. Die Ausspähung, so der Richter, »fand mit ausdrücklicher oder stillschweigender Befugnis [des Scheichs] statt«.

Die Geschichte von der Prinzessin, der Baroness und Pegasus hätte nach nur wenigen Wochen in den Spalten der Klatschpresse versickern und kurz darauf ganz in Vergessenheit geraten können. Ein reicher und mächtiger Mann benutzte eine teure Software, um seiner Frau und deren Scheidungsanwältin hinterherzuspionieren? Na ja, wer einen Scheich heiratet und ihm dann dumm kommt, der muss ja wohl damit rechnen, dass ein paar schräge Sachen passieren können. Außerdem schien die Firma erhebliches Geschick bei der Schadensbegrenzung zu beweisen. In seiner Entscheidung akzeptierte das Gericht mehr oder weniger die Aussage der NSO, sie habe jede weitere Nutzung des Pegasus-Systems durch die Vereinigten Arabischen Emirate unmöglich gemacht, was das Unternehmen, wie der Richter vermerkte, »einen zweistelligen Dollarmillionenbetrag gekostet« habe. Und vielleicht stimmte das ja auch, aber wer kann das schon nachprüfen?

Dann aber, noch bevor das Klatschspaltenthema der Gerichtsverhandlung ruchbar wurde, passierte etwas Komisches. Denn gerade zu der Zeit, als Cherie Blair den Anruf aus Israel erhielt, bot eine sehr mutige Quelle zwei Journalisten aus Paris und zwei Cybersicherheitsexperten aus Berlin Zugang zu einem bemerkenswerten Korpus geleakter Daten an. Nicht, dass hier die Handynummern von einem oder zwei oder auch zehn Scheidungskandidaten aus den Emiraten oder vielleicht die von zwanzig oder fünfzig der Pädophilie oder des Drogenhandels Verdächtigen aufgeführt worden wären. Nein, es handelte sich um *fünfzigtausend* Handynummern, alle von Kunden dieser israelischen Firma namens NSO als mögliche Angriffsziele durch Pegasus markiert. Fünfzigtausend?

Was genau von dieser ursprünglichen Liste – dem entscheidenden ersten Blick in den Abgrund – zu halten war, ist eine Frage, deren Beantwortung fast ein Jahr in Anspruch nahm und nicht ohne großes Risiko und jede Menge Lauferei zu haben war. Die Antwort auf die Frage ist wichtig. Denn entweder ist dies ein Skandal, den wir als solchen begreifen und den wir in den Griff bekommen, indem wir Lösungen finden, oder dies ist die Zukunft für uns alle, ohne dass wir etwas dagegen tun können.

Dieses Buch blickt hinter die Kulissen des Pegasus-Projekts, und es wirft ein Licht auf die Bedeutung der geleakten Daten. Geschrieben wurde es von den beiden Journalisten, die Zugang zu der Liste von fünfzigtausend Handynummern erhielten, Laurent Richard und Sandrine Rigaud vom Reporter-Netzwerk Forbidden Stories. Mit dieser Liste in der Hand initiierten und koordinierten sie die internationale Zusammenarbeit von mehr als achtzig Investigativjournalisten von siebzehn Medienunternehmen auf vier Kontinenten, aus elf Zeitzonen und mit etwa acht verschiedenen Sprachen. »Es war ein Wunder, wie sie alles zusammengehalten haben«, sagt ein Redakteur des *Guardian* einem der Partner im Pegasus-Projekt. »Wir haben schätzungsweise 600 Journalisten. Die *Washington Post* ist vielleicht doppelt so groß. Und wenn dann so eine kleine Non-Profit-Organisation mit gerade mal einer Handvoll Mitarbeitern es schafft, ein weltweites Bündnis von Medienunternehmen zustande zu bringen und es nicht nur mit einer der mächtigsten Cyberüberwachungsfirmen der Welt aufzunehmen, sondern auch mit einigen der repressivsten und autoritärsten Regime der Welt, dann ist das wirklich beeindruckend.«

Im täglichen Hin und Her der amerikanischen Politik und der Berichterstattung darüber – mein Terrain – stößt man in der Tat äußerst selten auf eine Nachrichtenstory, die nicht nur einen aufregenden Thriller darstellt, sondern auch von potenziell verhängnisvoller Bedeutung ist. Hier geht es um ganz normale Zivilisten, die mit Überwachungswerkzeug nach Militärstandard aufs Korn genommen wurden – gegen ihren Willen, ohne ihr Wissen und ohne Regressmöglichkeit: Wir steuern unweigerlich auf eine dystopische Zukunft zu, wenn wir diese Bedrohung nicht wahrnehmen und etwas dagegen unternehmen. Die Geschichte des Pegasus-Projekts zeigt uns nicht nur, wie wir dem Einhalt gebieten können, sie ist darüber hinaus ein hoch spannendes Drama über die Helden, die den bösen Drachen aufspürten und dann auszogen, ihn zu töten. Mir selbst war es nie vergönnt, eine solche Story an Land zu ziehen, Laurent und Sandrine aber haben es wahrhaftig getan, und was sie zu erzählen haben, haut einen um.

Motor ihres Berichts, den Sie gleich lesen werden, ist die riskante Recherche selbst, von dem Moment in der zweiten Jahreshälfte 2020 an, da die beiden Zugang zur geleakten Liste erhielten, bis zur Veröffentlichung im Juli 2021. Aber er beinhaltet auch die Geschichte der Firma NSO, ihrer Nutznießer in der israelischen Regierung und ihrer Kundenstaaten, eine Geschichte, die den Leser mit auf eine Reise von Tel Aviv nach Mexiko-Stadt, nach Mailand, Istanbul, Baku, Riad, Rabat und noch weiter nimmt. Mit dem Aufstieg der Firma innerhalb von zehn Jahren – von der Gründung unter ungünstigsten Bedingungen über den anfänglich harten Konkurrenzkampf bis zur goldenen Ära größter Reichweite und Profitabilität – enthüllt sich die vollständige Geschichte der Entwicklung, der waffenfähigen Ausgestaltung und der blindwütigen Verbreitung einer gefährlichen und heimtückischen Technik. »Wenn man Waffen verkauft, sollte man sicherstellen, dass der Käufer jemand ist, der für sein Tun verantwortlich gemacht werden kann«, sagt ein junger israelischer Experte für Cybersicherheit. »Wenn man einem Polizeibeamten eine Pistole gibt, und dieser Polizist fängt plötzlich an, unschuldige Menschen zu erschießen, dann ist man daran nicht schuld. Aber wenn man einem Schimpansen eine Pistole gibt, und der Schimpanse erschießt dann jemanden, dann kann man nicht dem Schimpansen die Schuld geben. Stimmt's? Dann hat man selber Schuld.« Sie werden feststellen, dass in dieser Geschichte haufenweise bewaffnete Schimpansen vorkommen. Und jede Menge Unschuldiger, die von der sprichwörtlichen Polizei unter Beschuss genommen werden.

Erzählt wird auch die Geschichte der anderen beiden Personen, denen neben Laurent und Sandrine uneingeschränkter Zugang zu den geleakten Daten gewährt wurde, nämlich Claudio Guarnieri und Donncha Ó Cearbhaill (O'Carroll ausgesprochen), zwei junge, unbeirrbare, eigensinnige Cybersicherheitsspezialisten vom Security Lab bei Amnesty International. Diese beiden Männer – der eine gerade mal über dreißig, der andere noch darunter – hatten im Rahmen des Pegasus-Projekts eine unfassbare Last zu schultern. Claudio und Donncha fiel die Aufgabe zu, die Sicherheitsprotokolle zu entwickeln und durchzusetzen, die dafür sorgten, dass die Recherche fast ein ganzes Jahr lang auch vor den aggressivsten und versiertesten Hackern geheim gehalten und die Quelle, die die Liste weitergegeben hatte, dauerhaft geschützt werden konnte.

Darüber hinaus oblag es Claudio und Donncha, die Spähsoftware auf den Handys aufzuspüren, die auf der geleakten Liste aufgeführt waren. Die heimtückische Macht des Pegasus-Virus lag darin, dass die Opfer nichts davon merkten – sie hatten schlicht keine Ahnung, dass die Übeltäter ihre Texte und E-Mails lasen, ihre Anrufe mithörten und sie sogar bei persönlichen Begegnungen belauschten, um am Ende mithilfe genauer Standortbestimmung auch Bewaffnete direkt dorthin schicken zu können. Den am Pegasus-Projekt beteiligten Journalisten war klar, dass es, um das ganze Ausmaß des Skandals abzubilden, gelingen musste, Infektionen oder versuchte Infizierungen auf einzelnen Mobiltelefonen nachzuweisen. Claudio und Donncha fanden einen Weg, das zu bewerkstelligen. Buchstäblich auf sich allein gestellt, nahmen die beiden es mit einer Multimilliarden-Dollar-Firma auf, die 550 gut bezahlte Computerspezialisten beschäftigte, darunter viele, die ein militärisches Cyberkriegstraining auf höchstem Niveau absolviert hatten. Um diesen Goliath zu bezwingen, mussten unsere zwei Davids sich ihre eigene Schleuder basteln, mussten auf die Schnelle die Methoden und Werkzeuge ihrer digitalen Forensik, ihrer Spurensicherung erfinden. Dass sie damit Erfolg hatten, war so unwahrscheinlich, wie es für unser aller Wohl von Bedeutung war.

Hier wird ebenso die Geschichte der Opfer von Pegasus erzählt. Zu ihnen gehören auch Personen, die mächtig genug sind, dass man meinen sollte, sie wären vor einem solch totalen Eindringen geschützt – Staatsoberhäupter, hochrangige Mitglieder von Königsfamilien, Spitzenpolitiker, Gesetzeshüter. Außerdem sind da aber noch diejenigen, die seit jeher von Regierungen in aller Welt gern ins Visier genommen werden: Oppositionelle, Dissidenten, Menschenrechtsaktivisten, Intellektuelle. Und natürlich stellen Laurent und Sandrine den Fokus besonders scharf auf diejenige Gruppe, die in den geleakten Daten am häufigsten vertreten ist: Journalisten.

Die unvergesslichsten Figuren in dieser Geschichte sind für mich Khadija Ismayilova aus Aserbaidschan und Omar Radi aus Marokko. Ihr außergewöhnlicher Mut ist bewundernswert, aber auch mit hohen Kosten verbunden. Ihr Beispiel illustriert, was für fatale persönliche Folgen Regierungskritiker in einem Zeitalter unregulierter Cyberüberwachung auf sich nehmen müssen, aber auch, wie dringend wir Investigativjournalisten brauchen.

Während antidemokratische und autoritäre Kräfte rund um die Welt stärker werden, wird zusehends deutlich, dass der Rechtsstaat einen schweren Stand hat gegen deren Bestrebungen, ebendieses Recht zu untergraben. Wenn wir in den vergangenen fünf Jahren eins gelernt haben, dann dies: Es wird keinen Ankläger auf einem weißen Pferd geben, kein makelloses Gerichtsverfahren, in dem ein heiliger Petrus in schwarzem Talar auf der Grundlage unanfechtbaren Wissens über die Sünden derer auf der Anklagebank die Himmelspforte öffnet oder aber zuschlägt. Sicher, mitunter kann das Recht etwas bewirken. Häufiger aber entzieht sich die Bedrohung einfach, überlistet das Gesetz oder ist ihm immer ein Stück voraus, und so bleibt uns nur die Erkenntnis, dass wir eine andere Art von Schutz benötigen. Immer und immer wieder ist es den Journalisten aufgegeben, die Tatsachen auf den Tisch zu legen: die von den Mächtigen praktizierte Korruption, Vetternwirtschaft, Ungesetzlichkeit und Brutalität.

Die mit dieser Arbeit verbundenen Gefahren sind real und wachsen stetig. Sehen wir einmal von den Premierministern, zukünftigen königlichen Ex-Gemahlinnen und anderen hochkarätigen Zielscheiben der NSO-Kunden ab, so sollte es uns nicht überraschen, dass Pegasus vornehmlich gegen Reporter und Redakteure eingesetzt wird, um sie zu drangsalieren, einzuschüchtern und mundtot zu machen. Wenn über diesen antidemokratischen, autoritären Albtraum nicht ohne Gefahr berichtet werden kann, wird er auch nicht aufgeklärt. Und wenn er nicht aufgeklärt wird, gibt es keine Möglichkeit, ihn zu beenden.

Wo ist Ihr Handy in diesem Moment? Dieses kleine Gerät in Ihrer Tasche dient Ihnen höchstwahrscheinlich als Terminkalender, als Stadtplan und Atlas, als Postamt, als Telefon, als Notizblock, als Kamera – im Grunde als intimer Vertrauter. Matthew Noah Smith, Professor für Moral- und politische Philosophie, schrieb 2016, das Mobiltelefon sei »eine Verlängerung des Verstands ... Es gibt schlicht keinen prinzipiellen Unterschied zwischen den Prozessen, die in dem Gewebeklumpen im Innern Ihres Schädels ablaufen, und denen in dem kleinen Kasten aus Silizium, Metall und Glas, der sich Ihr iPhone nennt. Die Fotos speichernde SSD-Festplatte in dem Handy ist genauso Ihr Gedächtnis wie gewisse Neuronengruppen, die genau das Gleiche in Ihrem Gehirn tun. Unser Verstand dehnt sich aus, quillt aus dem Kopf ins Mobiltelefon hinein.«

Professor Smith plädierte bei dieser Gelegenheit für eine Privatsphäre, die auch unsere Handys umfasst. Wenn der Staat nicht das Recht hat, auf die Gedanken in unserem Kopf zuzugreifen, warum sollte er dann diejenigen Gedanken auslesen dürfen, die wir auf unseren Handys lagern? Wir teilen unseren Handys heutzutage fast alles mit, selbst wenn wir uns der Mitteilung gar nicht bewusst sind, und machen aus ihnen ein Medium, das intime Einblicke in unser Leben gewährt (Beispiel: »Sexting«). Sollten Sie glauben, Ihre Privatsphäre sei durch Verschlüsselung gesichert, dann lesen Sie bitte dieses Buch und denken Sie an die fünfzigtausend Personen auf jener Horrorliste, die vollkommen ahnungslos alles, was auf ihrem Handy ein- und ausging, mit Dritten teilen mussten, die dieses Privileg einfach dadurch erlangten, dass sie dafür bezahlten.

Die Liste der fünfzigtausend war freilich nur ein erster Blick durchs Schlüsselloch auf die kriminellen Vorgänge. Wenn sie es mit fünfzigtausend Leuten machen konnten, hieße das nicht auch, dass es mit fünfhunderttausend möglich war? Mit fünf Millionen? Fünfzig Millionen? Wo ist die Obergrenze, und wer soll sie ziehen? Wer soll uns aus diesem weltweiten Orwellschen Albtraum erlösen? Denn wie sich erweist, müssen Sie nicht mit dem Emir von Werweißwo verheiratet sein, um die Erfahrung zu machen, dass jeder Ihrer Gedanken, jeder Schritt, jedes Wort aus der Ferne nachverfolgt und aufgezeichnet wird. Wie sich erweist, brauchen Sie dafür nichts weiter als ein Mobiltelefon und irgendwo auf der Welt einen mächtigen Feind. Wer von uns kann sagen, dass er diese Voraussetzungen nicht erfüllt?

Wo ist noch mal Ihr Handy in diesem Moment?

Kapitel 1
Die Liste

Laurent

Was Sandrine und mich nach Berlin lockte, war eine Chance, wie man sie als Journalist vielleicht nur einmal im Leben geboten bekommt – eine Geschichte aufzudecken und zu veröffentlichen, die weltweit schwerwiegende Folgen haben konnte. Es fühlte sich irgendwie passend an, dass wir auf der Taxifahrt vom Flughafen in die Stadtmitte in der Nähe des Stasi-Museums vorbeikamen, eines Komplexes, in dem sich einst die Zentrale der DDR-Staatssicherheit befunden hatte, die sich als »Schild und Schwert des Staates« verstanden hatte. Unsere Recherche, wenn wir uns denn entscheiden würden, damit Ernst zu machen, würde uns zwangsläufig mit Schwertern und Schilden konfrontieren, geführt freilich nicht nur von einem Dutzend oder mehr höchst wehrhaften staatlichen Akteuren, sondern auch von einem milliardenschweren privaten Technologiekonzern, dessen Branche unter dem Schutz seiner eigenen mächtigen nationalen Regierung operierte.

Die Taxifahrt war die letzte Etappe einer Reise, die uns wie ein Vorgeschmack auf einen Hindernisparcours vorkam. Da waren zum einen die im Zuge der letzten Covid-19-Welle verhängten Einschränkungen, die vertraute Arbeitsabläufe durcheinandergebracht hatten. Für den normalerweise zweistündigen Flug von Paris nach Berlin hatten wir die dreifache Zeit gebraucht, inklusive eines Umstiegs an einem Frankfurter Flughafen, der sich als gastronomische Wüste entpuppte, und einer unerfreulichen Begegnung mit deutschen Soldaten, die unsere Nasenhöhlen mit Teststäbchen traktiert hatten, bevor wir den Berliner Flughafen verlassen durften.

Als Sandrine und ich endlich in unser schnittig-modernes, hell erleuchtetes kleines Miet-Apartment in der Danziger Straße stolperten, waren wir beide so geschafft, dass die Fragen, die einen sonst in schlaflosen Nächten quälen, bereits an uns nagten. War das wirklich der beste Zeitpunkt, um uns in eine weitere schwierige und zehrende Recherche zu stürzen? Unser neunköpfiges Team von Forbidden Stories steckte tief in seinem dritten großen Investigativprojekt in nur drei Jahren; unsere jüngste Recherche, das Cartel Project, war schon dabei, sich als unser bis dato gefährlichstes zu entpuppen. Und es lag noch eine Menge Arbeit vor uns, bis es zur Veröffentlichung reif war. Wir verfolgten Spuren zu den mörderischen Drogenbanden in Veracruz, Sinaloa und Guerrero, sammelten Informationen über die für die Produktion des Super-Opioids Fentanyl benötigten Chemikalien, die aus Asien nach Mexiko eingeschmuggelt wurden, über den einträglichen Waffenhandel, mit dem die Kartelle ihre privaten Rüstkammern füllten – und die Waffenhersteller und private Waffenhändler in Europa, Israel und den Vereinigten Staaten ihre Bankkonten.

Im Wesentlichen nahmen wir investigative Fäden auf, die eine Handvoll couragierter mexikanischer Journalisten hinterlassen hatten. Sie waren, wahrscheinlich im Auftrag der lokalen Drogenkartelle, über deren gewalttätige und kriminelle Aktivitäten die Reporter recherchiert hatten, ermordet worden. Abgesehen von aktiven Kriegsgebieten war und bleibt Mexiko bis heute der lebensgefährlichste Ort der Welt für einen Journalisten, der sich der Aufgabe verschreibt, die Identität des Bösen zu enthüllen. Mehr als 120 Journalisten und Medienschaffende waren in Mexiko in den ersten beiden Jahrzehnten des 20. Jahrhunderts ermordet worden. Ein weiteres rundes Dutzend war spurlos verschwunden.

So gesehen, passte das Cartel Project nahtlos ins Programm von Forbidden Stories: Wir verstehen es als unsere Mission, üblen Akteuren und widerwärtigen Regierungen klarzumachen, dass sie nie die Botschaft selbst aus der Welt schaffen können, auch wenn sie ihre Überbringer umbringen. Was wiederum bedeutet, dass Zusammenarbeit ein unverzichtbares Werkzeug unserer Tätigkeit ist. In der Zahl liegt nicht nur Stärke, sondern auch Sicherheit. Je mehr Journalisten an einer Geschichte arbeiten, desto höher die Wahrscheinlichkeit, dass sie im Druck erscheinen wird. Wir hatten begonnen, Reporter aus Redaktionen unseres Vertrauens zur Mitarbeit am Cartel Project einzuladen: von *Le Monde* in Paris, vom *Guardian* in London und von der *Zeit* und der *Süddeutschen Zeitung* in Deutschland. Das Team sollte mit der Zeit auf mehr als sechzig Reporter aus fünfundzwanzig Redaktionen in achtzehn Ländern anwachsen.

Das schlagende Herz des Projekts war freilich schon seit Längerem Jorge Carrasco, Chefredakteur des furchtlosesten investigativen Portals in Mexiko, des Wochenmagazins *Proceso*. Jorge war nicht nur ein beharrlich arbeitender und gefeierter Reporter, sondern auch ein gleichaltriger Kollege der Frau, die sich zur zentralen Figur in unserer Recherche entwickeln sollte: Regina Martínez.

Carrasco war noch ein einfacher Reporter bei *Proceso*, als ihn im April 2012 die Nachricht erreichte, dass seine Kollegin in ihrem Haus überfallen und erdrosselt worden war. Regina war zu diesem Zeitpunkt schon fast ein Vierteljahrhundert lang journalistisch tätig gewesen und hatte einen großen Teil der letzten vier Jahre hartnäckig Informationen über das mächtige und gefährliche Drogenkartell gesammelt, das im Grunde genommen die Macht in Veracruz übernommen hatte. Geld war in die Region geströmt, begleitet von Wellen der Gewalt, die die aufstrebende Hafenstadt erschüttert hatten und in die umliegenden Gebiete hineingeschwappt waren. In großen Teilen ihrer zuletzt erschienenen Reportagen hatte Regina Martínez die destabilisierenden Beziehungen aufgedeckt, die sich zwischen Lokalpolitikern, Teilen des lokalen Justizapparats und den ansässigen Drogenzaren entwickelt hatten. Sie hatte nicht aktiv nach dieser Geschichte gegraben, aber wenn man in jenen Jahren mit offenen Augen und wachem Gewissen in Veracruz lebte, kam man kaum an ihr vorbei. Und als Regina erst einmal die Witterung aufgenommen hatte, konnte sie nicht mehr die Finger davon lassen, selbst als sie merkte, auf welch gefährlichem Boden sie sich bewegte. Nur wenige Monate vor ihrem Tod hatte sie ihren engsten Freunden anvertraut, dass sie sich vielleicht zu weit vorgewagt hatte und dass sie ihres Lebens nicht mehr sicher war. Sie war besorgt genug, um zu veranlassen, dass die brisantesten ihrer Reportagen ohne Autorennamen erschienen, dachte jedoch nicht daran, mit dem Schreiben aufzuhören.

Ein paar Wochen bevor sie erdrosselt aufgefunden wurde, hatte Regina in einem gnadenlosen Enthüllungsbericht aufgedeckt, welche persönlichen Vermögenswerte zwei Staatsbeamte zusammengerafft hatten, die sich mit dem Los-Zetas-Kartell in Veracruz verbündet hatten. (3000 Exemplare der betreffenden Ausgabe von *Proceso* waren aus den Zeitungskiosken der Stadt verschwunden, bevor auch nur ein Einheimischer die Ausgabe in die Hände bekam.) Zum Zeitpunkt ihrer Ermordung steckte Regina mitten in den Recherchen zu einem Bericht über Tausende Menschen, die im Verlauf der verflossenen Monate aus Veracruz verschwunden waren. »Ihr Tod markierte für die Journalistenzunft einen Augenblick der Wahrheit«, sagte uns einer von Reginas Freunden und Kollegen. »Sie war Mitarbeiterin einer großen, landesweit erscheinenden Zeitschrift. Wir glaubten, sie sei dadurch geschützt.«

Jorge hatte uns zuvor schon in unserem Pariser Büro besucht, um das Team von Forbidden Stories und unsere damaligen Partner über die Situation des investigativen Journalismus in Mexiko und über die Eckpunkte der Regina- Martínez-Story ins Bild zu setzen. Der damals 56 Jahre alte Journalist sprach mit sanfter Stimme und in einer gemessenen Diktion, die einem Literaturprofessor gut angestanden hätte; doch seine Botschaft war messerscharf und zwingend. »Der Mord an Regina war eine Grenzüberschreitung«, erklärte er. »Die sehr klare Botschaft, dass [die Kartelle] weiterhin Journalisten umbringen können und das keine Folgen hat.«

Polizei und Staatsanwaltschaft in Veracruz hatten, wie Jorge uns berichtete, Reginas Fall 2012 sozusagen ins Klo gespült, indem sie ihre Ermordung einem Kleinkriminellen anhängten, der sein Geständnis – das er nach seinen Aussagen erst nach stundenlangen Misshandlungen durch die lokale Polizei gemacht hatte – schnell widerrief. In den seither vergangenen acht Jahren hatte Jorge alles darangesetzt, die Wahrheit über Reginas Ermordung herauszubekommen. Er hatte sich eine Ermahnung des Gründungsherausgebers von *Proceso* und Altmeisters des investigativen Journalismus in Mexiko, Julio Scherer García, zu Herzen genommen: »Die Welt hat sich verhärtet, und ich glaube, dass auch der Journalismus härter werden muss«, hatte Scherer kurz vor seinem Tod 2015 geschrieben. »Wenn die Flüsse sich rot färben und die Täler sich mit Leichen füllen …, wird der Journalismus diese Geschichte in Bildern und Worten erzählen müssen. Schwierige Aufgaben warten auf uns.«

Jorge Carrasco hatte jahrelang an der Geschichte gearbeitet, trotz Drohungen und Einschüchterungen, und auch noch nach der Ermordung eines zweiten *Proceso*-Autors, der ebenfalls von den Regierenden Antworten in Sachen Regina Martínez gefordert hatte, ohne jedoch viel zu erreichen. Als Sandrine und ich im Januar 2020 erstmals die Redaktionsräume von *Proceso* in Mexico City besuchten – ein Bürotrakt mit einer Sicherheitsausstattung, wie man sie vielleicht bei einem eingebunkerten Polizeirevier erwarten würde, mit einem Wachtposten vor der Eingangstür und Eisengittern vor allen Fenstern –, hatte sich Jorges Ermittlungseifer abgekühlt. Er erklärte uns, das Redakteursteam habe darüber diskutiert und sei zu dem Ergebnis gekommen, die Suche nach der Wahrheit über den Mord an Regina Martínez sei zu gefährlich. Wenn sie sich damit weiter beschäftigten, würden wahrscheinlich noch mehr Kollegen der Mordlust der lokalen Drogenbosse zum Opfer fallen.

Als wir ihm jedoch eröffneten, dass ein internationales Kollegium von Journalisten willens war, sich der Geschichte anzunehmen, schien ihn dies mit neuer Energie zu erfüllen. Er wies seinen Archivar an, alle von Regina in den Jahren vor ihrem Tod in *Proceso* veröffentlichten Reportagen auszugraben, und bat uns, einen weiteren seiner Mitarbeiter in die geheime Signal-Gruppe aufzunehmen, die die wichtigsten Mitglieder des Cartel Project als Kommunikationsdrehscheibe nutzten. Jorge hatte allerdings in seiner letzten Mitteilung an die Signal-Gruppe, kurz vor unserer Berlin-Reise, nach Sandrines Eindruck ein bisschen angeschlagen gewirkt – unter anderem hatte er über den Schaden geklagt, den Covid-19 der schon vorher mageren und immer auf der Kippe stehenden Rentabilität seines Magazins zugefügt hatte. »Mir geht's okay, aber ich mache mir Sorgen«, hatte er geschrieben. »Die Verkaufszahlen von *Proceso* gehen wirklich in den Keller.«

* * *

Ich war aufgeregt, als am nächsten Morgen in unserem Ostberliner Apartment die Türklingel ertönte. Wir hatten uns noch nicht mit dem elektronischen Zugangssystem unseres Kurzzeit-Mietobjekts vertraut gemacht, und so lief ich die Treppen hinab und öffnete unseren beiden Gästen die Haustür. Das Erste, was ich erblickte, war ein blasser Mittdreißiger, der mich mit seiner Nickelbrille und seiner eng sitzenden Skimütze an eine Geisterbahnfigur erinnerte. Er sah aus wie jemand, der einen großen Teil seiner Zeit in Innenräumen und vor Computerbildschirmen verbringt. Ich begrüßte ihn mit einem fröhlichen »Hallo« und streckte ihm die Hand hin. Claudio Guarnieri, Technikchef im Security Lab von Amnesty International, hatte Nettigkeiten aber nicht im Angebot, er schüttelte mir nicht die Hand und nahm sich nicht einmal wirklich die Zeit für einen Blickkontakt. Er forderte mich nur auf, ihn und seinen mageren jungen Begleiter in unser Apartment im Obergeschoss zu führen, wo wir am Esstisch in medias res würden gehen können.

Aber keinesfalls, erklärte Claudio, ehe wir nicht alle unsere Handys und Laptops heruntergefahren, im Nachbarzimmer deponiert und die Tür geschlossen hätten. Der Mantel-und-Degen-Aspekt dieser Anweisung traf uns nicht ganz unerwartet angesichts des Anlasses unseres Treffens, aber was mich überraschte, war der schroffe Ton, den Claudio anschlug. Er war nicht unhöflich, brachte aber kein freundliches Wort über die Lippen; es schien ihm völlig egal zu sein, ob wir ihn sympathisch fanden oder nicht. Was uns verband, war schließlich nur eine *Alliance de Circonstance,* und da kam es auf Kompatibilität sehr viel weniger an als auf Machbarkeit.

Wir beeilten uns, unsere elektronischen Geräte im Nebenraum abzulegen, wobei mir nicht der Aufkleber auf Claudios Laptop entging, auf dem ein Zitat des mexikanischen politischen Dissidenten Subcomandante Marcos prangte: »Tut uns leid, wenn wir ungelegen kommen, aber das hier ist eine Revolution.« Als wir wieder am Tisch saßen, erstickte Claudio jeden Anlauf zu Small Talk und kam sogleich auf den Anlass zu sprechen, der uns zusammenführte. Wir – Forbidden Stories und das Sicherheitslab von Amnesty International – waren die Einzigen, die Zugang zu einem Dokument erhalten hatten, das wir »die Liste« nannten. Man hatte sowohl Sandrine als auch mir zu verstehen gegeben, dass die Daten in der Liste uns helfen würden, die Existenz eines äußerst heimtückischen Überwachungssystems aufzudecken, für das ein gewinnorientierter privater Konzern die technischen Möglichkeiten geschaffen hatte und das Tausende nichts ahnender Menschen in fast allen Erdteilen betraf.

Wir waren noch sehr weit davon entfernt, dies beweisen zu können, und das wussten alle, die an jenem Morgen in Berlin mit am Tisch saßen. Was die Liste an Daten zu bieten hatte, war auf den ersten Blick nur eine Ziffernfolge: eine Kolonne aus Zehntausenden Telefonnummern aus aller Welt, dazu ein paar Zeitstempel. Nur eine Handvoll der Nummern war mit Namen oder Identitäten verknüpft. Was wir aber wussten, war, dass jede dieser Nummern für eine Person stand, deren Mobiltelefon Ziel für die Installierung der leistungsfähigsten Cyberüberwachungssoftware auf dem Weltmarkt war, eine **Malware*** namens Pegasus, entwickelt, vermarktet und an Polizei- und nationale Sicherheitsbehörden in mehr als vierzig Ländern rund um den Globus geliefert durch die israelische Tech-Firma NSO, das Alphatier einer aufstrebenden Branche.

Spezialisten und Experten für nationale Sicherheit in aller Welt waren scharf auf Pegasus, galt es doch als die beste **Spyware**, die man bekommen konnte. Wenn ein Land Verbrecher auf frischer krimineller oder terroristischer Tat erwischen oder solche Taten präventiv verhindern wollte, sah es in Pegasus ein Geschenk Gottes. Jede erfolgreiche Infizierung eines Handys gab dem Anwender der Software praktisch die volle Kontrolle über das Gerät. Polizeien

* Eine Definition technischer Fachbegriffe finden Sie im Glossar am Ende des Buches.

oder nationale Sicherheitsbehörden würden Zugriff erhalten auf jedes Pünktchen und Tüpfelchen in dem gekaperten Handy, und zwar vor einer Verschlüsselung abgehender und nach der Entschlüsselung ankommender Botschaften. Wer mit Pegasus arbeitete, war in der Lage, jederzeit den aktuellen Standort des infizierten Mobiltelefons zu bestimmen und E-Mails, SMS-Nachrichten, Daten, Fotos und Videos auszulesen. Pegasus eröffnete den Anwendern auch die Möglichkeit, die Kontrolle über Mikrofon und Kamera des Handys zu übernehmen, das heißt, die entsprechenden Aufnahmeapps per Fernzugriff nach Belieben ein- und abzuschalten.

Der gefährliche Haken am Pegasus-System war der, dass damit nicht nur das Ausspionieren von Verbrechern funktioniert. Zu dem Zeitpunkt, als wir uns in Berlin mit Claudio und seiner Nummer zwei, Donncha Ó Cearbhaill, zusammensetzten, waren schon mehrere Dutzend Missbrauchsfälle dokumentiert worden: Experten für Cybersicherheit am Citizen Lab der Universität von Toronto und in Claudios Security Lab bei Amnesty International hatten Beispiele dafür gefunden, dass Pegasus gegen Menschenrechtsaktivisten, Rechtsanwälte und Journalisten eingesetzt worden war. Die Fachleute in diesen forensischen Analyselabors hatten nicht nur viele von Pegasus' Funktionen und Fähigkeiten beleuchtet, sondern auch einige seiner perfideren Anwender identifiziert. WhatsApp hatte Klage gegen NSO eingereicht unter dem Vorwurf, 1400 seiner User seien binnen einer Zeitspanne von nur zwei Wochen mithilfe von Pegasus ausspioniert worden. Auch Amnesty International hatte ein Verfahren angestrengt. Auf öffentlich zugänglichen Plattformen häuften sich Informationen, die aus gerichtlichen Verfahren in den USA, Frankreich, Israel, Kanada und anderen Ländern stammten.

Es gab bereits einige sehr gute Presseveröffentlichungen und eine zunehmende Zahl wissenschaftlicher Arbeiten über den Aufstieg der »elektronische Spionage als Dienstleistung« anbietenden Branche im Allgemeinen und der Firma NSO im Besonderen. Zusammengenommen wirkten die investigativen Bemühungen wie eine erfolgreichere Version der Parabel von den blinden Männern und dem Elefanten. Die Kombination aus Cybersicherheitsexperten,

Wissenschaftlern, Journalisten und Rechtsschutz suchenden Opfern, die sowohl auf eigene Faust als auch gemeinsam vorgingen, hatte es geschafft, ein einigermaßen vollständiges Bild von dem sein Unwesen treibenden Cyberüberwachungs-Elefanten zu zeichnen.

So unscharf dieses Bild noch sein mochte, öffnete es doch einen kristallklaren Blick auf die von der betreffenden Branche ausgehenden Gefahren für die Menschenrechte und die Privatsphäre, und doch zeigte sich, dass selbst schockierende Schlagzeilen und sorgfältigste forensische Analysen wenig bis gar keine konkrete Wirkung zeigten. Amnesty International, das Citizen Lab und der UN-Sonderberichterstatter zum Schutz des Rechts auf freie Meinungsäußerung meldeten sich mit Aufrufen zu Wort, aber ansonsten blieb der öffentliche Aufschrei weitgehend aus, die Geschichte fand kaum Beachtung. Keine hochrangige staatliche Instanz machte Anstalten, der Branche irgendwelche Fesseln anzulegen. Die Gewinne und der Kundenstamm von NSO wuchsen schneller denn je, Neukunden kamen aus Europa, Nordamerika, dem Nahen Osten und Afrika. »Die wenigen von uns, die sich mit diesem Phänomen beschäftigten, haben immer wieder davor gewarnt, dass die Kommerzialisierung der Überwachung Tür und Tor für systematische Missbräuche öffnet«, resümierte Claudio später im Rückblick auf ein Jahrzehnt des ständigen Anrennens und der ständigen Vergeblichkeit. »Sehr wenige hörten zu; die meisten zuckten einfach nur die Schulter. Jeder neue Bericht, jeder neue Fall wirkte so unbedeutend, dass ich mir irgendwann die Frage stellte, ob wir mit unserem Dranbleiben überhaupt irgendjemandem etwas Gutes taten außer unseren Egos.«

Das war es, was dieses Leak, die Liste, so faszinierend machte.

Claudio ließ sich am ersten Tag unseres Zusammenseins in Berlin keine besondere Euphorie anmerken und tat dies auch an keinem der weiteren Tage. Er achtete immer darauf, nach außen hin keinen Ermittlungseifer an den Tag zu legen. Andererseits hegte er unübersehbar die Hoffnung, die Liste werde ihm letzten Endes helfen, NSO am Wickel zu kriegen und das Ausmaß an öffentlicher Aufmerksamkeit zu generieren, das dieser Krise angemessen war.

Claudio und Donncha hatten sich schon ein bisschen gründlicher in die Liste eingearbeitet als wir, einerseits dank des technischen Know-hows, das sie sich im Verlauf der letzten zehn Jahre angeeignet hatten, andererseits weil das Sicherheitslab Zugriff auf digitale Werkzeuge hatte, über die wir bei Forbidden Stories nicht verfügten. An jenem ersten Tag an unserem Esstisch in Berlin war es Claudio, der aus meiner Sicht über weite Strecken die Themen setzte: Auf einer schmalen Holzbank sitzend, erläuterte er uns die größeren Zusammenhänge der Geschichte, wie er sie in diesem Augenblick verstand.

Die Zeitstempel, die sich in der Liste fanden, verteilten sich über einen Zeitraum von fast fünf Jahren und reichten bis zu erst wenige Wochen alten Daten, was, wie Claudio erklärte, darauf hindeutete, dass der Hack erst vor Kurzem erfolgt war – und vielleicht noch im Gang war. Wir hatten offenbar die Chance, einen kriminellen Datenklau in Echtzeit aufzuklären. Claudio und Donncha hatten bereits mit der aufwendigen Arbeit begonnen, herauszufinden, wer genau wen auszuspionieren versuchte. Wann genau die Zugriffe erfolgten – und wo genau. Die Liste der Telefonnummern war in Cluster unterteilt, aus denen man womöglich ablesen konnte, welche von NSOs vielen staatlichen Kunden an welchen konkreten Zielpersonen interessiert waren. Die Kunden deckten ein breites Spektrum von Ländern ab, von mörderischen Diktaturen über Möchtegern-Autokratien bis zur größten Demokratie auf unserem Planeten. Der für uns zu der Zeit mit Abstand aktivste staatliche Kunde war Mexiko, dem allein mehr als fünfzehntausend potenziell zu überwachende Nummern zugeordnet waren.

Wir hatten keinen Zweifel daran, dass die Liste Hunderte Mobilfunknummern enthielt, die zu echten Drogenbaronen, Terroristen, Kriminellen und die nationale Sicherheit dieses oder jenes Landes bedrohenden Organisationen gehörten, also genau zu dem Typus von Akteuren, denen die Pegasus-Software nach Aussagen von NSO das Handwerk legen soll. Doch was Claudio und Donncha bereits über das Spektrum der für Datenangriffe vorgemerkten Zielpersonen herausbekommen hatten, war unglaublich. Bald nachdem die beiden mit der Zuordnung von Telefonnummern zu Personen begonnen hatten, stellte sich heraus, dass viele der Nummern zu Wissenschaftlern, Menschenrechtsaktivisten, politischen Dissidenten, aber auch zu Regierungsbeamten, Diplomaten, Geschäftsleuten und hochrangigen Militärs gehörten. Claudio und Donncha hatten bereits Hunderte Zielpersonen identifiziert, die weder Kriminelle noch Terroristen waren, und sie hatten gerade erst an der Oberfläche gekratzt. Die Berufsgruppe, die zu diesem Zeitpunkt die größte Zahl von Zielpersonen auf sich vereinigte – mehr als 120 und weiter zunehmend –, war die der Journalisten.

Wenn wir über die Daten in der Liste an die erforderlichen Beweise herankämen, die wir brauchten, um die Geschichte veröffentlichen zu können, würde uns das in die Lage versetzen, nicht nur zu bestätigen, was bereits bekannt war, nämlich dass Cyberangriffe und Cyberüberwachung als Waffen benutzt wurden, um die freie Presse zu knebeln und Oppositionelle einzuschüchtern. Sondern wir würden darüber hinaus nachweisen können, dass das Geschäft mit diesen Cyber-Waffen eine Wucht und einen Umfang angenommen hat, die nicht nur erstaunlich, sondern schockierend sind.

Als Claudio, Donncha, Sandrine und ich uns Seite für Seite für Seite durch die Liste potenziell Pegasus-infizierter Mobilfunknummern klickten, wurde mir klar, dass wir hier nicht nur dabei waren, mit unseren quasi noch halb verbundenen Augen die Umrisse eines einzelnen außer Kontrolle geratenen Elefanten zu ertasten. Wir hatten es vielmehr mit einer Herde aus Hunderten, Tausenden, vielleicht sogar Zehntausenden Elefanten zu tun, die ungebremst durch die Savanne trotteten, gefüttert und angetrieben von einigen der grausamsten politischen Regime auf der Erde und darauf abgerichtet, wertgeschätzte und unverzichtbare Säulen der Zivilgesellschaft niederzutrampeln. Der auf breiter Front betriebene, unkontrollierte, systematische Missbrauch von Instrumenten der Cyberüberwachung stellte eindeutig eine akute Bedrohung der grundlegendsten Menschen- und Bürgerrechte dar: des Rechts auf Privatsphäre, der Freiheit der politischen Meinungsäußerung, der Pressefreiheit. Es handelte sich um eine Bedrohung der Demokratie als solcher, und dies zu einem Zeitpunkt, da die stabilsten Demokratien der Welt sich unablässigen Attacken von außen und von innen ausgesetzt sahen.

Beim ersten Blick auf die Liste verspürten wir eine leichte Verunsicherung. Einerseits übte sie eine magnetische Anziehung aus, die wir geradezu körperlich spürten. Stillschweigend ermahnte ich mich, hin und wieder tief durchzuatmen, als Claudio seine Erkenntnisse vortrug, beispielsweise seinen Eindruck, dass der marokkanische Geheimdienst eine außerordentlich große Zahl französischer Mobiltelefone zu Zielobjekten erklärt hatte. Ich musste mich bremsen, um meiner Fantasie nicht allzu freien Lauf zu lassen. Skeptizismus ist eine wichtige Reportertugend – ein Hilfsmittel gegen peinliche Fehlleistungen, etwa wenn man sich von einem skrupellosen Informanten, der mit jemandem eine Rechnung offen hat, benutzen oder von der Euphorie über einen winkenden großen Coup dazu verleiten lässt, auf kritisches Nachdenken und rigoroses Nachprüfen zu verzichten. Das rigorose Nachprüfen der Daten in dieser Liste würde Monate dauern. Betroffene zu finden, die bereit sein würden, ihr Mobiltelefon zur Verfügung zu stellen, sodass wir es auf Anzeichen für eine Infizierung mit der Pegasus-Software untersuchen konnten (und das Ganze für sich zu behalten, solange wir an der Geschichte arbeiteten), versprach ein heikles Unterfangen zu werden. Claudio und Donncha standen vor einer noch herausfordernderen Aufgabe, selbst dann, wenn sie **kompromittierte** Handys anvertraut bekamen und durchchecken konnten. NSO hatte sich nach eigenem Bekunden nicht damit begnügt, seine Pegasus-Software als trojanisches Pferd zu konzipieren. Ihr Ziel war vielmehr, einen unsichtbaren Trojaner zu programmieren. Die Spitzenkräfte im Metier der Cyberüberwachung haben den Ehrgeiz, keine auffindbaren Spuren zu hinterlassen, und NSO hatten den Ruf, die Besten in der Branche zu sein, wenn es darum ging, die eigenen Spuren zu verwischen. Unanfechtbare forensische Beweise zusammenzutragen, würde uns viel Kraft und Ausdauer abverlangen, und der forensische Teil machte nur die Hälfte des Kampfes aus.

Claudio, Donncha, Sandrine und ich hatten uns nicht weniger vorgenommen, als Ermittlungen über ein Privatunternehmen anzustellen, dessen ganzer Daseinszweck darin bestand, digitale Überwachung zu ermöglichen, ein Unternehmen, das stolz mit seiner Fähigkeit hausieren ging, »Jeden zu finden, egal wo«. Angesichts der Tatsache, dass Staaten in fünf Erdteilen der Firma bis zu einer Viertelmilliarde Dollar im Jahr für ihre einschlägigen Dienste bezahlten, mussten wir davon ausgehen, dass die NSO-Spyware sehr gut konnte, was von ihr erwartet wurde. Gegen Ende unserer ersten Besprechung waren wir vier uns darüber im Klaren, worauf wir uns bei dieser Recherche einließen, und Claudio wusste es am besten. Er erteilte Sandrine und mir einige weitere schroffe Anweisungen, bevor wir uns verabschiedeten: So vergatterte er uns dazu, uns neue Handys zuzulegen – ohne SIM-Karte! –, die wir einzig und allein für die Kommunikation unter uns nutzen durften. Keine Mobilfunk-Telefonate mehr zwischen uns oder mit eventuell neu zum Projekt stoßenden Personen. Keine iMessages, kein Austausch von Nachrichten über Signal oder WhatsApp. Neue Laptops hatten wir uns auf Drängen Claudios bereits zugelegt – PCs, keine Macs –, sodass wir alles, was mit unserer Arbeit am Pegasus-Projekt zu tun hatte, hermetisch von unserer anderen beruflichen und privaten Kommunikation trennen konnten. Spontan wurde mir klar, dass, wenn wir dieses Projekt weiterführten, die wesentliche Antriebskraft für unsere Arbeit Paranoia heißen würde.

Als Claudio und Donncha gegangen waren – und wir unsere nächste Sitzung für den folgenden Tag verabredet hatten –, spukten die Schwierigkeiten, die sich bei dieser Recherche auftaten, schon in meinem Kopf herum. Die Liste selbst war eine große Unbekannte. Wir hatten großes Vertrauen zu der Quelle, aus der sie stammte, aber das half uns nicht weiter. Vor uns lagen Monate, die wir für die Authentifizierung der Daten in der Liste brauchen würden, für die Überprüfung jedes Details und jeder Geschichte, die wir aus den Zehntausenden Telefonnummern herausdestillieren konnten. Und während wir uns in diese Arbeit stürzten, würden wir versuchen müssen, so gut wie möglich mit den physischen und gesellschaftlichen Einschränkungen zurechtzukommen, die die tödlichste Pandemie seit hundert Jahren uns allen aufzwang. Dazu kam, dass es mir sehr schwerfiel, daran zu glauben, dass mit Claudio, von dem wir am ersten Tag nicht einmal den Hauch eines Lächelns gesehen hatten, eine erquickliche Arbeitsbeziehung entstehen konnte. Donncha war viel zugänglicher und gelassener, doch wie wir später erfuhren, hatte der 27-jährige Spezialist für Cyberrecherchen seine eigenen guten Gründe, vor Reportern auf der Hut zu sein. Hinzu kam zu alldem, dass diese Recherche hinter einem Vorhang der absoluten Geheimhaltung stattfinden musste – einem Vorhang, in den eine einzige Unachtsamkeit ein großes Loch reißen konnte.

* * *

Zu Beginn unserer Besprechung an unserem zweiten Tag in Berlin schlug Claudio eine interessante Übung vor – den Griff nach niedrig hängenden Früchten sozusagen. Er zog einen jungfräulichen, noch originalverpackten USB-Stick aus seinem Rucksack und half mir, darauf das gesamte Verzeichnis meiner digitalen Kontakte aus meinem persönlichen Mobiltelefon zu kopieren. Danach steckte er den Stick in den sicheren Laptop ein, auf dem sich die Liste befand, und startete ein Programm, das selbsttätig die Mobilfunknummern aller meiner Kontakte mit den Handynummern der Liste abglich. Die erste Übereinstimmung, die das Programm anzeigte, betraf einen Beamten des türkischen Außenministeriums. Ich hatte seine Nummer, weil ich ihn im Lauf der Arbeit an einer Geschichte über heimliche Waffengeschäfte zwischen dem türkischen Geheimdienst und dschihadistischen Kampfgruppen im Norden Syriens um ein Interview gebeten hatte.

Der nächste Treffer war die Telefonnummer von Khadija Ismayilova, der berühmtesten und furchtlosesten Investigativreporterin Aserbaidschans. Ich kannte sie gut. Khadija berichtete seit mehr als 15 Jahren über die Korruption des aserbaidschanischen Präsidenten Ilham Alijew. Mittlerweile 44 Jahre alt, hatte sie für ihre journalistischen Leistungen zahlreiche internationale Auszeichnungen erhalten. Und sie hatte sich den Zorn Alijews und seiner Geheimpolizei zugezogen. Die Sicherheitskräfte von Alijews Regierung hatten Khadija schikaniert, erpresst und in Haft genommen; gegenwärtig stand sie in Baku unter Hausarrest. Jahrelang war sie fast ununterbrochen auf Schritt und Tritt beschattet worden.

Einige der mit Khadijas Beschattung beauftragten Agenten hatte ich mit eigenen Augen gesehen – bullige Burschen mit buschigem Schnurrbart und schlecht sitzendem Trenchcoat –, als ich mich 2014 für eine Reportage in Aserbaidschan aufgehalten hatte. Ich hatte schnell gelernt, sie zu erkennen, weil Khadija, als wir uns trafen, mich als Allererstes vor Alijews hermetischem Überwachungsnetz warnte. Wer auch immer mit ihr gesehen werde, erklärte sie, lande mit großer Wahrscheinlichkeit im Visier der Sicherheitsorgane. »Tu in deinem Hotelzimmer nichts, was dir unangenehm wäre, wenn es an die Öffentlichkeit käme«, hatte sie mir geraten. Es war nicht scherzhaft gemeint.

Ich hatte in meinem Kontaktordner zwei verschiedene Nummern für Khadija, hatte aber immer darauf geachtet, bei Anrufen oder Textnachrichten an sie ihre zweite, vertrauliche Nummer zu benutzen, und führte diese Nummer in meinen Kontakten als »Khadija-sicher«. Die Nummer in der geleakten Liste, also die von der aserbaidschanischen Regierung für die Ausspionierung Khadijas ausgewählte Nummer, war identisch mit der meines Kontakteintrags »Khadija-sicher«. Dass Khadija möglicherweise noch immer unter staatlicher Überwachung stand, war keine wirkliche Überraschung. Dass sie zu den Zielpersonen einer Pegasus-Überwachung gehörte, dagegen sehr wohl.

Berichten zufolge hatte NSO seine Spyware an mehr als vierzig Länder geliefert, Aserbaidschan hatten wir jedoch auf keiner der kursierenden Listen gefunden. Wenn NSO Lizenzen für die Nutzung seiner Cyberüberwachungs-Instrumente an staatliche Behörden in Aserbaidschan verkauft hatte – einem Land, das nach der Zahl seiner Verstöße gegen Freiheits- und Bürgerrechte und nach dem Ausmaß seiner politischen Repression (bis hin zu regelrechter Folter) ein ständiger Kandidat für einen Platz unter den Top Ten der schlimmsten Regime war (in einer Reihe mit China, Nordkorea, Somalia und Syrien) –, dann wusste wahrscheinlich nur noch der liebe Gott, wohin und wie weit seine Flügel Pegasus getragen hatten. Das war eine Vorstellung, die frösteln machte, denn der Handel mit Cyberwaffen und die Branche, die ihn betrieb, hatten erst eine kurze Geschichte, und Überwachung war nur der erste Gang in ihrem Getriebe. In Ländern, in denen Cyberüberwachung auf breiter Front eingesetzt wurde, zog sie oft hohe Opferzahlen nach sich.

Zum ersten Mal auf die Branche aufmerksam geworden war ich im Sommer 2011, als eine Woche nach der Liquidierung des mörderischen libyschen Diktators Muammar al-Gaddafi zwei Reporter des *Wall Street Journal* in Tripolis auf ein Computernest gestoßen waren. Das mit Elektronik vollgestopfte Büro entpuppte sich als Knotenpunkt eines groß angelegten Programms der Cyberüberwachung. »Das erst vor Kurzem aufgegebene Büro«, berichteten die Reporter in ihrer Auftaktstory, »ist mit Plakaten und englischsprachigen Handbüchern ausstaffiert, auf denen der Name Amesys prangt, eines Ablegers des französischen Technologieunternehmens Bull SA, das diese Überwachungs-Infrastruktur installiert hat.«

Wie sich herausstellte, hatte die französische Firma (mit dem Segen der französischen Regierung) Gaddafi ein System verkauft, das es dessen Leuten ermöglichte, die E-Mails, Chats und Botschaften jedes Internetnutzers in Libyen zu überwachen. Das System versetzte das Gaddafi-Regime in die Lage, fast nach Belieben jeden der vielen politischen Gegner des Diktators zu identifizieren und zu beobachten. »Auf einem der von Amesys stammenden Werbeplakate, die in dem Büro in Tripolis hingen, prangte folgende Werbebotschaft der Firma: »Während viele im Internet aktive Abhörsysteme mit einer Filterfunktion für IP-Adressen arbeiten und aus dem gesamten Informationsstrom nur die Kommunikation mit bestimmten IP-Adressen herausfischen (rechtmäßiges Abhören), analysiert und speichert das EAGLE-Abwehrsystem den gesamten Nachrichtenverkehr des überwachten Links (massives Abhören).«

Die libyschen Sicherheitskräfte begnügten sich nicht mit Überwachung. Wer als Bürger Libyens einen Online-Chatroom betrat, in dem es von Kritikern Gaddafis wimmelte, musste unter Umständen mit schwerwiegenden Konsequenzen rechnen – mit Verhaftung und Vernehmung für den Anfang. Wie mehrere ehemalige libysche Häftlinge 2013 vor einem französischen Gericht aussagten, konnten Gaddafis Vernehmer sie mit wörtlichen Zitaten aus ihren E-Mails, ihren SMS-Botschaften, ihren Facebook-Einträgen, ihren Chatroom-Konversationen und sogar ihren Telefonaten konfrontieren. In der Regel forderten die Sicherheitsbeamten ihre Häftlinge auf, zu offenbaren, welche Personen sich hinter den Pseudonymen verbargen, die ihre Online-Gesprächspartner benutzten. Wenn Drohungen, Schläge, Elektroschocks und andere Quälereien die Häftlinge nicht dazu brachten, die Namen ihrer unter Alias auftretenden Gesinnungsgenossen zu verraten, warfen Gaddafis Agenten sie kurzerhand ins Gefängnis. Die Drohungen und Misshandlungen gingen dort weiter, unterbrochen von kurzen Ausflügen zu einem Innenhof, wo sie die Hinrichtungen anderer Gefangenen mit ansehen mussten.

Als diese Enthüllungen in Frankreich die Runde zu machen begannen, entschied sich Bull SA zu einem geschäftlichen Schachzug: Die Technologie, die das EAGLE-System steuerte, wurde schlicht und einfach an ein anderes französisches Unternehmen (Nexa Technologies) abgetreten, das die Software weiterhin offen auf dem Markt anbot. Der ägyptische Staatspräsident Abd al-Fattah as-Sisi, der nach dem Chaos des Arabischen Frühlings in Kairo die Macht übernommen hatte, wurde zu einem der enthusiastischsten Nutzer dieser Cyberwaffe französischer Provenienz. (Dem Vernehmen nach erhielt as-Sisi das zwölf Millionen Dollar schwere Überwachungspaket von seinen Freunden in den Vereinigten Arabischen Emiraten geschenkt.) »Zu den schweren Menschenrechtsverletzungen, die die verschiedenen Zweige vom [ägyptischen] Sicherheitsdienst bis zum heutigen Tag begehen, gehören willkürliche Massenverhaftungen (seit 2013 wurden mindestens sechzigtausend Ägypter als politische Gefangene eingekerkert), außergerichtliche Hinrichtungen, das Verschwindenlassen von Leuten [...] und systematische Folter«, hatte die Internationale Föderation für Menschenrechte mit Sitz in Paris in einem 2018 erschienenen Bericht mit dem Titel *Egypt: A Repression Made in France* festgestellt. »Dieser Modus Operandi der Sicherheitsorgane, der darauf abzielt, jede Möglichkeit einer oppositionellen Betätigung auszuschließen, ist für die Ägypter zur alltäglichen Realität geworden und zielt speziell auf politische Gegner und auf die Zivilgesellschaft ab: auf Mitglieder politischer Parteien, auf die Muslimbrüderschaft und ihre Unterstützer, auf aktive Mitglieder revolutionärer Bewegungen jedweder Couleur, auf Menschenrechtsaktivisten, Anwälte, Journalisten, Autoren, Intellektuelle, und nicht zu vergessen auf LGBTQ-Aktivisten oder Leute, die als solche wahrgenommen werden.«

Die Achse Bull – Amesys – Nexa war natürlich nicht die einzige Quelle, von der fragwürdige Regime Spionagesoftware beziehen konnten, Regime, denen die französische Regierung gleichwohl immer wieder bescheinigt hatte, sie seien »ein Bollwerk gegen den islamischen Fundamentalismus«, wie es in dem Bericht der Menschenrechtsföderation heißt. Und weiter: »Der enorme Anstieg im Handel mit Waffen, der 2013 einsetzte, und die Machtübernahme as-Sisis in Ägypten 2014 haben sich als höchst einträglich für mindestens acht französische Unternehmen erwiesen, die Ausrüstungen – sowohl konventionelle Waffensysteme als auch Überwachungstechnik – an Ägypten verkauft haben.«

Instrumente für Cyberüberwachung haben sich spätestens 2020 international zu einem Motor des Wirtschaftswachstums entwickelt: Dutzende Länder sind in die aktive Cyberüberwachung eingestiegen, und fast alle sind sie zu Kunden privater Unternehmen geworden, die nichts lieber taten, als ihre Systeme den Bedürfnissen und Wünschen ihrer Kundschaft anzupassen. Solange der Preis stimmte.

Die führenden Unternehmen für Spionagesoftware hatten das Schwergewicht ihrer Hardware-Lösungen 2020 von PCs und Laptops auf Handys verlegt, ein Trend, bei dem die NSO-Gruppe der Konkurrenz um einiges voraus war. Die Folgen waren voraussehbar gewesen. Die ersten Hinweise auf die Infizierung eines Handys mit der Pegasus-Software von NSO fanden Spezialisten für IT-Sicherheit 2016 bei einem iPhone, das einem Menschenrechtsaktivisten in den Vereinigten Arabischen Emiraten (VAE) gehörte. Die Entdeckung erwies sich als nicht eben segensreich für den Betroffenen, Ahmed Mansoor. Die Berichterstattung über seinen Fall führte dazu, dass Mansoor seinen Job, sein Auto und seine Ersparnisse verlor und dass die Sicherheitsorgane der VAE ihn seines Reisepasses und seiner Freiheit beraubten. Unbekannte überfielen ihn zweimal innerhalb einer Woche und verprügelten ihn. Während Claudio, Donncha, Sandrine und ich in einem komfortablen Apartment in Berlin saßen und Kontaktdaten mit den Handynummern auf der Liste abglichen, verbüßte Mansoor in seinem Land eine zehnjährige Gefängnisstrafe, weil er die »Einheit des Staates« und »die Stellung und das Ansehen der Vereinigten Arabischen Emirate und ihrer Symbole« gefährdet habe. Berichten zufolge saß er in Einzelhaft und wurde immer wieder gefoltert. »Mansoors Frau Nadia«, hieß es Anfang 2019 in einer Reuters-Meldung, »lebt in sozialer Isolation in Abu Dhabi. Die Nachbarn meiden den Kontakt mit ihr aus Furcht, von den Sicherheitskräften beobachtet zu werden.«

Was draußen bereits an Belegen umherschwirrte, machte eines klar: Pegasus und andere Cyberüberwachungs-Systeme sind zu »Lieblingsspielzeugen« einiger der brutalsten Regime unserer Welt geworden, zu gefährlichen Spielzeugen in der Hand von Menschen, die nicht zögern, das Leben jeder Person zu zerstören, die ihnen in die Quere kommt. Und wir bereiteten gerade etwas vor, das ihnen ganz massiv in die Quere kommen würde.

Als Claudios Spezialsoftware mit dem Abgleich zwischen den Daten der Liste und meinen Kontakten fertig war, unterzogen wir Sandrines Kontakte derselben Prozedur. Sie hatte in der Anfangsphase ihrer Berufslaufbahn vorwiegend politischen Journalismus betrieben, was bedeutete, dass sie einen etwas anderen Personenkreis in ihrer Kontaktliste hatte als ich. Das sollte sich an diesem Tag als vorteilhaft erweisen: In der Liste potenzieller Pegasus-Zielpersonen fanden sich einige französische Politiker aus Sandrines Kontaktliste wieder. Dabei war ein Treffer, der uns wirklich aufschrecken ließ: Einer von mehreren mexikanischen Journalisten in der

Liste war Jorge Carrasco, unser Partner und wichtiger Impulsgeber für das Cartel Project.

Es sah danach aus, als habe jemand aus dem mexikanischen Sicherheitsapparat oder den mexikanischen Streitkräften Jorges Mobiltelefon als Überwachungsobjekt angemeldet. Andererseits: Pegasus war vergleichbar mit heimatlosen Atomwaffen, anscheinend für jeden zu haben, der den entsprechenden Preis bot. So gesehen, war es denkbar, dass Jorge von mehr als einem der korrupten und gefährlichen mexikanischen Amtsträger beobachtet wurde, denen unsere Recherchen galten. Wer immer Jorge im Visier hatte, konnte über ihn möglicherweise auch uns auf die Spur kommen, unserem ganzen Team und all den anderen, die am Cartel Project mitarbeiteten.

Wir fragten Claudio, ob wir Jorge bitten sollten, sein Handy abzuschalten, und er sagte, das sei vermutlich eine gute Idee, werde aber wohl kaum das Problem lösen. Die Kunden von NSO könnten ohne Weiteres auch jedes neue iPhone mit der Software infizieren.

Sandrine kontaktierte unverzüglich einen von Jorges Kollegen in Mexiko und trug ihm eine Botschaft an Jorge auf: Er solle bitte sein Handy ausrangieren, und außerdem müsse er sich aus der Signal-Gruppe des Cartel Project ausklinken – und zwar sofort. Wir konnten Jorge nicht im Einzelnen erklären, warum das nötig war; er musste uns einfach vertrauen. Wir würden uns mit ihm in Verbindung setzen, sobald wir einen neuen und sicheren Kommunikationskanal eingerichtet hätten.

Als Sandrine und ich uns von Claudio und Donncha verabschiedeten und unsere Vorbereitungen für die lange Heimreise trafen, die vor uns lag, schleppten wir zwei große Fragen mit uns herum: Wie in aller Welt sollten wir diese Geschichte wuppen? Und wie konnten wir auch nur daran denken, es nicht zu tun?

Kapitel 2

»Ich verlasse mich darauf, dass ihr es für mich zu Ende bringt«

Laurent

Wenige Tage nach unserer Rückkehr riefen Sandrine und ich die Mitglieder unseres kleinen Stabs in Paris zusammen, um sie über unsere Reise nach Berlin zu informieren. Das Wichtigste vor allem anderen war, dass alle in dem Raum auf ein heiliges Versprechen eingeschworen wurden: Niemand außerhalb von Forbidden Stories durfte erfahren, was wir jetzt besprechen würden. Ich kannte diese Versuchung aus eigener Erfahrung nur allzu gut: Wenn einem eine große Story wie diese unterkommt, liegt es in der menschlichen Natur, sich sehr engen Arbeitskollegen, der Ehefrau oder dem Ehemann oder guten Freunden anzuvertrauen – den Menschen, auf die man sich, wie man weiß, verlassen kann. Doch in diesem Fall war Vertrauen ein Luxus, den wir uns nicht leisten konnten. Wir wussten, genau wie Claudios Team bei Security Lab, dass das Projekt vorbei war, noch ehe es begonnen hatte, sobald mehr Leute von der Existenz der Liste erfuhren. Unsere Quelle riskierte Kopf und Kragen, und wenn er oder sie sich ungeschützt fühlte, wäre unser Zugang zu der Liste gekappt.

»Stellt euch vor«, sagte ich, »ihr geht mit ein paar Freunden in eine Kneipe, und nach ungefähr vier Bierchen seid ihr versucht, ihnen von dieser unglaublichen Geschichte zu erzählen, an der ihr gerade arbeitet. Tut es nicht«, fuhr ich fort. »Ihr dürft weder eurer Familie, der Person, mit der ihr zusammenlebt, noch eurem besten Freund davon erzählen. Niemandem. Ihr würdet damit Menschenleben aufs Spiel setzen.«

Dann erzählte ich ihnen, was Sandrine und ich in Berlin herausgefunden hatten. Als ich ihnen erklärte, um was für ein Leak es sich handelte, und ihnen die Arbeit schilderte, die vor uns lag, war mir nur allzu bewusst, dass diese Recherche nicht nur schwierig, sondern auch gefährlich werden würde – und für eine Gruppe junger Reporter und Reporterinnen, die bis zum Hals in dem mexikanischen Projekt steckten, möglicherweise eine allzu große Belastung. Wir hatten in kürzester Zeit ein hervorragendes Team gebildet, aber dieses neue Vorhaben würde alle in diesem Raum auf ihre bislang härteste Probe stellen. Auch wusste ich, dass, während ich mir Gedanken über das große Ganze unseres Vorhabens machte, sich Sandrine den Kopf darüber zerbrach, wie wir den Ablauf dieses neuen Projekts organisieren konnten, um größtmögliche Erfolgsaussichten zu haben: Welche Teammitglieder eigneten sich am besten für welche der vor uns liegenden Aufgaben? Wer konnte die Zahlen und Informationen am besten auf eine Weise kategorisieren, dass sie neue, aufschlussreiche Muster offenbarten? Wer konnte die Opfer, die aus gutem Grund misstrauisch waren, davon überzeugen, uns kompletten Zugang zu den privaten Daten auf ihren Handys zu gewähren? Wer konnte uns dabei helfen, an einem Ort, an dem er oder sie noch nie zuvor war, einer völlig neuen Geschichte nachzuspüren?

Während ich die grundlegenden Fakten über das Leak und NSO erläuterte und die bemerkenswerte Zahl von privaten Bürgern nannte, die ausgespäht wurden, ließ ich den Blick über die Gesichter der im Raum Versammelten schweifen und fragte mich, wie sich unsere gemeinsame Zukunft wohl gestalten würde. Abgesehen von Sandrine und mir bestand die Kerngruppe aus nur fünf Journalisten im Alter von dreiundzwanzig bis einunddreißig Jahren. Alle waren sie mehrsprachig, mindestens zweisprachig. Sie waren intelligent und voller Enthusiasmus, aber auch sehr verschieden in ihrem Charakter und ihrem Auftreten. Ihre Persönlichkeiten und besonderen Fähigkeiten ergänzten einander, und die Gruppe hatte sich bereits als stärker erwiesen als die Summe ihrer Teile.

Einige, wie etwa die dreiundzwanzigjährige Paloma de Dinechin, hatten die Gabe, leicht Zugang zu Menschen zu finden, Informanten dazu zu bringen, sich ihnen zu öffnen, andere hatten ein Händchen dafür, Informationen aus den Tiefen des Internets auszugraben. Audrey Travère zum Beispiel hatte gerade im Rahmen des Cartel Project eine neue Spur für uns erschlossen, indem sie eine Datenbank mit Belegen von Chemielieferungen von China und anderen Ländern nach Mexiko ausfindig gemacht hatte. Wann immer ich an Audrey denke, sehe ich sie im unwiderstehlichen Schein eines Computerbildschirms mit gerunzelter Stirn vor dem PC sitzen.

Phineas Rueckert ist ein Amerikaner aus Brooklyn, der in Frankreich Lateinamerikanistik studiert hat. Er ist ein überzeugter Internationalist mit einer grenzenlosen Neugierde auf die Welt, was ihn zu einem unersetzlichen, vielseitigen »Swingman« für Forbidden Stories macht, jemanden, der nahtlos auf verschiedenen Positionen eingesetzt werden kann. Sandrine war überzeugt, wir könnten Phineas nach Südamerika oder Osteuropa oder in den Mittleren Osten oder nach Indien schicken, und er würde, egal an welchem Ort, mühelos in die Kultur und Gepflogenheiten eintauchen, sich Freundschaften und Informanten erschließen und überhaupt ein guter Botschafter für unsere Mission sein.

Der Elder Statesman im Team war der einunddreißigjährige Arthur Bouvart, der bereits ein anerkannter Reporter und Dokumentarfilmregisseur war. Er hatte schon bei den ersten großen Investigativprojekten von Forbidden Stories mitgewirkt, noch bevor Sandrine als Chefredakteurin an Bord kam. Meine persönliche Beziehung zu Arthur war vermutlich tiefer als zu jedem anderen im Raum. Wir hatten zum ersten Mal rund zehn Jahre zuvor zusammengearbeitet, als er ein junger Trainee bei der Pariser Fernsehproduktionsgesellschaft Premières Lignes war. Wir waren auch zusammen gewesen, als wir gemeinsam die wohl traumatischsten Tage unseres Lebens erlebten, von denen wir uns beide nie gänzlich erholt haben.

Die Person, die sowohl Sandrine als auch ich für den Klebstoff des Teams hielten, war Cécile Schilis-Gallego, die 2018 als eine meiner ersten Mitarbeiter bei Forbidden Stories anheuerte. Cécile brachte einen Master in Journalismus von der Columbia University mit sowie Fachkenntnisse im Bereich der Datenanalyse und des Einsatzes digitaler Werkzeuge wie Betrugserkennungsalgorithmen. Ende zwanzig, hatte sie bereits bei einigen der bedeutendsten internationalen Investigativprojekten der letzten fünf Jahre mitgewirkt, unter anderem den Implant Files, den Paradise Papers und (den bedeutendsten überhaupt) den Panama Papers.

Sie stieß auch als leidenschaftliche und kompromisslose Umweltschützerin zu uns. Gut möglich, dass Cécile einen der kleinsten CO_2-Fußabdrücke in der westlichen Welt hatte. Sie besaß zu Hause weder einen Kühlschrank noch WLAN. Sie weigerte sich, mit Flugzeugen oder Zügen zu reisen.

Nach und nach sorgte Cécile für das Wetter in unserem Büro, und das war in der Regel sonnig und angenehm. Hatte jemand Geburtstag oder irgendeinen Jahrestag oder irgendetwas Außerordentliches erreicht, brachte Cécile Kuchen und Kerzen und die Dekoration mit. Sie bestand auf einem freundlichen Umgang in unserem kleinen Büro, und das war genauso ansteckend wie ihr Humor. »Das hier wird schmerzhaft sein, aber kurz«, sagte sie bei einer ihrer Präsentationen, »im Gegensatz zu glorreich, aber endlos.«

Dann übergab ich das Wort an Sandrine, die unserem Team von der außergewöhnlich großen Zahl an Handynummern in dem Datensatz berichtete – fünfzigtausend Nummern als potenzielle Ziele für Pegasus. Sie legte kurz dar, dass das Security Lab bereits einige Zielpersonen identifiziert hatte: Menschenrechtler, Diplomaten, Beamte der Vereinten Nationen. Der nach unseren Erkenntnissen bei Weitem größte Kunde von NSO war Mexiko, dicht gefolgt von Marokko und Saudi-Arabien. Wir sollten, wenn möglich, Jamal Khashoggis Telefonnummer herausfinden, erklärte Sandrine, um zu sehen, ob die Saudis ihn ebenfalls für die Cyberüberwachung ausgewählt hatten, bevor sie ihn ermordeten.

Kurz davor hatte es öffentliche Berichte gegeben, dass Amazons oberster Boss Jeff Bezos, dem auch Khashoggis früherer Arbeitgeber, die *Washington Post*, gehörte, ebenfalls Zielperson der Saudis war. Diese Berichte waren recht vage, und die NSO behauptete stets, Pegasus könne gar nicht auf einem Handy mit einer amerikanischen

Nummer (also jede Nummer mit einer +1-Ländervorwahl) eingesetzt werden, doch die Liste gab uns die Möglichkeit an die Hand, dies zu überprüfen. Also wollten wir, wenn möglich, an Jeff Bezos' Handynummer herankommen. Ferner erklärte Sandrine, dass Claudios Team beim Security Lab mit etwas Unterstützung durch unsere persönliche Kontaktliste weltweit bereits 122 Journalisten identifiziert hatte. Darunter befanden sich Jorge Carrasco von *Proceso,* was auch erklärte, warum wir ihn ein paar Tage zuvor gebeten hatten, sich aus der Signal-Gruppe des Cartel Project zurückzuziehen. Außerdem befand sich auf der Liste, wie wir dem Team offenbarten, die gefeierte Investigativreporterin Khadija Ismayilova aus Aserbaidschan.

Ich kann mich nicht erinnern, ob Sandrine es eigens erwähnte – obwohl jeder im Raum es natürlich wusste –, jedenfalls ist es nicht übertrieben zu sagen, dass es Forbidden Stories ohne Khadija Ismayilova gar nicht gegeben hätte. Khadija und ich hatten zwar nicht besonders lange miteinander zu tun, aber von meiner Warte aus war es eine intensive und überaus wichtige Beziehung. Für mich war sie sowohl eine Heldin als auch eine Inspirationsquelle – die Art von Journalisten, die ich am meisten bewundere. Sie war eine echte Gipfelstürmerin mit einem ungeheuren Mut, der andere mitreißt. Für mich ist Khadija einer der beiden gewundenen Stränge der DNA von Forbidden Stories.

Ich lernte Khadija kennen, als sie auf einer UNESCO-Konferenz hier in Paris im Frühjahr 2014 eine Rede hielt, eine Woche bevor ich als Teil des Pressetrosses des damaligen französischen Präsidenten François Hollande in ihr Heimatland Aserbaidschan reisen sollte. Ich arbeitete gerade an einem Dokumentarfilm für ein TV-Investigativmagazin, das ich mitgegründet hatte – *Cash Investigation* –, über die zunehmend kuscheliger werdenden Beziehungen Frankreichs mit korrupten Regierungen früherer Sowjetrepubliken in der Kaukasusregion. Als ich mein Interesse bekundete, während meines Aufenthalts dort mit Kritikern der aserbaidschanischen Herrscherfamilie zu sprechen, ermunterte mich Khadija, sie in Baku zu besuchen. Menschen dazu zu bringen, öffentlich vor laufender Kamera zu reden, würde nicht einfach sein, meinte sie. Aber sie gab mir die Telefonnummer einer weiteren Journalistin vor Ort, einer Freundin von ihr namens Leyla Mustafajewa, und sagte, sie beide könnten mir helfen.

Meine Reise nach Aserbaidschan verlief zunächst genau so, wie ich es erwartet hatte. Hollande wurde an einem strahlend schönen Maitag in Baku vom aserbaidschanischen Präsidenten Ilham Alijew mit großem Prunk empfangen; ganz offensichtlich war er erpicht darauf, die bereits florierenden Handelsbeziehungen seines Landes mit Frankreich auszuweiten. (Alijew kostete den Moment sichtlich aus, sollte Aserbaidschan doch in Kürze den rotierenden Vorsitz des Europarats übernehmen, einer multinationalen Institution, deren erklärtes Ziel es ist, die Demokratie zu befördern und Menschenrechte zu schützen.) Der Tagesablauf war bestimmt von verschiedenen Fototerminen und Spaziergängen in der Nähe des Kaspischen Meers und einem Festessen. Wie nicht anders zu erwarten, wurde zwischen den aserbaidschanischen Regierungsvertretern und den hochrangigen Vorständen französischer Energieunternehmen, die an Hollandes präsidentieller Vergnügungsreise teilnahmen, ausgiebig und freundlich über neue Förder- und Produktionsverträge gesprochen. Mein Kameramann Emmanuel und ich schafften es, unauffällig durch die Sicherheitskontrolle zu huschen und uns in ein privates Treffen einzuschleichen, und waren rechtzeitig zugegen, als der aserbaidschanische Energieminister meinte, dass Öl und Gas aus Aserbaidschan in nie da gewesenen Mengen nach Europa fließen würden, sobald die neuesten Pipelines im Jahr 2019 fertiggestellt seien – und das in der Größenordnung von mindestens 50 Milliarden Dollar. Der Minister musste gar nicht expliziter werden; die unausgesprochene Botschaft war, dass sich die langjährigen französischen Partner Aserbaidschans mit ihren technologischen Fähigkeiten und ihrer Marketing-Expertise auf dem Energiesektor einen ansehnlichen Teil der wachsenden Profite würden ausrechnen können.

Begleitet von Experten verschiedener Energieunternehmen, denen das Wasser bereits im Mund zusammenlief, jettete Hollande anschließend zu seinem nächsten Reiseziel. Emmanuel und ich beschlossen, uns vom offiziellen Pressetross Präsident Hollandes abzuseilen und in Baku zu bleiben und mit Leylas Hilfe Interviews mit einigen aserbaidschanischen Bürgern zu führen, die von ihrer Regierung schikaniert wurden. Die meisten von ihnen hatten sich bereit erklärt, uns zu treffen, weil sie großen Respekt vor Khadija und Leyla hatten.

Es wurden sehr intensive Tage, zum einen, weil uns die kritischen Berichte über die eskalierende Brutalität der Regierung Alijew unter die Haut gingen. (»Sie banden mir die Hände auf den Rücken und stülpten mir eine Tüte über den Kopf«, erzählte uns jemand. »Mir wurde mit einem Gegenstand auf die Rippen, Rücken und Brust geschlagen. Und ständig sollte ich ihnen versichern, nicht mehr über Ilham Alijew zu schreiben.«) Es wurden aber auch deshalb so intensive Tage, weil Emmanuel, Leyla und ich spürten, dass wir beobachtet wurden. Diese Art der Berichterstattung würden Präsident Alijew und seine Schergen nicht einfach so dulden, erklärten ein paar der von uns Interviewten, auch nicht, wenn es sich um zwei Journalisten unter französischer Protektion handelte. Und siehe da, als wir die Koffer für unsere Abreise aus Baku packten, rief mich Khadija an und meinte, dass Emmanuel und ich höchstwahrscheinlich verhaftet würden. Ich solle eine Kopie meiner Festplatten anfertigen, riet sie mir, und sie heimlich Leyla zukommen lassen. Dann solle ich alles sensible Filmmaterial von den Festplatten, die wir mit nach Hause nehmen wollten, löschen. Khadija versprach mir, persönlich dafür zu sorgen, dass die Früchte unserer Reportage sicher verwahrt würden.

Daher war ich nicht gänzlich überrascht, als ich einen Trupp großer Männer in dunklen Anzügen in der Hotellobby herumhängen sah, als ich auscheckte. Und dass Leyla – die die Duplikate unserer Festplatten in Gewahrsam genommen hatte – die Räumlichkeiten noch rechtzeitig verlassen hatte. Die aserbaidschanischen Sicherheitsleute verfolgten unser Taxi bis zum Flughafen, und ich muss zugeben, dass mir die Angst im Nacken saß. Panisch riss ich Seiten aus meinen Aufzeichnungen und warf sie aus dem Fenster, sodass sie nichts Schriftliches gegen mich vorzuweisen hätten, sollten sie mich verhaften. Unsere Verfolger machten sich nicht die Mühe, anzuhalten und die Seiten, die aus dem Taxifenster flatterten, aufzulesen, sondern fuhren bis zum Flughafen hinter uns her. Als ich ungefähr ein Dutzend bewaffnete Angehörige der Geheimpolizei hinter uns den Terminal betreten sah, rief ich meinen Verleger in Paris an und bat ihn, am Apparat zu bleiben, falls irgendetwas aus dem Ruder laufen sollte. Aus der Ferne hätte er nicht viel tun können, aber er versprach mir, in Präsident Hollandes Büro Alarm zu schlagen. Derweil packten uns die Polizisten an den Armen und führten uns in einen kleinen Warteraum, wo sie erklärten, wir seien festgenommen, weil wir unsere Zollgebühren nicht entrichtet hätten – was natürlich gelogen war.

Dann durchwühlten sie unser Gepäck, nahmen uns die Kameraausrüstung und Festplatten weg und meinten, wir müssten ohne diese Sachen zurückreisen. Wir wollten auf keinen Fall unsere Ausrüstung zurücklassen und bestanden darauf, die französische Botschaft in Baku zu kontaktieren. Aber die aserbaidschanischen Polizisten schoben uns die Fluggastbrücke entlang und zwangen uns, mit leeren Händen ins Flugzeug zu steigen, nachdem sie unser Equipment konfisziert hatten.

Doch Khadija, der es irgendwie gelang, die duplizierten Festplatten in unser Büro nach Paris zu schicken, hatte dafür gesorgt, dass wir die Früchte unserer Arbeit doch noch ernten konnten. Und nicht nur das, sie hatte uns auch persönlich ein Interview gegeben, in dem sie Ilham Alijew als korrupt bezeichnete: »Die Familie des Präsidenten hat Unmengen von Geld, dessen Herkunft sie nicht erklären kann«, hatte sie mir erzählt. »Seine Töchter besitzen elf Firmen in Panama. Im Prinzip haben sie einen Großteil der Binnengeschäfte [in Aserbaidschan] an sich gerissen und investieren die Gewinne im Ausland.« Für eine aserbaidschanische Journalistin ist es gefährlich, wenn derlei Aussagen in ganz Europa ausgestrahlt werden, aber Khadija schien sich von den drohenden Schwierigkeiten, in die sie sich mit hundertprozentiger Sicherheit brachte, nicht beeindrucken zu lassen.

Auf ihrem Facebook-Account hatte sie bereits eine Nachricht mit folgendem Titel veröffentlicht: »FÜR DEN FALL, DASS ICH VERHAFTET WERDE: AN ALLE DEMOKRATISCHEN LÄNDER, DIPLOMATEN, INTERNATIONALE ORGANISATIONEN«, schrieb sie. »Manche von Ihnen wollen helfen, können dies aber nur mit Privatdiplomatie. Danke, aber nein ... Wenn Sie können, dann unterstützen Sie uns und treten Sie so laut wie möglich für Meinungsfreiheit und das Recht auf Privatsphäre in diesem Land ein. Andernfalls ist es mir lieber, dass Sie gar nichts tun. Ich glaube nicht an Menschenrechtsdiplomatie hinter verschlossenen Türen. Die Menschen in meinem Land müssen wissen, dass ihre Menschenrechte geschützt werden.«

Während ich an meinem Film arbeitete, veröffentlichte Khadija einen Bericht darüber, wie die Familie Alijew einen großen Teil des Vermögens des größten Mobilfunkanbieters in Aserbaidschan geplündert hatte, einen anderen über eine geheime Goldmine, die den Töchtern Alijews hübsche Gewinne bescherte, und noch ein paar weitere brisante Storys, die den aserbaidschanischen Präsidenten garantiert in Rage versetzten.

Sechs Monate später, am 5. Dezember 2014, arbeitete ich noch immer an meinem Dokumentarfilm und befand mich gerade auf meiner zweiten Reise mit Präsident Hollande und Topmanagern französischer Energieunternehmen, diesmal nach Kasachstan – ein weiterer ölgetränkter totalitärer Staat –, als ich eine Textnachricht von Leyla erhielt. »Khadija ist verhaftet worden.«

»Wann?«, fragte ich. »Was ist passiert?«

Leyla antwortete, dass die Regierung Alijew schon zuvor versucht hatte, Khadija wegen Spionage verurteilen zu lassen, weil sie den Vereinigten Staaten und anderen Ländern geheime Dokumente aus dem Sicherheitsministerium zugespielt habe. Aber sie hatten keine Beweise für ihre Anschuldigungen. Diesmal kam der Haftbefehl von einem Staatsanwalt aus Baku, der sie des unglaubwürdigen Verbrechens anklagte, einen Mitarbeiter in den Selbstmord getrieben zu haben. Es war eine an den Haaren herbeigezogene Anschuldigung, dennoch hatte ein Richter eine dreimonatige Untersuchungshaft angeordnet. Ich konnte nur wenig tun, außer die Angelegenheit gegenüber meiner eigenen Regierung in Paris zur Sprache zu bringen. Anfang Januar saß Khadija noch immer im Gefängnis in Baku, während ich im Schneideraum den Film mit dem Titel »My president is on a business trip« zusammenstellte, in dem sie eine so entscheidende Rolle gespielt hatte.

Am Mittwoch, den 7. Januar 2015, war ich später als sonst auf dem Weg ins Büro: Es war ungefähr zwanzig vor zwölf, als ich um die Ecke in die Rue Nicolas-Appert bog und auf den Haupteingang des Bürogebäudes zusteuerte, in dem ich arbeitete. Der Chefkoch des Restaurants an der Ecke stand draußen und rauchte nervös eine Zigarette. Sein Blick flackerte, seine Hände zitterten. »Gehen Sie bloß nicht weiter, tun Sie sich das nicht an«, sagte er und berichtete mir dann, dass es in einem der Gebäude weiter unten in der Straße einen heftigen Schusswechsel gegeben habe. Ich blickte an unserem Bürogebäude hinauf und sah, dass sich fast all meine Kollegen von der Produktionsgesellschaft Premières Lignes auf dem Dach versammelt hatten. Wieder warnte mich der Koch, nicht weiterzugehen, aber auf der Straße war keine Menschenseele zu sehen, und es war ruhig, also beschloss ich, nachzusehen, was da los war.

Als ich mich dem Eingang näherte, kam ein junger Mann von der Reinigungsfirma auf die Straße herausgerannt. Seine Jeans war blutgetränkt. »Sie haben meinen Kollegen erschossen!«, schrie er. Dann sah ich den Mann in einer Blutlache auf dem Boden vor dem Eingang liegen. Plötzlich schien alles in Zeitlupe abzulaufen. Ich überlegte, ob ich Wiederbelebungsversuche wagen sollte, doch dann hörte ich hinter mir einen Motorroller heranbrausen. Der Kommandant der nächstgelegenen Feuerwehrstation saß darauf und auf dem Rücksitz ein Notarzt. Dr. Patrick Pelloux, der von einem Freund, der sich im Gebäude aufhielt, angerufen worden war, schrie mir zu: »Wir müssen hinein und sehen, was da oben los ist.«

Sehr viel wisse er auch nicht, sagte er, aber offenbar habe es vor fünf Minuten einen heftigen Kugelhagel dort drinnen gegeben. Möglicherweise gebe es im zweiten Stock des Gebäudes weitere Opfer. Ich hatte keine Zeit zum Nachdenken. Ich zog meine Zugangskarte hervor, dann rannten wir hinein und die Treppe in den zweiten Stock hinauf, zwei, drei Stufen auf einmal nehmend.

Genau wie die Straße vor dem Gebäude war auf dem Flur im zweiten Stock niemand zu sehen – ein ungewohnter Anblick mitten an einem Arbeitstag. Die Eingangstür von Premières Lignes war verschlossen, und mir fiel wieder ein, dass ich die Kollegen alle auf dem Dach gesehen hatte. Also folgte ich Dr. Pelloux über den Flur in ein anderes Büro.

Als Dr. Pelloux und ich vorsichtig die Bürotür aufschoben, schlug mir sofort ein stechender, unvertrauter Geruch entgegen. Als wir eintraten, hing noch schwarzer Rauch in der Luft, der sich langsam verzog. Im Raum herrschte eine gespenstische Stille, und hinter einigen der Arbeitsplatztrennwände nahm ich Bewegung wahr. Überall war Blut. Auf dem Boden lagen leblose Körper. Dr. Pelloux hatte Freunde, die hier arbeiteten, und einige von ihnen lagen jetzt tot vor ihm. Mit tränenerstickter Stimme wies er mich an, nach unten zu laufen und die Feuerwehrleute, die gerade von ihrer nur ein paar Seitenstraßen entfernten Station herbeieilten, heraufzuführen. Ich stieß erneut die Tür auf, und als ich auf dem Weg ins Treppenhaus an meinem eigenen Büro vorbeikam, klopfte ich an die Tür. Mein Kollege Edouard Perrin hatte sich dahinter verschanzt.

»Ah, du bist es, Laurent«, sagte Edouard, der durch das Guckloch spähte. Langsam öffnete er die Tür, und ich sah, dass er eine der schusssicheren Westen trug, die wir im Büro aufbewahrten. »Komm heraus, du musst helfen«, sagte ich zu ihm, »dort drüben liegen überall Tote.« Als Edouard heraustrat, folgten ihm weitere Kollegen. Während sie zu den Büros auf der anderen Seite des Flurs liefen, rannte ich ins Erdgeschoss hinunter. Die Feuerwehrleute standen vor dem Eingang. Einer bemühte sich vergeblich, den Vorarbeiter der Gebäudereinigungsfirma wiederzubeleben. Ich rief ihnen zu, sie sollten mir in den zweiten Stock hinauf folgen, und rannte, so schnell ich konnte, voraus.

Als ich zum Schauplatz des Massakers zurückkam und kurz den Blick durch den Raum wandern ließ, nahm ich eine Bewegung in der Nähe eines Stuhls wahr, der seitlich auf dem Boden lag. Ich lief hinüber und fand einen weiteren Kollegen, Matthieu Goasguen, kniend neben einem jungen Mann, der auf dem Rücken lag. Das Schussopfer hatte Mühe zu atmen, aber es lebte noch. Er war kaum bei Bewusstsein und im Schockzustand. Ich hockte mich auf der anderen Seite neben ihn, nahm seine Hand und fragte ihn nach seinem Namen. Als er zu sprechen versuchte, war seine Stimme so leise und schwach, dass Matthieu und ich ihn kaum verstanden, lediglich »Simon« hörten wir ihn sagen. Dann gelang es ihm, uns mitzuteilen, dass er seine Beine nicht spürte. Ich hob sein T-Shirt an und musste ein erschrockenes Keuchen unterdrücken, als ich die klaffende Schusswunde in der Nähe eines Schlüsselbeins erblickte.

Ich blieb drei, vier Minuten bei ihm, auch noch, als ein paar Feuerwehrleute und Sanitäter sich seiner annahmen, die besser mit der Situation umzugehen wussten. Als ich den Kopf hob, sah ich, wie Edouard durch den Raum ging und nachsah, ob es unter den auf dem Boden liegenden Körpern noch Überlebende gab. Erneut nahm ich eine Bewegung auf der anderen Seite des Raums wahr und ging darauf zu. Es war Fabrice Nicolino, der genau in dem Moment, als ich bei ihm ankam, die Augen öffnete. Er war, wie ich später erfuhr, vor dreißig Jahren schon einmal Opfer eines Angriffs geworden und hatte sich, als er die ersten Schüsse gehört hatte, schnell auf den Boden geworfen. Er war von mindestens drei Patronen getroffen worden, und ich konnte unter seinem Hosenbein erkennen, dass die Knochen seines Beins zertrümmert waren. Ich nahm seine Hand und sagte, er werde bestimmt wieder gesund. Immer wieder bat mich Fabrice, seinen Brustkorb zu überprüfen, um sicherzustellen, dass kein wichtiges Organ getroffen war.

Ich sah weitere Kollegen aus meinem Büro, die ebenfalls noch im Raum waren und sich um die am Boden Liegenden kümmerten oder nach irgendwelchen Lebenszeichen Ausschau hielten. Einer war der fünfundzwanzigjährige Arthur Bouvart, der helfen wollte, aber völlig mitgenommen wirkte. Kein Wunder, selbst die Sanitäter und Notärzte wirkten schockiert angesichts dieser Szenerie. So viel Tote und so viel Blut auf so kleinem Raum: Ganz offensichtlich hatte niemand vom Notfallteam je dergleichen gesehen. Wieder wandte ich meine Aufmerksamkeit dem Überlebenden vor mir zu. Ein Notarzt hatte eine »2« auf seine Stirn gemalt. Ich nahm an, das war seine Methode, die Rettungsaktion zu organisieren; Fabrice war offenbar der zweite Überlebende, den der Arzt gefunden hatte. Plötzlich ertönte eine scharfe Stimme. »An alle Unverletzten in diesem Raum«, lautete der Befehl des Polizisten, der eingetroffen war und nun das Kommando übernahm, »gehen Sie jetzt bitte hinaus.«

Das Büro verwandelte sich nun offenbar in einen Tatort, der gesichert werden musste, doch als ich aufstand und gehen wollte, bat mich ein Sanitäter, den Beutel mit Blut zu halten, das Fabrice mittels eines intravenösen Infusionsschlauchs verabreicht wurde. Ich blieb eine gefühlte Ewigkeit dort, bis jemand vom Notfallteam Edouard und mich bat, Fabrice zu einem der draußen bereitstehenden Krankenwagen zu tragen. Ich steckte Fabrice' Brille in meine Tasche, und weil keine Bahre verfügbar war, schob ich die Hände ganz vorsichtig unter sein zertrümmertes Bein und stützte es, so gut ich konnte, während wir ihn vor den Eingang trugen und ihn auf eine Transportliege betteten. Vor dem Gebäude hatte sich bereits eine Meute von Fotoreportern versammelt, die eifrig Bilder schossen. Ich wäre diesem Todesraum endgültig ferngeblieben, wäre Fabrice, als wir ihn in den Krankenwagen schoben, nicht eingefallen, dass er seine Brieftasche nicht bei sich hatte. Er bat mich, sie holen zu gehen. Also rannte ich abermals hinauf und hatte ganz vergessen, dass ich seine Brille noch in der Jackentasche hatte.

Mir ist nicht ganz klar, warum die Polizisten mich das Absperrband passieren ließen, aber sie mussten meine blutbespritzten Kleider gesehen und wohl angenommen haben, ich gehörte dem Rettungsteam an. Jedenfalls ließen sie mich in den zweiten Stock hinauf und erneut den Tatort betreten.

Die Suche nach der Brieftasche war womöglich das Schlimmste, was ich an diesem Tag erlebte. Inzwischen waren die Verletzten abtransportiert worden, darunter welche, die hinter Trennwänden in Deckung gegangen waren, als der Kugelhagel einsetzte. Jetzt war niemand mehr in dem Raum, ich war allein mit fast einem Dutzend Leichen. Es herrschte eine gespenstische Stille. Ich versuchte, mich zu erinnern, wo genau Fabrice gelegen hatte, aber ich hatte irgendwie die Orientierung verloren. Ich musste den Blick über den gesamten Raum schweifen lassen, und da sah ich Dinge, die mir bislang entgangen waren oder die ich nicht hatte wahrnehmen wollen: die Blutlachen auf dem Boden und mehr Tote, als mir zuvor aufgefallen waren. Ich bahnte mir einen Weg zu der Stelle, wo ich Fabrice gefunden hatte. »Hey!«, rief plötzlich jemand. »Was machen Sie da?«

Ein Polizist in Zivil, eingepackt in eine kugelsichere Weste, wirkte ganz und gar nicht erfreut, einen Fremden zu erblicken, der da auf dem Boden herumstöberte.

»Ich arbeite in dem Büro gegenüber«, erklärte ich. »Einer der Verletzten bat mich, seine Brieftasche zu suchen.«

»Kommen Sie her!«, befahl er mir. Ich glaube, er war der leitende Ermittler, der seine Arbeit aufgenommen hatte.

Es war gar nicht so einfach, zu ihm zu gelangen. Vorsichtig musste ich über die herumliegenden Leichen steigen. Ich musste genau hinschauen, um sie nicht zu berühren. Zum ersten Mal wurde mir das volle Ausmaß des Geschehens klar und nahm ich diese verrenkten und durch den gewaltsamen Tod verzerrten menschlichen Körper bewusst wahr – ein Bild, das ich bis heute nicht aus dem Kopf bekommen habe.

Als ich bei dem Ermittler ankam, fragte er mich, ob ich ihm helfen könne, die Leichen zu identifizieren. »Ich glaube nicht, dass ich das kann«, sagte ich schnell, denn es widerstrebte mir, noch länger in diesem Raum zu bleiben. »Ich fürchte, ich könnte mich irren.«

»Nun, dann wird es höchste Zeit, dass Sie von hier verschwinden«, antwortete er.

Die Polizisten ließen mich nicht gleich gehen, sondern schickten uns alle, die wir die extreme Gewalt, die an diesem Tag stattgefunden hatte, auf die ein oder andere Weise miterleben mussten, zu einem nahe gelegenen Krankenhaus, um mit einem Traumatherapeuten zu sprechen. Ehe wir die Rue Nicolas-Appert verließen, gelang es mir, Fabrice' Brille einem Freund von ihm zu übergeben, der versprach, sie Fabrice' Frau zu bringen.

Als wir im Krankenhaus ankamen, wurden die wenigen unverletzten Überlebenden des Attentats in einen Raum gebracht, der Rest von uns wurde in einem anderen versammelt. Als ich in dem Wartezimmer saß, erschien wie aus dem Nichts Präsident François Hollande. Er war gekommen, um die Überlebenden des Blutbads zu besuchen, blieb aber auch kurz bei unserer kleinen Gruppe stehen, die erst später zum Tatort gekommen war. Der Präsident ging herum, sprach mit jedem, und als er zu mir trat, konnte ich sehen, dass ich ihm bekannt vorkam. »Guten Tag, Herr Präsident«, sagte ich. »Vielleicht erinnern Sie sich. Wir waren vor einem Monat zusammen in Kasachstan.«

»Ach ja, natürlich«, sagte er. »Aber was machen Sie denn hier?«

Die Tatsache, dass ich so kurz nach dem Massaker am Ort des Geschehens war, beschränkte meinen Wahrnehmungshorizont zunächst auf eine sehr persönliche Ebene, und erst als Präsident Hollande im Krankenhaus auftauchte, dämmerte mir, dass ich eine winzige Rolle in einer geschichtsträchtigen Episode Frankreichs gespielt hatte, dass ich einem Ereignis beigewohnt hatte, das die ganze Welt in Atem hielt. Ich erinnere mich noch gut, wie mein Kollege Martin Boudot mir in den ersten Stunden danach erzählte, er und die anderen, die im Büro waren, hätten jede einzelne Kugel, die an diesem Morgen abgefeuert wurde, zischen gehört; dabei deutete er auf einen Bildschirm, auf dem ein Newsfeed lief, unter anderem auch ein Video, das zeigte, wie die Täter auf der Straße flohen. »Das habe ich gefilmt«, sagte Martin.

Unser Gebäude war in den nächsten Tagen in sämtlichen Nachrichten in Europa zu sehen, und zu dem Bildmaterial gehörte auch die Szene, wie Edouard und ich Fabrice aus dem Gebäude trugen. Mich erreichten Dutzende Anrufe von Freunden und Verwandten, die sehr um mich besorgt waren.

Derweil verbreiteten sich tagelang die Presseberichte über das Attentat auf der ganzen Welt mit immer neuen Details über die Opfer und die Täter und ihre verqueren Motive. Es handelte sich um ein geplantes Attentat, einen Terrorakt gegen *Charlie Hebdo,* das linke

Satiremagazin, das für seine scharfen laizistischen Cartoons bekannt war. Die Zeitschrift hatte mit Karikaturen des Propheten Mohammed einige fundamentalistische Dschihadisten in Rage versetzt, war dies doch ein Tabubruch für strenggläubige Muslime. Zwei bewaffnete Angreifer, Angehörige der al-Qaida im Jemen, hatten sich an diesem Morgen gewaltsam Zugang zu den Büros verschafft, in der festen Absicht, das gesamte Redaktionsteam auszulöschen.

»Wo ist Charb?!?«, hatten die Mörder geschrien, als sie, die Gesichter mit Sturmhauben maskiert und mit vollgeladenen AK-47-Gewehren im Anschlag, in die Büros stürmten. Als Erstes hatten sie es auf den Chefredakteur, Stéphane »Charb« Charbonnier, abgesehen. Und sie bekamen ihn. Die Männer gaben in wenigen Minuten Gewehrsalven mit fünfzig oder mehr Projektilen ab und töteten Charbonnier, seinen Personenschützer (Charb war schon etliche Male bedroht worden) und vier weitere langjährige Comiczeichner des Magazins im Alter von 57, 73, 76 und 80 Jahren. Darunter ein Träger des französischen Verdienstordens Ehrenlegion. Sie ermordeten auch eine Kolumnistin und einen Kolumnisten, einen Korrektor, einen Journalisten einer anderen Zeitschrift, der gerade zu Besuch war, und den Vorarbeiter der Reinigungsfirma, Frédéric Boisseau, den ich tot vor dem Eingang hatte liegen sehen. Inmitten ihres Gemetzels hielten sie kurz inne und behaupteten, sie würden keine Frau töten. Taten es dann aber doch.

Auf dem Weg zu ihrem Fluchtauto feuerten die Attentäter wild um sich und brüllten in die nunmehr verwaiste Straße »Allahu Akbar. Wir haben den Propheten Mohammed gerächt. Wir haben Charlie Hebdo getötet.« Nichts ahnend war ich nur wenige Minuten, nachdem sie davongebraust waren und kurz bevor sich die Menschen allmählich aus ihren Verstecken in den umliegenden Wohnungen und Büros wagten, um die Ecke auf die Rue Nicolas-Appert gebogen.

Das Attentat wurde weltweit wegen seiner besonderen Grausamkeit und illiberalen Ziele aufs Heftigste angeprangert. Der Generalsekretär der Vereinten Nationen nannte es »einen direkten Angriff auf einen Eckpfeiler der Demokratie – die Medien und freie Meinungsäußerung«. Die überlebenden Redaktionsmitglieder schafften es, die nächste Ausgabe von *Charlie Hebdo* herauszubringen, und die Öffentlichkeit stellte sich geschlossen hinter diese Heldentat: Und so stieg die Auflage von den normalen sechzigtausend Exemplaren auf achtzig Millionen. Ein schwacher Trost für die Überlebenden. »Tot oder lebendig, verwundet oder nicht«, sollte Simon Fieschi, der schwer verletzte Mann, dessen Hand ich gehalten hatte, später sagen, »ich glaube, niemand von uns ist dem, was geschehen ist, wirklich entronnen.«

Auch mir setzte das Attentat auf *Charlie Hebdo* wochenlang schwer zu. Ich war noch immer mit der Fertigstellung des Dokumentarfilms über die französischen Beziehungen mit Aserbaidschan und anderen Ländern der Kaukasusregion beschäftigt, es fiel mir jedoch schwer, mich zu konzentrieren. Ich hatte keinen Appetit. Ich schlief schlecht. Kurzum, es ging mir nicht gut. Immer wieder übermannten mich beängstigende Details dessen, was ich erlebt hatte: Bilder von den Toten blitzten vor meinem geistigen Auge auf; und immer wieder überfiel mich ohne Vorwarnung dieser schreckliche beißende Geruch, der mir entgegengeschlagen war, als ich die Räumlichkeiten von *Charlie Hebdo* betreten hatte. Wann immer ich jemanden schlaff und reglos irgendwo liegen sah – auf einem Sofa, einer Bank oder auf der Straße –, spürte ich physischen Stress. Auch ertappte ich mich häufig dabei, wie ich über eine ganz bestimmte Sache im Zusammenhang mit dem Attentat grübelte: Was konnte ich als Journalist tun? Was war die angemessene journalistische Antwort auf ein Verbrechen, das sich gegen die Medien richtete? Wie konnte ich den Märtyrern von *Charlie Hebdo* meine Ehre erweisen und sie auf gewaltfreie Weise rächen?

Und ich verfolgte in jenen Wochen weiterhin die traurigen Nachrichten über Khadijas Schicksal. Die Anklage wegen Anstiftung zum Selbstmord wurde recht schnell fallen gelassen, doch noch immer wurde Khadija in einem Gefängnis in Baku festgehalten. Die Staatsanwaltschaft hatte bald eine Reihe neuer Anklagen erhoben; sie zielten auf die beliebte Radiosendung in *Radio Free Europe* ab, die Khadija betreut hatte. Sie habe keine richtige Lizenz für ihre Radioredaktion, lautete die Anklage. Sie vermeide Steuern, indem sie Freelancer statt Angestellte beschäftigt habe. Sie habe sich nicht beim aserbaidschanischen Außenministerium registrieren lassen, ehe sie als Journalistin für ausländische Medien gearbeitet habe. Sie warfen ihr jede Menge erfundener Verstöße vor, die sich zu der allgemeinen Anklage »illegalen Unternehmertums« summierten.

Die Regierung Alijew hatte ganz offensichtlich vor, sie so schnell wie möglich zu einer Haftstrafe verurteilen zu lassen, und ich wollte nicht noch dazu beitragen oder den Anklägern zusätzlich Wasser auf ihre Mühlen geben. Daher schrieb ich Khadija, ich sei gern bereit, sie aus dem Film, an dem ich arbeitete, herauszuhalten, wenn ihr das vor Gericht helfe.

Ein paar Wochen später, am 20. März 2015, bekam ich eine kurze, auf einem Fetzen karierten Notizpapiers gekritzelte Nachricht aus einer Gefängniszelle in Baku. Sie war nur zweiundachtzig Worte lang, hatte es jedoch in sich: »Laurent«, schrieb Khadija, »ich wusste, dass ich verhaftet werden würde. Ich bin noch genauso stark und habe noch einen genauso kühlen Kopf, wie als wir uns trafen. Ich lasse mich von diesen falschen Anschuldigungen gegen mich nicht beirren. Ist dein Film fertig? Denk daran: Es ist sehr wichtig, die Korruption offenzulegen …«

Und so trat Khadija, die darauf beharrt hatte, in dem Dokumentarfilm auf, der in der ersten Septemberwoche in der Sendung *Cash Investigation* ausgestrahlt wurde, zufällig derselben Woche, in der Khadija aus der Untersuchungshaft in ein aserbaidschanisches Gefängnis verlegt wurde. Alijews juristische Handlanger hatten sie wegen einer Handvoll Wirtschaftsvergehen angeklagt und sie zu siebeneinhalb Jahren Gefängnis verurteilt. Khadija ließ sich angesichts dieses Martyriums keinerlei Schwäche anmerken, im Gegenteil, sie zeigte sich kampfeslustig bis hin zur Sorglosigkeit. »Das Gefängnis bedeutet nicht das Lebensende«, sagte sie. »Im Gegenteil ist es eine unvergleichliche Gelegenheit. Ich nehme die Herausforderung an und werde die Zeit nutzen, um ein Buch zu übersetzen und zu schreiben.«

Selbst auf dem Weg in ihre siebeneinhalbjährige Haft duckte sie sich nicht. Sie hatte schon vor langer Zeit geschworen, sich nicht mundtot machen zu lassen: »Der Grund meiner Haftstrafe sind meine Antikorruptionsrecherchen. Der Regierung passt meine journalistische Arbeit nicht. Ich bin im Begriff, drei Investigativprojekte abzuschließen, und werde dafür sorgen, dass sie fertiggestellt sind, bevor etwas passiert. Falls nicht, werden meine Redakteure und Kollegen sie fertigstellen und veröffentlichen.«

Dieser einfache, geradlinige Satz (»Falls nicht, werden meine Redakteure und Kollegen sie fertigstellen und veröffentlichen.«) war die Saat, aus der die Idee zu Forbidden Stories erwuchs. *Wenn ich meine Arbeit nicht abschließen kann, verlasse ich mich darauf, dass ihr es für mich zu Ende bringt.* Fünf Jahre später war aus der Idee hier, in einem Büro, nur einen Kilometer von meinem alten Bürositz in der Rue Nicolas-Appert entfernt, Wirklichkeit geworden. Wir von Forbidden Stories befanden uns bereits mitten in unserem dritten großen Investigativprojekt.

Noch immer ließ ich den Blick durch den Raum schweifen, während Sandrine redete, und wurde von leichten Zweifeln geplagt. Wir waren eine neue Organisation, jung in jeder Hinsicht. Das Durchschnittsalter unseres Kernreporterteams betrug fünfundzwanzig. Diese neuen Recherchen, die wir gerade in Betracht zogen, hatten das Potenzial, zu Enthüllungen vom Kaliber Wikileaks oder denen Edward Snowdens zu werden, sehr viel größer und heikler als alles, was Forbidden Stories je angepackt hatte – mit einem entsprechend größeren Gefahrenpotenzial. Wir waren uns sicher: NSO würde uns jede Menge Knüppel zwischen die Beine werfen. Die Firma verfügte über gigantische finanzielle Ressourcen und stand unter dem Schutz mächtiger Militärs und Geheimdienstfunktionäre im Dienste der israelischen Regierung. Zu ihren Kunden, den Endnutzern von Pegasus, zählten Regimes, die bekannt dafür waren, auf alle loszugehen, die ihnen in die Quere kamen, und die mächtig genug waren, ihnen zu schaden.

Aber sollte jemand aus unserem Team eingeschüchtert gewesen

sein von der Aussicht, die Nachforschungen über diese skrupellose Internetüberwachung aufzunehmen, so war es an diesem Tag niemandem anzumerken. Paloma war die Erste, die Sandrine Fragen zu den Pegasus-Recherchen stellte, und der Rest des Teams folgte ihrem Beispiel: Wann konnten die Teammitglieder damit rechnen, Zugang zu der Liste zu bekommen? Wie sah der Zeitplan aus? Würden wir diese neue Arbeit beginnen, noch bevor wir das Cartel Project fertiggestellt hätten? Wie lange würden wir vermutlich dafür brauchen? Wann ungefähr würden wir versuchen, unsere Erkenntnisse zu veröffentlichen? Was wären unsere ersten Schritte?

Kapitel 3
Erste Schritte

Sandrine

Die Größe der Aufgabe, die vor uns lag, war schwindelerregend. Fünfzigtausend potenzielle Spuren, verteilt über die ganze Welt. Zumindest für mich war das schwindelerregend. Die einzige Hoffnung, so viel wusste ich, bestand darin, sich am Riemen zu reißen und methodisch vorzugehen – ein Schritt nach dem anderen. Was der erste Schritt sein musste, war nicht schwer zu entscheiden: Wir mussten mit der Auswertung der Liste beginnen. Wir vertrauten der Quelle, aus der sie stammte, doch war Vertrauen allein eine ausreichend tragfähige Grundlage für eine so gewichtige Recherche? Mit einer Geschichte, die ausschließlich auf den Daten der Liste basierte, würden wir nie an die Öffentlichkeit gehen. Wir mussten die Daten unabhängig von der Quelle verifizieren, mussten die Bedeutung dieser gigantischen Liste von Mobilfunknummern, die uns zugespielt worden war, verstehen und interpretieren. Wenn eine Handynummer auf der Liste erschien, bedeutete das, dass das betreffende Handy bereits mit der Spyware infiziert war, dass es ein Zielobjekt für eine Infizierung war oder nur eine Auswahl möglicher Angriffsziele? Und handelte es sich bei einer eventuell installierten Spyware in jedem Fall um das Pegasus-System von NSO? Das würden wir herausfinden müssen, und es würde Zeit kosten. Wir mussten möglichst vielen der in die Zehntausende gehenden Telefonnummern auf der Liste einen Namen zuordnen und mussten mindestens eine Handvoll dieser Personen dazu bringen, uns ihr Handy nach Anzeichen für eine Infizierung mit der Spionagesoftware Pegasus untersuchen zu lassen.

Einen kleinen Startvorteil hatten wir: Unsere Arbeit am Cartel Project. Wir hatten erfahren, dass mexikanische Akteure – staatliche und vielleicht auch andere – die aktivsten Endnutzer der NSO-Spyware waren, und die Liste bestätigte diese Annahme. In mehr als fünfzehntausend Fällen waren es Akteure in Mexiko, die die Aufnahme der betreffenden Nummern in die Liste veranlasst hatten. Eines der ersten Dinge, die wir im Rahmen unserer Arbeit am Cartel Project getan hatten, war die Erstellung einer Liste aller in den zurückliegenden Jahren in Mexiko ermordeten Journalisten gewesen. Wir richteten nunmehr eine neue Untergruppe ein mit den Namen aller mexikanischen Journalisten, die seit 2016 – aus diesem Jahr stammten die ältesten Zeitstempel in der Liste – ermordet worden waren. Wir hängten die Liste mit den Namen an eine Pinnwand und baten Paloma und eine Praktikantin, herauszufinden, welche Mobilfunknummer jedes dieser Mordopfer zum Zeitpunkt seines bzw. ihres Todes benutzt hatte. Vielleicht würde es Übereinstimmungen mit Nummern auf der Liste geben. Vielleicht hatten einige der Ermordeten sogar ihr Handy hinterlassen, sodass wir es einer forensischen Analyse unterziehen konnten.

Die restlichen Teammitglieder halfen mit bei der Beschaffung mexikanischer Telefonverzeichnisse, die uns gute Dienste leisten würden bei dem Versuch, so viele mexikanische Nummern auf der Liste zu identifizieren wie möglich. Das war freilich nur der erste von vielen, vielen Schritten, und meine Aufgabe war es, nicht nur den ersten Schritt zu konzipieren, sondern auch den letzten und sämtliche Zwischenschritte, die wir gehen mussten, um zu einem publizierbaren Ergebnis zu gelangen. Ich fühlte mich wie jemand, dem die Aufgabe übertragen worden ist, durch das Auslegen von Trittsteinen einen Übergang über einen breiten Wasserlauf unbekannter Tiefe zu schaffen, eines Wasserlaufs mit gefährlichen Strömungen und noch nicht erkennbaren Stromschnellen und wahrscheinlich auch mit aggressiven Krokodilen, die das andere Ufer bewachten. Die ganze Zeit über würden wir die Anonymität unserer Quelle sicherstellen müssen, die in realer Gefahr schwebte, ihre Gesundheit oder gar ihr Leben zu verlieren, wenn ihre Identität bekannt würde.

Ein weiterer Stressfaktor bei der Ausarbeitung eines Plans für diese Recherche resultierte aus der Erkenntnis, dass wir den Anforderungen an Geheimhaltung und Sicherheit am besten dadurch gerecht würden, dass wir die Arbeit im engsten »Familienkreis« von Forbidden Stories und dem Security Lab von Amnesty International erledigten. Mit jedem weiteren von außen rekrutierten Projektmitarbeiter würde sich die Wahrscheinlichkeit erhöhen, dass jemand Wind von unserer Recherche bekam. Die Geheimdienste von Ländern wie Saudi-Arabien, Marokko, den VAE oder Israel (oder die eines Dutzends weiterer Staaten, die kein Interesse daran hatten, dass Informationen über Pegasus an die Öffentlichkeit gelangten) beobachteten mit Sicherheit aufmerksam die digitale Landschaft auf der Suche nach unbefugten Schnüfflern. Ein falscher Schritt eines unserer Mitarbeiter konnte uns alle enttarnen.

Andererseits war es angesichts des gigantischen Volumens der aufzuarbeitenden Daten allein aus praktischen Gründen fast undenkbar, diese Recherche ohne die Mitarbeit fähiger Reporter und Redakteure aus vielen der relevanten Länder zu schaffen. Dazu kam: Eine der ideellen Grundfesten von Forbidden Stories ist der kollaborative Journalismus. Wir waren als Gruppe erst drei Jahre alt und noch voll dabei, ein Netzwerk von Partnern zu knüpfen und uns deren Vertrauen zu verdienen. Je mehr Partner wir an Bord holen konnten, desto besser.

Meine Aufgabe bestand also darin, den unvermeidlichen Balanceakt zu schaffen: einerseits das wahrscheinlich größte Exempel eines kooperativen Journalismus zu statuieren, das wir jemals in Angriff genommen hatten, und andererseits dabei die größtmögliche Sicherheit zu wahren – wir mussten auswählen, welche Medienpartner aus aller Welt wir für die Recherchearbeit gewinnen wollten, und wir mussten den genauen Zeitpunkt festlegen, an dem wir sie an Bord holen würden. Wir mussten ihnen dann die Zusage abringen, *alle* ihre Erkenntnisse mit *allen* Partnern zu teilen, keine ganz einfache Sache für Journalisten, bei denen normalerweise Konkurrenzdenken und Exklusivität hoch im Kurs stehen; wir mussten für das Projekt einen plausiblen Zeitplan ausarbeiten, in Absprache mit allen Beteiligten ein Veröffentlichungsdatum festlegen und die Partner überzeugen, sich an eine vorher verabredete Veröffentlichungsreihenfolge zu halten. Nicht zuletzt mussten wir auch Sicherheitsprotokolle für die Kommunikation zwischen allen Partnern einrichten.

Die gute Nachricht lautete: Claudio und Donncha waren mehr als qualifiziert dafür, die Sicherheitsprotokolle zu konzipieren. Und was geheime journalistische Recherchearbeit auf höchstem Niveau und mit hohem Einsatz betraf, hatten wir einen wirklich guten Ansprechpartner, bei dem wir uns Rat und Hilfe holen konnten. Vielleicht den besten.

»Wir würden gerne ein Telefonat mit dir führen«, schrieb Laurent in einer sicheren Messenger-App an Bastian Obermayer, »aber eine Mobilfunkverbindung kommt dafür nicht infrage. Hast du ein Gerät ohne SIM-Karte?«

Bastian schrieb postwendend zurück: »Habe ich! Dank John Doe.« Offenbar fand er es aufregend, das Gerät wieder einmal zu nutzen. Und was für ein Gerät es war! – Bastian und sein Kollege Frederik Obermaier hatten über dieses Tool mit dem vielleicht berühmtesten John Doe in den Annalen des Journalismus kommuniziert. Jener John Doe hatte an einem Abend Anfang 2015 Bastian Obermayer aus heiterem Himmel angepingt mit der Frage: »Interesse an Daten? Teile gerne.«

Dieses Angebot an einen Investigativjournalisten der *Süddeutschen Zeitung* wuchs sich im Verlauf eines Jahres zu der bis dahin größten Lawine geleakter Daten in der Geschichte des Journalismus aus – mit mehr als elf Millionen E-Mails, Texten und Firmenunterlagen im Gesamtumfang von 2,6 Terabyte, alles aus dem Bestand einer einzigen, aber ungeheuer produktiven Anwaltskanzlei in Panama. Das Datenleck offenbarte die Existenz von mehr als 200 000 Briefkastenfirmen, die die Kanzlei Mossack Fonseca gegründet hatte, zum Nutzen von Staatsmännern, Politikern, Milliardären, Drogenzaren, Topmanagern, Kunsthändlern und anderen.

Ihren rechtlichen Sitz hatten alle diese Firmen in Ländern mit laxer Steuergesetzgebung, die wenig für finanzielle Transparenz übrighatten: Panama, Virgin Islands, Bahamas, Samoa, Hongkong oder die US-Bundesstaaten Delaware, Nevada und Wyoming. Das Schönste an den Offshore-Firmen war aus Sicht der Mandanten von Mossack Fonseca, dass die wahren Eigentümer den Blicken der Öffentlichkeit entzogen waren. Das machte sie zu perfekten Vehikeln für Steuervermeidung, Steuerhinterziehung, Geldwäsche, finanzielles Freibeutertum jeder Art – und gab Leuten wie Teodorin Obiang, den Forst- und Landwirtschaftsminister von Äquatorialguinea, Präsident Ilham Alijew von Aserbaidschan oder dem russischen Staatspräsidenten Wladimir Putin die Möglichkeit, die natürlichen Ressourcen ihrer Länder zum eigenen Vergnügen und Vorteil zu plündern.

Bastian und Frederik hatten sich anfänglich überwältigt gefühlt von dem himalajahohen Gebirge unsortierter Daten, zumal dauernd neue dazukamen. Ihr Redakteur bei der *Süddeutschen Zeitung* war sich sofort darüber im Klaren, dass kein Medienhaus der Welt über die Ressourcen verfügte, eine solche Megarecherche mit der Gründlichkeit durchzuführen, die nötig war, um maximale Wirkung zu erzielen. So trafen Bastian, Frederik und ihr Redakteur eine wirklich epochale Entscheidung: Sie beschlossen, das massive Datenleak mit dem International Consortium of Investigative Journalists (ICIJ) zu teilen, das mithalf, die Panama Papers zum größten Projekt eines kollaborativen Journalismus in der Geschichte zu machen. Als im April 2016, nach mehr als einem Jahr investigativer Recherchearbeit, die ersten Veröffentlichungen über die Panama Papers erschienen, hatten mehr als vierhundert Journalisten von über hundert Nachrichtenmedien in aller Welt daran mitgearbeitet.

In Europa, Asien, Afrika und Amerika beherrschte die Geschichte die Titelseiten und Schlagzeilen, einschließlich einiger der angesehensten Zeitungen, Zeitschriften und Fernsehsender auf dem Planeten. Staatsmänner und Unternehmensvorstände sahen sich durch die Enthüllung ihrer Korruption an den Pranger gestellt, und in einem Fall halfen die Panama Papers mit, einen ehemaligen Chef des Wahlkampfteams eines siegreichen US-Präsidentschaftskandidaten der Korruption zu überführen. Sie bewirkten des Weiteren, dass die verbreitete Steuervermeidung der Wohlhabenden auf der Tagesordnung einer ganzen Reihe staatlicher und internationaler Organisationen wie der G20 landete. Ein ehemaliger Präsident Südafrikas nannte die Panama Papers »einen massiven Schlag gegen finanzielle Verschwiegenheit«. Die Enthüllungsgeschichte über die Panama Papers wurde mit mehreren Auszeichnungen für investigativen und aufklärerischen Journalismus belohnt, unter anderem mit dem Pulitzer-Preis.

Die Panama Papers machten den damals 38 Jahre alten Bastian Obermayer zu einem der anerkanntesten und angesehensten investigativen Reporter der Welt – und zum Gesicht des kollaborativen Journalismus. Wer wäre ein besserer Kandidat für einen Plausch über die Frage gewesen, wie wir es anstellen sollten, unseren eigenen mutmaßlichen Mammut-Leak auf die Beine zu stellen? Es schadete nicht, dass Bastian und Laurent Freunde waren.

Die beiden hatten das akademische Jahr 2016–17 als Stipendiaten des Knight-Wallace Fellowship Program an der Universität von Michigan verbracht und sich dort angefreundet. Als Laurent nach Ann Arbor kam, hatte er strapaziöse achtzehn Monate hinter sich, mit dem Charlie-Hebdo-Massaker, der Verhaftung und Gefangensetzung von Khadija Ismayilova und einer unbegründeten, aber dennoch bedrohlichen Beleidigungsklage gegen ihn – und als Coup de Grâce war eine Wirbelsäulenverletzung dazugekommen, die er sich bei einem Autounfall auf einer Reportagereise im Irak zugezogen hatte. Laurent hatte beschlossen, sich für ein Jahr von der Mühsal des investigativen Journalismus zu verabschieden, und das Stipendium in Michigan verschaffte ihm die Gelegenheit, die Pausetaste lange genug gedrückt zu halten, seine Projektidee Forbidden Stories zum Fliegen zu bringen und ihre Finanzierung anzuleiern. Er ging davon aus, Bastian, der vielleicht berühmteste Stipendiat in der Geschichte der Knight-Wallace Fellowship, habe sich hauptsächlich deshalb für Michigan entschieden, weil er nach einem aufreibenden Jahr der Arbeit an den Panama Papers Ruhe und Erholung brauchte.

Wie Laurent mir später anvertraute, konnte er es zwar kaum erwarten, Bastian seine Ideen zu Forbidden Stories vorzutragen, hatte aber auch seine Zweifel. Falls sich das Gesicht des kollaborativen Journalismus für seine Idee nicht erwärmen könnte, wäre das ein verheerender Rückschlag. Doch Bastian zeigte sich von der Idee angetan; und nicht nur das, er wurde für Laurent zum perfekten Resonanzkörper und Sparringspartner. Bei Kaffee oder Bier tauschten Laurent und der Held der Panama Papers spontane Ideen darüber aus, wie man am besten ein Team zusammenstellen, wo man Gelder lockermachen und wie man Förderanträge so formulieren konnte, dass sie bewilligt wurden. Bastian fand auch die Schwachpunkte in Laurents Projektidee und spießte sie auf: *Stimmt schon, dass die meisten erfolgreichen Kooperationen international aufgestellt sind, aber wie überzeugst du Leute in den USA davon, eine in Kambodscha oder Sierra Leone oder Marokko spielende Geschichte spannend zu finden?* Das Beste war, dass Bastian persönliches Engagement für Forbidden Stories, ja eine Passion für die Idee entwickelte. Er führte Laurent potenzielle Geldgeber zu, stellte ihn wichtigen Leuten vom ICIJ vor und erklärte sich sogar bereit, in den Vorstand von Forbidden Stories einzutreten.

* * *

Als wir Bastian auf seinem SIM-freien Gerät erreichten und ihm in groben Zügen erklärten, was es mit unserem großen Cyberüberwachungs-Leak auf sich hatte, zeigte er sich von dem, was wir ihm über die Massen nicht zugeordneter Daten und die in die Zehntausende gehenden potenziellen Zielpersonen in Dutzenden Ländern erzählten, nicht im Mindesten beeindruckt. Er schaltete von Anfang an in den Ja-Modus und gab uns einige wirklich wichtige Tipps aufgrund seiner Erfahrungen mit den Panama Papers. Als Allererstes versicherte er uns, dass wir mit unserer instinktiven Entscheidung richtiglagen, den Schutz unserer Quelle zu unserem obersten Gebot zu machen. Er selbst hatte nie auch nur einem der mehreren Hundert an den Recherchen zu den Panama Papers beteiligten Journalisten irgendetwas über seinen »John Doe« erzählt, das diesen identifizierbar gemacht hätte, auch wenn sie noch so oft versucht hatten, ihm etwas zu entlocken. Jeder Kollege, den wir in unsere Recherchemannschaft aufnahmen, würde, sagte Bastian, schlicht und einfach unserer Zusicherung vertrauen müssen, dass die Quelle zuverlässig war. (Bastian, der besser als jeder andere beurteilen konnte, unter welchem Druck wir standen, fragte uns nie nach der Identität unserer Quelle.) Er hieß unseren Plan gut, das Projektteam in konzentrischen Kreisen zu erweitern, um die Gewähr für Sicherheit und Kontrolle zu haben. Erster Kreis: unser internes Kernteam für die Analyse der Daten. Zweiter Kreis: Hinzuziehung einer kleinen Gruppe von vier bis fünf Partnern, denen wir vertrauen konnten, aber unter der Bedingung, dass von jedem dieser Partner nur jeweils ein Journalist und ein Redakteur dabei sein durfte. Außer diesen beiden sollte niemand in den betreffenden Redaktionen etwas erfahren, selbst dann nicht, wenn sie uns bei der Identifizierung potenzieller Opfer halfen. Waren wir erst einmal überzeugt, dass die Daten uns zu realen Geschichten von realer Relevanz führen würden, könnten wir das Team deutlich vergrößern, um die Geschichten zu schreiben, die wir in den Mittelpunkt stellen wollten, sie in einen politischen Kontext zu stellen, und die Opfer der Pegasus-Überwachung ihre persönlichen Geschichten erzählen lassen. Bastian gab uns auch den dringenden Rat, den Angehörigen des ersten Kreises nie etwas zu sagen, das wir nicht auch bereit wären, denen des erweiterten Kreises zu sagen.

Jetzt, da unser Forbidden-Stories-Team mit der Arbeit begonnen hatte und wir uns Bastians Unterstützung und Beratung sicher sein konnten, beraumte ich ein zweites Treffen in Berlin an, mit Claudio und seiner Chefin vom Security Lab von Amnesty International. Wir befanden uns noch in einem sehr frühen Stadium unserer Partnerschaft, und es gab noch jede Menge Fragen zu Themen wie Sicherheit, Logistik und Aufteilung von Verantwortlichkeiten, die zwischen unseren sehr unterschiedlichen Organisationen ausgehandelt werden mussten. Forbidden Stories war ein kleiner und sehr neuer Akteur, Amnesty International hingegen eine renommierte Institution mit Tausenden Mitarbeitern, mit Niederlassungen in mehr als siebzig Ländern und mit politischen Vorgaben, die sie zu beachten hatte. Amnesty hatte geniale Technik-Gurus in ihren Reihen; wir waren technisch unbeleckt. Sie waren Menschenrechtsaktivisten, wir Journalisten. Wir hatten keine andere Wahl, als zusammen loszumarschieren und zu schauen, wohin der Weg führte. Wir waren nach unserem Gefühl so weit, dass wir unser Konzept für die Durchführung unseres Teils des schwierigen Projekts vorstellen und uns das Konzept des Security Labs anhören konnten. Als ich Bastian fragte, ob er bereit wäre, in den kommenden Wochen einmal aus München, wo er lebte, nach Berlin zu kommen, sagte er Ja.

Die Reise nach Berlin gemahnte uns daran, dass auch die wasserdichtesten Pläne unter Umständen rekalibriert und spontan umgestellt werden müssen, insbesondere in Covid-Zeiten. Als der verabredete Zeitpunkt kam, teilte Bastian uns mit, er könne wegen einer persönlichen Angelegenheit nicht aus München weg; er schlug vor, an unseren Besprechungen mit den Leuten von Amnesty International über eine sichere Videokonferenz-App teilzunehmen. Es gab viel zu diskutieren. Wir alle wussten, dass die Daten zu diesem Zeitpunkt immer noch kaum mehr waren als eine Lawine von Telefonnummern und Zeitstempeln. Und selbst wenn wir irgendwann viele dieser Nummern mit Personen verknüpft haben würden, hätten wir damit noch nichts bewiesen. Nicht einmal, dass die Daten etwas mit NSO und seiner Pegasus-Spyware zu tun hatten. Bastian hatte uns darauf aufmerksam gemacht, dass die Zwickmühle, vor der wir standen, sich sehr von der unterschied, mit der er es bei den Panama Papers zu tun gehabt hatte. Sein Problem war es gewesen, sehr komplizierte und verwickelte finanzielle Machenschaften einem Laienpublikum zu erklären. Doch die meisten Akteure – die panamaische Anwaltskanzlei, die die Netzwerke an Offshore-Firmen verwaltete, die Firmen, die als Geschäftsführer fungierenden Strohmänner, die ihre Unterschrift unter die amtlichen Dokumente setzten, und auch die wirklichen Eigentümer – waren in den Daten namentlich benannt, sprangen einem in Millionen E-Mails, Eintragungsurkunden und dergleichen entgegen.

Eine unserer schwierigsten Aufgaben würde es sein, Beweise für Spähangriffe auf die Telefone zu finden, um unsere Aussage zu untermauern, dass die Daten der Liste tatsächlich für Personen standen, deren Handy bereits mit Pegasus infiziert war oder die Angriffsziele waren. Es war in erster Linie Claudio Guarnieris professionelle Expertise, die uns darauf hoffen ließ, diesen Beweis erbringen zu können. Claudio hatte Jahre damit verbracht, NSO und anderen privaten profitorientierten Anbietern von Cyberüberwachungssystemen nachzustellen. Er und Donncha waren dabei, ein forensisches Instrumentarium zu entwickeln, das es ihnen ermöglichen würde, Spuren des Pegasus-Programms aufzuspüren, die die NSO-Techniker in den Systemdateien infizierter Mobiltelefone hinterließen. Ohne Claudio und seine Hightech-Werkzeuge war die Liste nicht viel mehr als eine Ansammlung digitaler Hieroglyphen.

Wir brauchten das Security Lab, aber das Security Lab brauchte uns ebenfalls. Unsere Aufgabe würde es sein, infizierte Zielpersonen mit Überzeugungsarbeit dazu zu bringen, dass sie ihr Handy Claudio und Donncha für eine invasive digitalforensische Analyse überließen. Das Security Lab würde den Lesern unserer Reportage erklären, *wie* die Spionagesoftware von Pegasus funktionierte, während Forbidden Stories und seine Partner im Idealfall Erklärungen dafür liefern würden, *warum* die NSO-Kunden ihre jeweiligen Zielpersonen ausgewählt hatten und welche Folgen das Ausspähen für die Zielpersonen hatte. Eine weitere Aufgabe von Forbidden Stories und seinen Partnern würde sein, die wichtigste Erwartung der Leute vom Security Lab zu erfüllen: dafür zu sorgen, dass das Ergebnis ihrer mühevollen Arbeit auf dem Marktplatz der Öffentlichkeit mit einem Donnerhall einschlug, den niemand ignorieren oder wegwischen konnte.

Claudio und Donncha wollten etwas bewirken, und zwar etwas, das Menschenrechtsaktivisten helfen würde, sich gegen die Einschüchterungsversuche zu wehren, denen so viele in ihren Heimatländern ausgesetzt waren. Eines der zentralen Anliegen von Amnesty International war es, die mutigen Menschen zu schützen, die sich bemühten, »Verstöße gegen die Menschenrechte aufzudecken und Personen für diese Menschenrechtsverletzungen zur Verantwortung zu ziehen«, hatte Claudios Vorgesetzte bei Amnesty Tech, Danna Ingleton, vor Kurzem erklärt. »Wir wollen dafür sorgen, Risiken zu identifizieren und abzuwenden, bevor sie eintreten.«

Danna kam im Oktober 2020 mit Claudio und Donncha nach Berlin, dieses Mal in ein anderes Airbnb-Apartment. Claudio war, wie wir ihn kannten: wortkarg, punktgenau, keine überflüssigen Worte oder Gesten. Der Aufkleber »Tut uns leid, wenn wir ungelegen kommen, aber das hier ist eine Revolution« prangte noch immer auf seinem Laptop, und auch die eng über den Schädel gezogene Skimütze war noch da. Auf seinem T-Shirt stand: »Police the Police.« Er wirkte ein wenig freundlicher, vertraulicher, aber noch immer distanziert. Wie er uns später gestand, ging ihm in dem Augenblick die Frage durch den Kopf: *Worauf lassen wir uns hier ein?* »Da war eine Menge Unsicherheit im Spiel. Teilweise wussten wir nicht, was die Daten bedeuteten. Aber ich glaube, wir hatten auch die Sorge, dass ihr als Journalisten vielleicht zu viel in die Daten hineininterpretiert und sie mit Bedeutung überladet – den Daten etwas zuschreibt, das nicht drinsteckt.«

Es war unsere erste persönliche Begegnung mit Danna, doch ließ sie von Anfang an keinen Zweifel daran, dass sie überzeugt war, dass wir dieses Projekt nur über die Ziellinie bringen konnten, wenn wir den Weg gemeinsam gingen. Arm in Arm. Claudio und Donncha waren die Meister der Forensik, Danna diejenige, die bei Amnesty Tech die Entscheidungen traf. Sie hatte die Befugnis, den Startknopf zu drücken. Was ihr wichtiger war als alles andere und absoluten Vorrang für sie hatte, war die Wahrung der Anonymität der Quelle. Darin waren wir uns einig.

Ich bestritt weite Teile der ersten Runde unserer Besprechung damit, unseren Vorgehensplan zu erläutern, der im Wesentlichen das Ergebnis unserer Diskussionen mit Bastian war, ergänzt um einige Konkretisierungen. Wir erklärten Danna und Claudio das Prinzip der beiden konzentrischen Kreise: eines inneren Kreises mit einem

Kernteam aus einigen wenigen Kollegen von den Medienpartnern, denen wir am meisten vertrauten, und des zweiten Kreises, in den wir so viele Reporter aus aller Welt aufnehmen würden, wie wir brauchten, um den aussichtsreichsten Spuren nachzugehen. Wir erklärten, dass wir erst unser laufendes Projekt, das Cartel Project, in sichere Gewässer navigieren mussten, bevor wir uns kopfüber in die Pegasus-Recherche stürzen konnten. Das bedeutete, dass wir die Kandidaten für den ersten Kreis unmittelbar nach dem Jahreswechsel, im Januar 2021, in das Pegasus-Projekt einweihen würden; dann würden wir uns als Gruppe zusammensetzen und bis Anfang März die Elemente und Etappen der Recherchearbeit konkretisieren. Unser Plan war, uns dafür in Paris zu treffen.

Die ersten Monate würden wir mit dieser kleinen Gruppe arbeiten, möglichst viele Zielpersonen identifizieren und möglichst viele Handys für die digitalforensische Analyse akquirieren. Wenn wir uns einigermaßen sicher waren, dass wirklich die Firma NSO und ihre Kunden in diese massive Cyberspionage verwickelt waren und wir die Storys festgelegt hatten, über die wir schreiben wollten, käme der zweite, erweiterte Kreis ins Spiel. Von diesem Punkt an würden wir unserer Schätzung nach weitere sechs bis acht Wochen brauchen, bis wir veröffentlichen konnten. Es war uns bewusst, dass diese letzten zwei Monate für alle die heikelsten sein würden: für Forbidden Stories, für unsere Partner, für das Security Lab und insbesondere für unsere Quelle. Je länger die Recherche dauerte, je mehr Partner dazukamen und je mehr Menschen erfuhren, dass sie eventuell Zielpersonen waren, desto größer wurde das Risiko, bemerkt zu werden. Das bedeutete, dass wir darauf achten mussten, unser Zeitbudget nicht überzustrapazieren. Wir sagten Danna und Claudio, dass wir hofften, die Geschichte im Juni 2021 publizieren zu können.

Laurent und ich waren auf die Sicherheitsprotokolle gespannt, die zu definieren die Aufgabe Claudios und seines Teams war. Sie mussten unsere Kommunikation – sowohl die mit dem Security Lab als auch die mit allen unseren Medienpartnern – so gestalten, dass wir sie unbesorgt nutzen konnten. Dazu gehörte die Einrichtung einer sicheren Website, auf der eine wachsende Zahl von Mitarbeitern ihre jeweils neuesten Rechercheergebnisse in Realzeit miteinander teilen konnten. Ich lernte einige interessante Lektionen über Onlinesicherheit aus den Gesprächen zwischen Claudio und Donncha. Weniger wichtig, als zu verstehen, wann und wo man sich auf sicherem Terrain befand, war es, so begriff ich, zu verstehen, wann und wo man angreifbar war. Und das war man praktisch überall im digitalen Universum. Bei den beiden hörte sich das so an:

»Wir operieren unter der Annahme, dass jedes Gerät gehackt werden kann.«

»Und das ist der Grund, weshalb wir unsere Handys ausschalten und in einem separaten Raum deponieren, [wenn wir sensible Dinge besprechen], obwohl wir sie regelmäßig durchchecken. Oder wir verlassen das Büro und machen einen Spaziergang.«

»Wenn ich mir über jeden möglichen Angriff den Kopf zerbrechen und mir Gedanken machen müsste, ob ich in der Lage wäre, ihn zu entdecken, wäre das schlicht unmöglich. Ich müsste jedes einzelne Gerät durchchecken. Den Raum mit unserem F-Scanner und einigen anderen Instrumenten absuchen und in jede Steckdose reinschauen. Ich müsste sicherstellen, dass nicht von irgendwoher eine Antenne auf das Fenster gerichtet ist. Wie man sieht, ist das ein Ding der Unmöglichkeit. Deshalb müssen wir uns ein anderes Denken angewöhnen: ›Was kann ich tun, um diesen Aufwand auf einer operativen Ebene zu minimieren?‹ Und an dieser Stelle kommt die Einteilung in Bereiche ins Spiel. Dass man sich zum Beispiel an bestimmten Orten trifft und nicht an anderen. Oder wenn ich weiß, dass mein Handy gehackt werden kann, dann habe ich eben entweder kein Handy oder benutze es nicht für etwas Wichtiges. Bei wichtigen Anlässen habe ich es nicht dabei, oder sorge dafür, dass kein Mensch meine Telefonnummer kennt.«

»Mein Laptop hat Sicherheitsfunktionen, die ich in puncto Anonymisierung und Kontrolle und dergleichen durchaus verwenden kann. Aber ich nutze diesen Laptop nicht für persönliche Dinge und bringe ihn nicht mit, wenn ich zu Besprechungen [über Pegasus] komme. Wenn ich befürchten muss, dass jemand in meine Wohnung einbricht und es dort Dinge gibt, die kritisch sind und die ich keiner Gefahr aussetzen will, nehme ich diese Dinge mit, wenn ich aus dem Haus gehe. Das sind die Vorsichtsmaßnahmen, auf die es ankommt.«

»Was letzten Endes wirklich den Unterschied macht, sind die operativen Sicherheitsaspekte und nicht so sehr die digitalen. Darauf läuft es am Ende hinaus.«

Bastian schaffte es, sich nach ein paar Stunden über die sichere App in unsere Besprechung in Berlin einzuschalten, und konnte Dannas Bedenken gründlich ausräumen. Er hatte Erfahrung mit großen journalistischen Kollaborationen, in denen der Quellenschutz oberstes Gebot war, und erklärte ihr in seiner gewohnt direkten und resoluten Art, es gebe keinen Grund, warum Laurent und ich jemals irgendeinem unserer Medienpartner die Identität unserer Quelle preisgeben müssten. Entscheidend für die Publizierbarkeit der Geschichte sei letzten Endes, ob die Leute vom Security Lab auf Mobiltelefonen, deren Nummern auf der Liste standen, Beweise für eine Pegasus-Infektion fanden. Wenn das gelänge, hätten die Medienpartner, was sie brauchten, um mit der Geschichte an die Öffentlichkeit zu gehen; die Frage nach der Quelle des Leaks wäre dann irrelevant. Bliebe die forensische Analyse ergebnislos, gäbe es auch keine Story.

Eine weitere Entscheidung, die wir im Verlauf unserer zweitägigen Besprechungen in Berlin trafen, war, die Geschichte in einem Aufwasch herauszubringen. Wir hatten zunächst erwogen, die Veröffentlichung über mehrere Wochen oder gar Monate zu strecken, mit Fortsetzungskapiteln für einzelne geografische Regionen: eine Folge über die Golfstaaten, dann eine über Indien oder Mexiko oder Marokko. Das erschien uns aber zu riskant. Wir wussten, dass NSO ein auf Angriff gepoltes Anwaltsteam hatte, dem unserer Meinung nach zuzutrauen war, dass es dem einen oder anderen unserer Partner, der noch an seinem Kapitel der Geschichte arbeitete, Angst einjagen würde. Wir beschlossen daher, dass das Konsortium mit der Auftaktgeschichte weltweit am selben Tag herauskommen und dann im Verlauf etwa einer Woche eine Reihe von Reportagen nachschieben würde. Die Überschriften unserer Auftaktstory (immer vorausgesetzt, dass wir die forensischen Beweise liefern konnten) würden den Kern unserer neuen Partnerschaft treffen: den Punkt, wo sich die zentralen Anliegen von Forbidden Stories und Amnesty Tech überschnitten. Die ersten Artikel würden zeigen, in welchem erstaunlichen Umfang Pegasus schon jetzt benutzt wurde, um Journalisten und Menschenrechtler in aller Welt einzuschüchtern und zum Schweigen zu bringen.

Wir hatten das Gefühl, uns schon zu einem frühen Zeitpunkt unserer Besprechungen mit Claudio und Danna auf einen klaren Kurs verständigt zu haben. Mir stand deutlich vor Augen, welche Etappenziele wir erreichen mussten, um sicher zur Veröffentlichung zu gelangen. So langsam sah die Sache machbar aus.

Ein unerwartetes Problem tauchte während dieses Aufenthalts in Berlin dann doch noch auf: Claudio und Donncha hatten seit unserem letzten Treffen für viele weitere Telefonnummern aus der Liste die Identität ihrer Besitzer herausgefunden. Dabei hatte sich herausgestellt, was Claudio als gutes Zeichen wertete, dass unter den Identifizierten viele waren, deren Namen auch schon in einem Klageverfahren auftauchten, das WhatsApp 2019 in den USA gegen NSO angestrengt hatte. Darüber hinaus hatte das Security Lab aber auch die Namen zahlreicher Staatsbediensteter gefunden. Für die interessierte sich Claudio zwar nicht besonders – es war schließlich keine große Überraschung, dass Staaten andere Staaten ausspionierten, und abgesehen davon, standen Beamten jede Menge institutioneller Schutzmechanismen zu Gebote, sodass sie unserer Hilfe nicht bedurften –, aber er bat uns dennoch, einen Blick auf einige der Namen zu werfen, auf die Donncha und er gestoßen waren.

Laurent und ich nahmen daraufhin ein Cluster aus der Liste unter die Lupe, das allem Anschein nach Zielpersonen umfasste, die ein marokkanischer Kunde ausgewählt hatte. Es fanden sich darin die Namen von französischen Parlamentsabgeordneten und Mitgliedern der französischen Regierung. Und dann entdeckte ich einen

Namen, der mir kurz den Atem stocken ließ. »Laurent«, sagte ich und deutete mit dem Finger auf den Monitor, »schau dir das an.« *Macron – Emmanuel Macron*. Der amtierende Präsident der Französischen Republik. Das Staatsoberhaupt einer der angesehensten Demokratien Europas. *Unser Präsident* stand auf dieser Liste als potenzielle Zielperson. »Das ist ein gewaltiges Ding«, dachte ich, »und es bedeutet gewaltigen Ärger.«

Laurent sah das genauso. Was ihn sprachlos machte, war die Furchtlosigkeit – die Anmaßung, unangreifbar zu sein –, die hier jemand an den Tag legte, der glaubte, den französischen Staatspräsidenten ausspionieren zu können und damit durchzukommen. Das konnte doch nur jemand von einer Organisation sein, die alles tun würde, um diese Tatsache geheim zu halten. »Macron war der Name«, sagte Laurent später, »bei dem ich begriff, wie gefährlich es ist, Zugriff auf diese Liste zu haben.«

Uns war auf der Stelle klar, welche Komplikationen auf uns zukommen würden, sollten wir herausfinden, dass Kunden von NSO weitere Staatsoberhäupter als Zielpersonen der Spionagesoftware ausgewählt hatten. Wenn sich die Nachricht verbreitete, dass das persönliche Mobiltelefon von Emmanuel Macron oder anderer prominenter Staatslenker vom Nachrichtendienst eines anderen Landes gekapert worden war, würde das wahrscheinlich die Geschichte überschatten, die wir eigentlich erzählen wollten: über die von Pegasus ausgehende Bedrohung für Journalisten und Menschenrechtsaktivisten. Natürlich würde weder die französische noch irgendeine andere Regierung uns das Mobiltelefon eines ihrer hohen Staatsbeamten zur Analyse zur Verfügung stellen, schon gar nicht das Telefon ihres Staatsoberhaupts. Und was, wenn wir herausfanden, dass staatliche Auftraggeber von NSO, Länder wie Indien, Mexiko oder Ghana, Oppositionspolitiker, also ihre eigenen politischen Gegenspieler, als Zielpersonen benannt hatten? Solche Personen vertraulich anzusprechen, bevor wir mit der Geschichte an die Öffentlichkeit gingen, barg die Gefahr, dass unser Projekt auffliegen würde, bevor wir etwas Veröffentlichungsreifes in der Hand hatten. Von Politikern, die sich hintergangen fühlten und auf Vergeltung sannen, konnte man nicht erwarten, dass sie Vorsicht und Diskretion walten ließen, selbst wenn man sie dringend darum bat. Außerdem: Würden unsere Medienpartner aus diesen Ländern bereit sein, eine Geschichte, die auf ihrem heimischen Markt wie eine Bombe einschlagen würde, bis zum verabredeten Datum unserer weltweiten Veröffentlichung zurückzuhalten? Unter dem Strich lautete unsere Folgerung: Das Auftauchen von Emmanuel Macrons privater Handynummer in der Liste und alle daraus entspringenden Weiterungen würden sicherlich bewirken, dass wir mehr Medienpartner finden konnten, was eine noch größere Öffentlichkeit für unsere Geschichte bedeuten würde; aber wir mussten damit vorsichtig umgehen.

Diese neue Komplikation verblasste freilich neben dem akuten Problem, das wir hatten und zu dessen Lösung wir von Forbidden Stories so gut wie nichts beitragen konnten: ob es Claudio gelingen würde, mithilfe seiner forensischen Werkzeuge die Beweise zu erbringen, die wir dringend brauchten. Falls das Security Lab nicht in der Lage war, schlüssige Belege dafür zu liefern, dass die in der Liste enthaltenen Handys mit der Pegasus-Spyware infiziert waren, was uns in die Lage versetzen würde, Ross und Reiter zu nennen, würden NSO und seine Kunden – darunter einige der übelsten Regime der Welt – ihre Cyberüberwachung einfach fortsetzen können, mit der Kaltblütigkeit und Skrupellosigkeit, die man von Piraten und Freibeutern kannte. Und ihre Opfer würden weiterhin darunter zu leiden haben.

Ich hatte nicht die Ausbildung oder das Fachwissen, um mich in technische Aspekte der digitalforensischen Arbeit des Security Labs einklinken zu können, aber nach den vielen, vielen Stunden, die ich mit Claudio verbracht hatte, war mein Zutrauen in ihn gewachsen. Ich konnte ganz sicher sein, dass die Befürchtung, er könne die Geschichte über Gebühr hochjazzen, unbegründet war. Claudio war die Ruhe selbst, geradeheraus und ein gründlicher Denker – manchmal war seine Gründlichkeit nervtötend. Wenn ich ihm eine Frage stellte, folgte, insbesondere wenn es eine technische Frage war, immer eine Pause, bevor er antwortete. Ich konnte mir fast bildlich die Rädchen vorstellen, die in seinem Gehirn rotierten, wenn er sich die Antwort zurechtlegte, eine Antwort, die dann jedes Mal punktgenau und präzise ausfiel. Seine Bescheidenheit war nicht von dieser Welt. Das forensische Instrumentarium, das er und Donncha entwickelt hatten, war, wie sie uns immer wieder versicherten, nicht perfekt, aber was war schon perfekt? Das Entscheidende war, es im Verlauf der Recherchearbeit schrittweise zu verbessern. Der Erfolg ihrer Arbeit würde die Frucht ihrer Einsatzbereitschaft, Geduld und Gewissenhaftigkeit sein; er würde davon abhängen, ob sie bei der forensischen Analyse besser waren als die Techniker von NSO in ihrem »antiforensischen« Bemühen, keine Spuren zu hinterlassen.

Im Verlauf der Planungsbesprechungen in Berlin kamen Laurent und ich in den Genuss einer kleinen Demonstration des Tools, das Claudio und Donncha entwickelt hatten – was sich für Laurent als nicht gerade angenehme Erfahrung entpuppte. Er stellte nämlich sein eigenes Handy zur Verfügung. Er musste nichts weiter tun, als das Gerät den beiden zu übergeben, die zunächst eine Sicherungskopie des gesamten Dateisystems des Handys anlegten. Dann schlossen sie das Gerät an ihren Laptop an und starteten das Analyseprogramm. Was folgte, war ein überraschend arbeitsintensiver Vorgang. Donncha tippte einen Befehl ein und beobachtete aufmerksam einen Wust scheinbar unentzifferbarer Codezeilen, die auf dem Laptop-Bildschirm nach oben wanderten. Claudio begnügte sich nicht damit, nur zu beobachten. Er stoppte den Zeichenfluss hin und wieder, um an einer Stelle einen neuen Befehl einzutippen, dann noch einen und dann wieder einen. Es waren unterschiedliche Befehle an unterschiedlichen Stellen, und manchmal scrollte er auch nach oben, überprüfte eine bereits durchgelaufene Zeile und fügte einen neuen Befehl ein.

Laurent erinnerte das Ganze an eine Szene aus einem Dokumentarfilm über Programmierer, nur dass es sich in diesem Fall um Daten aus seinem persönlichen Handy handelte, was bedeutete, dass große Teile seines Arbeits- und seines Privatlebens gerade über den Bildschirm des Security Labs flimmerten. Da war zum einen die Befürchtung, womöglich Opfer einer Spyware-Infektion geworden zu sein, zum anderen aber auch das Unbehagen, fremden Personen Zugang zu Gedanken, Botschaften und Fotos zu gewähren, die eigentlich privater Natur waren.

Während Donncha weiterhin Befehle eintippte, beobachtete ich, wie Laurent immer näher an den Bildschirm heranrückte, bis er Schulter an Schulter mit Donncha saß. Ich spürte seine Erregung, Neugier und Ungeduld. Ich kannte ihn ja lange genug.

Laurent Richard und ich hatten uns vor 15 Jahren kennengelernt. Vor einer Kaffeemaschine im Studiogebäude des öffentlich-rechtlichen TV-Senders *France 3*, bei dem wir damals beide arbeiteten. Wir waren gleich alt, beide Ende 20, allerdings sehr verschieden, was die berufliche Stellung anbelangte. Ich war eine ziemlich unbekannte junge Politikjournalistin, die der Sender zu öffentlichen Veranstaltungen und Versammlungen schickte mit dem Auftrag, »petites phrases« einzusammeln – spritzige Zitate und Anekdoten, die mehr mit Klatsch als mit Nachrichten zu tun hatten, Material, das im besten Fall dazu nütze war, den Mächtigen eine Nase zu drehen. Wie ein Bonbon, das in deinem Mund schmilzt, konnten diese mehr oder weniger originellen Fundsachen einen kurzen Zucker-Zenit bewirken, waren aber nichts, das zu einer ernsthaften Nachricht führte. Laurent hingegen hatte sich schon einen Namen als seriöser Reporter für die einmal im Monat ausgestrahlte beliebte Investigativ-Sendung *Pièces à Conviction* gemacht. Er machte also schon einen Journalismus, bei dem es um Sein oder Nichtsein ging.

Am Tag meiner ersten Begegnung mit Laurent arbeitete er gerade an einer Geschichte über den rätselhaften Untergang eines Fischerboots vor der Küste von Cornwall. Er ging Hinweisen nach, dass ein britisches U-Boot, das sich im Rahmen internationaler Militärmanöver in dem Gebiet aufhielt, das Fischerboot versehentlich unter die Wasserlinie gezogen hatte, was fünf Männern das Leben gekostet hatte. Wie ich bald merken würde, war das genau die Art investigativer Recherche, die Laurent liebte: sowohl knifflig als auch potenziell unbequem für die Instanzen der Macht, die Art von Recherche, mit der man sich als Journalist gerne unbeliebt macht. »Die sind ein verschwiegener Haufen«, hatte ihm der Steuermann eines Rettungsbootes zugeraunt, der bis dahin noch nie einen Rettungseinsatz unter Beteiligung eines Marine-U-Boots erlebt hatte.

Die folgenden zehn Jahre behielt ich Laurents Karriere mit wachsendem Interesse und zunehmendem Respekt im Auge. Er startete mit Reportern, die sich unter falscher Identität in wirklich gefährliche Situationen begaben, ein neues investigatives Programmformat namens *The Infiltrators*. Laurent selbst schleuste sich in das widerwärtigste kriminelle Netzwerk ein, das man sich vorstellen kann – einen Pädophilenring, der im Darknet sein Unwesen trieb. Als Laurents Reportage 2010 ausgestrahlt wurde, machte sie Schlagzeilen in der gesamten französischen Presse und führte zur Verhaftung von 22 Beteiligten. Ich traf Laurent damals wenige Tage nach der Ausstrahlung seiner Reportage zum Mittagessen, und er vertraute mir an, wie sehr ihn die unbeschreiblich schlimmen Fotos und Videos erschüttert hatten, die er sich im Lauf seiner Recherche hatte anschauen müssen.

Laurent weihte mich damals auch in sein Konzept für ein weiteres TV-Format ein, das er auf den Weg bringen wollte und das schließlich unter dem Titel *Cash Investigation* auf Sendung ging. Er bot mir an, für ihn zu arbeiten. Ich hatte mich zu diesem Zeitpunkt vom politischen Journalismus im engeren Sinn abgewandt und wirkte für einen anderen Sender an Recherchen über Privatunternehmen mit. Das war eine anspruchsvolle und erfüllende Arbeit (mit regelmäßiger Entlohnung), und als junge Mutter hielt ich es für unklug, diesen sicheren Arbeitsplatz zugunsten eines Programmformats aufzugeben, das noch nicht etabliert war und dem vielleicht die Luft ausgehen würde, bevor es überhaupt anlief. Ich lehnte sein Angebot ab, was ich sehr bedauern sollte. Denn *Cash Investigation* sorgte von der ersten Sendung 2012 an für eine frische Brise in der französischen Fernsehlandschaft. Das von der Sendereihe abgedeckte Spektrum reichte von Steuerhinterziehung über die Macht von Wirtschaftslobbyisten, Interessenkonflikte von Politikern und Greenwashing bis zu Neuromarketing und behandelte die Themen auf unkonventionelle und mitreißende Art, die die Zuschauer fesselte und ihnen die komplexen politischen und wirtschaftlichen Zusammenhänge verständlich machte.

Die Reihe trug in fast jeder Beziehung Laurents Handschrift; sie traute sich, in anspruchsvolle und schwierige Themen einzutauchen, und schreckte nicht vor gefährlichen investigativen Recherchen zurück. Und anders als die meisten meiner anderen Bekannten aus dem Fernsehnachrichtengeschäft, sprach Laurent nie über Einschaltquoten. Die Qualität der Arbeit war das Einzige, was zählte. *Cash Investigation* wurde schnell zum Heiligen Gral aller TV-Journalisten, die den Wunsch hatten, ausführliche, gründlich recherchierte Reportagen zu machen. Ich war eine davon.

Als ich Laurent 2015 anrief und mich für das Redaktionsteam von *Cash Investigation* ins Gespräch brachte, stand Laurent jedoch bereits mit einem Fuß im Türspalt. Seine Gedanken kreisten da schon um Forbidden Stories. So wie er das Grundanliegen seines neuen Projekts beschrieb, war es das unorthodoxeste der drei Formate, für die er mich im Verlauf der Jahre zu gewinnen versucht hatte: weit weg vom täglichen Brot des Journalismus, sein vielleicht bislang gefährlichstes und mit Sicherheit schwierigstes Format. Immerhin wollte er nichts Geringeres, als eine Meute konkurrierender und oft auch engstirniger Journalisten zur Mitarbeit an einem kollaborativen Projekt zu gewinnen, bei dem man eine von einem Kollegen (den man kannte oder auch nicht) begonnene Arbeit zu Ende führen musste (etwa weil der ursprüngliche Autor während seiner Recherchearbeit umgebracht worden war), und das Ganze für einen guten höheren Zweck. Die Erfahrung hatte mich jedoch gelehrt, Laurent Richard eine Menge zuzutrauen.

Ich brauchte eine Weile, um mich von dem Gedanken an *Cash Investigation* loszueisen, doch als ich 2019 Laurents Angebot annahm, bei Forbidden Stories als Chefredakteurin einzusteigen, hatte ich keine Bedenken, ihm in diese ungewohnte neue Welt des kollaborativen Journalismus zu folgen, mit der Mission, Reportern, die zum Schweigen gebracht worden waren, wieder eine Stimme zu geben. Ausschlaggebend für meine Entscheidung war auch meine eigene persönliche Geschichte. Ich war gegen Ende der 1970er-Jahre in Ägypten als Tochter eines französischen Vaters und einer ägyptischen Mutter zur Welt gekommen, war in Syrien und der Türkei aufgewachsen und wusste, wie es ist, in einem Land zu leben, in dem die Freiheit der Meinungsäußerung kein Recht, sondern ein Luxus ist – ein potenziell gefährlicher Luxus für jeden, der sie auszuüben versucht. In Westeuropa, Kanada und den USA gehört *1984* vielleicht zur Pflichtlektüre vieler Schüler, aber diese Kinder und Jugendlichen wissen vermutlich kaum etwas darüber, dass Milliarden Menschen in der realen Welt den repressiven – und manchmal gewalttätigen – Albtraum, den George Orwell in seinem Roman beschrieben hat, täglich durchleben. Mir war es nur zu vertraut, dieses Gefühl, dass der Sauerstoff der Freiheit immer dünner wird und ganz auszugehen droht. Und ich kann mich nur zu gut daran erinnern, wie meine Eltern mir, wenn ich aus dem Haus ging, die ausdrückliche Warnung mitgaben, mit niemandem außerhalb des Familienkreises über politische Themen zu sprechen. Das hätte so schlimme Folgen haben können, dass man es auf keinen Fall riskieren durfte. Ich bin Journalistin geworden, weil ich den Wunsch hatte, die Welt zu verstehen und meine Stimme ungehindert zu nutzen, um anderen die Welt zu erklären.

So gesehen, fühlten sich meine Aufenthalte in Berlin 2020, als Laurent und ich sein neues Projekt Forbidden Stories in die Gänge zu bringen versuchten, ein bisschen an wie eine Fügung. Es war genau der Platz, an dem ich sein wollte.

Laurent saß noch immer Schulter an Schulter mit Donncha, und sein Kopf hatte sich dem Bildschirm noch ein bisschen weiter angenähert. Ich konnte beobachten, wie er mit scharfem Blick die neuen Befehle musterte, die über den Bildschirm flimmerten, bis er endlich, nach einer gefühlt unendlichen Minute, sagte: »Du bist sauber. Alles cool.«

Laurents Handy war also nicht mit Pegasus infiziert. »Und ich werde jetzt alles löschen«, sagte Donncha. Wohl wissend, dass es Laurent ein mulmiges Gefühl bereitete, zu wissen, dass alle Inhalte seines Mobiltelefons auf einem fremden Laptop waren, achtete

Donncha darauf, dass Laurent dem Löschvorgang zuschauen konnte. »Hier«, sagte er, »schau zu.«

Das unbehagliche Gefühl – es befiel auch mich, als Donncha später mein Handy checkte – war eine Mahnung daran, dass das Verfahren der digitalforensischen Analyse zwangsläufig invasiv ist. Natürlich nicht entfernt vergleichbar mit der Situation einer Zielperson der NSO-Spyware, aber beklemmend genug, um uns deutlich zu machen, welche Herausforderung es sein würde, Leute zu bitten, einem Fremden ihr Mobiltelefon mit allen darauf befindlichen Daten anzuvertrauen. Wir wussten, dass wir uns sorgfältig überlegen mussten, wie wir der Person, die wir als unseren ersten Testfall auserkoren hatten, nämlich unseren Reporterkollegen Jorge Carrasco, unser Anliegen am besten verklickern konnten. Wir würden ihn überzeugen müssen, Claudio und Donncha die forensische Analyse durchführen zu lassen, mussten ihm aber zugleich Informationen vorenthalten, die wir aus Sicherheitsgründen nicht mit ihm teilen konnten: die Existenz der Liste, die Verbindung zu NSO, die Möglichkeit, dass sein Telefon von der wirkmächtigsten Cyberüberwachungs-Software auf dem Markt, Pegasus, infiziert war.

Paloma bereitete sich darauf vor, in einigen Wochen nach Mexiko zu fliegen, um die Veröffentlichung des Cartel Project voranzutreiben; dort sollte sie versuchen, ein Vieraugengespräch mit Jorge ohne Zuhörer – und auch ohne Handys und Laptops – zu führen und ihn zu überzeugen. Die Logistik dieser Dienstreise nach Mexiko gestaltete sich wegen der Pandemie ungewöhnlich schwierig. Die Impfstoffe befanden sich noch im Teststadium, sie waren eine Hoffnung, aber man konnte nicht sicher sein. Die täglichen Fallzahlen und Krankenhauseinweisungen zeigten einen bedenklichen Aufwärtstrend. Reisebeschränkungen ließen es wenig wahrscheinlich erscheinen, dass irgendein Mitarbeiter des Security Labs von Amnesty rechtzeitig nach Mexico City gelangen konnte, um Jorges Handy durchzuchecken. Deshalb wollte Donncha versuchen, die forensische Plattform des Security Labs in die Lage zu versetzen, Jorges Handy über eine Fernverbindung zu analysieren, mit der Unterstützung von jemandem, der kaum Erfahrungen mit digitaler Analysetechnik hatte. Die Idee war, dass Paloma eine Sicherheitskopie von Jorges iPhone-Datensystem erstellen und sie als digitales Datenpaket nach Berlin übermitteln sollte, wo Claudio und Donncha dann ihre magischen Kräfte walten lassen konnten.

Eine **Remote-Version** der forensischen Plattform des Security Labs wurde gerade noch rechtzeitig genug fertig, dass Claudio und Donncha Paloma in einem sehr kompakten Lehrgang in all das einweisen konnten, was sie für ihren Beitrag zur forensischen Analyse benötigte. Claudio gab uns keinerlei Zusicherung, dass die Operation in Mexiko klappen würde. Das Beste, was er uns anzubieten hatte, war dies: Mit den Mitteln der digitalen Forensik Pegasus-Infizierungen aufzuspüren, war nicht so unmöglich, wie NSO behauptete. Das Programm, in das wir so große Hoffnungen setzten, NSO vor der Welt bloßstellen zu können, wurde an einem der letzten Oktobertage 2020 auf Palomas Laptop überspielt, bevor sie den langen Flug von Paris nach Mexico City antrat, um dort in den Fängen der NSO-Pegasus-Story zu landen.

Kapitel 4

Plaza del Mercado

So wie der NSO-Mitbegründer und CEO Shalev Hulio die Geschichte gern erzählte, lag er an Heiligabend 2011 bereits schlafend im Bett, als er zum ersten Mal in seinem Leben von einem international bedeutenden Politiker angerufen wurde: vom Präsidenten der Republik Mexiko. Tatsächlich erwähnte Shalev das Land nicht, als er die Geschichte zum ersten Mal öffentlich machte: in einem nie da gewesenen Exklusivinterview mit einem Reporter seiner Wahl. Es war ihm nämlich – vertraglich, aber auch aus Gründen der nationalen Sicherheit – verboten, seine Klientel namentlich zu nennen. Doch jeder, der sich für die Welt der Cyberüberwachung interessierte, wusste, der Mann am anderen Ende der Leitung war Felipe Calderón aus Mexiko gewesen. »Ich wurde auf Englisch informiert, dass der Präsident mit mir zu sprechen wünsche«, berichtete Shalev in dem Interview. »Ich war mir sicher, [mein Geschäftspartner] Omri [Lavie] wollte mir einen Streich spielen, und sagte: ›Tu mir einen Gefallen und lass mich schlafen.‹ Dann legte ich auf. Als die Leute [im Büro des Präsidenten] begriffen, dass sie nicht mit mir sprechen konnten, riefen sie den Projektmanager Tzachi an, der wacher war als ich und sich bereit erklärte, das Gespräch anzunehmen. Der Präsident des hier nicht genannten Landes sagte, er wolle uns persönlich und im Namen seines Landes danken. Wörtlich sagte er: ›Ich hätte mir kein besseres Weihnachtsgeschenk wünschen können. Mit dem, was Sie uns geliefert haben, können wir die Kartelle endgültig ausradieren.‹«

Die Geschichte war aus unserer Sicht typisch für Shalev, Zurückhaltung und Selbstverherrlichung in einem Atemzug – bescheidene Angeberei epischen Ausmaßes. Ja, er war dämlich genug gewesen, den Präsidenten eines der größten demokratischen Länder der Welt aus der Leitung zu kippen. Doch die Botschaft kam trotzdem an: Du, Shalev Hulio, hast uns Hoffnung geschenkt. Die neuartige Pegasus-Spyware des NSO versetzte die mexikanische Bundespolizei, die *Federales,* und das Militär des Landes endlich in die Lage, die gewalttätigen, mächtigen Drogenbarone unter Kontrolle zu bringen, die einen Großteil der lokalen Behörden und Polizeikräfte – von der Wirtschaft des Landes ganz zu schweigen – beherrschten.

Shalev präsentierte diese fabelhafte Geschichte im Jahr 2019 zuerst dem Reporter Ronen Bergman. Es war eine der ersten Maßnahmen im Rahmen der Medienoffensive, von der Shalev behauptet, er habe sie zähneknirschend lanciert, um die Ehre seiner unfairerweise geschmähten Firma zu retten. Anschuldigungen, Pegasus habe eine Rolle bei der Ermordung des saudischen Journalisten Jamal Khashoggi gespielt, schadeten der Unternehmensmoral. »Wir haben vor langer Zeit beschlossen, auf nichts zu reagieren. Egal, was passiert, wir würden nicht reagieren. Und das hat gut geklappt«, erklärte Shalev Bergman gegenüber. »Doch jetzt stehen zum ersten Mal Mitarbeiter bei mir im Büro und sagen: ›Hör mal, wir sind aufgebracht, weil wir die Wahrheit kennen.‹« Sie verlangten von ihm, ihre Wahrheit öffentlich zu machen. Also bestand Shalev (stellvertretend für seine bedrängten Mitarbeiterinnen und Mitarbeiter) gegenüber Bergman darauf, dass die NSO-Firmengruppe auf der Seite der Guten stehe, in einer wirklich furchterregenden Welt. »Allein in den letzten sechs Monaten«, erklärte er, »haben die Produkte unserer Firma geholfen, mehrere sehr große Terroranschläge in Europa zu verhindern – sowohl in Form von Autobomben als auch von Selbstmordattentaten. Ich kann in aller Bescheidenheit sagen, dass Tausende Menschen in Europa ihr Leben den Hunderten Mitarbeitern unserer Firma in Herzlia verdanken.«

All dies – die Geschichte mit dem Anruf von Calderón, die bedrückten Mitarbeiter von NSO und die Heldentaten, die Pegasus vollbracht hatte – gehörte zur selben Strategie. Zunächst einmal waren die Einzelheiten im Jahr 2019 kaum zu überprüfen. Der Leiter von Felipe Calderóns Krieg gegen die Kartelle wurde zu dieser Zeit öffentlich beschuldigt, Bestechungsgelder von genau jenen Drogenbaronen angenommen zu haben, die er ausradieren sollte. Es war also kaum zu erwarten, dass der ehemalige mexikanische Präsident am Telefon mit Reportern sprechen würde. Den Angestellten von NSO hatte man praktisch einen Maulkorb verpasst. Keine europäische Polizeiführung wäre bereit gewesen, offiziell zuzugeben, dass sie eine Lizenz der Pegasus-Spyware erworben und eingesetzt hatte. Und Shalevs Wiedergabe der NSO-Geschichte enthielt einige hübsche narrative Glanzstückchen – und das auch noch exklusiv! Das bedeutete: Seine Geschichten waren zwar oft zu gut, um wahr zu sein, aber sie waren eben auch zu gut, um sie komplett zu ignorieren oder gar einem anderen Journalisten zu überlassen. Und so kennzeichneten selbst wirklich gute und informierte Reporter wie Bergman und einige andere die Erzählungen eben als Zitate und fügten ein paar eigene Sätze hinzu, die wir als schriftliches Gegenstück zu einer hochgezogenen Augenbraue interpretierten. Die ohnehin schon gestresste Presseabteilung von NSO musste anscheinend nach Shalevs Interviews häufig erst mal Aufräumarbeiten leisten. Der Boss schien sich weder mit den technischen Details des Pegasus-Systems noch mit den komplizierten Verhältnissen der Hochfinanz oder den rechtlichen Feinheiten auszukennen, die die Cyberüberwachungsbranche in Israel und anderswo regulierten. Aber er hatte ein großes Talent dafür, das Narrativ zu kontrollieren. Man muss zugeben, dass Shalev Hulio ein guter Geschichtenerzähler ist. Und seine Geschichte über die Anfänge von NSO ist vielleicht seine beste.

Diese Geschichte beginnt wie eine Art Buddy-Movie mit ihm und seinem besten Kumpel Omri Lavie in den Hauptrollen. Beide wurden um 1980 geboren, mitten in der Zeit trügerischer Hoffnungen nach dem Abkommen von Camp David und dem Israelisch-Ägyptischen Friedensvertrag. In ihrer Kindheit lag ständig ein Hauch von Gefahr in der Luft – allein in den Jahren 1993 bis 1995 gab es vierzehn Selbstmordattentate mit 68 Toten in Israel. Die beiden Jungen waren sich ähnlich: sehr clever, aber undiszipliniert. Shalev und Omri lernten sich Mitte der 90er-Jahre kennen, als sie beide Kunst und Theater an einer Highschool in Haifa studierten und Shalev aus einem Förderprogramm für begabte Schülerinnen und Schüler rausgeflogen war, weil er sich ständig danebenbenahm. Beide leisteten ihren verpflichtenden Wehrdienst in der israelischen Armee ab – aber keiner von ihnen in der Elitetruppe der Spionageabwehr, Unit 8200. Auch darüber hinaus blieben sie in Verbindung. Sie verbrachten die zweite Hälfte ihrer Zwanzigerjahre zusammen und arbeiteten hart daran, sich in der heißesten Branche des Landes zu profilieren. Shalev und Omri bezeichneten sich manchmal als »serielle Firmengründer« oder »frühe Anwender neuer Technologien«. Was letztlich nichts anderes hieß, als dass zwei Kerle in einer Bar hockten und davon träumten, mit neuester Computertechnik richtig viel Geld zu verdienen. Was die Einzelheiten dieser Zeit angeht, hüllen die beiden Männer sich in Schweigen.

Man sieht sie förmlich vor sich, wie sie in dieser Bar sitzen, während die Sonne über ihrer Stadt untergeht, zwei ehrgeizige, aber unstete junge Männer, die vor Freude und Begeisterung glühen. Bei ein paar Drinks in Haifa, so erzählt Shalev, seien sie dann auf eine Produktidee gekommen, die es Konsumenten ermöglichte, schnell und unkompliziert Dinge zu kaufen, die sie im Fernsehen oder Kino gesehen hatten. Ein Shirt, eine Uhr, ein Motorrad, was auch immer. Es gelang ihnen sogar, genug Geld von Investoren zusammenzukratzen, um eine Demoversion aus Szenen von *Sex and the City* zu entwickeln. Ein Klick auf Carrie Bradshaws Pumps, ihre Tasche, ihr Kleid, und die Plattform von Shalev und Omri identifizierte den Designer – Manolo Blahnik! Fendi! Halston Heritage! – und zeigte an, wo man das Teil kaufen konnte. Die Idee war großartig, das Timing eher weniger, denn sie versuchten, sie mitten in den Nachwehen des Finanzcrashs von 2008 zu verkaufen. Irgendwann zogen die Investoren ihre Gelder zurück. »Man braucht sehr viel Optimismus, um Firmengründer zu sein«, erklärte Shalev Bergman gegenüber. »Wir sagten einfach: ›Okay, ist passiert, lass uns weiterziehen.‹«

Und sie zogen weiter, diesmal zu einem Start-up namens CommuniTake, in dem sie halfen, eine neue Software zu vermarkten, die ein paar ehemalige Schulfreunde aus Haifa entwickelt hatten. Einer dieser Freunde hatte in der angesehenen Unit 8200 der israelischen Armee gedient. Die Innovation zielte darauf ab, ein gravierendes Problem neuer Technologien zu lösen: das Problem der nervtötenden Feedback-Schleife. Als CommuniTake 2009 gegründet wurde, führten die wachsenden Kapazitäten der Geräte und die Flut von Apps zu einer gewissen Gereiztheit bei der steigenden Zahl von Handynutzern, also den ganz normalen Leuten, die von dieser neuen Technologie profitieren wollten. Egal, ob das Telefon unter Android oder unter iOS, dem Betriebssystem von Apple, lief, ob es ein Nokia N95, ein iPhone oder eines der damals sehr beliebten BlackBerrys war: Sie alle hatten ein Problem mit zu viel Schnickschnack, zu vielen Optionen. Ein Überfluss an Smartphones stand einem Mangel an smarten Benutzern gegenüber.

Frustrierte Handynutzer hingen in langen Warteschleifen fest, wenn sie beim technischen Support der Hersteller oder Netzbetreiber anriefen. Und wenn sie doch endlich einen Techniker zu fassen bekamen, war es, als würden Nutzer und Support verschiedene Sprachen sprechen. Was dazu führte, dass diese Gespräche für die Nutzer etwa genauso befriedigend waren wie für die Tech-Gurus am anderen Ende der Leitung. Zum Entsetzen der Supportmannschaften konnten selbst simple Probleme nur selten mit einem einzigen Anruf gelöst werden. Zweitanrufer verstopften die Leitungen. Die Netzbetreiber stellten überall auf der Welt in beunruhigendem Tempo weitere Support-Leute ein und stöhnten über die wachsenden Kosten.

CommuniTake bot für dieses Problem eine ebenso einfache wie elegante Lösung an. Die Firma entwickelte ein Programm, das es den Technikern erlaubte, in das Smartphone des Kunden einzugreifen. Der Kunde klickte einfach einen Link an und übergab dem Techniker am anderen Ende die vollständige Fernkontrolle über sein Gerät. So mussten die Experten dem Kunden nicht mühsam Schritt für Schritt erklären, wie er, sagen wir, seinen Klingelton ändern konnte. Sie schalteten sich einfach drauf und machten es selbst. Die Nutzer waren glücklich (jedenfalls, bis die nächste Komplikation auftauchte), und weil Zeit bekanntlich Geld ist, sanken die Support-Kosten der Betreiber, sodass alle glücklich waren. CommuniTake wuchs und gedieh und tut das bis heute, nachdem es sein Geschäftsfeld auf Dienste wie die Multilayer-Verschlüsselung zur Sicherung all jener Daten ausgedehnt hat, die wir heute auf unseren Telefonen herumtragen.

Doch wenn man Shalev Hulio glauben darf, dann verpasste CommuniTake damals im Jahr 2009 eine Riesengelegenheit: »Ein europäischer Geheimdienst hörte, was wir da machten, und kam auf uns zu«, so Hulio. »›Wir haben gesehen, dass Ihre Technologie funktioniert‹, sagten sie und fragten, warum wir sie nicht nutzten, um geheimdienstlich relevante Informationen zu sammeln.« Shalev verstand zunächst gar nicht, was gemeint war. Er dachte, die Geheimdienste bekämen doch schon alle Informationen, die sie brauchten, von den Netzbetreibern. Doch der Geheimdienstmann erklärte ihm, sie kämen in die Mobilkommunikation von potenziellen Terroristen und Kriminellen nicht mehr richtig hinein, weil die Verschlüsselung so große Fortschritte mache. Für die Sicherheitsbehörden sei z. B. das neue iPhone eine einzige Katastrophe. Der europäische Geheimdienstler erklärte Shalev und Omri, die Situation sei »sehr ernst«. Shalev zitiert ihn mit den Worten: »Wir tappen im Dunkeln, wir werden blind! Helfen Sie uns!«

Das musste man den beiden nicht zwei Mal sagen, so Shalev. Sie gingen sofort zur Geschäftsführung von CommuniTake und schlugen vor, ein Tool zur Cyberüberwachung für seriöse staatliche Sicherheitsbehörden zu entwickeln. Doch die Geschäftsführung lehnte ab. CommuniTake, so hieß es, sei nicht interessiert am Sammeln von Geheimdienstinformationen; dafür würde man ein komplett neues Team mit ganz neuen Fähigkeiten brauchen. Doch Shalev und Omri ließen nicht locker, zumal inzwischen weitere Anrufe von besorgten europäischen Geheimdiensten und Sicherheitsbehörden eintrafen. »Mehrmals kam jemand auf uns zu und fragte: ›Würde das auch ohne Einwilligung [des Nutzers] gehen?‹«, berichtete Omri später. »Also logen wir und sagten: ›Klar geht das.‹ Damals war uns gar nicht bewusst, dass dies als der heilige Gral der gesamten Branche galt.«

Die beiden Freunde – die ja schließlich »frühe Anwender neuer Technologien« waren – beschlossen, diese Chance nicht einfach sausen zu lassen, und trennten sich einvernehmlich von CommuniTake. Die Nachricht, dass die beiden von einer der erfolgreichsten Risikokapitalgesellschaften Israels 1,6 Millionen US-Dollar bekommen hatten, änderte nichts an der vorherrschenden Haltung bei CommuniTake. Die Entwicklung von Überwachungstools, so ein Sprecher der Geschäftsführung, berge ein erhebliches Risiko, »einen Schatten auf unsere Firma« zu werfen.

Und so gründeten Shalev und Omri ein komplett neues Start-up in einem verlassenen Nebengebäude, eine halbe Autostunde von Tel Aviv entfernt. »Apple hat in einer Garage angefangen«, scherzte Shalev manchmal. »Bei uns war es ein Hühnerstall.« Rasch gesellte sich ein kürzlich in den Ruhestand versetzter Offizier der israelischen Armee zu den beiden in ihrem renovierten Hühnerstall: Niv Karmi, der auf Nachrichtendienst spezialisiert war. Sie nannten ihre neue Firma NSO (was natürlich an die amerikanische NSA mit ihren hochrangigen Kryptografen erinnert), eine Abkürzung ihrer Vornamen Niv, Shalev und Omri, und ließen sich unter dem Namen NSO Group Technologies LTD im Januar 2010 in Israel registrieren. Niv kannte sich mit Codierung aus und hatte einige Kenntnisse über die israelische Spionageabwehr und die bürokratischen Abläufe im Land. Das war insofern wichtig, als der Export der Art von offensiven Cyberüberwachungssystemen, die sie entwickeln wollten, eine Genehmigung des israelischen Verteidigungsministeriums benötigte.

Die entscheidende Aufgabe zu dem Zeitpunkt, als Niv Karmi bei NSO einstieg, schien darin zu bestehen, den digitalen »heiligen Gral« zu finden: Möglichkeiten zu entwickeln, wie man heimlich die Kontrolle über ein Smartphone erlangen konnte, ohne vom Nutzer dazu eingeladen zu sein und ohne, dass der Nutzer etwas davon wusste. Der Abwehrspezialist Karmi hatte offenbar wenig Skrupel, private Handys durch die Hintertür zu entern, um es Sicherheitsbehörden zu ermöglichen, Terroristen und Kriminelle aufzuspüren. »Schauen Sie, ich bin Israeli«, erklärte Niv in einem Interview mit der Wochenzeitung *Die Zeit* im Oktober 2021. »Die Risiken, mit denen ich als Kind aufgewachsen bin und die mir beim Militär begegnet sind, waren immer lebensbedrohlich. Bei uns in Israel dreht sich alles darum, Leben zu retten.« Niv Karmi blieb nur ein paar Monate bei NSO, und seine Erinnerungen an diese Zeit stimmen nicht immer mit denen von Shalev überein, vor allem, wenn es um die angeblichen Anfragen von zahlreichen ungenannten europäischen Geheimdienstleuten geht. »Ganz so ist es nicht gewesen«, erklärte er gegenüber der *Zeit* kurz und bündig. »Am Anfang war die Vision, mit NSO Gutes zu tun … Ich kam direkt aus dem Militärdienst. Beim Militär dreht sich alles um eine Vision und darum, was du tun willst. Und dann bin ich auf diese beiden Menschen gestoßen, die unternehmerisch sehr geschickt waren … aus meiner Sicht sind dabei verschiedene Sichtweisen aufeinandergeprallt … Es ging ihnen mehr ums Geschäft mit anderen Ansichten darüber, wie die Geschäfte geführt und abgewickelt werden sollten.«

NSO ohne N, so Shalev, stand kurz davor, den sang- und klanglosen Start-up-Tod zu sterben, als er in einem Coffee Shop das Gespräch einiger junger Ingenieure mit anhörte. Sie sprachen über einen Freund, dem es gelungen war, eine Technologie zum Hacken von Handys zu entwickeln. Shalev schaltete sich in das Gespräch ein: »Ich würde euch gern einen Kaffee ausgeben, wir müssen nämlich miteinander reden.« Die Ingenieure erklärten sich bereit, ihm ihren Freund vorzustellen – einen Mann, dessen Namen Shalev verschweigt. »Ein magerer Typ mit kariertem Hemd, Brille und vielen Stiften«, beschreibt er ihn in der Regel. Und wie durch ein Wunder – jedenfalls ist das Shalevs Version der Geschichte – holte dieser magere Hacker mit dem karierten Hemd für NSO die Kastanien aus dem Feuer. Es dauerte noch ein Jahr, aber im Frühjahr 2011 hatten Shalev und Omri ein marktreifes Produkt. Sie nannten es Pegasus, Shalev zufolge »weil das, was wir gebaut hatten, tatsächlich ein trojanisches Pferd war, das wir durch die Luft in die Geräte schickten«.

Claudio Guarnieri hatte seinen eigenen Flug zur Verfolgung von Cyberangriffen gerade erst begonnen. Im Alter von dreiundzwanzig

Jahren hatte ihn das Leben als IT-Arbeitsbiene in einem Großkonzern so sehr gelangweilt, dass er sich einen Job als Ermittler für Internetsicherheit suchte, bei dem er die Aufgabe hatte, neue Tools zur Cyberüberwachung zu identifizieren und die Hersteller aufzuspüren. Spezialisten für Cyberforensik konzentrierten sich zu dieser Zeit auf die Jagd nach Spyware für stationäre Computer und Laptops. Doch während sie über ihre Tastaturen gebeugt saßen, flog Pegasus sozusagen über ihre Köpfe hinweg. »Ich vermute, dass NSO die erste Firma war, die sich einzig und allein auf Handys konzentrierte«, sagt Claudio ein Jahrzehnt später im Rückblick. »Sie waren im Grunde genommen zu früh dran. Aber ich glaube, sie sahen schon, dass sich dort ein echter Markt auftat. Außerdem beschäftigte man sich auf der Seite der Verteidiger kaum [mit mobilen Plattformen] – weder in investigativer Hinsicht noch in der Forensik. So konnte NSO viel länger unangefochten arbeiten.«

Und NSO war nicht nur zum richtigen Zeitpunkt über die richtige Technologie gestolpert, die Firma fand auch den perfekten Marktplatz dafür. Oder besser gesagt: die perfekte *Plaza del Mercado.*

Wenn eine Start-up-Firma in Sachen Spyware 2011 richtig Dollars machen wollte, gab es dafür keinen besseren Ort als Mexiko. Dort brannte rund um die Uhr das Licht, und es gab jede Menge gangbare Wege, weil Präsident Felipe Calderón sich schon seit fünf Jahren erbitterte Kämpfe mit den mexikanischen Drogenkartellen lieferte. Calderón hatte den Drogenbaronen bereits während seines Wahlkampfs den Krieg erklärt, und er machte seine Ankündigungen wahr, kaum dass er im Dezember 2006 ins Amt gekommen war. Der neue Präsident der Republik Mexiko schickte 6500 Soldaten in den Kampf und erweiterte seine Truppen schnell auf mehr als 20 000 Soldaten und Bundespolizisten. Und er wankte auch nicht, als die Zahl der Toten wuchs – allein im Jahr 2008 wurden fast 7000 Mexikaner getötet. Im selben Jahr beschlossen die USA, sich dem Kampf des Nachbarlandes anzuschließen, und schickten Militär und Sicherheitsbeamte nach Mexiko, um bei der Koordination der Maßnahmen zu helfen. Mehr noch: Die Amerikaner schickten Geld über die Grenze, das für die sogenannte Mérida-Initiative bestimmt war.

Der US-Kongress genehmigte 1,5 Milliarden Dollar, um Calderón und seine Kämpfer in den nächsten drei Jahren zu unterstützen. Das reichte nicht nur für die Ausrüstung von Militär und Polizei mit Waffen und Geräten, es blieb auch noch reichlich Geld, um in die neueste digitale Technologie zu investieren: Malware, die in der Lage war, die Kartelle und ihre Komplizen zu beobachten und aufzuspüren. Die Einkäufer des mexikanischen Militärs, der Sicherheitsbehörden und Geheimdienste hatten richtig Geld zur Verfügung, um die allerneueste Spyware zu beschaffen.

Für die erste Runde kam NSO ein bisschen zu spät. Eine Handvoll israelischer Tech-Firmen hatte bereits Verträge mit den Mexikanern geschlossen, ebenso wie die Gamma Group, die in Großbritannien, Deutschland oder den Britischen Virgin Islands angesiedelt war (so ganz genau lässt sich das nicht feststellen). HackingTeam, die Firma, die als weltweit führend auf dem blühenden Feld der Cyberhändler galt und ihren Sitz in Claudios Heimatstadt Mailand hatte, beobachtete diesen spektakulären – und spektakulär komplizierten – Markt ebenfalls. Einem neuen, in die Feinheiten noch nicht eingeweihten privaten Verkäufer von Software zur Cyberüberwachung, wie NSO es war, konnte schon schwindelig werden, wenn man nur versuchte, das Gewirr von mexikanischen Abkürzungen für Regierungsinstitutionen zu entschlüsseln.

Dem Innenministerium (SEGOB) waren zwei riesige und immer noch wachsende Behörden für Cyberüberwachung unterstellt: das Center for Investigation and National Security (CISEN) und die Bundespolizei (PF). Hinzu kamen Unterabteilungen dieser beiden großen Einheiten wie die *Sensitive Investigative Units* (SIU) der Bundespolizei, die in enger Partnerschaft mit der US-amerikanischen Drogenvollzugsbehörde *Drug Enforcement Administration* zusammenarbeitete. Und dann gab es noch das Büro des mexikanischen Generalstaatsanwalts (PGR). Das PGR verfügte nur über ein kleines Cyber-Budget, war aber als Institution, die alle landesweiten Verbrechen verfolgte, ständig auf der Suche nach dem, was ein europäischer Entwickler für Cyberüberwachung ironisch als »Möglichkeiten zum legalen Hacking« bezeichnet hat. Und schließlich waren da die großen Hunde mit den dicken Budgets: die wachsenden militärischen Geheimdienste des Heeres (SEDENA) und der Marine (SEMAR). Und der bisher genannte Buchstabensalat betraf nur die landesweiten Institutionen. Es gab ja auch noch 31 Bundesstaaten plus den Distrikt Mexico City. Also waren auch die Sicherheitsbehörden in Puebla, Tamaulipas, Yucatán, Durango, Jalisco, Baja California, Guerrero und der Bundesstaat México am Erwerb von Spyware-Lizenzen interessiert.

Das Team von NSO hatte das Glück, den richtigen Begleiter durch den Irrgarten der *Plaza del Mercado Vigilancia Cibernética* zu finden: einen Mann, der wegen seiner Vorliebe für teure italienische Sportwagen »Mr. Lambo« genannt wurde, aber auch unter dem Namen »El Chino« auftrat (allerdings stammte er nicht aus China, sondern aus Japan). Sein richtiger Name lautete José Susumo Azano Matsura.

Azano ist mexikanischer Staatsbürger, geboren und aufgewachsen in Jalisco, wo er auch in das Unternehmen seines Vaters eintrat. Der Vater, ebenfalls José Susumo Azano Moritani, war gelernter Ingenieur und seiner ganzen Natur nach ein Macher. »Versuche, so groß zu werden, dass jeder danach strebt, dich zu erreichen«, pflegte er zu sagen. »Und so bescheiden, dass jeder gern in deiner Nähe ist.« Sein Unternehmen wuchs allmählich von der Produktion von Badezimmerfliesen und Armaturen zum Bau von Metalldächern und schließlich zu Bauprojekten im industriellen Maßstab. Als Susumo Azano Moritani im Juli 2021 starb, wurde seiner Firma Grupo Azano in den Nachrufen der Bau von großen Fabriken und Handelsrepräsentanzen für Nissan, Honda, Ford, Walmart, Kodak und das Elektronikunternehmen Solectron zugeschrieben. Das Unternehmen hatte auch mit staatlichen Stellen lukrative Verträge zur Produktion von Nummernschildern für Fahrzeuge abgeschlossen. All das machte die Azanos Ende des 20. Jahrhunderts zu einer der reichsten Familien in Jalisco. Doch was die Konten richtig wachsen ließ – in die Milliarden, hieß es –, war 1998 der Eintritt in das Geschäft mit elektronischen Überwachungsmitteln.

Security Tracking Devices, SA de CV, entwickelte keine eigenen Spyware-Systeme, sondern agierte als Zwischenhändler für Unternehmen, die Tools zur Cyberüberwachung produzierten. Diese Privatunternehmen hatten ihren Sitz alle im Ausland, brauchten also unbedingt eine mexikanische Partnerfirma für die Vermittlung, wenn sie mit den kulturellen Eigenheiten der *Plaza del Mercado* zurechtkommen wollten. Und darin war El Chino ein Ass.

Security Tracking Devices (STDi) wurde schnell zum Lieblingsbaby von Susumo Azano Matsura – und als NSO 2011 an ihn herantrat, damit er Pegasus in Mexiko vermarktete, war aus diesem Baby bereits ein glücklicher, moppeliger Jugendlicher geworden. Die Einkünfte der Firma kletterten in erstaunliche Höhen, nicht zuletzt dank der wachsenden Finanzmittel für den »Krieg gegen die Drogenbarone«, die die mexikanischen und US-amerikanischen Steuerzahler bereitstellten. STDi verkaufte in einem einzigen Jahr Ausrüstung und Dienstleistungen im Wert von fast vierhundert Millionen US-Dollar an das mexikanische Militär, wobei freilich keiner dieser Deals den Leuten offengelegt wurde, die das Ganze finanzierten, den Steuerzahlern. Mit dem Unternehmen verhielt es sich wie mit der Technologie, die es verkaufte: Es war wie ein Gespenst, das still im Hintergrund schwebte, wo es, wie Azano sagte, »eine ständige Präsenz hinter der Bühne aufrechterhielt«.

Die Zahlungen aus Mexiko gestatteten es STDi, die neuesten Spyware-Systeme in ganz Mittel- und Südamerika zu vermarkten und Büros im Steuerparadies Singapur ebenso zu eröffnen wie im höchsten Gebäude der Welt, dem Burj Khalifa in Dubai. Die Vereinigten Arabischen Emirate wurden schnell zum neuen »Drehkreuz für diese Art von Geschäften«, wie es einer von Azanos wenigen Vertrauten formulierte. Die Profite versetzten Azano und seine Frau auch in die Lage, sich eine herrschaftliche Villa direkt am Meer nahe San Diego zu kaufen. Er flog gern mit seinem Privatjet rüber, um ein paar Tage die Woche in seiner schicken amerikanischen Bude zu verbringen, wo er sich auch mit Möglichkeiten beschäftigte, einen lokalen Bürgermeisterkandidaten mit illegalen Wahlkampfspenden zu unterstützen. Im Gegenzug erwartete er ein bisschen Hilfe bei dem Projekt eines Wohn- und Geschäftszentrums an der Küste, das er gern bauen wollte. Durch die Einkünfte von STDi verfügte er auch über die Mittel, einem der wichtigsten Gaslieferanten in Kalifornien, einem Unternehmen namens Sempra, die Grundstücke abzujagen, auf denen das Bauprojekt entstehen sollte.

Es war eine sehr komplizierte Angelegenheit, Azano als Geschäftspartner ins Spiel zu bringen. Nach Auskunft öffentlicher Berichte hatten die Sicherheitsbehörden in den USA und Mexiko ihn schon mehrere Male wegen des Verdachts auf Bestechung, Geldwäsche, Steuerbetrug und Drogenschmuggel auf dem Schirm gehabt. Für die illegalen Wahlkampfspenden in San Diego sollte er später drei Jahre in einem amerikanischen Gefängnis absitzen. »Würden Sie diesem Mann militärische Geheimnisse anvertrauen? Ich würde ihm nicht mal meine schmutzige Wäsche anvertrauen!«, sagte der ehemalige Staatsanwalt in San Diego, der die Ermittlungen in dem Fall leitete. »Er ist ein raffinierter Geschäftsmann und durchaus erfahren darin, Wege zu finden, um Gesetze zu umgehen.«

Doch im Jahr 2011, als Shalev und Omri Azano durchcheckten, hatte er noch keine Einträge in den Strafregistern diesseits und jenseits der Grenze und galt sowohl im US Department of Homeland Security als auch bei den Geheimdiensten als sauber. Für Azano sprach aus der Sicht von Shalev und Omri außerdem, dass er ein eifriger und kompromissloser Missionar der Cyberüberwachung im Großen und Ganzen war. Nur zu gern widersprach er den Stimmen vor allem in den USA, denen die Erosion von bürgerlichen Freiheiten Sorge bereitete. »Für den Durchschnittsbürger dient das Smartphone heute als Gerät, mit dem Daten gesucht und gespeichert werden, abgesehen von der weniger wichtigen Funktion als Telefon«, schrieb Azano in seinem persönlichen Blog. »Es ist das perfekte Werkzeug einer Gesellschaft, die immer stärker von Überwachung abhängig ist, ob uns das nun gefällt oder nicht. Wohlgemerkt: Es ist nicht die Regierung, die Smartphones an die amerikanischen Bürger verteilt und von ihnen verlangt, detaillierte Aufzeichnungen über jeden ihrer Schritte zu liefern. Das tun die Amerikaner von sich aus. Die Leute sind ganz begeistert davon und suchen ständig neue Möglichkeiten, öffentlich zu machen, wo sie waren, was sie getan haben und mit wem. Können dieselben Menschen nun Regierungen und Werbetreibende dafür verantwortlich machen, wenn diese Daten genutzt werden? Oder akzeptieren die Menschen, dass dies der Preis der Naivität ist, der Preis für die Liebesbeziehung einer ganzen Nation mit einer neuen Technologie?«

Azano erkannte von Anfang an das Potenzial von NSO, dem Newcomer in der Industrie, die »Überwachung als Dienstleistung« verkaufte. Angeblich bezahlte STDi eine halbe Million US-Dollar an NSO für das Exklusivrecht, die Pegasus-Technologie weiterzuverkaufen. Und Shalev rüstete Azano und sein Team mit detaillierten Argumentationshilfen aus, sodass sie potenzielle Kunden im mexikanischen Regierungsapparat überzeugen konnten.

Das Dokument dazu ist ein perfekter kleiner Schnappschuss der frühesten Technologie von NSO, die von Beginn an vielversprechend und ehrgeizig war. Nach Auskunft dieses Dokuments aus dem Jahr 2011 lieferte das Pegasus-System einen »taktisch aktiven Ansatz«, um die Verschlüsselung zu durchbrechen, die in den meistverbreiteten Smartphones auf dem Markt verwendet wurde, also in BlackBerrys und Android-Smartphones. Diese Geräte, so wurde in der Argumentationshilfe von NSO beklagt, seien »zu sicheren und bequemen Hilfsmitteln für die Kommunikation im Zusammenhang mit allen möglichen kriminellen Aktivitäten geworden, die heute kaum noch zu überwachen« sei.

Das Pegasus-System bot für dieses Problem eine Gesamtlösung an. Der erste Schritt war das Eindringen: Es musste eine verletzliche Stelle im Betriebssystem des Smartphones gefunden werden, die den Pegasus-Nutzern die Tür öffnete, um die Spyware heimlich auf dem Gerät zu installieren. Im zweiten Schritt wurde die Software so konfiguriert, dass sie alle Daten erfolgreich beobachten, sammeln und zum Abruf aufbereiten konnte. Zu diesen Daten gehörten alle Kontakte und Kalendereinträge, sämtliche E-Mails, Sprachnachrichten und Nachrichten auf Messenger-Diensten, alle Systemdateien sowie laufende und vergangene Lokalisierungen. Das erste Pegasus-System war – zumindest nach Auskunft der Argumentationshilfe – in der Lage, das Mikrofon des Smartphones remote einzuschalten und »Stimmen aus der Umgebung« aufzuzeichnen. Anders gesagt: Es konnte sämtliche Gespräche in Hörweite des Telefons mitschneiden. Auch die Kamera des Smartphones konnte aktiviert werden, um Schnappschüsse zu machen. Der dritte Schritt war dann das Absaugen der Daten, bei dem Pegasus den gesamten Inhalt des Telefons auf einen Server des Anwenders kopierte, bereit zum Archivieren, Durchforsten und Analysieren.

Das Angebot von Pegasus umfasste die Lieferung eigener NSO-Hardware, Software, Datenpflege und Schulung der Operatoren, die an verschiedenen Punkten der Plattform arbeiten sollten. Die Kunden konnten aus einem Spektrum von **»Infektionsvektoren«** auswählen, je nach Gerät und Betriebssystem der Zielperson. Es gab »Front-End-Konsolen«, bei denen die anfängliche Infektion durch Mitarbeiter von Regierungsinstitutionen ausgeführt wurde, die auch die Trojaner-Schadsoftware installierten, welche zur Beobachtung gebraucht wurde, und die Datenexfiltration, das Absaugen der Daten, durchführten. Außerdem gab es Anonymisierungs-Tools, die die IP-Adresse des Nutzers verbargen und seine Aktivitäten im Internet tarnten. Es gab Firewalls und Virtuelle Private Netzwerke (VPN), um die Sicherheit und Bequemlichkeit zu erhöhen. Und es gab »rackfähige Server«, auf denen die wachsende Menge von Daten der Zielpersonen gespeichert werden konnte. NSO hielt zwei Terabyte für einen ganz guten Anfangswert. Mit dieser Serverkapazität konnten vierhundert Smartphones mit einem Datenvolumen von fünfzig Megabyte pro Gerät ein ganzes Jahr lang beobachtet werden. Doch NSO wies Azano und sein STDi-Team auch auf die Möglichkeit hin, potenziellen Kunden zu versichern, dass »die Größe der Server-Cluster nahtlos an künftige Erfordernisse angepasst werden kann«.

Techniker von NSO würden die gesamte Installation der Anlage übernehmen, die Hardware warten, die Software nach Bedarf pflegen und für den Support zur Verfügung stehen. Sie würden auch die Operatoren schulen, die an den Front-End-Konsolen arbeiten sollten. Für »Angriff« und »Konfiguration« empfahl NSO Personen vor Ort mit Hochschulabschlüssen in Kriminologie, Anthropologie oder Psychologie sowie der Fähigkeit, »umfassenden Einblick in die Psyche der Zielperson zu nehmen« und »unter Druck zu ungewöhnlichen Zeiten zu arbeiten«. In den ersten sechs Wochen stand den Nutzern der volle Support von NSO zur Verfügung, bis das System lief und die Operatoren entsprechend ausgebildet waren.

Für Azano sah das wohl alles gut aus, NSO würde eine weitere sprudelnde Einnahmequelle für STDi. Und für Shalev und Omri sah wohl Azano gut aus. Der neue Zwischenhändler für NSO lieferte beste Kenntnisse des mexikanischen Geschäftsgebarens. Mr. Lambo war z. B. Spezialist für den praktischen Einsatz der »mordida«, so der mexikanische Begriff für Bestechungszahlungen. Er wusste, welcher Beamte in der Genehmigungskette an größeren Geschäften beteiligt werden musste, welcher Anteil als angemessen galt und wie man dafür sorgte, dass die Zahlung sicher und diskret ablief. Azano verfügte auch über die nötigen Verbindungen: Er kannte die Generäle, die bei SEDENA die letzten Entscheidungen trafen, und die entsprechenden Admiräle bei SEMAR, die Entscheider bei CISEN und PF und die leitenden Staatsanwälte im PGR. Und seine Kontakte reichten offenbar bis ganz nach oben, bis zum Büro des Präsidenten und zu Felipe Calderón selbst.

Am 25. Mai 2011, wenige Wochen, nachdem Azano sich vertraglich verpflichtet hatte, das Spyware-System von NSO zu vermarkten, bekam Shalev Hulio eine E-Mail von einem seiner Mitarbeiter: »Mr. Azano hat mich informiert, dass die Vorführung vor dem Verteidigungsminister und dem Präsidenten nächsten Freitag stattfinden wird. Nach der Terminbestätigung kam ein Anruf, in dem ich dringend gebeten wurde, bereits am Donnerstag dort zu sein, da der Verteidigungsminister eine Vorab-Demonstration am Donnerstag verlangt und die für den Präsidenten am Freitag stattfinden soll.«

Weder Calderón noch sein Verteidigungsminister oder Azano selbst haben bestätigt, dass die geplante Präsentation tatsächlich stattfand. Doch sechs Wochen später, im Juli 2011, unterzeichnete STDi einen Vertrag mit SEDENA. Es war das erste große Geschäft in der Geschichte von NSO. Der Vertrag war, so wird berichtet, etwas über 15 Millionen US-Dollar wert, womit NSO zu einem mehr oder weniger lebensfähigen Unternehmen wurde. Als Shalev zum ersten Mal von diesem Deal berichtete, nicht lange bevor Forbidden Stories und das Security Lab Zugang zu den geleakten Daten bekamen, hielt er sich nicht lange mit Azano (der zu dieser Zeit in einem amerikanischen Gefängnis saß) oder STDi auf. Er sprach von einem General, den er in Mexico City getroffen habe, und von den Zusicherungen, die der Militär ihm und Omri in Bezug auf den Einsatz ihres Tools zur Cyberüberwachung und auf dessen positive Auswirkungen gemacht habe. »Das Land hatte beschlossen, eine eigene Institution – als Zweig des Militärs – aufzubauen, die sich mit dem Drogenproblem befassen sollte«, erinnerte sich Shalev in einer weiteren seiner nicht überprüfbaren Geschichten. »Diese Behörde sollte mit blitzsauberen Personen besetzt werden, die keinerlei Korruption in ihrer Vorgeschichte hatten und einen Test mit dem Lügendetektor bestanden. Dann trafen wir den General, der diese Abteilung leiten sollte. Er sagte: ›Sie passen so perfekt zu uns wie ein Handschuh. Wir werden unseren gesamten Apparat zur Bekämpfung von Drogenkriminalität auf Ihre neue Technologie aufbauen. So wird das größte Lagezentrum – nicht nur in unserer Region, sondern eins der größten weltweit – Kriminalität und Drogenhandel bekämpfen.‹ Und wir beschlossen, an diese Leute zu verkaufen.«

Shalev legt Wert auf die Feststellung, dass NSO als Unternehmen seine Grundprinzipien von Anfang an ernst nahm: Wir verkaufen nur an staatliche Institutionen und mischen uns nicht in ihr Handeln ein. Und wir werden diese Institutionen überprüfen, um sicherzustellen, dass sie die Menschen- und bürgerlichen Freiheitsrechte respektieren und sich an die Gesetze und Bestimmungen halten, die auch in Israel gelten. Shalev Hulio behauptet bis heute, dass NSO sich exakt daran hält und dass er gut schlafen kann. Doch es gibt einen Insider bei NSO, der uns kürzlich, eher aus Versehen, eine interessante Einsicht übermittelte, als er voller Verständnis von

NSO als einem jungen, unterfinanzierten Spyware-Unternehmen sprach: »Wir haben uns mit der Zeit weiterentwickelt. Heute sind wir ein großes Unternehmen, und wir verdienen so viel Geld, wissen Sie, dass wir einen Deal ablehnen können«, erklärte er. »Aber wenn man ein kleines Unternehmen ist, das darum kämpfen muss, seinen Angestellten ihre Gehälter zu zahlen, und dann kommt so ein Angebot für einen zehn Millionen Dollar schweren Deal mit Mexiko, verstehen Sie, dann denkt man nicht groß über Menschenrechte nach. Das ist einfach die Realität.«

Kapitel 5

Leben und sterben auf dem freien Markt

Das Schöne an Mexiko bestand für Shalev und Omri anscheinend nicht allein darin, dass dort eine Menge Geld zu verdienen war, sondern offenbar auch darin, dass das Land NSO die Gelegenheit bot, zu zeigen, was in der Firma steckte. Viele andere Unternehmen rangelten dort um Kunden, vor allem auch das in Mailand ansässige HackingTeam (bereits mit Zweigstellen in Singapur und Washington, D. C.). Hier herrschte der Kapitalismus, wie er leibt und lebt: Wettbewerb führt zu Innovation, was zu mehr Verkäufen, mehr zufriedenen Kunden und mehr Profiten führt, was Investitionen anzieht, was wiederum mehr Innovation erfordert, mehr Profite und weitere Investitionen. So dreht sich die Aufwärtsspirale, das große Versprechen des freien Marktes, ein Kreislauf, der Kreativität und Wachstum erzeugt und alle Teilnehmer immer besser macht. Je nachdem, wie man »besser« definiert.

Ein guter Ort, wo man die Geschichte der Cyberüberwachungsindustrie und ihrer Aufwärtsspirale beginnen lassen könnte, ist ein verlassenes Schulgebäude im Randgebiet von Puebla, einer Großstadt von fast drei Millionen Einwohnern im Schatten des bedrohlich aktiven Vulkans Popocatépetl (»Rauchender Berg«), zwei Stunden mit dem Auto von Mexiko-Stadt entfernt. Ein junger Anwendungstechniker bei HackingTeam – nennen wir ihn Antonio – begab sich an einem warmen Frühlingstag zu dem abgelegenen Gebäude, um ein Remote Control System (RCS) zu installieren, im Auftrag eines neuen Kunden aus der Regierung des Bundesstaats Puebla.

Antonio war neu bei HackingTeam, doch schon in den ersten drei Wochen war es für den ehrgeizigen Jungangestellten großartig gelaufen. Er sprach fließend Spanisch, lebte, mit Unterbrechungen, seit fast zehn Jahren in Mexiko und hatte Beziehungen bis in höhere Kreise. Antonios Angebot, Kontakte mit Familienmitgliedern aus den Ämtern vor Ort zu vermitteln, darunter der Sicherheitschef eines mexikanischen Bundesstaates und der Leiter eines europäischen Konsulats in einem anderen Bundesstaat, versetzte den Mailänder Firmenchef persönlich in Begeisterung. »Sie gehören ab sofort zum Team!«, schrieb David Vincenzetti.

Das war besonders erfreulich, ja, ehrenvoll für den neuen Mitarbeiter, weil Vincenzetti eine Art Legende in der Cyber-Community darstellte, ein Idol der Hackerszene, selbst ernannter Cypherpunk, vormals beteiligt an der Entwicklung und Perfektionierung der Kryptografie, die der Privatsphäre im Internet als frühes Bollwerk gedient hatte. Vincenzetti war, noch bevor er 35 wurde, an drei erfolgreichen Cybersicherheitsfirmen beteiligt gewesen, um sich anschließend der Cyberüberwachung zuzuwenden. 2003 gründete er HackingTeam auf der Grundlage eines einzigen Kunden, einer städtischen Polizeibehörde in seinem Heimatland. Sein Timing hätte nicht besser sein können. Im März 2004, nicht einmal ein Jahr nach HackingTeams Geschäftseröffnung, ließen Terroristen zehn Bomben in vier Nahverkehrszügen in Madrid explodieren, ein Anschlag mit zweihundert Toten und nahezu zweitausend Verletzten. Vincenzetti flog nach Spanien und legte den verständlicherweise bestürzten Gesetzeshütern vor Ort eindringlich dar, dass er ein Werkzeug anzubieten habe, welches solche ruchlosen Taten schon im Vorfeld verhindern könne. Ein Mittel, um Übeltäter im Internet zu überwachen, wenn sie ihre potenziell tödlichen Pläne entwickelten. »Die Privatsphäre ist sehr wichtig«, erklärte Vincenzetti, »aber die nationale Sicherheit ist noch viel wichtiger.« Fachleute der Sicherheitsbehörden stimmten ihm zu!

Innerhalb von zehn Jahren hatte David Vincenzetti HackingTeam zum führenden Cyberüberwachungsunternehmen der Welt gemacht. Auch in seinem Äußeren verkörperte er für uns, den schlanken, drahtigen Körper in Slim-Fit-Designeranzüge verpackt, etwas Raubtierhaftes, wie ein Jäger, der seine Beute tagelang beschleichen kann, bevor er zuschlägt. Vincenzetti behauptete, er stehe meist um drei Uhr morgens auf, damit er noch ein bisschen trainieren könne, bevor der Arbeitstag beginne. Er inszenierte sich als Prototyp des Gewinners, aber auch als Wunderkind und Visionär. Nach einem mehrtägigen Besuch im Mailänder Hauptquartier zeigte ein Geschäftspartner aus Mexiko sich wenig beeindruckt von den Geschäftsräumen selbst, dafür aber umso mehr von der Aura, die den Firmengründer und Geschäftsführer umgab. HackingTeam sei eher eine Religion als ein Unternehmen und Vincenzetti die dazugehörige Gottheit. Eine Organisation wie diese »hat keine Angestellten«, sagte der Besucher. »Sie hat Anhänger.«

Vincenzetti hatte eine Unmenge treuer Gefolgsleute, eine ausreichende Handvoll Risikokapitalgeber und Kunden in aller Welt für sich gewinnen können. Nach Angaben von HackingTeam bestanden laufende Verträge in vierzig Ländern, unter anderem in Europa, Afrika und dem Nahen Osten. Außerdem stellte die Firma ihr RCS-Überwachungstool einigen anspruchsvollen Bundesbehörden in den USA zur Verfügung – dem FBI, militärischen Geheimdiensteinheiten beim Verteidigungsministerium und der Drogenvollzugsbehörde DEA. (Die DEA hatte einen Auftrag mit einem Volumen von 2,4 Millionen US-Dollar erteilt.) Doch der Großteil des Firmengewinns wurde noch im Jahr 2013 in Mexiko erzielt.

Das Vertriebsteam war in dieser Phase so produktiv, dass es in gewisser Weise den Technikern der Firma den Rang ablief. Mit der Folge, dass HackingTeam bereits eine Menge von Antonio verlangt hatte, noch bevor er zu dem seltsamen verlassenen Haus in Puebla geschickt wurde. Obwohl eigentlich noch Trainee, befand Antonio sich schon in den ersten Wochen in der Situation, von Zeit zu Zeit solo arbeiten zu müssen, etwa bei einem unvorhergesehenen Notfalleinsatz in Querétaro, wo die Mitarbeiter des Kunden Probleme mit dem Betrieb des Systems hatten und dringend ein Upgrade anforderten. Es handelte sich um einen unzufriedenen Kunden, der nicht nur technischen Support, sondern allgemein Zuspruch benötigte, aber Antonio versicherte seinen Vorgesetzten, er könne mit dieser heiklen Angelegenheit fertigwerden: »Wenn ich mehr Verantwortung übernehmen kann, betrachte ich das als eine reizvolle Herausforderung.«

Seine Anpackermentalität führte zum Erfolg. Als die Arbeit getan war, sprach der Kunde aus Querétaro bereits von einer Kapazitätserweiterung – um noch mehr Kriminelle, Drogenbosse und Entführer aufs Korn zu nehmen. Der Gouverneur von Querétaro, so wurde im HackingTeam-Management vermerkt, war ein Freund und Unterstützer des neuen mexikanischen Präsidenten Enrique Peña Nieto. »Die Wahrscheinlichkeit, dass er dem Präsidenten Gutes über HackingTeam erzählen wird, ist gegeben«, sagte einer der Geschäftsführer. »Endziel ist, dass der Präsident eine Erweiterung des Systems unterstützt.«

Antonio schien also einer strahlenden Zukunft bei HackingTeam entgegenzusehen … bis zu jenem letzten Montag im Mai, drei Wochen nach Beginn seiner Anstellung, als er von einem der wichtigsten RCS-Wiederverkäufer in Mexiko in das aufgegebene, fensterlose Schulgebäude geführt wurde. Dieser Wiederverkäufer hatte sich in Antonios Augen bereits als wenig vertrauenswürdig erwiesen. Bei Antonios letzter Installation in Campeche war der Papierkram nicht von dem eingetragenen Kunden, einer Staatsanwaltschaft, unterschrieben worden. Der Beamte, der stattdessen unterzeichnete, war, wie Antonio ganz sicher wusste, in der Stadtentwicklung tätig und nicht befugt, eine Telekommunikationsüberwachung gegen wen auch immer einzuleiten. In Puebla wurden die Papiere jetzt von einem Faktotum aus dem privaten Büro des Gouverneurs unterzeichnet, und der mexikanische Beamte, der die RCS-Cyberüberwachungsshow in dem ansonsten leeren Gebäude leitete, war Antonio sehr wohl bekannt. Er war jedem bekannt, der mexikanische Zeitungen las.

Antonio nahm den Leiter der an diesem Morgen vor Ort versammelten HackingTeam-Truppe beiseite und sagte, sie müssten mal ernsthaft über das reden, was hier ablaufe, aber der Kollege winkte ab und bedeutete ihm, er möge mit der Einweisung anfangen. In der Mittagspause hakte Antonio noch einmal nach. »Ich kann das nicht machen«, sagte er. »Du kennst den Mann nicht.«

»Nein, ich kenne den Mann nicht«, sagte der Mitarbeiter. Aber die Vereinbarung war getroffen und der Vertrag unterzeichnet.

»Also, ich kann das nicht. Ich kann mich nicht mit diesem Mann im selben Raum aufhalten.«

»Pass mal auf, du bist zum Arbeiten hier.«

»Das kann ich nicht«, wiederholte Antonio noch einmal. »Ich kann nicht mit diesem Mann in ein und demselben Raum sein.«

Der Mann, um den es ging, war Joaquín Arenal Romero, dem glaubhaft nachgesagt wurde, er würde zusammen mit einigen Verbündeten schmutzige Arbeiten für das Drogenkartell Los Zetas übernehmen, zum Beispiel habe er einen zur Opposition gehörenden Gouverneur digital ausspioniert. Los Zetas, erklärte Antonio seinen neuen Chefs nach jenem ersten Tag, »ist das übelste Kartell aller Zeiten. Das sind nicht einfach nur Drogenhändler, sondern ehemalige Polizisten und Militärs, die auch mit Kindern handeln und ihre Finger in schmutzigen Geschäften aller Art haben… Ich denke, Sie verstehen meine moralischen Bedenken.«

Antonio meldete sich krank und blieb am zweiten Tag der Installation und Schulung in seinem Hotel in Puebla. Die Manager von HackingTeam handelten ohne Zögern im besten Interesse des Unternehmens, wie sie es offensichtlich sahen. Die Vertriebsabteilung cancelte Antonios nächsten Einsatz in Ecuador, der für den folgenden Montag, 3. Juni, angesetzt war. Stattdessen erging an diesem Tag eine Mitteilung an alle HackingTeam-Mitarbeiter, in der Antonios Ausscheiden aus der Firma verkündet wurde. Man wünschte ihm »nur das Beste für seine zukünftige Karriere«, hatte aber bereits eine von ihm zu unterzeichnende Verschwiegenheitserklärung erstellt. Ja, du kannst gehen, Junge, aber halt gefälligst die Klappe.

* * *

David Vincenzetti und sein Führungsteam schienen sich unumwunden an die schlichte ökonomische Formel zu halten, die die Geschäftswelt in unseren Tagen prägt: Einziger Zweck eines Unternehmens ist es, den Gewinn der Anteilseigner zu maximieren. Ethische

Bedenken gehen am Thema vorbei. Als einer der **Exploit**-Programmierer von HackingTeam zu bedenken gab, dass die Firma ihre Endanwender vielleicht etwas sorgfältiger durchleuchten sollte, wurde er von einem Vorstandsmitglied zurechtgewiesen. »Was kümmert Sie das?«, hieß es. »Warum machen Sie sich Gedanken um Sachen, für die Sie nicht zuständig sind?«

Vincenzetti brauchte tüchtige Soldaten, die den Kopf einzogen, vorwärtsmarschierten und keine Fragen stellten. »Das Geschäftsleben ist kein Sport«, pflegte er seinen Lieblingspionier der Internetbranche zu zitieren. »Es ist Krieg.«

Um 2013 herum konnte HackingTeam sich mit Recht rühmen, im Kampf um die Anteile auf dem Cyberspionagemarkt eine dominante Stellung errungen zu haben, vor allem deshalb, weil die Firma die effektivsten und umfassendsten Spionagewerkzeuge entwickelt hatte, die auf diesem Markt zu haben waren. Vincenzetti glaubte, seinen ärgsten Widersacher, die Gamma Group, bekannt für ihr Cyberüberwachungssystem FinFisher, bereits besiegt zu haben. »FinFisher ist technologisch total zurückgeblieben«, schrieb er in einer internen Kurzmitteilung, das Programm sei einfach »von vorvorgestern«.

Doch Vincenzetti war von Natur aus wachsam, und diese Einstellung flößte er dem gesamten Team ein. Daher wurde HackingTeam früh auf NSO aufmerksam und begriff, dass das israelische Start-up liefern konnte, wonach mexikanische Kunden im Augenblick verlangten – Exploitprogramme, die in das Betriebssystem unterschiedlicher Mobiltelefone eindringen konnten. Ebendies hatte NSO zu bieten, konzedierten leitende Manager von HackingTeam, aber eigentlich nicht viel mehr. Anders als HackingTeams Waffenarsenal umfasste Pegasus keine Exploits, um Desktops oder Laptops zu infiltrieren; das NSO-System sah keinen anderen Angriffsweg zum Eindringen vor als den über SMS-Nachrichten, bei denen der Nutzer auf den Link klicken muss, und die Systemsoftware war noch nicht stabil genug, um Überwachung rund um die Uhr und ein sauberes Absaugen von Daten zu garantieren.

Unter Wiederverkäufern hieß es, NSOs erster großer Kunde in

Mexiko, SEDENA, sei von Pegasus enttäuscht. SEDENA hatte gut und gern fünfzehn Millionen US-Dollar an NSO gelöhnt, und jetzt schien die Ware sich als teurer Flop zu entpuppen. Hardware- und Softwarekomponenten waren in einer supermodernen Überwachungsstation aufgebaut (für deren Bau die mexikanische Armee angeblich achtzig Millionen US-Dollar an Azano gezahlt hatte), in der – so hörte man – aber im Grunde nichts passierte. »Ich war da«, berichtete ein HackingTeam-Manager nach Mailand, »es ist ein gigantischer neuer, zweiteiliger Bunker, der vollkommen verlassen scheint, leer, alles hightech, aber leblos. Ohne Scheiß. Strahlend weißer Zement, du wirst geblendet, wenn du über die riesige Terrasse zum Eingang gehst. Anders als in anderen mexikanischen Amtsräumen, die ich gesehen habe, gibt's hier keine Pflanzen, kein Dekor, keinen Rasen, nichts. Reine Geldverschwendung.«

Vincenzetti und seine Gefolgsleute amüsierten sich köstlich, und da sich hiermit ihr Verdacht bestätigte, dass Pegasus ein Pferd war, das zum Jagen getragen werden musste, atmeten sie ein wenig auf. Aber nur ein wenig. Denn erstens war NSO eine israelische Firma, und aus der Berichterstattung über Stuxnet, die spektakuläre Malware, die das iranische Atomprogramm im Alleingang um Jahre, wenn nicht Jahrzehnte, zurückgeworfen hatte, ließ sich schließen, dass deren Exploit-Code der Gehirnleistung israelischer Techniker entsprungen war. Israelische Technologie, klagte Vincenzetti gelegentlich, sei »notorisch überschätzt«. Zur Besorgnis bot eher Anlass, dass NSOs Stärke im Verkauf lag, und zwar zu stark überhöhten Preisen. Shalev Hulio und Omri Lavie schienen den Schlüssel entdeckt zu haben, der ihnen den mexikanischen Markt aufschloss, und das hatte weniger mit technischer Leistungsfähigkeit zu tun als mit den richtigen Kontakten. Azano, so war zu hören, hatte Pegasus direkt ins persönliche Büro von Präsident Felipe Calderón geführt.

Vorübergehend optimistischer gestimmt war HackingTeam, nachdem im Dezember 2012 Enrique Peña Nieto das Präsidentenamt übernommen hatte. Die ersten Monate der neuen Regierung bedeuteten für NSO nichts Gutes, weil Azano beim Team Peña alles andere als gut angesehen war. Man munkelte, US-Präsident Barack

Obama habe bei seinem ersten bilateralen Treffen mit Peña gemahnt, Azano stelle eine ernsthafte Bedrohung für die guten Beziehungen zwischen den beiden Ländern dar. Azanos Umtriebe gegen das Energieunternehmen Sempra, dessen Tochtergesellschaft SoCal-Gas zwanzig Millionen Kalifornier mit Erdgas versorgte, berührten aus US-Sicht die nationale Sicherheit. Als Omri Lavie mit einigen NSO-Technikern erneut nach Mexiko-Stadt kam, um Pegasus der neuen Generalbundesanwaltschaft vorzuführen, drehte, nach den Worten eines Augenzeugen, der höchstrangige Regierungsbeamte unter den Anwesenden sich auf dem Absatz um und verließ den Raum, als er Azano erblickte. »Im Grunde sagte er, sei dies das letzte Mal, dass er [Azano] dort sehen wolle«, berichtete der Insider, »und die Vorführung wurde abgesagt. Danach, denke ich, hat man bei NSO begriffen, dass man mit [Azano] dieser Regierung niemals etwas verkaufen würde.«

NSO schwenkte dann einfach auf einen neuen Wiederverkäufer um, so HackingTeams Einschätzung, und zwar auf einen israelischen Geschäftsmann namens Uri Ansbacher und dessen Partner Avishai Nerya. Als geschätzte Persönlichkeit in der jüdischen Gemeinde in Mexiko, war Avishai im Begriff, von Präsident Peña zum Honorarkonsul im israelischen Haifa ernannt zu werden. »Uri ist der, der verkauft, aber Avishai wird die Türen öffnen«, sagte ein Regierungsinsider. »[HackingTeam] wusste, dass sie direkt mit dem Präsidenten zu tun hatten. Nicht mit irgendwelchen unteren Chargen. Direkt mit dem Präsidenten.«

NSO machte nicht nur in Mexiko einen Reibach. Im August 2013 verkauften sie Pegasus an die Regierung der Vereinigten Arabischen Emirate, ein in Öl schwimmendes Regime mit einer aus allen Nähten platzenden Brieftasche. Das Emirat konnte locker fünf- bis zehnmal so viel zahlen wie die Mexikaner, und es waren weit weniger Mittelsmänner und korrupte Beamte im Spiel, die ihren Anteil am Erlös beanspruchten. Mit dem Verkauf an die VAE verschaffte NSO sich nicht nur eine dringend benötigte Geldspritze, sondern landete auch einen direkten Schlag gegen die Hegemonie des Konkurrenten HackingTeam. Die Frischlingsfirma begann, sehr zu Vincenzettis Verdruss, schmeichelhafte Berichte auf den Hochglanzseiten renommierter Finanzmagazine einzuheimsen. »Die meisten der typischen Abhörlösungen sind unzureichend«, erklärte Omri Lavie einem Reporter, »also musste ein neues Werkzeug entwickelt werden.« Omri teilte weiter mit, er könne nicht darüber sprechen, wie seine neue Lösung funktioniere, und auch keine seiner Kunden nennen. »Ich möchte nicht enthauptet werden«, scherzte er. »In manchen Ländern dürfen wir nicht einmal wissen, wo sich das Gebäude befindet, in dem [das System] zu installieren ist. Wir haben nicht nur keinen Zutritt zu dem Gebäude, wir wissen nicht einmal, wo das Gebäude ist – es könnte auch in einer anderen Stadt sein.«

An diesem Punkt drohte Vincenzetti denn doch ein bisschen durchzudrehen. Voller Unruhe überlegte er, wo NSO ihn als Nächstes herausfordern mochte – Rumänien, Marokko, Saudi-Arabien? Oder, noch schlimmer, auf dem Private-Equity-Markt, wo man sich die Sorte Geld holte, die man brauchte, um die jeweils aktuellen Exploits zu kaufen oder neue Technologie zu entwickeln. Also ging Vincenzetti in die Offensive. »Hier ist meine Vision«, schrieb er im November 2013 in einer E-Mail an seine Anhänger. Das globale »Schachbrett«, behauptete er, sei perfekt aufgestellt für Hacking-Teams nächsten Zug. Im Anhang verschickte er eine Pressemeldung vom Vortag, in der das Unbehagen des Königreichs Saudi-Arabien über die neue Haltung der USA und ihrer europäischen Verbündeten zur Lage im Nahen Osten thematisiert wurde. Obamas Außenminister war nach Riad gereist, wo er, wie der Artikel vermerkte, »mit saudi-arabischer Besorgnis über eine mögliche Annäherung zwischen den USA und dem Iran nach mehr als drei Jahrzehnten der Feindschaft konfrontiert wurde«.

Vincenzetti skizzierte nun fürs Team seine eigene Sicht auf die Dynamik des globalen Kräfteringens. »Saudi ist jetzt isoliert«, schrieb er. »Obama hat Saudi, Israel, die Türkei und zahllose andere Staaten vor den Kopf gestoßen, die jetzt alle denken: ›Wir können uns, was unsere Sicherheit angeht, nicht mehr auf die USA verlassen‹ … Es gibt fünf mögliche Kriegsschauplätze: zu Lande, zu Wasser, in der Luft, im Weltraum und im Cyberspace. Und im

Cyberspace geht es immer tödlicher zu. Aramco, die maßgebliche Ölgesellschaft in Saudi-Arabien, wurde wochenlang durch einen iranischen Hackerangriff lahmgelegt.«

Und was hatte das alles mit HackingTeam zu tun? Nun, HackingTeam war Anbieter für Internetlösungen, nicht wahr? Vincenzettis grandioser Plan sah vor, dem Königreich Saudi-Arabien ein ganzes Paket von Cyberfähigkeiten anzubieten. Das Königreich müsste dafür nichts weiter tun, als die Firma zu kaufen.

Drei Tage später charterte ein in London ansässiger Risikokapitalgeber mit Milliarden auf dem Bankkonto und engen Verbindungen zum saudischen Geheimdienstchef Prinz Bandar Ibn Sultan Al Saud eine Boeing Business Jet 737, die Vincenzetti und seinen engsten Mitarbeiterstab nach Riad fliegen sollte. »Wir werden Sie am Mittwochabend am Flughafen empfangen, dann bringt man Sie zu dem Hotel, das für Sie gebucht wurde«, schrieb der Milliardär Wafic Said, dessen Fondsgesellschaft Safinvest den Deal abwickeln würde. »Der Vorschlag ist, dass wir am Donnerstag mit den relevanten saudischen Offiziellen, angeführt vom stellvertretenden Minister, zusammentreffen und das Team dann Gelegenheit für eine umfassende Präsentation erhält, inklusive Demonstrationen.«

Vincenzetti hatte seinen Gefolgsleuten bereits Instruktionen zur angemessenen Bekleidung gegeben und schickte seinen Geschäftsführer zur saudischen Botschaft in Rom, um – an einem Sonntag – die nötigen Reisepapiere abzuholen. »Wird nur für Sie offen sein! Lässt tief blicken, oder? … Also los!«

Die Sitzungen in Riad verliefen, Vincenzetti zufolge, ausgesprochen herzlich. Seinem Team berichtete er, dass Herr Said hinterher gesagt habe, er werde seine »Anwälte anweisen, die Transaktion in wenigen Tagen durchzuführen«. HackingTeams aktuelle Beteiligungspartner hatten unterdessen bereits ihre Unterschrift unter die Absichtserklärung (Letter of Intent) gesetzt, derzufolge mehr als siebzig Prozent der Firma an Saudi-Arabien oder eine neu zu gründende, von den Saudis kontrollierte Strohfirma gehen solle. Eine Transaktion solchen Umfangs braucht natürlich ihre Zeit – es gibt immer noch jede Menge Unterlagen zu prüfen, Vertragskram und das übliche Geschacher zu erledigen. Wafics Leute sahen sich zum Beispiel sehr genau die Erlöse an, die HackingTeam 2013 erzielt hatte, und drückten den Gesamtpreis von 61 Millionen US-Dollar auf 49,5 Millionen US-Dollar herunter. Doch gerade, als nur mehr abschließende Details auszuarbeiten waren, wurde Wafics guter Freund Prinz Bandar kurzerhand von seinem Posten als Geheimdienstchef abberufen. Damit war der Deal gestorben.

Einen Monat später gab es erneut schlechte Nachrichten. »Das ist eine Überraschung«, schrieb ein M&A-Spezialist (für Fusionen und Übernahmen) am 20. März per E-Mail an Vincenzetti. »Es hieß überall, NSO sei in Schwierigkeiten nach Problemen mit ihren Produkten in Mexiko. Anscheinend haben Francisco Partners das aber anders gesehen.«

Francisco Partners hatten Mehrheitsanteile von NSO für das Dreifache der Preisvorstellung von HackingTeam in Riad gekauft, nämlich 120 Millionen US-Dollar. In Presseberichten wurden die NSO-Erträge des Vorjahres mit vierzig Millionen US-Dollar angegeben, womit sich im Vergleich die Einnahmen von HackingTeam winzig ausnahmen. Vincenzetti unternahm hektische Anstrengungen, das US-Unternehmen Francisco Partners dazu zu bewegen, auch HackingTeam in ihr Cyber-Portfolio aufzunehmen. Die Private-Equity-Gesellschaft hielt sie für ein paar Monate hin und hörte sich geduldig die Erklärungen an, warum HackingTeams Technik die überlegene sei: »Wir haben [NSOs] Lösungen mit eigenen Augen untersucht, und daraus ergibt sich der klare und unanfechtbare Beweis, dass sie, technisch gesehen, hinter uns liegen… Wir verkaufen unser Produkt eindeutig unter Wert.«

Francisco Partners verzichteten.

Das war der Beginn einer äußerst schlechten Phase für HackingTeam. Cybersicherheitsforscher vom Citizen Lab, einem kanadischen interdisziplinären Labor mit Sitz an der zur Universität Toronto gehörenden Munk School of Global Affairs & Public Policy, veröffentlichten 2014 eine Reihe von belastenden Berichten. Der durch forensische Beweise gestützte Vorwurf lautete, dass die RCS-Spyware an zwanzig Regierungen verkauft worden sei, von denen fast die Hälfte als autoritäre Regime zu gelten hätten. Einige dieser Staaten, etwa die VAE und Marokko, hatten RCS offenbar eingesetzt, um Dissidenten und politische Journalisten auszuspionieren. Junge Programmentwickler, die stolz darauf gewesen waren, dass die Spyware zur Verhaftung von über fünfzig italienischen Mafiabossen beigetragen und die Zahl an Entführungen von mexikanischen Frauen, die nach Osteuropa verkauft wurden, verringert hatte, waren entsetzt über öffentliche Berichte, wonach HackingTeams Cyberwaffen gegen Oppositionelle scharf gemacht worden seien. Einige von ihnen begannen sogar, sich untereinander über Fälle von Missbrauch auszutauschen, die sie immer häufiger mit eigenen Augen zu sehen bekamen. »Erst als sie eine Anwendung ins System einfügten, mit der man Daten auf einen Computer schieben konnte«, sagt ein früherer HackingTeam-Auftragnehmer, »also, dass es möglich war, pädophile Bilder auf den PC von jemandem zu schleusen, und der wird dann verhaftet. Das war der Moment, wo mir dämmerte: ›Scheiße, das ist nicht gut.‹«

Vincenzetti sonnte sich unterdessen nach wie vor in seinem Glanz. »Er ist ein Angeber«, sagt ein ehemaliger HackingTeam-Angestellter. »Er musste unbedingt einen Ferrari fahren. Er wollte den Leuten zeigen, dass er reich ist, ordentlich Kohle hat. Und es war ihm scheißegal, was Kunden mit dem Programm machten… Er verkaufte überallhin, an jeden.«

»Mit der Zeit gab es immer mehr Geschäfte, die grenzwertig waren«, so ein anderer Ex-Mitarbeiter.

Angestellte und Geschäftspartner bei HackingTeam beschlich mehr und mehr das unheimliche Gefühl, dass auch sie ausspioniert würden. Vincenzetti verspottete unverblümt jeden in der Firma, der es wagte, Fragen nach den ethischen Prinzipien aufzuwerfen. *Was kümmert euch das? Wenn eine Regierung sagt, der und der ist ein Terrorist, dann ist er ein Terrorist. Es ist nicht an uns, das zu entscheiden.*

Vorwürfe von außen wurden auf ähnliche Weise lächerlich gemacht. Auf einen Brief des Sicherheitsrats der Vereinten Nationen, der die Vermutung äußerte, HackingTeam habe womöglich gegen ein Verbot verstoßen, »militärische Ausrüstung« an den Sudan zu verkaufen, folgten bemerkenswert ungeschickte Einlassungen einer externen Rechtsberaterin der Firma. RCS an den Sudan zu verkaufen, sei nicht ungesetzlich. »Wenn jemand Sandwiches an den Sudan verkauft, unterliegt er, soweit meine Kenntnis reicht, nicht [diesem] Gesetz«, schrieb sie an Vincenzetti. »HT sollte wie ein Sandwichverkäufer behandelt werden.«

Vincenzetti war überzeugt, er werde zu Unrecht angegriffen und sogar verfolgt, und das ganze Team ließ sich auf diese Linie einschwören. »Citizen Lab hat sich entschieden, ein privates Unternehmen ins Visier zu nehmen, das in voller Übereinstimmung mit den einschlägigen Gesetzen operiert«, nahm ein Firmensprecher Stellung. »Wir glauben, dass die von uns hergestellte Software unverzichtbar ist für den Gesetzesvollzug und unser aller Sicherheit in einer Zeit, in der Terroristen, Drogenhändler, Sexualstraftäter und andere Kriminelle regelmäßig Internet und Mobilfunk benutzen, um ihre Verbrechen durchzuführen.«

Das war die öffentliche Reaktion. Intern explodierte Vincenzetti, als die italienische Regierung einen vorübergehenden Exportstopp für RCS verfügte: »Diese Leute, die unsere Firma kaputtmachen, das sind doch keine richtigen Männer, das sind Feiglinge, die sind blind, die haben doch nicht mal ein echtes Leben! … Die müssen mich schon umbringen, wenn sie mich aufhalten wollen.«

Doch ungeachtet aller kleinen Probleme blieb Vincenzetti optimistisch und angriffslustig. Er baute vor allem weiter auf Mexiko, nach wie vor der größte Kundenstandort für HackingTeam, an den bereits RCS-Lieferungen im Wert von sieben Millionen US-Dollar gegangen waren. Es gab laufende Verträge mit sieben Kunden auf bundesstaatlicher Ebene und mit der staatseigenen Ölfirma Pemex. Die Einnahmen aus Geschäften mit mexikanischen Regierungsbehörden waren doppelt so hoch wie die Erträge in Saudi-Arabien zu diesem Zeitpunkt und fast viermal so hoch wie die in den USA. Allerdings mussten HackingTeams Verkäufer und Ingenieure viel Energie in den Versuch stecken, den wichtigsten mexikanischen Kunden, nämlich den zivilen Nachrichtendienst CISEN, zu beruhigen, dessen Techniker darüber klagten, dass RCS nicht sicher sei. »WIR MÜSSEN DENEN DIE FIREWALL EINSETZEN?«, schrieb ein Key-Account-Manager (Großkundenbetreuer) im Spätsommer 2014 nach Mailand. »Ich weiß, dass es nicht unsere Aufgabe ist, aber es ist auch nicht meine Aufgabe, mich zurückzulehnen und zuzusehen, wie ein Kunde unseren Ruf zerstört, nur weil er zu blöd ist, selbst eine Firewall zu installieren. Wir müssen die Sache beheben, sonst gehen uns die Geschäfte in Mexiko kaputt.«

Vincenzettis Truppen verloren auch an Boden gegenüber dem inzwischen recht kapitalkräftigen Konkurrenten NSO, der soeben mit der mexikanischen Generalstaatsanwaltschaft (PGR) einen beispiellosen Abschluss – 27,6 Millionen US-Dollar vor Steuern – getätigt hatte für ein System, dessen Leistungskraft eine simultane Überwachung von fünfhundert Zielobjekten versprach. Vincenzetti geriet in höchste Aufregung, als er das hörte, und entwickelte lauter unsinnige Ideen, wie er den immer größer werdenden Rivalen übertreffen könne: »Warum machen wir nicht einfach, was Oracle seinerzeit mit IBM gemacht hat, und rühmen unsere technische Überlegenheit und Anwenderfreundlichkeit?«, schrieb er Anfang 2015 in einer Mail. »Erinnert ihr euch an die massive Vergleichswerbung, die Oracle damals geschaltet hat? Zum Beispiel haben sie über Jahre die Rückseite des *Economist* fest gebucht und dort eine Gegenüberstellung der Oracle-Datenbank und der von IBM gebracht, immer mit Hinweis auf die geringere Leistungsfähigkeit und die hohen Preise von IBM im Kontrast zur besseren Performance und den niedrigeren Preisen von Oracle.«

* * *

Der entscheidende Schlag gegen Vincenzetti – faktisch der Todesstoß – kündigte sich durch eine unerwartete, in den frühen Morgenstunden des 5. Juli 2015 auf HackingTeams eigenem Twitter-Account geposteten Mitteilung an. »Da wir nichts zu verbergen haben«, hieß es da, »veröffentlichen wir all unsere E-Mails, Dateien und Quellcodes.«

Dieser gekaperte Tweet hatte eine Vorlaufzeit von fast zwei Monaten gehabt. Ein sehr geduldiger und vorsichtiger Hacker, der sich »Phineas Fisher« nannte (er hatte bereits den Konkurrenten Gamma Group gehackt), erklärte sich schließlich zum Urheber des Hacks und veröffentlichte eine technische Erläuterung, wie er Sicherheitslücken der Systemsoftware aufgespürt hatte, durch die er in HackingTeams internes Netzwerk eindringen konnte. Einmal drin, bewegte Phineas sich wochenlang unentdeckt im Innern des Netzwerks, erschnüffelte Passwörter, belauschte Audioquellen, verfolgte Webcam-Aufnahmen und sah sogar einem Systemadministrator zu, der etliche Stunden seines Arbeitstages damit verbrachte, *World of Warcraft* zu spielen.

Als Phineas einen unzulänglich geschützten Server entdeckte, der von den Software-Entwicklern, dem Verkaufsteam und wichtigen Führungskräften der Firma genutzt wurde, konnte er, indem er sich aus der Ferne einschleuste, auf eine wahre Fundgrube von Sicherungsdateien der Firma zugreifen. In diesen Back-ups fanden sich Passwörter, die ihm Zugriff auf den Live-Server und auf das Passwort des Domain-Administrators gewährten, wodurch er wiederum Zugang zu den internen E-Mails der Firma erhielt. Er lud die E-Mails auf seinen eigenen Server herunter, eine geheime Daten-Exfiltration, durchgeführt gegen die Könige der Exfiltration. Phineas lebte und lernte weiter in dem Netzwerk, tummelte sich mal hier, mal dort und durchdrang Firewalls, um Führungskräfte auszuspionieren – »eins meiner liebsten Hobbys ist die Jagd auf Sysadmins« –, bis eine davon ihn zu HackingTeams wertvollstem Gut führte, den Quellcode für die RCS-Spyware. Welchen Phineas ebenso auf eins seiner Laufwerke downloadete.

Am Tag, nachdem er den Quellcode gefunden hatte, übernahm Phineas Fisher HackingTeams Twitter-Account und machte die überraschende Ankündigung, dass ein Daten-Dump bevorstehe. Vincenzetti und seine Leute mussten nicht lange warten, bis der Hacker seine Ankündigung wahr machte. Phineas Fisher lud alles, interne E-Mails, Rundschreiben und Dokumente – Daten im Umfang von vierhundert Gigabyte – von HackingTeams Servern auf einer öffentlichen Website ab, zugänglich für die Öffentlichkeit. Die Millionen von Seiten bestätigten viele der übelsten Auswüchse der Geschäftspraktiken von HackingTeam, Verkäufe an Staaten, die bekannt waren für ihre Verstöße gegen Bürger- und Menschenrechte, ebenso wie die Rechtfertigung dieser Verkäufe. »Der König von Marokko ist ein gütiger Monarch«, deklarierte Vincenzetti in einer E-Mail.

Das Leak offenbarte auch HackingTeams wachsende Paranoia und Sorge in Bezug auf NSO. Vincenzetti und seine Crew waren besessen von den außerordentlichen Honoraren, die NSO forderte, und wild entschlossen, zu beweisen, dass die Behauptung des Rivalen, einen **Zero-Click-Infektionsvektor** (also einen, bei dem keine Interaktion durch den Nutzer erforderlich ist) produziert zu haben, eine Vorspiegelung falscher Tatsachen sei. HackingTeam hatte sich darangemacht, in einem Memorandum Punkt für Punkt die Vorzüge von RCS gegenüber Pegasus aufzuführen. Vincenzetti schickte Leute los, die NSO-Mitarbeitern Drinks und Abendessen spendierten, um sie dazu zu verleiten, die Geheimnisse von Pegasus auszuspucken – auch dies geht aus den geleakten E-Mails hervor. Sie versuchten sogar, Produktvorführungen von NSO in Mexiko zu infiltrieren.

Der Hack von Phineas Fisher brachte HackingTeam schwer ins Straucheln, und auch wenn es noch ein paar Jahre dauerte, bis die Firma endgültig zu Boden ging, war die spektakuläre öffentliche Ohrfeige der Anfang vom Ende. In den ersten Tagen nach der peinlichen Datenveröffentlichung zeigte Vincenzetti mit dem Finger auf geschäftliche Konkurrenten und eifersüchtige ausländische Regierungen. Jemand mit einer ganz dicken Brieftasche müsse hinter der Aktion gesteckt haben, zeigte er sich überzeugt. Außerdem richtete er Anschuldigungen gegen einige unzufriedene Mitarbeiter, die im Jahr zuvor das Unternehmen verlassen und eine Cybersicherheitsfirma gegründet hatten, um Mittel gegen die Art von Cyberwaffen zu entwickeln, mit denen HackingTeam handelte.

Strafrechtliche Ermittlungen, die sich über zwei Jahre hinzogen, konnten weder die wahre Identität von Phineas Fisher aufdecken noch den Geheimnisverrat irgendwelchen Rivalen oder Feinden Vincenzettis anhängen. Allerdings sprachen die Ermittler die ehemaligen HackingTeam-Angestellten von jedem Verdacht frei und kamen zu dem Ergebnis, dass der wahrscheinlichste Grund, warum der Hacker ins Firmennetzwerk eindringen konnte, in einer veralteten Firewall und einem virtuellen privaten Netzwerksystem lag. Einige ehemalige Mitarbeiter berichteten den Ermittlern, dass die alte Software im System verblieben war, weil eine Person sie noch benutzte – David Vincenzetti. »Buchstäblich«, so die Aussage, »weil er keine Lust hatte, ein Update zu installieren.«

Phineas Fisher gab, nachdem bekannt wurde, dass die italienischen Behörden ihre Ermittlungen abgeschlossen hatten, ein eigenes Statement ab. »Vielleicht haben die Strafverfolger ja jetzt Zeit, die diversen Verbrechen zu untersuchen, die HackingTeam begangen hat«, erklärte er. »Ich mache mir allerdings keine Illusionen, dass irgendein Staatsanwalt sich dafür interessiert.«

Der inzwischen legendäre Hacker hatte neben seiner Hacking-Anleitung auch bereits eine Art Manifest veröffentlicht, in dem er seine Gesinnungsgenossen in Sachen Cybertechnik daran erinnerte, dass sie die besten Beschützer vor Cyberangriffen seien. »Es gibt jede Menge Hacker, die besser sind als ich«, schrieb Phineas Fisher, »aber sie missbrauchen ihr Talent, wenn sie für Waffenlieferanten und für Geheimdienste arbeiten, um Banken und Konzerne zu schützen und den Status quo zu erhalten. Die Hackerkultur ist in den USA als Teil der Gegenkultur entstanden, aber dieser Ursprung ist nur noch in ihrer Ästhetik sichtbar – alles andere ist assimiliert worden. Immerhin kann man ja noch T-Shirts tragen, seine Haare blau färben, einen coolen Hackernamen verwenden und sich wie ein Rebell fühlen, auch wenn man für die Herrschenden arbeitet.

Früher musste man sich in ein Büro schleichen, um Dokumente zu leaken. Um eine Bank auszurauben, brauchte man eine Schusswaffe. Heute kann man beides vom Bett aus machen, einen Laptop auf dem Schoß … Hacking ist eine mächtige Waffe, lasst uns lernen und den Kampf aufnehmen!«

Die größten Nutznießer des HackingTeam-Leaks waren, wie sich zu Phineas Fishers Verdruss herausstellte, nicht Menschenrechtsaktivisten, Dissidenten oder Journalisten, die unter autoritären Regimen arbeiteten. Seitens einer Handvoll von UN-Offiziellen und NGOs ertönten zwar Rufe nach einer Regulierung der Cyberüberwachungsindustrie, aber das waren nur leere Worte. Das eigentliche Gold in den geleakten Daten lag in einer nützlichen Liste potenzieller Kunden – Ägypten, Äthiopien, Bahrein, Kasachstan, Vietnam, Sudan und Saudi-Arabien zum Beispiel –, Kunden, die weiterhin Werkzeuge zur Cyberüberwachung nachfragten und diese womöglich lieber von einer Firma kauften, die selbst kein leichtes Opfer für Systemeindringlinge darstellte. »Die HackingTeam-E-Mails mit der Liste der Firmenkunden kann man sich alle einfach online angucken, nicht wahr?«, sagte ein israelischer Softwareentwickler, der zu der Zeit in der Cybersicherheit arbeitete. »Deswegen, glaube ich, war NSO der große Gewinner. Die Konkurrenz war ausgeschaltet.«

Kapitel 6
Versuchung

Ein Pegasus-System früher Machart in Mexiko in Aktion zu sehen, war nur einer Handvoll Leuten vergönnt. Noch weniger waren an den Konsolen tätig und gewannen einen realen Eindruck von der Reichweite und den Möglichkeiten des in Entwicklung begriffenen Cyberüberwachung-Werkzeugs von NSO. Die Operatoren, die das System bedienen, sprechen sehr ungern über ihre Erfahrungen. Ihre Scheu hat zwei Gründe: Sie haben eine Verschwiegenheitsvereinbarung unterschrieben, bevor sie in den Staatsdienst oder auf einen Posten beim Militär wechselten; und viele von ihnen sind im Besitz von »Geheimwissen« über Drogendealer und Entführer und über korrupte Polizisten und Politiker, alles Leute, die wollen, dass diese Geheimnisse geheim bleiben. Es gibt in Mexiko gute Gründe, den Kopf unter der Decke zu halten. Als es uns irgendwann doch gelang, einen der Operatoren eines Pegasus-Terminals zum Reden zu bringen, stellte er Bedingungen. José, wie wir ihn nennen wollen, erlaubte uns nicht, seinen Namen zu nennen, ja er verriet uns nicht einmal seinen richtigen Namen. Er sagte uns, für welche Behörde er arbeitete, bat aber darum, sie nicht zu erwähnen und schon gar nicht den Namen der Abteilung zu nennen, in der er tätig war. Er weigerte sich auch, mitzuteilen, an welchem Standort sich das mexikanische Pegasus-System befand. Aber er erzählte uns seine Geschichte.

José war einer der ganz wenigen, die eine gezielte Ausbildung für die Bedienung des Pegasus-Systems erhielten; das war kurz nachdem die Behörde, für die er arbeitete, einen Millionenbetrag für die Lizenz bezahlt hatte, mit Pegasus mehrere Hundert Mobiltelefone gleichzeitig infizieren und überwachen zu können. Pegasus war ein willkommenes neues Werkzeug im Kampf gegen Drogenschmuggler. Die mexikanische Polizei und Strafjustiz sowie Spezialeinheiten der Streitkräfte führten schon seit fast zehn Jahren den vom vorherigen Präsidenten Calderón ausgerufenen Krieg gegen die verbrecherischen Kartelle, bislang mit bestenfalls mittelmäßigem Erfolg. Es gab weniger Entführungen und weniger Menschenhandel mit nach Europa und Asien verkauften jungen mexikanischen Frauen – was mindestens teilweise dem Remote-Control-System von HackingTeam zu verdanken war –, doch dafür ging die Zahl der Morde rasant nach oben. Die Drogenkartelle machten bessere Geschäfte als je zuvor und verstärkten den Klammergriff, mit dem sie viele Rathäuser, Regionalregierungen und Polizeibehörden im Schwitzkasten hielten. Ein ernst zu nehmendes strafrechtliches Ermittlungsverfahren gegen die Kartelle durchzuziehen, wurde mit jedem Tag schwieriger. Die Narcos hatten starke Beweggründe für den Aufbau eines eigenen Abwehrprogramms gegen polizeiliche Überwachungsmaßnahmen, und sie verfügten über jede Menge Ressourcen. Selbst rangniedrige Soldaten, die im Dienst der Kartelle standen, wechselten ständig ihre Handys und Telefonnummern, oder sie hatten immer bis zu fünf Handys bei sich; so konnten sie raffinierte Wechselspielchen mit ihren Endgeräten treiben und das Zurückverfolgen von Telefonaten praktisch unmöglich machen.

Die berüchtigtste aller mexikanischen Narco-Banden, befehligt von Joaquín »El Chapo« Guzmán, beherrschte auch die Kunst am besten, Spuren am Boden und im Äther zu verwischen. Zeugenaussagen beim Strafverfahren gegen El Chapo, das 2019 in New York stattfand, brachten viel Licht ins Dunkel. Als El Chapo 2008 drauf und dran war, die persönliche Vermögensschwelle von einer Milliarde US-Dollar zu knacken, heuerte er ein junges IT-Wunderkind an, das die Aufgabe bekam, für das Kartell ein eigenes Privatweb für verschlüsselte Kommunikation zu programmieren; ein Teil davon waren Highspeed-Internetzugänge für Guzmán und seine Stellvertreter. Guzmán selbst war nach Aussagen von Zeugen wohl eher das Gegenteil von computeraffin und wickelte einen Großteil seiner Geschäfte mit Handy-Telefonaten ab, weshalb sein IT-Guru dafür sorgte, dass alle Telefongespräche, die El Chapo führte, über einen eigenen zentralen Server liefen. Als sich El Chapo für Digitaltechnik zu interessieren begann und gleichzeitig zunehmend paranoide Züge entwickelte, forderte er seinen IT-Lieferanten auf, ihm eine Software zu besorgen, die es ihm ermöglichen würde, seine vielen Angestellten zu überwachen. In der Folge hatte er die Idee, in allen Internetcafés in Culiacán, der »Hauptstadt« seines Kartells, eine lückenlose Spyware-Infrastruktur zu installieren. (Er interessierte sich sehr dafür, was die Einheimischen über ihn sagten.)

José erzählte, er habe vom ersten Moment an, als er in seiner mehrwöchigen Ausbildung am Simulator Pegasus in Aktion erlebte, erkannt, dass diese neue Cyberüberwachungs-Waffe zu einem Game Changer im Kampf gegen Drogenkartelle wie das von El Chapo und gegen andere kriminelle Organisationen werden konnte. »Als wir [anfingen], wussten wir nicht einmal, dass so etwas existierte, und es war der Chef einer [anderen Behörde], der uns sagte: ›Hey, da habt ihr aber eine tolle Ausrüstung, die tausend Sachen kann.‹« Die Instruktoren hätten José und den anderen das Leistungsspektrum des Werkzeugs erläutert und dabei »in der Anfangsphase eine große Erwartungshaltung bezüglich der Ergebnisse, die wir damit erzielen könnten«, geweckt.

Die frühen Phasen der Cyberüberwachung mit Pegasus gingen noch mit altmodischen juristischen Anträgen und Detektivarbeit einher. Man erwartete von den Ermittlern, dass sie genug Beweise zusammentrugen, aufgrund derer ein Richter die Beschattung eines Verdächtigen anordnen konnte; sie mussten dann losziehen und die Handynummer der Zielperson herausfinden. Die heikelste Aufgabe war das, was Cyberprofis als Social Engineering oder soziale Manipulation bezeichnen. Die spielte noch eine entscheidende Rolle, weil man die Pegasus-Software damals nur installieren konnte, wenn der Handynutzer den Link in einer SMS anklickte. Dieser Link führte zu einer Domain, in der ein Pegasus-Trojaner darauf lauerte, in das Zielhandy einzudringen.

Die SMS-Nachrichten mussten die Neugier des Empfängers wecken, mussten ein Köder sein, den er (oder sie) auf jeden Fall schlucken würde. Zu diesem Zweck sammelten die Operatoren wochenlang öffentlich verfügbare Informationen über die Zielperson – die Namen von Ehepartner und Kindern, Freundinnen oder Haustieren; ihre Hobbys, Interessen und Neigungen. »Das Social Engineering musste zielgenau sein, denn man wollte nicht zu viele Anläufe machen, die vielleicht Aufmerksamkeit erregen würden«, erklärte uns José. »Wenn wir es schafften, dass sie die SMS anklickten, folgte automatisch die Installation der Software auf ihrem Mobilgerät, und von diesem Moment an konnten wir auf alle auf dem Handy vorhandenen Informationen zugreifen.« Wenn der erste Versuch nicht klappte, kehrten die staatlichen »Sozialtechniker« an den Entwurfstisch zurück, ließen sich einen anderen, besseren Köder einfallen und starteten nach zwei oder drei Tagen einen erneuten Versuch. Nur selten brauchten sie einen dritten Anlauf.

Was ihnen Frust bereitete, war, dass die NSO-Lizenz nur bei den im Kaufvertrag aufgeführten Betriebssystemen funktionierte. Die Software lief etwa auf Android-Geräten, iPhones, Blackberrys oder Symbian-Handys mit relativ neuen Betriebssystemen. Es gab auch Pegasus-Lizenzen, die nur auf die neuesten Mobilgeräte auf dem Markt zugeschnitten waren und nur auf ihnen liefen. Zu der Zeit war Apple der einzige Hersteller, der jedes Jahr ein neues iPhone herausbrachte, manchmal sogar zweimal im Jahr, und dazu jeweils auch neue Betriebssysteme oder zumindest iOS-Upgrades, die neu entdeckte Sicherheitslücken schlossen. Jede neue Entwicklungsstufe eines Geräts oder eines Betriebssystems konnte bedeuten, dass NSO ein Upgrade entwickeln musste, damit es mit der Installation der Software auf den Zielgeräten klappte. »Es war kompliziert, denn man musste jedes Mal, wenn die Gerätehersteller mit einer neuen Version der Software oder einem neuen Ausrüstungsdetail um die Ecke kamen, seine Lizenzen updaten«, erklärte José. »Das ist sehr teuer. Wie permanente Mietzahlungen.«

Wenn das Pegasus-System jedoch auf vollen Touren lief, sodass jeden Tag Hunderte potenzieller krimineller Akteure unter Beobachtung standen, war das ein berauschendes Erlebnis. Immer wenn ein gekapertes Mobilgerät sich irgendwo mit einem WLAN verband, konnte Pegasus Hunderte Megabyte Daten abzapfen, ohne dass auf dem Handy auch nur das winzigste rote Lämpchen anging und die Zielperson warnte. Der Raum, in dem José Tag für Tag arbeitete, war ein Treibhaus von Hightech-Friktionen, im wörtlichen Sinne. NSO bestand auf zwei separaten Räumen, die beide dauerhaft auf 19 °C heruntergekühlt und mit Feuermeldern und markierten Notausgängen ausgestattet sein mussten. Nur unter diesen Bedingungen installierten die NSO-Techniker neue Versionen. In dem Raum, in dem José arbeitete, standen immer mindestens zwei an die zwei Meter hohe Racks, von unten bis oben von NSO produzierte und vom Vertragshändler ihres Vertrauens gelieferte Pegasus-Hardware: ein System für unterbrechungsfreie Stromversorgung, Gateway-Router für die Versendung von SMS-Nachrichten, mindestens vier Server und zwei Router mit robuster Firewall.

Die Behörde hatte ein Glasfasernetz, ein kabelbasiertes Ethernet, die Möglichkeit, über zwei verschiedene Mobilfunkbetreiber eine Verbindung zum Handy herzustellen, sowie rund zwanzig verschiedene IP-Adressen. Im zweiten Raum stand ein 10-Terabyte-Server für die Speicherung der täglichen Ausbeute an mit Pegasus erbeuteten Daten, bis sie von einem der Datenanalysten vor Ort durchgesiebt und sortiert (oder als nutzlos erkannt und verworfen) wurden. Diese Spezialkräfte erstellten fast täglich einen Bericht, oft Warnungen vor sich abzeichnenden Verbrechen, schlugen neue Recherchepfade vor oder identifizierten potenzielle neue Zielpersonen.

José und seine Kollegen von der Operatorengilde konnten nur ein paar Hundert Handys gleichzeitig überwachen, wobei jedoch eine permanente Fluktuation herrschte. Vorgesetzte waren ständig dabei, aus dem großen Fundus an Zielobjekten die hochkarätigeren herauszufiltern, und immer wieder kam es vor, dass José und die anderen Operatoren angewiesen wurden, ein bestimmtes infiziertes Handy auszukoppeln und dafür ein anderes zu überwachen. Der damit betraute Operator bekam die betreffende Mobilfunknummer von der Abteilung für Social Engineering, dazu Formulierungsvorschläge für den SMS-Köder. »In unserem Fall war das sehr einfach«, gab José zu, »weil [meine] Zielpersonen Mitglieder des organisierten Verbrechens waren und wir uns nicht den Kopf zerbrechen mussten. Die [SMS-Nachrichten] waren pornografische Texte, sodass wir praktisch sicher sein konnten, dass sie den Link anklicken würden.«

Wenn José die Köder-Textnachricht eingetippt und auf »Senden« geklickt hatte, erledigte Pegasus den Rest. Das System verschickte die SMS durch mehrere in Reihe geschaltete Anonymisierer, damit sie nicht zurückverfolgt werden konnte. »Diese Botschaften liefen über unterschiedliche Server in aller Welt«, erklärte uns ein mexikanischer IT-Spezialist, der das System in Aktion erlebt hatte. »Sie können über China laufen, von China nach Australien, von Australien nach Amsterdam, von Amsterdam nach Panama und aus Panama zur Zielperson.«

José übte seine gesamte Abschöpfungstätigkeit an einem der wenigen Operatoren-Terminals an seinem Arbeitsort aus; ausgestattet war jedes dieser Terminals mit einer 320-Gigabyte-Festplatte, drei Giga RAM und einem Riesenbildschirm, auf dem die Kaninchen aus dem Zylinder hüpften. Alles, was José tun musste, war, es sich in seinem Drehsessel bequem zu machen und die Nummer eines seiner Zielhandys einzutippen. Daraufhin zauberte Pegasus Module auf den Bildschirm, die das Innenleben des infizierten Zielhandys schematisch abbildeten. Da erschien zum Beispiel ein Kästchen für WhatsApp oder Signal oder eine andere Messenger-App (egal ob verschlüsselt oder nicht), das den Zugang öffnete zu allen seit dem Zeitpunkt der Infizierung versendeten und empfangenen (sowie zu den auf dem Handy archivierten) Botschaften. Mitteilungen, die der Handynutzer nach dem Zeitpunkt der Infizierung gelöscht hatte, erschienen auf Josés Bildschirm als ausgegraute Texte, fast schemenhaft, aber doch lesbar. Es gab ein Kästchen für den E-Mail-Verkehr des Handybesitzers, für die Chronik seiner Telefonate, ein Kästchen für die Anzeige des aktuellen Standorts des Geräts und seiner vergangenen Standorte und Bewegungen, ein Kästchen, mit dem man das Mikrofon, und eines, mit dem man die Kamera des Zielhandys aktivieren konnte. José konnte jede auf dem Zielhandy installierte App seiner Wahl zur Überwachung auswählen – wenn er sie anklickte, poppte sie als Kästchen mit bequem lesbarem Textinhalt am linken Bildschirmrand auf. »Wenn ich zum Beispiel die frontale Kamera des Handys aktivieren wollte, tippte ich auf [das Symbol für] die frontale Kamera, und daraufhin erschien auf meinem Bildschirm in Vergrößerung das von dieser Kamera eingefangene Bild. Wenn ich den Geostandort wissen wollte, tippte ich auf ›geolocation‹, und in dem betreffenden Hauptmodul wurde die Landkarte eingeblendet.« Wenn er die Anrufliste anklickte, konnte er ablesen, wer die wichtigsten Gesprächspartner seiner Zielperson waren und ob sich darunter beispielsweise örtliche Polizeibeamte befanden, die man auf diese Weise als Komplizen des lokalen Verbrechersyndikats identifizieren konnte. Oder er konnte das Mikrofon des Zielhandys anschalten und jedes Gespräch mithören, das in Reichweite des Mikrofons geführt wurde.

José ist nach wie vor stolz auf die Arbeit, die er mit Pegasus gemacht hat, und legt Wert auf die Feststellung, er und sein Team hätten Pegasus ausschließlich im Rahmen der in Mexiko geltenden Gesetze und nur nach den Regeln der Verhältnismäßigkeit angewendet. »Da geht es nicht um gewöhnliche Verbrechen, die auf der Straße passieren, sondern um Verbrechen eines mächtigen Wirtschaftssyndikats, das alle Ebenen des Staatsapparats infiltriert hat«, sagte er. »Da müssen Werkzeuge eingesetzt werden, die invasiver sind als üblich.«

José beteuerte, er und seine Kollegen hätten persönliche Eigenarten und Merkwürdigkeiten der Zielpersonen stets unbeachtet gelassen, solange sie nichts mit kriminellen Aktivitäten zu tun hatten. Doch je länger er an seinem Pegasus-Terminal arbeitete, desto klarer wurde ihm, wo die Gefahren lauerten. Er fing an, in Pegasus so etwas wie einen Cyberteufel zu sehen. Nicht weil Pegasus an und für sich eine Inkarnation des Bösen gewesen wäre, sondern weil es, wie der Teufel, in Versuchung führte. »An dieser Stelle spielt der menschliche Faktor eine Schlüsselrolle«, sagte José. »Wir erkannten, wie tief [Pegasus] in das Leben der Zielpersonen eindrang, wussten aber, dass wir der Versuchung nicht nachgeben durften.

Für jeden Menschen, der auf einem der Stühle sitzt, wo Entscheidungen über die Anwendung eines Werkzeugs dieser Art getroffen werden müssen, geht davon eine Attraktion aus – nennen wir es ruhig eine krankhafte Neugier, Einblick in das Leben anderer Menschen zu nehmen. […] Ein Werkzeug dieser Art weckt bei [Staatsdienern], denen es zur Verfügung steht, ein Gefühl der Überlegenheit, der Macht, der Kontrolle. Dann kippt die Anwendung ins Perverse; es kann zu einem Instrument der persönlichen Befriedigung werden statt zum Nutzen der Öffentlichkeit.«

Just zu der Zeit, als Josés Pegasus-Operation online ging, begannen die Dinge für die obersten Diener des mexikanischen Staates schiefzulaufen: Präsident Enrique Peña Nieto hatte noch mehr Spielräume und Mittel für die Bekämpfung der Drogenkartelle freigegeben als Felipe Calderón vor ihm, was man auch als grünes Licht dafür sehen konnte, noch mehr von Calderóns Benzin ins Feuer zu gießen. Wenn die mexikanischen Behörden einen Drogenzaren aus dem Verkehr zogen, entfesselten sie damit oft neue blutige Kämpfe um alte Reviere, Kämpfe zwischen Fraktionen des ursprünglichen Kartells oder gegen Konkurrenten, die eine Chance witterten. Die Mordrate in Mexiko verdreifachte sich im Verlauf der Amtszeiten der beiden Präsidenten. Was die internationale Presse im Herbst 2014 meldete, keine zwei Jahre nach Nietos Amtsübernahme, wirkte wie eine Zustandsbeschreibung des Chaos, das in Mexiko herrschte: Im Bundesstaat Guerrero stoppte die Polizei zwei Linienbusse, mit denen Studenten auf dem Weg zu Protestkundgebungen gegen die Regierung waren. Die Studenten des örtlichen Lehrerseminars hatten die Busse einfach in Beschlag genommen. Die Polizei behandelte die Studenten jedoch nicht wie übermütige, über die Stränge schlagende junge Leute. Bei dem Polizeieinsatz kamen sechs Personen zu Tode, vierzig wurden verwundet. Dreiundvierzig der Lehramtsstudenten verschwanden spurlos.

Die Regierung versprach Aufklärung, aber dann verging Woche um Woche ohne jede Nachricht von den Verschwundenen (oder über sie), und das löste eine Welle von Demonstrationen aus, die von Guerrero über Mexico City bis nach Acapulco schwappte. Die

Teilnehmerzahlen an den Demonstrationen, bei denen Plakate und Transparente mit den Bildern der Vermissten hochgehalten wurden, gingen oft in die Tausende.

Sechs Wochen nach dem Polizeieinsatz, am 7. November 2014, veröffentlichte die Regierung von Peña Nieto endlich einen amtlichen, aber dürftigen Bericht. Mitglieder einer lokalen Drogenbande, erklärte der Generalstaatsanwalt Jesús Murillo Karam bei seiner Pressekonferenz, hätten gestanden, das Massaker begangen zu haben. Die Mitglieder der Drogenbande hätten im Verhör zugegeben, dass sie die Lehramtsstudenten gefoltert und umgebracht hatten. Nach ihren Aussagen hatten sie die Leichen zerstückelt und auf einem großen Scheiterhaufen verbrannt, alles, was an Zähnen und Knochen übrig geblieben war, zermahlen, das Pulver in Plastikmüllsäcke abgefüllt und diese in einen nahe gelegenen Fluss geworfen. Die Polizei hatte laut Aussage Karams einige dieser Müllsäcke gefunden und geborgen, und es bestehe kaum ein Zweifel daran, dass es sich um Zeugnisse eines Massenmords handelte, sagte Karam. Allerdings seien die sterblichen Überreste der Opfer durch die Verbrennung auf dem Scheiterhaufen so stark kontaminiert, dass es schwierig sei, »die DNA zu extrahieren, die eine Identifizierung möglich machen würde«.

Kein Wort verlor der Generalstaatsanwalt über Pressemeldungen, denen zufolge die Polizeikräfte, die die Busse gestoppt hatten, die Studenten ihren späteren Mördern ausgeliefert hatten. Es war an jenem Tag schwer festzustellen, ob der Justizminister und seine polizeilichen Ermittler im Dunkeln tappten oder ob sie der Öffentlichkeit Informationen vorenthielten. (Erst Jahre später erfuhr die Welt, dass die Studenten den verhängnisvollen Fehler gemacht hatten, sich für ihre Ausfahrt zwei Busse auszusuchen, in denen das lokale Drogenkartell eine für die USA bestimmte Ladung Heroin versteckt hatte – in einer Stadt, in der Polizei und Drogenschmuggler eng zusammenarbeiteten.) Dem Anschein nach wusste der Generalstaatsanwalt nichts von den SMS-Nachrichten, die damals zwischen dem örtlichen Drogenzaren und dem stellvertretenden Polizeichef hin und her gegangen waren; darin hatten die beiden Männer verabredet, an welcher Stelle die Polizei die Studenten an die Drogengangster übergeben würde. »Das Massaker an den Studenten«, erklärte ein ehemaliger Direktor der US-amerikanischen Drogenbehörde DEA 2021, als die grausige Wahrheit ans Licht kam, »beinhaltet die Komplizenschaft zwischen Polizei, Militär und organisierter Kriminalität sowie massive Vertuschung seitens der mexikanischen Regierung.«

Der mexikanischen Bevölkerung musste niemand etwas von Komplizenschaft und Vertuschung erzählen, sie hatte schon seit November 2014 die Nase voll. Die Regierung von Peña Nieto jedoch war mit einer eskalierenden Krise konfrontiert, die Generalstaatsanwalt Karam weiter verschärfte, als er die turbulente Pressekonferenz mit dem unglücklichen Ausspruch beendete: »Ya me cansé« – »Genug, ich bin müde.«

Innerhalb weniger Stunden wurde dieser unbedachte Satz zum Hashtag, der sich rasend verbreitete. Kommentare und Erwiderungen zirkulierten bald weltweit auf den sozialen Medien, am schnellsten jedoch in Mexiko. Auf YouTube postete die mexikanische Filmemacherin Natalia Beristain dieses Manifest: »Señor Murillo Karam, auch ich bin müde. Ich bin müde der spurlos verschwindenden Mexikaner, der Tötung von Frauen, müde der Toten, der Enthaupteten, der an Brücken hängenden Leichen, der zerstörten Familien, der Mütter ohne Kinder, der Kinder ohne Väter. Ich bin müde der politischen Klasse, die mein Land gekidnappt hat, und der Klasse, die korrumpiert, lügt und mordet. Auch ich bin müde.«

Am nächsten Tag marschierten fünfzehntausend Bürger durch die Innenstadt von Mexico City. Ihr Protest verlief im Großen und Ganzen friedlich, obwohl viele in der Menge vor Wut kochten und Bereitschaftspolizei eingesetzt werden musste, um den Nationalpalast zu schützen, als die militanteren Demoteilnehmer begannen, die Fassade mit Farbe zu besprühen, Fenster einzuschlagen und die Puerta Mariana in Brand zu setzen, um sich Zugang zum Palast zu verschaffen.

Einen Tag später veröffentlichte ein Reporterteam unter Leitung der populären und angesehenen Journalistin Carmen Aristegui eine

Reportage, die mit dem Massaker an den Studenten nichts zu tun hatte, Präsident Peña Nieto aber in eine weitere Verlegenheit stürzte. Ein Artikel über die Casa Blanca, Ergebnis einer monatelangen Recherche, ließ den Präsidenten schlecht aussehen. Er und seine Frau, Telenovela-Star Angélica Rivera, waren die Hausherren einer unlängst erbauten Luxusresidenz mit sieben Schlafzimmern, einer Tiefgarage, einem mit einer Freifläche verbundenen, in einen blühenden Garten übergehenden Wohnbereich, einem Badezimmer mit Wellnessbereich und einem Aufzug, der zur Dachterrasse mit Jacuzzi und Bar führte. Der beurkundete ursprüngliche Eigentümer der auf sieben Millionen Dollar geschätzten Residenz war freilich nicht das Präsidentenpaar, sondern ein Unternehmen namens Grupo Higa, das das Haus für Nieto und seine Frau gebaut hatte.

In der Reportage wurde enthüllt, dass die Firma Grupo Higa, die Juan Armando Hinojosa Cantú gehörte, vom Bundesstaat Mexiko mehrere große Bauaufträge erhalten hatte, und zwar zwischen 2005 und 2011, der Zeit, als Peña Nieto dort als Gouverneur regiert hatte. Wie Aristegui und ihr Team weiter herausgefunden hatten, gehörte Grupo Higa einem Konsortium an, das vor Kurzem von der Regierung Peña Nieto mit dem Bau einer Schnellbahntrasse von Mexico City nach Querétaro beauftragt worden war. Die Reporter waren im Besitz von Grundbuchauszügen, Urkunden und Ausschreibungsunterlagen, mit denen sie ihre Reportage untermauern konnten. Die Casa-Blanca-Story machte Schlagzeilen in der ganzen Welt.

Man hätte dies in der Rubrik »mittelschwere Korruption« abheften können, doch in Verbindung mit der öffentlichen Empörung über die verschwundenen Studenten – das Titelblatt der Zeitschrift *Proceso* war in der betreffenden Woche durch eine Mittellinie in zwei Hälften geteilt, wovon eine den Eltern der Studenten, die andere der Casa Blanca gewidmet war – war es ein harter Schlag für einen mexikanischen Präsidenten, der sich bis dahin bemüht hatte, seine Bürger und den Rest der Welt davon zu überzeugen, dass er ein integrer Mann war. In der Folge annullierte Peña Nieto die Verträge mit Grupo Higa über den Bau der Schnellbahnstrecke, und die First Lady Angélica Rivera erklärte im Fernsehen, sie sei gerade dabei, die Casa Blanca zu kaufen, wie das von Anfang an geplant gewesen sei, und habe genug eigenes Geld, um das Haus zu bezahlen. Das beruhigte die Gemüter keineswegs. »Anders als Carmen Aristegui, die Journalistin, die den Casa-Blanca-Skandal aufgedeckt hat«, stellte ein Beobachter fest, »hat Peña Nieto keinerlei Dokumente veröffentlicht, die seine Version der Geschichte stützen würden.«

Zwei Tage nach dem Fernsehauftritt der First Lady, am 20. November 2014, versammelten sich Regierungskritiker, die mit Zügen, Bussen, Autos und zu Fuß in die mexikanische Hauptstadt gekommen waren, zu einer Großdemonstration. Man schrieb an diesem Tag, wie die Initiatoren der Demonstration betonten, den 104. Jahrestag des Ausbruchs einer Revolution, die mit dem Sturz eines mexikanischen Diktators geendet hatte. Der Protest war laut und dauerte lang, vereinzelt kam es zu Gewaltausbrüchen – inklusive Molotowcocktails und Zusammenstößen mit der aufmarschierten Bereitschaftspolizei –, doch im Wesentlichen war es eine unblutige Manifestation des Volkszorns, der Kulminationspunkt dessen, was ein mexikanischer Dichter und Romancier so zusammenfasste: »56 Tage Demos, Sit-ins, Lehrer- und Schülerstreiks, Plünderungen in Einkaufszentren und Supermärkten, Vandalismus und Brandanschlägen auf öffentliche Gebäude, Besetzung von Mautstationen, Straßenblockaden und kollektivem Fasten und Beten der Massen.« Die Massen, die an dem betreffenden Tag in Mexico City demonstrierten, trugen Schilder mit Parolen wie: »Peña, das Volk hat genug von dir«, oder: »Peña, trete zurück!« Sie verbrannten sein Foto auf offener Straße, und auf dem Zócalo verbrannten sie seine Puppe.

So sehen Zeiten aus, die die menschliche Seele offenbar in Versuchung führen. Am Tag der Massendemonstration in Mexico City schickte jemand eine als dringlich markierte SMS-Nachricht an Carmen Aristegui mit der Aufforderung, einen Link anzuklicken. Da sie nicht erkennen konnte, wer der Absender der Nachricht war, entschied sie sich gegen das Anklicken.

Peña Nieto stemmte sich der anschwellenden Flut nach besten Kräften entgegen: Er versprach, den Fall der verschwundenen Studenten aufzuklären und das mexikanische Justizwesen zu reformieren. Er verkündete, sein Minister für den öffentlichen Dienst habe mit einer gründlichen Untersuchung der Casa-Blanca-Affäre begonnen (die ein paar Monate später zu dem Ergebnis gelangte, der Präsident und seine Frau hätten sich nichts zuschulden kommen lassen). »Obwohl ich rechtmäßig gehandelt habe«, erklärte Nieto seinem Volk zerknirscht, »verletzte dieser Fehler meine Familie, beeinträchtigte den Start meiner Regierung und tat dem Vertrauen der Öffentlichkeit zum Staat Abbruch. Ich bekam die Verärgerung des mexikanischen Volkes selbst zu spüren. Und ich hatte vollstes Verständnis dafür. In diesem Sinn bitte ich in großer Demut um Vergebung und wiederhole meine aufrichtige Entschuldigung für die Verärgerung und Empörung, die ich verursacht habe.«

Verärgert und empört waren freilich auch Peña Nieto selbst und seine Getreuen im Staatsapparat, und daran änderte sich auch nicht viel. Als Bastian Obermayers Panama Papers im Frühjahr 2016 Fahrt aufnahmen, kriegte Präsident Peña Nieto seine nächste kalte Dusche ab, dieses Mal von Jorge Carrasco in *Proceso*. Carrasco, eine der Schlüsselfiguren im Konsortium der Panama Papers, berichtete über eine kleine Gruppe wohlhabender mexikanischer Geschäftsleute, die ganze Bündel von Offshore-Firmen gegründet hatten, um ihre Steuerlast zu minimieren. »Namentlich Präsident Enrique Peña Nietos liebster Empfänger von Staatsaufträgen, Juan Armando Hinojosa Cantú«, schrieb Jorge am 3. April 2016, »der Eigentümer der Grupo Higa, gehört gemäß den Papieren anscheinend zu den wichtigsten mexikanischen Kunden der [panamaischen Anwaltsfirma]. Der Finanzier des sogenannten Weißen Hauses von Peña Nieto und der Residenz des Finanzministers Luis Videgaray – der für die Steuererhebung in unserem Land zuständig ist – hatte es eilig, Geld ins Ausland zu schaffen.

Mitten im Sturm der Entrüstung über die Enthüllung seines engen Verhältnisses zu Peña Nieto versuchte Hinojosa Cantú im Juli letzten Jahres, mittels eines komplexen Geldtransfer-Netzwerks, das sich durch mehrere Länder zog, mehr als 100 Millionen Dollar zu mobilisieren.

Proceso wandte sich an die Presseabteilung der Grupo Higa, um im Rahmen dieser Recherche mehr über [Hinojosas] Einkünfte zu erfahren, und auch darüber, was er der Steuerbehörde gemeldet hat, aber wir haben keine Antwort erhalten. Auch der Präsident der Republik hat jede Stellungnahme verweigert.«

Berichte über die Panama Papers erschienen tröpfchenweise auch noch Wochen später, als bei Jorge Carrasco eine SMS eintrudelte, die aus heiterem Himmel kam. »Hallo Jorge, ich wollte dir dieses Memo schicken, das Animal Político heute veröffentlicht hat. Ich glaube, es ist wichtig, es zu teilen.« Jorge kannte *Animal Político* gut, eine Web-Plattform, die guten investigativen Journalismus praktizierte. Aber den Absender der Botschaft kannte Jorge nicht. »Wer schickt mir das?«, schrieb er zurück – und erhielt keine Antwort. Jorge klickte den Link nie an, aber er löschte die SMS-Nachricht auch nicht. Für unser Pegasus-Projekt sollte sich dies als entscheidend erweisen.

Kapitel 7

»Der erste Kreis schließt sich«

Sandrine

Als Paloma de Dinechin ihn fragte, ob er noch das Smartphone habe, das er vier Jahre zuvor, im Frühling 2016, benutzt hatte, sah Jorge Carrasco sie leicht verwirrt an. Es war Oktober 2020, und Paloma hielt sich in Mexiko auf, um das Cartel Project fertigzustellen. Sie und ein kleines Kamerateam brachten den Großteil des Samstags mit einem neuerlichen Interview mit Jorge zu; sie wollten Antworten auf ein paar noch ungelöste Fragen zum Mord an seiner früheren Kollegin Regina Martínez bei *Proceso* und das, was danach geschehen war, klären. Doch Paloma hatte an diesem Tag noch eine andere Aufgabe, und zwar, Jorges Einwilligung zu erlangen, sein Smartphone auf eine mögliche Verseuchung mit Spionagesoftware analysieren zu lassen.

Laurent und ich hatten uns zusammen mit Paloma lang und breit den Kopf darüber zerbrochen, wie genau wir Jorge davon überzeugen könnten. Wir wollten ihm so viel wie möglich erzählen, ohne preiszugeben, dass wir Zugang zu dieser gigantischen Menge geleakter Daten über NSO und Pegasus hatten.

Erst gegen Ende des Tages, nachdem das Interview unter Dach und Fach war, sprach Paloma Jorge darauf an. Sie war so direkt wie möglich, erklärte, dass Forbidden Stories gern den Inhalt seines alten Smartphones überprüfen würde, und zwar mittels eines forensischen Tools, das zwei Experten vom Security Lab von Amnesty International entwickelt hatten. Jorge nahm offenbar an, dass es zur Berichterstattung über das Cartel Project gehörte. Dass Paloma ihm keine weitergehenden Informationen geben konnte, trug daher nur zu seiner wachsenden Frustration bei, über wichtige Aspekte dieses Investigativprojekts im Dunkeln gelassen zu werden, bei dem er ein

Schlüsselpartner war. Als wir ein paar Monate zuvor erfahren hatten, dass sein Smartphone möglicherweise mit Pegasus infiziert war, hatten wir Jorge gebeten, sich aus der Signal-Gruppe auszuklinken, die mit dem Cartel Project befasst war. Seitdem hatten wir mit ihm fast ausschließlich über eine Reporterin aus seinem Team bei *Proceso* kommuniziert. »Ich erinnere mich, dass ich Sandrine um mehr Austausch bat«, erklärte Jorge später. »Die Tatsache, dass die Kommunikation zwischen uns heruntergefahren worden war, hatte mich stutzig gemacht.«

Jorge Carrasco ist ein hervorragender Journalist und überaus scharfsinnig. Zwanzig Jahre lang hatte er über Machenschaften von Privatunternehmen und öffentlichen Institutionen in Mexiko berichtet, bei denen sich einem die Nackenhaare aufstellten: über das Vorgehen von Drogendealern, aber auch einiger Polizisten, Militärs und von Geheimdiensten. 2015 hatte er die maßgebliche Arbeit über das Leak von HackingTeam geleistet und über den Einsatz von RCS-Spionagesoftware in seinem Land recherchiert. Auch hatten er und seine Kollegen von *Proceso* 2017 Follow-up-Artikel geschrieben, nachdem das Citizen Lab Hinweise gefunden hatte, dass Carmen Aristegui und andere mexikanische Journalisten mittels Pegasus ausgespäht wurden, ebenso wie prominente Personen, die die mexikanische Regierung zu einer Besteuerung gesüßter Getränke bewegen wollten, und sogar Anwälte einiger Eltern der dreiundvierzig Studenten, die in Guerrero spurlos verschwunden waren. Jahrelang hatte sich Jorge gefragt, ob er ebenfalls ein Opfer von Internetüberwachung war. Ja, er hatte sein altes Smartphone noch, doch leider konnte er sich, wie er Paloma an besagtem Samstag im Oktober 2020 sagte, nicht mehr an die PIN-Nummer erinnern.

Damals war Mexiko für Paloma ein heißes Pflaster, ein rauer Ort für eine dreiundzwanzigjährige Reporterin, um dort ihr Handwerk zu lernen. Vor allem hatte sie lernen müssen, ihr entwaffnendes Lächeln am Ende jeder ihrer Feststellungen oder Fragen zu unterdrücken, das sich als sehr wirksam erwiesen hatte, wenn es darum ging, Menschen ihre Befangenheit zu nehmen. Doch in Mexiko kam man mit einer charmanten Art nicht besonders weit. Paloma hatte mehrere Tage in Veracruz verbracht, um Regina Martínez' engste Freunde kennenzulernen, aber niemand war gewillt, sich offiziell über ihren unaufgeklärten, gewaltsamen Tod zu äußern. Für sie spielte es keine Rolle, dass der Fall sieben Jahre her war; die Geister von Veracruz scheinen immer allgegenwärtig zu sein. Nachdem sie ein paar Tage in der Stadt verbracht hatte, war Paloma mehr auf der Hut als sonst. Tagtäglich während ihres Aufenthalts in Mexiko rief sie uns in Paris an, um uns auf den neuesten Stand zu bringen, und ihre Anrufe waren bisweilen ziemlich beunruhigend. Ich erinnere mich noch an unser Telefonat an dem Tag, an dem sie die Straße aufgesucht hatte, wo Regina Martínez gelebt hatte und gestorben war. Paloma hatte ein ungutes Gefühl in dieser Straße, erzählte sie uns, als wehte ein übler Wind hindurch. Auch hatte sie das Gefühl, dass sie einigen der Bewohner des Viertels nicht trauen konnte. Einer ihrer besten Informanten war so alarmiert, dass er sie überredete, zusammen mit einem Taxi woandershin zu fahren – »Nichts wie weg hier, verdammt«, hatte er zu ihr gesagt –, wo sie sich sicher unterhalten konnten.

Was mich damals erstaunte, war, dass die Eigenschaften, die Laurent ein Jahr zuvor dazu bewegt hatten, Paloma einzustellen – ihre Neugierde und ihre Furchtlosigkeit –, ungebremst schienen. Ihr vollständiger Nachname, Dupont de Dinechin, ließ vermuten, dass sie einer aristokratischen Familie mit langer Geschichte und einem Schloss entstammte. Aber davon abgesehen deutete nichts sonst darauf hin. Paloma wurde von »Hippie-Eltern«, wie sie sie nannte, großgezogen. Ihr Vater ist Franzose und ihre Mutter Chilenin. Schon bei unserer ersten Besprechung fiel uns ihre Zielstrebigkeit auf. Bevor sie zum Vorstellungsgespräch erschien, hatte sie jedes einzelne Wort gelesen, das von Forbidden Stories je veröffentlicht wurde. Sie kannte alle Interviews, die Laurent Jahre zuvor, als er Forbidden Stories auf den Weg brachte, gegeben hatte, und konnte daraus zitieren. Auch besaß sie eine natürliche Reife und Widerstandsfähigkeit, beides Qualitäten, die ihr bei ihrem Lieblingssport zugutegekommen sein mussten: Rugby.

Paloma, die fließend Französisch, Englisch und Spanisch spricht, hatte, noch nicht einmal zweiundzwanzigjährig, einen Kurzdokumentarfilm über Gewalt gegen indigene Einwohner Chiles gedreht und ein sechsmonatiges Praktikum bei einer Onlineredaktion in Guerrero absolviert, einer der gefährlichsten Gegenden Mexikos. Kaum hatte sie bei uns angeheuert, wurde sie zu einer der wichtigsten Kontaktpersonen für unsere Hauptinformanten im Rahmen des Cartel Project und zur Anlaufstelle, an die sich unsere Partner bei anderen Medienstellen wandten, wenn sie jemanden brauchten, der Fakten überprüfte oder sich nochmals mit einem schwierigen Informanten in Verbindung setzte. Daher hatte ich keine Bedenken, Paloma nach Mexiko zu schicken, um Jorge zu überzeugen, als Präzedenzfall für die forensische Analyse zu dienen, die allererste Nummer aus den geleakten Daten, die wir überprüfen wollten.

Ein paar Tage nach dem Interview suchte Jorge Paloma in ihrem Hotel auf, sein altes Smartphone in der Tasche; es brauchte mehrere zeitaufwendige Anläufe, bis er die PIN-Nummer herausfand, mit der sich das Gerät entsperren ließ. Auch zögerte Jorge noch, uns zu erlauben, ein Back-up des Inhalts seines Smartphones zu machen, inklusive seiner Kontaktliste, sämtlicher Nachrichten, die er verschickt hatte und die für unsere Arbeit relevant waren, und aller Nachrichten, die er empfangen hatte, sowie der zugehörigen Zeitstempel. Er wollte wissen, ob das Security Lab alle Daten löschen würde, wenn sie fertig waren, und wie lange sie das Back-up benötigen würden. Als Paloma ihm erklärte, wir würden für die Analyse ungefähr zwei Wochen brauchen, meinte er, das scheine ihm ein langer Zeitraum zu sein. Aber schließlich gab er ihr dann doch sein Okay, ein Back-up anzufertigen und die Datei für Claudio und Donncha in Berlin hochzuladen.

Das Prozedere hört sich einfach an, aber für Paloma war es neu. In Paris hatte sie nur Zeit für einen kurzen simulierten Probelauf gehabt, ehe sie nach Mexiko aufbrach. Jetzt brauchte sie mehrere Anläufe und qualvolle Stunden, um die Back-up-Dateien von Jorges Smartphone zu erstellen und sie erfolgreich auf die forensische Plattform von Security Lab zu laden. Dann setzten Claudio und Donncha ihr neues Tool ein, mit dem sie nach einem ganz bestimmten Indiz suchten. »Damals«, sagt Donncha, »hatten wir jede Menge Diskussionen über die Frage ›Was bedeuten diese Daten?‹. Das war das große Rätsel … Wir machten uns ein bisschen Sorgen, dass wir die Spionagesoftware vielleicht nicht finden würden. Und unsere Bemühungen erfolglos blieben.«

Das erste Aha-Erlebnis stellte sich ein, als das Tool von Security Lab folgende merkwürdige Nachricht eines unbekannten Absenders ausfindig machte: »Hallo Jorge. Ich wollte dir dieses Memo schicken, das *Animal Político* heute veröffentlicht hat. Ich glaube, es ist wichtig, es zu teilen.« Jorge hatte diese Nachricht mit dem entsprechenden Link nur wenige Stunden nachdem seine Telefonnummer laut der Daten in der geleakten Liste ausgewählt worden war, erhalten. Nicht nur stimmte der Zeitstempel des Auswahlvorgangs mit dem der verdächtigen Nachricht überein, auch die Telefonnummer des Absenders war aufschlussreich. Denn es war dieselbe Nummer, die bereits in einem veröffentlichten Bericht des Citizen Lab identifiziert worden war und von der Carmen Aristegui mehrere SMS mit dem Link zu einer Fake-Webseite erhalten hatte; diese wiederum lud dann einen Exploit, der die Pegasus-Spionagesoftware installierte.

Es gab keine Hinweise auf eine bestehende Infektion auf dem Smartphone, denn Jorge hatte wohlweislich den Link nicht angeklickt, der den Angriff in Gang gesetzt hätte. Doch laut der Hinweise, die das forensische Tool gefunden hatte, war Jorges iPhone anvisiert worden, und der Angriff konnte eindeutig mit NSO in Verbindung gebracht werden. Noch besser, Jorge war ein neues Zielobjekt. Er gehörte nicht zu den rund einem Dutzend Journalisten und Privatpersonen in Mexiko, die bereits in früheren Jahren als Zielpersonen von Pegasus identifiziert worden waren.

Die erste Nummer in den geleakten Daten, die wir verifizieren konnten, war also nicht nur als Zielperson eines NSO-Kunden bestätigt worden, sondern auch ein bislang unbekanntes Ziel. Selbst für einen technologischen Laien wie mich erschien es als recht unwahrscheinlich, dass Jorge das einzige neue Opfer bliebe, das das forensische Tool von Security Lab unter den fünftausend Nummern des Datensatzes ausfindig machen würde.

Claudio und Donncha ließen es sich nicht anmerken, als sie uns ihren ersten Bericht präsentierten, aber später erzählten sie uns, diese ersten Ergebnisse hätten sie regelrecht beflügelt. Der Beweis auf Jorges Smartphone, dass er als Pegasus-Zielperson anvisiert worden war, war die Bestätigung für den Wert der Daten selbst. »Man sieht die Nummer in dem Datensatz und man sieht, dass die Nachricht genau zum erwarteten Zeitpunkt auftaucht. Es war die Rückversicherung, dass wir auf der richtigen Spur waren.«

Es lag noch ein langer Weg vor uns, noch war es nicht viel mehr als eine Chance, dass sie »pfeifen«, wie Donncha es ausdrückte. Aber, wie Claudio sagte, der seine charakteristische Zurückhaltung an den Tag legte: »Das könnte, ähm, funktionieren.«

Kurz nachdem Paloma von Mexiko nach Paris zurückgekehrt war, wuchs der Druck auf Forbidden Stories. In den ersten Dezembertagen 2020 sah ich Laurent hin und wieder an einem geöffneten Fenster stehen und eine Zigarette rauchen – eine alte Angewohnheit, in die er in den angespannten Tagen vor und nach der Veröffentlichung eines großen investigativen Projekts immer wieder zurückfiel. Das Cartel Project sollte in wenigen Tagen, am 6. Dezember 2020 um 18 Uhr mitteleuropäischer Zeit, weltweit live gehen, und unser kleines Team arbeitete bis spät in die Nacht hinein. Alle schrieben ihre Storys, nahmen aber auch die Anrufe unserer Partner aus aller Welt entgegen. Mal wünschte jemand, dass Paloma einen Faktencheck bezüglich Veracruz machte, oder jemand bat Audrey um Erläuterungen zu den Versanddaten von China oder Indien, die sie entdeckt hatte, und jemand anders wollte von Phineas die Anzahl der Berettas und Glocks und der anderen Handwaffen bestätigt haben, die aus Europa nach Mexiko verkauft worden waren, oder aus Israel oder den Vereinigten Staaten. Redakteure und Anwälte von verschiedenen Partnern wurden hinzugezogen, um den Wortlaut bestimmter Anschuldigungen zu prüfen und in letzter Sekunde noch Korrekturen vorzuschlagen.

Dies war meine erste Erfahrung mit der Koordinierung eines internationalen Investigativprojekts, und es fühlte sich ein bisschen wie Flöhehüten an. Insgesamt gehörten dem Konsortium sechzig Journalistinnen und Journalisten von fünfundzwanzig eigenständigen Medien aus achtzehn Ländern an, die alle am Cartel Project mitarbeiteten – und auch sie machten in den Tagen vor der Veröffentlichung unzählige Überstunden. Viele steuerten in letzter Sekunde weitere Berichte über die noch immer mysteriösen Umstände des Mords an Regina Martínez bei. Andere hatten Storys von Regina Martínez wieder aufgenommen, die sie vor ihrem Tod nicht hatte beenden können.

Genau wie die hinterlassenen Geschichten einiger der 119 mexikanischen Journalistinnen und Journalisten, die in den vorangegangenen zwanzig Jahren ermordet worden waren, hatten sie ihren Ursprung in Veracruz, in Guerrero und Sinaloa, führten jedoch in die ganze Welt. Die Kartelle bekamen die Präkursoren, also Vorläufersubstanzen, um Fentanyl herzustellen, aus Asien, wuschen Geld in Spanien und kauften Waffen aus Österreich, Italien und den Vereinigten Staaten. Das hieß, jeder der Partner hatte einen ganz bestimmten lokalen Blickwinkel auf die jeweilige Geschichte und betrachtete sie somit als die eigene.

Ich hatte durchaus Verständnis, als ein Journalist aus einem europäischen Medienunternehmen mich anrief, um mir mitzuteilen, dass sie sich möglicherweise nicht in der Lage sähen, eine bestimmte Story über Methamphetamine-Labore in seinem Land, die mexikanische Drogenhändler belieferten, länger zurückzuhalten. Er fürchtete, ein rivalisierendes Medienunternehmen könnte ihnen zuvorkommen. Keine leichte Situation. Niemand will als Zweiter eine Geschichte herausbringen, an der man intensiv gearbeitet hat. Andererseits musste ich strikt sein mit unseren nervösen Partnern. Keine einzige Zeitung, egal wo auf der Welt, konnte das Ausmaß und die Tragweite dieser Geschichte so gut darstellen, wie es ein internationales Konsortium vermochte. Und, wichtiger noch, es gab eine Vereinbarung, der *alle* Partner zugestimmt hatten – dass die ersten Storys nicht vor der festgesetzten Uhrzeit veröffentlicht werden durften, sondern über die folgenden Tage in einer vorbestimmten Reihenfolge verbreitet werden würden. Wenn einer der Partner früher loslegte, könnte dies, so die Sorge, zu einem panikartigen Wettrennen unter den restlichen Partnern führen. Dies würde nicht nur die Wucht der Enthüllungen beeinträchtigen, sondern auch das, wovon das kooperative Modell von Forbidden Stories am meisten abhing: das Vertrauen unter den Partnern.

In den Tagen vor der Veröffentlichung bekam ich nicht viel Schlaf ab. Wenn ich gerade keine Anrufe entgegennahm oder den Texten den letzten Schliff verpasste, ertappte ich mich dabei, dass ich wie eine Besessene Webseiten im Browser neu lud, um zu überprüfen, ob vielleicht doch der ein oder andere Partner vorgeprescht war. Dann wieder musste ich jemanden in Amerika anrufen und die Person auffordern, den Screenshot des Cartel-Project-Dokumentarfilms herunterzunehmen, den sie hochgeladen hatten. Doch dann ging das Projekt endlich live, und zwar exakt zum verabredeten Zeitpunkt, perfekt synchron auf den verschiedenen Medien rund um die Welt. Die am ersten Tag publizierten Storys konzentrierten sich auf das Leben und den Tod der *Proceso*-Journalistin, die wir in den Mittelpunkt unseres Projekts gestellt hatten; sie sorgten weltweit für Schlagzeilen auf den Titelseiten der Zeitungen und bildeten die Aufmacher von Online-Medien:

Der Mord an Regina Martínez: Einer von vielen

Unbeantwortete Fragen rund um den Mordfall einer mexikanischen Journalistin

Die Geschichte der ermordeten Journalistin – das Porträt einer von Gewalt regierten, korrupten Ära in Mexiko

Der brutale Mord an einer Journalistin wurde als Raubüberfall abgetan. Jetzt sind Journalisten aus der ganzen Welt entschlossen, die Wahrheit aufzudecken

Sofort griffen andere Medien die Geschichte auf, immer mehr beteiligten sich an der Berichterstattung. Die Stunden nach den ersten

Veröffentlichungen fühlten sich an, als wäre ein Stromstoß durch unsere erschöpfte Redaktion gefahren. Die Idee einer großen Gruppe von Journalisten und Journalistinnen aus der ganzen Welt, die gemeinsam an einer einzigen Geschichte arbeiten, war bis zu diesem Moment für mich eine theoretische, fast akademische Angelegenheit gewesen. Kooperation ist nicht der natürliche Impuls von Menschen, die den Beruf des Journalismus ausüben; die größte Herausforderung und die Hälfte des Spaßes besteht normalerweise darin, eine Story zu kriegen, an der sonst niemand dran ist. Aber an diesem Tag, als das Cartel Project an die Öffentlichkeit ging, fühlte es sich endlich real an, und ich war beeindruckt von der schieren Kraft dieser kollaborativen Unternehmung; die Teamarbeit hatte nicht nur der Berichterstattung selbst eine besondere Wucht verliehen, sondern auch deren Echo um ein Vielfaches verstärkt.

Kurzum, wir hatten etwas zu feiern, und jemand von Forbidden Stories, vermutlich Cécile, hatte bereits den unverzichtbaren Champagner sowie Wein und Bier besorgt. Kurz bevor wir die Korken knallen ließen, sah ich Laurent und Paloma an einem geöffneten Fenster stehen und zur Feier des Tages eine rauchen. Inmitten unseres Gelages luden wir dann unsere Partner ein, mittels einer Zoom-Session mit uns zu feiern. Laurents alter Freund und Gründungsmitglied Bastian Obermayer brachte einen Toast auf alle Partner aus. Andere stimmten ein.

Dana Priest, eine gewiefte Journalistin und Pulitzer-Preis-Trägerin von der *Washington Post*, fasste die Bedeutung dieses Tages für uns alle noch einmal zusammen. Dana sagte, vor allem beeindruckt habe sie, wie es dieser Gruppe gelungen sei, Regina Martínez' Gesicht und ihr Schicksal auf sämtlichen Titelseiten auf der ganzen Welt zu platzieren. Dass eine Journalistin auf den Titelseiten landete, war in der Tat eine Seltenheit. Nicht nur hatte das Team vom Cartel Project erzählt, wie mutig Regina über Drogen und Korruption in Veracruz berichtet hatte, und hatte ihre unvollendeten Geschichten fortgeschrieben: Der internationale Aufschrei hatte den aktuellen mexikanischen Präsidenten so blamiert, dass er die Wiederaufnahme der Ermittlungen ihres Todes forderte. Ich erinnere mich, wie Dana sagte: »Ich habe das Gefühl, als hätten wir sie wieder lebendig gemacht.«

Drei Tage danach – noch immer wurden Storys rund um das Cartel Project publiziert – tätigten Laurent und ich einen angekündigten Anruf bei Dana, die auf ihrer Farm außerhalb von Washington, D.C., weilte. »Und, habt ihr inzwischen ein bisschen Schlaf abgekriegt?«, war das Erste, was sie wissen wollte. »Ich war müde«, fuhr sie fort. »Aber ihr müsst regelrecht erschöpft gewesen sein.«

Laurent hielt sich nicht lange mit Small Talk oder weiteren Lobeshymnen auf unseren jüngsten Erfolg auf. Wir nahmen bereits unser nächstes Projekt in Angriff und wollten Dana und die *Washington Post* gern als wichtigsten Partner mit an Bord haben. »Um es abzukürzen«, sagte er zu Dana, »wir haben Zugang zu jeder Menge Informationen über eine massive Überwachungskampagne, die weltweit im Gange ist; in unzähligen Ländern werden jede Menge Menschen ausspioniert. Darunter etliche große Namen: Staatschefs, Nobelpreisträger, zahlreiche Journalisten … Wenn du Interesse hast, müssen wir uns persönlich treffen, damit wir dir mehr erzählen können. Es sind nämlich etliche Geheimdienste involviert, und ich will mir nicht ausmalen, was wäre, wenn sie wüssten, dass jemand von uns Zugang zu diesen Informationen hat. Wenn wir gehackt werden, ist es aus und vorbei.«

Eigentlich war Dana gerade mitten in einem Sabbatical. Aber sie willigte dennoch ein, mit dem Leiter des Investigativteams der *Post* zu sprechen und ein persönliches Treffen zu arrangieren, damit wir möglichst bald in die USA fliegen und unser Projekt präsentieren könnten.

Fast sechs Wochen später, am Tag vor der Amtseinführung des neuen amerikanischen Präsidenten im Januar 2021, trafen Laurent und ich in Washington ein, um Dana und dem Herausgeber der *Post* unser Vorhaben schmackhaft zu machen. Wir waren ziemlich angespannt, denn es war uns wirklich daran gelegen, die renommierte Washingtoner Tageszeitung mit ins Boot zu holen. *Die Zeit* und die

Süddeutsche Zeitung sowie *Le Monde* hatten bereits zugestimmt, als berichterstattende Partner für das Internetüberwachungs-Projekt mit Forbidden Stories zu kooperieren. Die *Post* wäre somit das vierte und letzte Mitglied im inneren Investigationskreis, der entscheidende Partner in den USA.

Als wir auf der Fahrt vom Flughafen in die Innenstadt aus dem Wagenfenster sahen, fiel es uns nicht gerade leicht, hoffnungsvoll zu sein. Die amerikanische Hauptstadt glich zu diesem Zeitpunkt einer trostlosen, belagerten Landschaft, gebeutelt von der vierjährigen Amtszeit Donald Trumps und gegen deren letzte hässliche Zuckungen gewappnet. Die tägliche Covid-19-Sterberate des Landes hatte die dreitausend überschritten und stieg noch immer an. Vierhundert Laternen rahmten das Spiegelbecken vor dem Lincoln-Memorial, jede stand für eintausend an Covid-19 gestorbene amerikanische Bürger. Das nationale Gesundheitstrauma schien die Dienerin des politischen Traumas zu sein. Die von Trump geführten Versuche, das Wahlergebnis zu kippen, hatten nicht ganz zwei Wochen vor unserer Ankunft in einem todbringenden Sturm auf das Kapitol, die Herzkammer der amerikanischen Demokratie, gegipfelt. Noch immer wurden die Nachrichten-Feeds gespeist von neuem Filmmaterial über die Randalierer, die mit Konföderierten-Flaggen schwenkend das Kapitol stürmten, das Büro von Nancy Pelosi, der Sprecherin des Repräsentantenhauses, sowie beide Kammern der Legislative plünderten und Kongressangehörige und ihre Mitarbeiter bis in die Sicherheitsräume im tiefsten Inneren des Gebäudes verfolgten, wobei sie Polizisten blutig schlugen und Kameraausrüstungen von Journalisten erbeuteten. Die »Feinde des Volkes« hatte der amerikanische Präsident Presseleute genannt und sie (und uns) der langen Liste von Gruppen mit einer Zielmarke auf dem Rücken hinzugesellt.

Die normalerweise festlich-fröhliche Vorbereitungsphase vor der Amtseinführung hatte dieses Mal den Charme der Absperrung eines Gefängnishofs. Das Gelände rund um das Kapitol war von einem zwei Meter hohen Maschendrahtzaun eingefriedet, der angeblich »unüberwindbar« war. Gepanzerte Militärfahrzeuge standen an den Eingängen. Am Zaun entlang und in der näheren Umgebung patrouillierten sechstausend uniformierte Soldaten mit geschulterten Sturmgewehren. Laurent und ich verwarfen unser Vorhaben, auf der Mall joggen zu gehen. Am nächsten Tag blieben wir auf unserem Hotelzimmer, um die Amtseinführung im Fernsehen zu verfolgen, während das endlose Geknatter von Helikoptern unsere Fensterscheiben erbeben ließ. Die Darbietung der zweiundzwanzigjährigen Dichterin Amanda Gorman konnte uns nur wenig aufmuntern.

Ihr gelber Mantel zog meinen Blick magisch an, und ich verfolgte fasziniert die kraftvollen Bewegungen ihrer Hände und Finger, mit denen sie den Takt ihrer Rezitation unterstrich.

Der Rest der ansonsten farblosen, abgespeckten Zeremonie fühlte sich wie eine traurige Erinnerung daran an, was aus der Welt wird, wenn Autokraten anfangen, ihre Waffen einzusetzen, um selbst die stärkste aller Demokratien auszuhöhlen.

Am Tag nach der Amtseinführung besuchten wir Dana in ihrem Zuhause. Sie wirkte ein wenig irritiert, als wir sie baten, ihr Smartphone und ihren Laptop auszuschalten und die Geräte in einen anderen Raum zu bringen, ehe wir loslegten. Noch schien sie nicht sonderlich angetan zu sein von diesem neuen Internetüberwachungsprojekt. Doch jetzt hatten wir remote Zugriff auf die Dateien, und sie konnte sich selbst vom Ausmaß der Daten in der geleakten Liste überzeugen. Während sie die nicht enden wollende Liste hinunterscrollte, schmolz ihre anfängliche Reserviertheit gegenüber dem Potenzial dieser Geschichte sichtlich dahin, und wir hoben ein paar der Namen hervor, die wir bereits als Zielpersonen für die Internetüberwachung identifiziert hatten.

Zwei Tage später fuhr Dana mit uns durch die Stadt zu unserem Gespräch mit Jeff Leen, dem Leiter des Investigativ-Teams der *Washington Post.* Jeff arbeitete von zu Hause aus und wohnte damals knapp fünfzig Kilometer von der Washingtoner Innenstadt entfernt, hatte sich aber bereit erklärt, uns auf halber Strecke, im National Arboretum zu treffen. Laurent und ich waren ein wenig nervös, denn obwohl Jeff verantwortlicher Redakteur bei der *Post* für das Cartel Project war, hatten wir ihn noch nie leibhaftig getroffen. Dana trug auch nicht gerade dazu bei, uns zu beruhigen, als sie uns zu dem vereinbarten Treffpunkt chauffierte. Sie prüfte uns auf Herz und Nieren und probte mit uns unsere Präsentation. »Der Mann hat nicht viel Zeit«, erklärte sie, »tagtäglich wird ihm ›der nächste große Scoop‹ angepriesen. Also verschwendet bitte keine Zeit.«

Doch allzu viel über das Leak konnten wir nicht preisgeben, bevor die *Post* sich nicht bereit erklärte, Partner bei diesem Projekt zu werden. Uns war mulmig bei dem Gedanken, Jeff zu enthüllen, dass die Firma, die im Zentrum der Nachforschungen stand, NSO war, wussten jedoch, dass wir diesen verlockenden Informationshappen nicht würden zurückhalten können. NSO war nicht nur der renommierteste Spionagesoftwareentwickler der Welt, sondern es wurde auch vermutet, dass das Cybertool der Firma irgendwie in Zusammenhang stand mit dem nicht lang zurückliegenden Mord an einem Journalisten, der regelmäßig Gastbeiträge für die *Post* verfasst hatte. Wir stimmten Dana zu, das wichtigste Argument und zugleich der Kernpunkt des Projekts, wenn wir es denn tatsächlich durchzögen, bestand in der Enthüllung, dass aktuell weltweit und im großen Stil Cyberüberwachungen stattfanden, und zwar größtenteils dank Pegasus.

Als strikter Befolger der Zwei-Meter-Abstandsregel wollte Jeff unser Meeting nicht im warmen Innern von Danas SUV stattfinden lassen, also stiegen wir vier aus unseren Autos und liefen quer über den Parkplatz und den sanft abfallenden Hang hinab zum Eingang das Arboretums. Soweit ich sehen konnte, war sonst niemand im Park. Der Himmel war strahlend blau, aber es war sehr kalt, und es wehte ein scharfer Wind, daher war ich froh über meinen Parka, die warme Mütze und das zusätzliche Paar Socken. Jeff, ein großer Mann, war in einen dicken Mantel und eine unförmige Thermohose eingemummt. Dazu trug er eine Art Trappermütze mit heruntergelassenen Ohrenklappen und die voluminösesten Handschuhe, die ich je gesehen hatte. Der Leiter des technologisch fortschrittlichsten Investigationsteams der USA benutzte ein Klemmbrett, wie man es in den 1980er-Jahren in der Turnhalle einer Mittelschule angetroffen hätte, um sich Notizen zu machen. Es fühlte sich an, als wären wir in eine Szene eines skurrilen Spionagefilms geraten, in dem einer der Protagonisten Vorarbeiter eines Holzfällertrupps in Saskatchewan ist.

Laurent und ich begannen unseren Vortrag mit dem schieren Ausmaß der Internetüberwachung, die die Existenz der geleakten Liste vermuten ließ, räumten aber offen und ehrlich ein, dass wir nicht wüssten, welche Daten daraus wir der *Post* anbieten könnten. Sie enthalte einige bemerkenswerte Namen, aber es gebe noch einiges zu tun, um herauszufinden, welche der Personen für eine Spionagesoftwareinfektion nur ausgewählt worden waren, und welche bereits erfolgreich ausgespäht wurden.

»Okay«, sagte er, »verstanden.«

Dana hatte recht gehabt. Er vergeudete keine Zeit. Er stellte nur ein paar Fragen, zum Beispiel ob auch die Namen von Amerikanern in dem Datensatz enthalten seien. Unser Gespräch dauerte keine zwanzig Minuten. Mir kam der Gedanke, dass wir irgendein anderes x-beliebiges Projekt möglicherweise durch ein paar transatlantische Telefonate unter Dach und Fach hätten bringen können. Doch unser Versprechen, den Informanten um jeden Preis zu schützen, bedeutete in diesem Fall, dass wir eigens von Paris hatten herfliegen und uns an diesem eiskalten Fleck in einem von Steuergeldern finanzierten Park in Washington hatten einfinden müssen, um unser Angebot zu unterbreiten, das möglicherweise ausgeschlagen wurde.

Jeff sagte kein einziges Mal *Wow!* oder *Das ist ja fantastisch!* oder *Ich kann es nicht erwarten, loszulegen!*

»Was brauchen Sie von mir?«, war alles, was er sagte.

Wir würden in den kommenden Monaten sehr viele Ressourcen benötigen, erklärten wir ihm, aber fürs Erste würde uns jemand aus seinem Investigativteam, der oder die dafür abgestellt wurde, mit Dana zusammenzuarbeiten, genügen.

»Okay«, sagte Jeff, »verstanden.«

Wir fassten das als ein Ja auf.

Und so nahmen die Dinge in der letzten Januarwoche 2021 Fahrt auf. Claudio und Donncha war mit Jorges Smartphone ein erfolgreicher Testlauf gelungen; ich hatte mein erstes großes internationales Investigativprojekt koordiniert; unser junges Team von Forbidden Stories hatte sich als robust erwiesen; und Laurent und ich hatten eine sehr erfahrene Gruppe von Partnern um uns geschart, mit der wir die erste Phase der Pegasus-Investigation angehen konnten.

Wie Claudio es ausdrücken würde: »Das könnte, ähm, funktionieren.«

Kapitel 8

»Unsere Zeit und unsere Ressourcen sind begrenzt«

Laurent

Den ersten wichtigen Termin, nachdem das Pegasus-Projekt gestartet war, setzten wir uns für Anfang März 2021; geplant war, dass Forbidden Stories und die Leute vom Security Lab sich zu einem persönlichen Treffen in Paris zusammenfanden, gemeinsam mit einer kleinen Gruppe Journalisten und Redakteure als Vertreter unserer vier Partner. Bis dahin arbeitete jeder unabhängig für sich. Claudio und Donncha hatten ein System von Sicherheitsprotokollen eingerichtet, das allen am Projekt Beteiligten erlaubte, ohne Gefahr auf die Plattform zuzugreifen, die die beiden Technikexperten erstellt hatten, um die Zehntausende von Telefonnummern auf der Liste zu sortieren und zu strukturieren. Ordnungskategorien bildeten die jeweiligen NSO-Kundenstaaten und innerhalb dieser das Datum, an dem die Zielobjekte bestimmt wurden. Die Datenbank wurde täglich aktualisiert, da jeden Tag weitere Telefonnummern konkreten Handybesitzern – konkreten Namen – zugeordnet werden konnten.

Diese Zuordnungen erfolgten seit Anfang Februar in bemerkenswertem Tempo, weil Claudio und Donncha aus dem Security Lab heraus ihren eigenen automatisierten Prozess zur Identifizierung der Handy-Eigentümer ablaufen ließen. Eingeleitet hatten sie diesen mithilfe von Apps, deren Inhalte so etwas wie internationale digitale Telefonbücher darstellten. Als am besten und umfangreichsten erwies sich die App Truecaller, die weltweit über zweihundert Millionen Nutzer vorweisen konnte. Es war der gewaltige Kundenstamm, der den eigentlichen Wert der App ausmachte, denn jedes Mal, wenn ein Handynutzer sie herunterlud, griff Truecaller auf dessen gesamte Kontaktdatei zu und fügte sie der eigenen Datenbank hinzu. Wenn jeder Nutzer fünfzig oder hundert oder vielleicht sogar tausend Kontakte hatte, nun ja … dann wuchs die Zahl entsprechend schnell.

Das bedeutete aber auch, dass Claudio und Donncha Vorkehrungen treffen mussten, um auszuschließen, dass ihre Kontakte abgesaugt wurden und in die öffentliche Datenbank rutschten.

Sie richteten ein Konto auf einem anonymen Gerät ein, downloadeten den Truecaller-Code von einer Android-App und extrahierten ihn anschließend, sodass sie genau verfolgen konnten, wie das Kommunikationsportal der App mit dem Truecaller-Server interagierte. Dann rückentwickelten sie den Code und nutzten ihre Erkenntnisse, um ein eigenes **Python-Skript** zu schreiben, das auf eine die Privatsphäre wahrende Weise die Truecaller-Datenbank durchkämmen konnte, über (das Overlay-Netzwerk) Tor oder ein privates Virtuelles Netzwerk. Es kostete Donncha ein paar arbeitsreiche Tage, um das neue Tool zu perfektionieren und sicherzustellen, dass es zu keinen Datenlecks kam. Allerdings war die Suche zahlenmäßig begrenzt, daher schaffte der Crawler anfangs nur etwa sechzig Zuordnungen pro Tag.

Das war in Ordnung, solange das Projekt nur von Forbidden Stories bestritten wurde und bei den ersten Suchdurchläufen eine Menge interessanter Personen zum Vorschein kamen, zum Beispiel weitere Mitglieder der französischen Regierung unter Macron. Außerdem ein Sohn des türkischen Präsidenten Erdoğan. Donncha erinnert sich, dass der Vorgang einen gewissen Suchtfaktor beinhaltete. Wenn er morgens ins Büro kam, fragte er sich jedes Mal, was für böse Überraschungen die digitale Schatzsuche über Nacht wohl wieder zutage gefördert hatte.

Als dann unsere vier Reportagepartner im Februar 2021 ernsthaft die Arbeit aufnahmen und es folglich mehr Mäuler zu füttern galt, verfügten Claudio und Donncha bereits über ein effizienteres System. Sie hatten zwanzig weitere anonyme Handys für das Unternehmen reserviert und für jedes einen neuen Truecaller-Account angemeldet – damit wurde die Trefferquote auf etwa 1200 pro Tag erhöht. Das heißt, den Telefonnummern auf der Liste konnten jede Menge neuer Namen, Identitäten und Gesichter zugeordnet werden.

In einem nächsten Schritt versuchten die Partner, über eine Vielzahl von Quellen die bereits zugeordneten Namen und Nummern zu verifizieren, stellten erste Nachforschungen zu den Personen an, die neu als mögliche Zielobjekte der Pegasus-Spyware identifiziert worden waren, oder prüften, ob sich irgendwelche Muster im Datenbestand abzeichneten.

Bei uns selbst, im Hauptquartier von Forbidden Stories, hatte Sandrine die Arbeit nach Kundenstaaten gegliedert und Aufgaben verteilt. Paloma sollte sich auf Mexiko konzentrieren. Sie hatte bisher nicht mehr als ein Viertel der über fünfzehntausend mexikanischen Nummern auf der Liste durchgearbeitet, aber darunter bereits eine ganze Reihe von Personen aus dem Umfeld des amtierenden Präsidenten identifiziert. Mehr als zwanzig Journalisten aus allen bedeutenden Medienhäusern in Mexiko waren ebenfalls schon identifiziert, und Paloma gab sich besonders große Mühe, die Nummern all jener Journalisten zu finden, die in Mexiko in den letzten Jahren ermordet worden waren. Vor allem hielt sie Ausschau nach der Nummer von Cecilio Pineda, einem Reporter, zu dessen Ermordung wir seit 2017, seit der Gründung von Forbidden Stories, recherchierten.

Phineas Rueckerts altmodisches Notizbuch aus Papier füllte sich unterdessen mit den Namen von Journalisten, die von einem oder mehreren NSO-Kunden aus Indien ins Visier genommen worden waren. Er hatte die Nummern von Reportern der *Hindustan Times,* des *Hindu* und des Politmagazins *Tehelka* verifiziert. Ferner gab es allein vier Betroffene von *Wire,* darunter zwei der vier Gründer der Website. Außerdem hatte eine Liste von Nummern, die von Endkunden in Ungarn markiert worden waren, Phineas' Interesse geweckt. Ungarn gehörte nicht zu den von den Medien bislang als NSO-Kunde identifizierten Ländern, doch Hunderte von Nummern, die in den Daten auftauchten, ließen sich nach Budapest zurückverfolgen. Phineas war es bereits gelungen, mithilfe seiner eigenen Kontaktdateien das Mobiltelefon eines ungarischen Investigativjournalisten zu identifizieren, der kritische Beiträge über den rechtspopulistischen, immigrationsfeindlichen Ministerpräsidenten Viktor Orbán veröffentlicht hatte.

Audrey bearbeitete Saudi-Arabien und andere Golfstaaten, und das führte sie automatisch auch in die Türkei. Wir hatten bereits in dem Zeitraum, als Jamal Khashoggi im saudischen Konsulat in Istanbul ermordet wurde, sehr interessante Anomalien in den Daten bemerkt. Claudio hatte Hinweise darauf entdeckt, dass die türkische Regierung URL-Adressen im Zusammenhang mit der Pegasus-Spyware blockierte. Sie hatte alle von Amnesty International in vorangegangenen Berichten publizierten Pegasus-Domains gesperrt. Noch interessanter war, dass die türkische Sperrliste inzwischen neue Pegasus-Domains umfasste, die noch gar nicht veröffentlicht waren, woraus sich schließen ließ, dass die türkischen Sicherheitsexperten ihrerseits auf neue Fälle von Infektionen durch Pegasus gestoßen waren.

Cécile betreute zwei der interessantesten Länder, darunter das erst kürzlich als Pegasus-Kunde identifizierte Aserbaidschan. Khadija Ismayilova war eine der ersten von uns identifizierten Personen in der Datei, und jetzt katalogisierte Cécile eine Vielzahl von Kontaktpersonen von Khadija, unter anderem ihren Rechtsanwalt, die als Zielpersonen markiert worden waren. Cécile untersuchte außerdem die vom marokkanischen Kunden, offenbar der nach Mexiko produktivste Pegasus-Nutzer, markierten Zielpersonen.

Das Team von *Le Monde* war ebenfalls sehr an den auf Marokko bezogenen Daten interessiert, weil es den Anschein hatte, dass von dort aus Präsident Emmanuel Macron, ebenso wie fast alle wichtigen Minister seiner Regierung, ausgewählt worden waren. Der Online-Journalist der *Le Monde* hatte die Chronologie nachgezeichnet und Cluster von Markierungen gefunden, die nahezu gleichzeitig erfolgt waren. Die zeitliche Häufung stand womöglich mit den Versuchen der marokkanischen Regierung in Zusammenhang, die Unabhängigkeitsbewegung in Westsahara niederzuschlagen, oder mit den zunehmenden öffentlichen Protesten gegen den algerischen Präsidenten. Doch diese Muster, wie viele andere auch, begannen sich gerade erst in den Daten abzuzeichnen; aus ihnen ergaben sich Bereiche, wo man mit der Berichterstattung *anfangen* könnte. Wohin wir uns wenden konnten, damit das Überwachungstool des Security Labs die Ausspähung markierter Telefone bestätigen konnte. Wo man, mit anderen Worten, nach einer echten, veröffentlichungsreifen Story graben konnte, einer Story, die sich in einen nachvollziehbaren Kontext stellen ließ.

Das war unser Stand Anfang März 2021, als alle Projektpartner erstmals im selben Raum versammelt waren, zur Eröffnungssitzung einer dreitägigen Konferenz im kühlen »Amphitheater« des neuen Hauptquartiers der *Le Monde*. Die zwei Dutzend eingeladenen Männer und Frauen trugen durchweg Masken und hatten sich in sicheren Abständen auf den Rängen des Auditoriums verteilt. Aufgrund steigender Coronazahlen war in Paris aktuell eine Ausgangssperre ab 18 Uhr in Kraft, daher war ein Großteil des morgendlichen Geplauders der Frage gewidmet, wo und wie man abends noch etwas zu essen finden konnte. Wegen der Sperrstunde mussten wir auch früh Schluss machen, sodass es in den Sitzungen galt, möglichst zügig auf den Punkt zu kommen.

Bevor das Meeting offiziell begann, zogen Mitarbeiter von Forbidden Stories durch die Gänge, um alle Handys und nicht projektgebundenen Laptops einzusammeln und sie in einer großen Plastikkiste zu verstauen, die dann in einen anderen Raum gebracht wurde. Alle Anwesenden waren Journalisten oder Redakteure, mit Ausnahme von Claudio und Donncha, die aus Berlin angereist waren, um unter anderem die Sicherheitsprotokolle, die alle Partner zu befolgen hatten, wenn sie auf Daten zugriffen oder untereinander kommunizierten, zu bestätigen und zu aktualisieren. Ich wusste, wir konnten uns darauf verlassen, dass Claudio und Donncha offen und unverblümt mit uns und jedem anderen sprechen würden, der das Privileg genoss, auf die geleakten Daten zuzugreifen. Jeder einzelne Fehler konnte derjenige sein, der das Projekt zu Fall brachte. Eine einzige Abkürzung aus Gründen der Bequemlichkeit konnte das ganze Unternehmen gefährden, von der Sicherheit der Quelle ganz zu schweigen.

Ich eröffnete die Sitzung, indem ich die journalistischen Gebote dieser Recherche über die NSO Group und ihre Spyware Pegasus definierte. Die Daten an sich waren nicht das, worum es hier ging, rief ich allen in Erinnerung. Das Leak war nicht unsere Schlagzeile. Uns war eine bemerkenswerte Fundgrube an Informationen in die Hand gegeben, ja, aber diese würden erst Bedeutung gewinnen, wenn wir unsere Arbeit machten. In den kommenden drei Tagen würden wir gemeinsam entscheiden, was genau wir leisten mussten, bevor wir an die Öffentlichkeit gehen konnten; über die Geschichten sprechen, die sich aus den Daten abzuzeichnen begannen, und zu diskutieren, welche am wirkungsvollsten und zugänglichsten sein könnte. Wir mussten überlegen, wann der beste Zeitpunkt wäre, in den größeren Kreis von Partner-Medien einzuladen, und entscheiden, wie die einzelnen Aufgaben aufgeteilt werden sollten, damit nicht am Ende zehn Rechercheure an ein und demselben Erzählstrang hingen, während andere Stränge unbesetzt blieben. Und vielleicht am schwierigsten: Wir mussten uns auf einen Zeitplan einigen.

»Ihr habt die Unterlagen gesehen«, sagte Sandrine, als sie das Mikrofon übernahm, um unsere Vorstellungen für das Zeitmanagement darzulegen. »Ihr habt die Daten gesehen. Wir könnten da acht Jahre lang drin rumwühlen. Wenn nicht zehn. Aber aus Sicherheitsgründen müssen wir eine Auswahl treffen, so schwer das auch sein mag.« Sie bekräftigte eine Vorgabe, die sie zuvor schon einzeln jedem unserer Partner gegenüber formuliert hatte: Wir wollten die Recherche im Juni veröffentlichen.

Ich spürte die Skepsis im Saal angesichts dieses hohen Tempos. Ich war selbst skeptisch. Aber Sandrine ließ gar keinen Raum für Einwände. »Wir können nicht riskieren, das Projekt allzu lange einer möglichen Aufdeckung auszusetzen«, sagte sie. »Dieses Risiko müssen wir minimieren … Und je länger wir warten, desto mehr Daten werden vielleicht obsolet. Die Daten, die wir haben, reichen bis zum Dezember 2020. Und denkt dran, auch andere Journalisten arbeiten schon am Thema NSO … Aber wenn wir einen Plan festlegen und sofort nach dem Meeting mit der Arbeit loslegen, dann ist das absolut machbar.«

Sandrine sprach dann noch an, wie auf die Daten zuzugreifen und wie sie zu lesen waren und wie Aktualisierungen für die ganze Gruppe sichtbar gemacht werden konnten. Phineas wies darauf hin, dass eine einheitliche Terminologie wichtig sei. Wenn wir sagen, eine Telefonnummer sei »verifiziert«, erläuterte er, dann bedeutet das, dass wir nicht nur den Besitzer durch einen Anruferkennungsservice identifiziert haben, sondern wir haben diese Tatsache auch mit mindestens einer anderen Quelle gegengecheckt. Und das sei nur der Anfang. Der entscheidende Schritt sei, mit dem Analysetool des Security Labs forensische Beweise zu sammeln dafür, dass ein Telefon entweder markiert oder mit Pegasus infiziert war. Wäre das erledigt, könnten wir die Nummer als »bestätigt« kennzeichnen. Erst an diesem Punkt hätten wir ein mögliches Thema für eine Story, mit der wir an die Öffentlichkeit gehen könnten.

Zu diesem Zeitpunkt war unsere Quote nicht sehr beeindruckend. Wir hatten etwa dreißig Telefonnummern aus dem Datenbestand gegengecheckt, zum einen mit Pegasus-Opfern des WhatsApp-Exploits, der 2019 im Zuge eines Gerichtsverfahrens in den USA zutage getreten war, und zum anderen mit elf weiteren Opfern, die Citizen Lab in vorherigen Berichten identifiziert hatte. Nach unseren eigenen Maßstäben hatten wir, wenn man Jorge und die anderen Opfer berücksichtigte, die Claudio und Donncha in früheren Analysen des Security Labs ermittelt hatten, eine hieb- und stichfeste Markierung oder Infektion durch Pegasus für genau drei der etwa fünfzigtausend Nummern im Datenbestand bestätigt.

Alle Mitstreiter erhielten nun Gelegenheit, zu präsentieren, woran sie bisher schon gearbeitet hatten. Unser Team machte den Anfang. Phineas sprach über seine Ergebnisse in Indien und Ungarn. Paloma informierte über den neuesten Stand in Mexiko. Sie hatte erst vor wenigen Tagen verifizieren können, dass eine der Nummern in den Daten zu Cecilio Pineda gehörte, dem 39-jährigen Journalisten, dessen Ermordung 2017 in Guerrero nach wie vor unaufgeklärt war. Paloma hatte bereits einen befreundeten Reporter in Mexiko angerufen und die Kontaktdaten von Cecilios Frau erhalten, vermutlich die beste Möglichkeit, die nötige Spurensicherung durchzuführen. »Das wird schwer«, so Palomas Einschätzung, »aber es besteht eine kleine Chance, dass sie das Handy hat.«

Bastian Obermayer und sein Partner Frederik Obermaier von der *Süddeutschen Zeitung* standen in den Startlöchern, um Vorgänge in Ungarn und Aserbaidschan zu recherchieren. Dana Priest von der *Washington Post* wollte mehr über die erschreckenden Berichte aus Marokko erfahren, wo offenbar Journalisten drangsaliert und inhaftiert wurden, und sie glaubte auch, Kontakte in der Türkei nutzen zu können, die vielleicht zur Aufhellung einer saudischen Verwicklung beitragen würden. Diese Story war von besonderem Interesse für ihre Zeitung. Jamal Khashoggi, ermordet und zerstückelt in der saudischen Botschaft in Istanbul, war Kolumnist der »Global Opinions«-Meinungsseite in der *Post* gewesen. *Le Monde* hatte alle Hände voll zu tun mit Marokko und Frankreich. Und alle wollten darüber diskutieren, wie wir an ehemalige NSO-Mitarbeiter rankämen, die erzählen könnten, was innerhalb der Firma ablief.

Sandrine wies darauf hin, dass wir die Website Glassdoor geprüft hätten, auf der Unternehmen von ehemaligen oder aktuellen Mitarbeitern bewertet werden konnten. »Da gibt's nicht viel Negatives über NSO«, stellte Cécile fest. »Viele Bewertungen sind anonym. Da war einer dabei, der einfach nur seine Aufgaben aufgelistet hat. Und ich weiß auch nicht, ob es eine Möglichkeit gibt, diese Leute zu identifizieren. Aber es gibt mit Sicherheit ehemalige Angestellte irgendwo da draußen, und ich weiß, dass *Haaretz* an einigen dran ist.«

Bei der Erwähnung von *Haaretz,* einer entschieden linken israelischen Zeitung, die dennoch eine der angesehensten und meistgelesenen des Landes war (und auch die älteste noch erscheinende), spitzten alle die Ohren. Die Reporter der Zeitung hatten sich bereits ausführlich mit NSO im Besonderen und der IT-Branche im Allgemeinen befasst. Wir waren uns alle einig, dass die israelische Zeitung uns als Partner in der zweiten Phase des Pegasus-Projekts gut zu Gesicht stehen würde. Eine entsprechende Anfrage müsste allerdings mit aller Vorsicht erfolgen.

Kai Biermann von *Die Zeit* lieferte eine der faszinierendsten Präsentationen der Konferenz. Kai ist einer der wenigen Journalisten, die ein veröffentlichtes Interview mit dem CEO der NSO Group geführt haben. »Ich glaube, Shalev Hulio erklärte sich bereit, uns zu empfangen, weil sie zu der Zeit schwer unter Beschuss standen und er sich einen positiven Bericht erhoffte«, kommentierte Kai das Interview aus dem Mai 2020. Sodann schilderte er, wie er nach Tel Aviv eingeladen worden war, um Shalev in einem Raum in der PR-Abteilung der Firma zu treffen. Kais Bitte, sich die Büroräume ansehen zu dürfen, wurde zwar abschlägig beschieden, aber Shalev zeigte sich ihm gegenüber entspannt und unerwartet offen. So teilte der NSO-Gründer Kai an diesem Tag neben manch anderem mit, dass die Firma nicht nur, wie vom israelischen Verteidigungsministerium vorgeschrieben, eine Due-Diligence-Prüfung durchführe, bevor sie Kunden die Pegasus-Lizenz gewähre, sondern dass sie auch in der Lage sei, im Einzelnen zu ermitteln, wen ihre Kunden ins Visier nahmen. Kai war sich noch während des Gesprächs bewusst, dass dies ein außergewöhnliches und präzedenzloses Eingeständnis des NSO-Chefs war.

Shalev hatte ausreichend Gelegenheit, dieses Statement zurückzuziehen, sowohl an jenem Tag in Tel Aviv als auch später. Die Grundregeln für dieses Interview entsprachen »dem in Deutschland Üblichen«, wie Kai es nannte. Bevor die Story in Druck ging, ließ die *Zeit* Shalev und NSO das Interviewmaterial, das sie zur Veröffentlichung ausgewählt hatte, zur Prüfung auf Korrektheit zukommen. »Wir haben ihnen alle Zitate drei Wochen vor Veröffentlichung vorgelegt und gefragt, ob es okay sei, sie zu verwenden. Sie sagten: ›Wir melden uns.‹ Haben sie aber nicht getan.

Drei Tage vor Veröffentlichung haben wir noch mal nachgefragt: ›Können wir die Sachen verwenden?‹ ›Wir melden uns.‹ Die Antwort kam nicht, also haben wir veröffentlicht. Aufgrund eines technischen Fehlers erschien die englische Version nicht zeitgleich mit der deutschen. Aber als die englische Version endlich da war, gerieten sie in Panik. [NSO] rief jeden Tag bei uns an, rund um die Uhr, drei volle Tage lang. Sie sagten immer wieder: ›Ihr schadet uns.‹

Letzten Endes ging es um die eine Bemerkung, dass sie die Zielobjekte sehen können.«

Kai wusste genau, was Shalev gesagt hatte. Er hatte schließlich das gesamte Gespräch auf Band. Dennoch erklärte sich *Die Zeit* bereit, einen Nachtrag zum Bericht zu veröffentlichen, den Kai zur Ansicht für alle Mitglieder der Gruppe herumgehen ließ: »Das Unternehmen NSO legt Wert auf die Feststellung, dass es Ziele einer Überwachung erst sehen könne, wenn eine entsprechende interne Untersuchung beauftragt wurde. Im laufenden Betrieb sei es nicht möglich, zu beobachten, gegen wen die staatlichen Käufer das Programm Pegasus einsetzen.«

Kais Fazit aus der Erfahrung mit Shalev Hulio war wirklich aufschlussreich. »Shalev ist ein selbstbewusster Typ«, sagte er. »Sympathisch, aber schwer zu durchschauen.« Unter anderem habe er sich über die Genialität des Unternehmens NSO ausgelassen. »Ohne Länder beim Namen zu nennen, kann ich sagen, dass uns alle gern ans Herz drücken würden. Wir sind wahrscheinlich eins der besten Unternehmen der Welt, denn in den letzten zehn Jahren sind Hunderttausende von Menschen durch NSO-Technologie vor Unheil bewahrt worden.«

Kai zufolge vermittelte Shalev durchaus den Eindruck, dass er an das glaubt, was er sagt und was er tut. Ob das gespielt war oder echt, konnte Kai nicht mit Sicherheit sagen. Insgesamt müsse man das alles wohl mit Vorsicht genießen. Trotz seiner gewinnenden Art sei Shalev Hulio letztlich für ihn eine aalglatte Person. »Ich habe versucht, seine Aussagen einem Faktencheck zu unterziehen«, fasste Kai zusammen, »und heraus kam, dass sie in keinem Punkt vollständig korrekt waren.«

* * *

Zum Abschluss der drei Tage funkelten lauter potenzielle Storys an unserem Firmament, doch keine einzige davon war veröffentlichungsreif. Solange nicht sicher bestätigt war, dass ein Mobiltelefon auf unserer Liste von Pegasus tatsächlich anvisiert oder infiziert war, hatten wir nichts in der Hand. Alles hing davon ab, dass wir einen entsprechenden Nachweis erlangten. »Was uns vorschwebt, ist, weiter Spurensicherung zu betreiben«, erklärte Sandrine der Gruppe. »Einfach sehen, was wir in den kommenden drei Wochen erreichen können. So viel tun in der Zeit wie irgend möglich, ohne ein Risiko einzugehen.« Sie teilte mit, dass Forbidden Stories bereits vertrauenswürdige Leute in Indien und Mexiko kontaktiert habe, um andere Journalisten dazu zu bewegen, uns ihre Handys für eine forensische Analyse zur Verfügung zu stellen. Aber Indien tat sich momentan schwer, und in Mexiko ergab sich das Problem, dass so viele der Zielpersonen Android-Telefone benutzten. Das Tool des Security Labs war bislang nicht in der Lage, Spuren einer Pegasus-Infektion auf Android-Geräten nachzuweisen, weil deren Back-ups nicht so viele Daten speichern wie die des iPhones.

Wir hofften auch, die Forensik auf Khadija Ismayilovas Telefon umgehend durchführen zu können. Allerdings mussten wir uns eingestehen, dass ein Forensikversuch, den wir kürzlich auf dem Handy eines anderen aserbaidschanischen Journalisten aus der Datenliste unternommen hatten, Anlass zu Bedenken und erhöhter Vorsicht gab. Das Telefon des Journalisten, ebenso wie der Computer seines Bruders, waren auf mysteriöse Weise aus ihrem Hotel verschwunden, nur wenige Stunden bevor sie mit einem Teammitglied von Forbidden Stories zusammentreffen sollten.

Bastian und Frederik erklärten, sie seien nach wie vor bereit, nach Budapest zu reisen, um einige der ins Visier genommenen ungarischen Reporter zu bitten, ihre Geräte für eine Analyse zur Verfügung zu stellen. Aus der Gruppe kam ferner der Hinweis, man könne vielleicht an Journalisten herantreten, die von Marokko aus markiert worden waren. Saudi-Arabien, da stimmten wir alle überein, war ein hartes Pflaster, aber enorm wichtig. Es gab aus unserer Sicht keine Möglichkeit, gefahrlos ins Land zu kommen, stattdessen könnte uns aber vielleicht die Londoner Diaspora aus saudischen Dissidenten und Journalisten Gelegenheit zu einer forensischen Analyse verschaffen.

Claudio Guarnieri zeigte während all dieser Debatten wie immer nur sein Pokerface. Zeitweise, gestand er hinterher, habe ihn das Meeting richtig optimistisch gestimmt. Meine Vermutung war, dass Claudio mehr als alle anderen in dem Pariser Amphitheater Versammelten sich wünschte, dass dieses Projekt ein Erfolg würde, denn er war den Lieferanten von Spionagesoftware schon sehr viel länger auf den Fersen als wir Übrigen. Manchmal aber war unsere Diskussion in unerwartete neue Richtungen abgedriftet, die, das spürte ich, unseren führenden Forensikspezialisten nicht gerade mit Hoffnung erfüllten. Sein Teller war schon voll genug, er brauchte nicht noch mehr.

Die Daten, die Liste, das Projekt und das forensische Werkzeug selbst waren streng gehütete Geheimnisse sogar innerhalb seiner Organisation. In Amnesty Internationals Security Lab gab es nur drei Personen, die in das Pegasus-Projekt eingeweiht waren: Claudio, Donncha und Danna Ingleton. Nur zwei von ihnen waren imstande, forensische Analysen durchzuführen oder zu verstehen, was dafür benötigt wurde. Eine umfassende Analyse eines einzelnen Falles durchzuführen und schriftlich zu dokumentieren, könnte, das war Claudio und Donncha klar, viele Arbeitsstunden auffressen. Seit einem Jahrzehnt beschäftigte Claudio sich ernsthaft mit dem Thema Spähsoftware, und in der ganzen Zeit, vertraute er mir später an, hatte er erfolgreiche Analysen für zwei, drei, vielleicht vier Mobiltelefone pro Jahr geschafft. Fünf, »wenn es ein besonders produktives Jahr war«. Hier, auf diesem Pariser Meeting muss es ihm vorgekommen sein, als wollten wir das Security Lab auffordern, alle paar Tage fünf Fälle zu bearbeiten, auf unabsehbare Zeit.

Als innerhalb der Gruppe immer neue Kandidaten für eine forensische Analyse ins Spiel gebracht wurden, bat Claudio denn doch einmal um das Mikrofon. »Ich will hier nicht den Spielverderber geben«, sagte er, »aber ich würde euch doch gern mal daran erinnern, dass unsere Zeit und unsere Ressourcen begrenzt sind.«

Seine andere echte Sorge – seine größte Sorge – behielt Claudio für sich. Es mangelt ihm nicht an Selbstbewusstsein, aber er ist ein Empiriker durch und durch. Zu diesem Zeitpunkt, Anfang März 2021, hatte er einfach noch nicht genug Erfahrung, um überzeugt zu sein, dass uns das Tool liefern würde, was wir brauchten. Claudio Guarnieri und Donncha Ó Cearbhaill waren sich darüber im Klaren, dass sie noch lange nicht am Ziel waren auf diesem Weg, den sie schon seit Langem gemeinsam beschritten.

Kapitel 9

»In eine positive Richtung«

Die ungewöhnliche Geschichte der Forensik für das Pegasus-Projekt beginnt auf einem kleinen Bauernhof in der Ebene Zentralirlands, in den letzten Monaten des 20. Jahrhunderts, mit einem fünfjährigen Jungen, der in seinem Kinderzimmer stundenlang allein mit seinem ersten Computer spielt. Bei dem Bauernhof handelte es sich um einen bescheidenen Milchviehbetrieb mit vierzig Kühen; nichts, was Donncha Ó Cearbhaills Vater nicht allein hätte schaffen können, solange er jeden Tag im Morgengrauen zum Melken aufstand und bereit war, fast immer zwölf Stunden lang zu arbeiten. Doch das vierundzwanzig Hektar große Grundstück war auch der Geburtsort von Sagen und Legenden und höheren Zielen. Aufgrund der markanten kreisförmigen, den Bauernhof umgebenden Hecke mit einem Durchmesser von mehreren Hundert Metern nannte man ihn »the Ring«. Angeblich lagen irgendwo in diesem Kreis vergraben die Überreste von Loretto Castle, dem ehemaligen Sitz eines der geschichtsträchtigsten Clans in der Geschichte Irlands.

Die Ó Cearbhaills zählten sich zu den Nachfahren von Olioll Olum, der im 3. Jahrhundert nach Christus König von Munster gewesen war. Der Clan erfreute sich einer langen Regentschaft, gefolgt von tausend Jahren ausländischer Invasionen, Fremdherrschaft und Leid – ein Jahrtausend, das die Sippe der Ó Cearbhaills zu erbitterten und hartnäckigen Werkzeugen des Widerstands formte. Sie kämpften gegen die Wikinger, die Normannen und verschiedene englische Lehnsherren; der Clan gewann zahlreiche Schlachten, doch nur wenige Kriege, und lebte dem eigenen Empfinden nach im Wesentlichen unter fremder Herrschaft. Die Ó Cearbhaills (oder

»Carrolls« in anglisierter Form) litten jahrhundertelang unter Demütigungen und Verlusten, gaben sich jedoch nicht geschlagen. Als Cromwell sie im Namen der englischen Krone enteignete, nahmen Donnchas Urahnen das Risiko in Kauf und stellten sich ihren Widersachern entgegen. Als Oliver Cromwells Truppen Loretto Castle bis auf seine Grundfesten niederbrannten, stellten sich seine Urahnen ihnen entgegen; als die unmenschliche Gesetzgebung der englischen Lehnsherren aus der Kartoffelfäule eine Hungersnot werden ließ, die die Iren tötete oder sie millionenfach nötigte, ins Ausland zu fliehen, stellten sich Donnchas Ahnen ihnen entgegen.

Donnchas eigener Vater war Soldat im letzten großen Widerstand gewesen, damals, in den 1970er- und 1980er-Jahren, und hatte als Mitglied der Irish Republican Army geschworen, die katholische Minderheit der Bevölkerung im brutalen Ringen mit der protestantischen Mehrheit Nordirlands zu verteidigen. Womöglich handelte es sich bei den todbringenden Ausschreitungen in Armagh, Londonderry und Belfast um die letzten Zuckungen des fünfhundert Jahre andauernden Kampfes zwischen Engländern und Iren, doch sie brannten sich tief ein. Donnchas Vater wuchs in einer Atmosphäre auf, die stets kurz vor dem Überkochen stand; ein pointierter Beobachter beschrieb die damals vorherrschende Gefühlslage einmal als »grimmig schwelenden Zorn, eine still entschlossene, glühende Verachtung und Feindseligkeit«. Gerade einmal dreißig Jahre alt, hatte John Carroll für seinen Widerstand bereits einen hohen Preis bezahlt. Ein Jahr lang war er auf der Flucht, bewegte sich von Unterschlupf zu Unterschlupf und saß dann wegen Waffenbesitz fünf Jahre im Gefängnis. John Carroll hatte im Gefängnis an einem der dramatischen Hungerstreiks teilgenommen (47 Tage in seinem Fall), die jene IRA-Mitglieder, die sie nicht überlebten, zu Märtyrern machten.

Doch um die Jahrtausendwende lag all das weit zurück. Nur zwei Jahre bevor er seinem Sohn den Windows-98-PC kaufte, hatte John Carroll seine Vergangenheit öffentlich und in aller Form hinter sich gelassen. Nach elf Verhören auf der örtlichen Polizeidienststelle bekannte er sich vor einem irischen Gericht der ehemaligen Mitgliedschaft in der Irish Republican Party für schuldig. Er erhielt eine Bewährungsstrafe, schrieb die Lokalzeitung, nachdem er die Zusage unterzeichnet hatte, »keinerlei Umgang mit subversiven Organisationen zu pflegen oder mit Personen, die mit solchen in Verbindung stehen«. Mittlerweile genoss John Carroll in der Bevölkerung den Respekt einer Führungspersönlichkeit. Donnchas Vater betrieb nicht nur seine Milchwirtschaft, sondern war fünfzehn Jahre lang Mitglied im Stadtrat von Birr und stand kurz davor, einen Sitz im Kommunalrat der Grafschaft Offaly zu ergattern. Bis heute liegen ihm die Themen »staatliche Vorschulerziehung« und »Chancengleichheit« am meisten am Herzen. Er setzt sich außerdem für eine menschenwürdige Behandlung der viel geschmähten Irish Traveller ein, die von einem Großteil der Bevölkerung als gälische Version der unerwünschten Zigeuner betrachtet werden. »Er hat sich immer um die Randgruppen im County bemüht«, sagt einer seiner Kollegen vom Stadtrat über ihn.

Die Neigung, jenen Widerstand zu leisten, die ihre Macht missbrauchen, und Mitgefühl für die Underdogs waren das Erbe, das Donncha von seinem Vater und einer langen Ahnenreihe von Ó Cearbhaills mitbekommen hatte, die ihnen beiden vorausging. Das Faszinierende an Donncha ist jedoch, dass weder der »grimmig schwelende Zorn« noch die »still entschlossene, glühende Verachtung«, noch die »Feindseligkeit«, die seine Familiengeschichte so lange prägten, Triebkräfte seines Handelns sind. Wie die irgendwo im Erdreich des Rings verborgene, sagenumwobene Burgruine sind diese Gefühle womöglich da – oder auch nicht. Man müsste wohl eine ganze Weile graben, um es herauszufinden. Was Donncha ganz ohne Zweifel antreibt, ist seine Neugier. Neugier ist der Quell fast all seiner Erfolge – und seiner nicht eben unwesentlichen Schwierigkeiten. Neugier hielt den kleinen Jungen länger wach, als er es in Schulnächten hätte sein sollen, in denen er in seinem vom Schein des Computermonitors erleuchteten Zimmer auf eine Tastatur einhämmerte.

Ende der 1990er-Jahre, kurz vor der Jahrtausendwende, hatte das ländliche Irland in puncto Netzabdeckung nicht viel zu bieten; wir befinden uns in der Ära der Einwahlverbindung mit endlosen Wartezeiten und einem ziemlich dünnen Angebot, hatte man es erst einmal ins Internet geschafft. Weit interessanter als den öffentlich zugänglichen Teil der Websites fand Donncha das, was im Hintergrund geschah, wo er auf eine völlig neue, gerade erst entstehende Computersprache stieß, die es zu beherrschen galt. Er überzeugte seine Eltern sogar davon, ihn zu Computerkursen für Berufsanwender zu fahren. »Ich war sieben«, sagt er. »Ich erinnere mich an einen Haufen Erwachsene im Alter um die vierzig oder fünfzig am Computer, und ich war das siebenjährige Kind, das den Durchblick hatte.«

Seine Eltern verstanden zwar nicht wirklich, was er im Schilde führte, doch sie gaben ihm die Zeit und den Raum, den er brauchte, um seinen ungewöhnlichen Interessen nachzugehen. Sie trieben ihn nicht nach draußen zum Spielen mit seinen Freunden und nahmen auch nicht viel seiner Zeit für die Mithilfe auf dem Bauernhof in Anspruch. Ganz im Gegenteil: Als Donncha zehn oder elf war, verkaufte sein Vater die Milchkühe; er erkannte, dass er in der nächsten Generation wohl kaum einen Partner für seine Landwirtschaft hatte. »Ich bin gut darin, weil ich mich schon damit beschäftigen konnte, bevor ich Teenager war, bevor andere Dinge meine Zeit in Anspruch nahmen. Mir stand jede Menge freie Zeit zur Verfügung, und ich interessierte mich für Computer«, sagt Donncha. »Ich habe gesehen, welche Fehler andere bei ihren Websites machen und wie man Codes nutzen und sich Wissen und Informationen aneignen kann. Es war ein Rätsel. Eine Herausforderung.«

Als Donncha dann auf die Highschool kam, wurden seine Eltern auf gewisse Weise doch noch entlohnt. Bei der irischen Wissenschaftsolympiade erhielt er zwei Jahre in Folge eine Auszeichnung im Programmieren und vertrat Irland im darauffolgenden internationalen Wettbewerb. Zum damaligen Zeitpunkt, wir befinden uns im Jahr 2011, hatte sich Donncha mit vielen Computerfreaks angefreundet, die seine allgemeine Neugier ebenso teilten wie sein spezielles Interesse an dem gigantischen, sich immer weiter ausdehnenden digitalen Rätsel. Er schloss eine ganze Reihe interessanter neuer Freundschaften draußen im Äther und stand ganz im Bann der wachsenden Hacker-Gemeinschaft. Es war die erste Hochphase der Hacker, und die Besten erkannten einander. Donncha wurde zu den sich kontinuierlich wandelnden Hacker-Kollektiven Anonymous oder LulzSec (was für: Laugh Out Loud Security steht) eingeladen. Bei LulzSec gab es gerade so viel geteilte Hackerkultur und Gemeinschaft wie in der Welt der Geeks möglich; Hacker begreifen sich in erster Linie als einsame Wölfe, sui generis, mit je eigenen Spezialgebieten, eigenen Zielen, eigenen Motiven.

Für Donncha war es einfach nur ein netter kleiner Zeitvertreib; er konnte bei Online-Sit-ins und Protesten mitmachen oder die Hohen und Mächtigen mit Papierkügelchen beschießen und das alles aus der Sicherheit seines Zuhauses, im Inneren des Rings. Alldem haftete etwas Unreales an, das Gefühl, dass niemand wirklich zusah. Sein Teenager-»Hacktivismus« war zwar nicht ernst, aber zweifelsohne politisch. Er war ein fröhlicher Schelm, den es amüsierte, mit den großen Herren Schabernack zu treiben. Sein Aliasname, ein Muss für Hacker, war »Palladium«, dabei handelt es sich sowohl um ein chemisches Element (Ordnungszahl 46), das häufig als Katalysator benutzt wird – Donncha war gerade zum Studium der Arzneimittelchemie am Trinity College in Dublin zugelassen worden –, als auch im übertragenen Sinn um »eine heilige Sache, die etwas schützt«. Dem Namen haftete auch etwas von Underdog an. St. Palladius war der erste Bischof Irlands und sogar noch vor St. Patrick auf der Grünen Insel, kam aber weder zu einem vergleichbaren Ansehen noch zu Paraden.

Donnchas erster richtiger Hack war ein Streich, den er sich mit Fine Gael erlaubte, der wendigen irischen Mitte-Rechts-Partei, die mit viel Tamtam verkündet hatte, die Kampagnenarbeit mit der Wahl 2011 ins digitale Zeitalter zu überführen. Die Partei stellte einen amerikanischen Spitzenberater ein, der sich den wegweisenden, digital geführten Wahlkampf ans Revers heften konnte, der dazu beigetragen hatte, dass Barack Obama Präsident wurde. Donncha und ein Freund legten die funkelnagelneue Fine-Gael-Website des Polit-ITlers kurz vor der Wahl für ganze vierundzwanzig Stunden lahm. Und entlarvten den amerikanischen Wahlkampfguru als den Marktschreier, der er war.

Donnchas nächster Schelmenstreich war ein ganzes Stück befriedigender, stellte sich aber auch als deutlich riskanter heraus. Wie alle anderen auf den Britischen Inseln, und ein großer Teil der vernunftbegabten englischsprechenden Welt, hatte auch Donncha die öffentliche Untersuchung der neusten Ereignisse im übel riechenden »Medienschlachthaus« des Pressebarons Rupert Murdoch verfolgt. Reporter von Murdochs Boulevardzeitung *News of the World* hatten telefonische Sprachnachrichten von Tausenden von Privatleuten gestohlen; die Inhalte dieser Nachrichten wurden dann im Tausch für Klicks und Views an die Öffentlichkeit gebracht. Zu den mutmaßlichen Opfern zählten die ehemaligen Premierminister Tony Blair und Gordon Brown, Spice-Girl Victoria Beckham, Eric Clapton, Prinz Charles und – am ungeheuerlichsten – ein dreizehnjähriges Schulmädchen, das entführt und ermordet worden war.

Der hässliche Skandal zog für das Unternehmen nur wenige Folgen nach sich. *News of the World* wurde zerschlagen, und ein paar von Murdochs Angestellten in niedrigeren Positionen landeten im Gefängnis, doch es schien klar, dass Murdoch selbst davonkommen würde, wie immer, ohne irgendwelche reale Konsequenzen für seine Person. Daher beschlossen ein paar Mitglieder von LulzSec, die Sache selbst in die Hand zu nehmen.

Am 18. Juli 2011, ein paar Monate nach seinem Highschool-Abschluss, hackten Donncha und seine Freunde die Website von Murdochs meistverkaufter Londoner Zeitung, der *Sun,* und leiteten den gesamten Traffic auf eine fingierte Homepage um, die sie erstellt hatten. »Ich dachte, es sei in Ordnung«, sagt Donncha. »Die *Sun* war rassistisch. Gegen Einwanderung. Ich erzählte meinen Freunden, wir könnten uns einen Scherz erlauben, und dass es niemanden wirklich kümmern würde.«

Der Scherz war ziemlich gut. Mitten auf der Homepage der Fake-*Sun* prangte in fetten Lettern die Nachricht von Rupert Murdochs Selbstmord. Der Artikel selbst war unschwer als Spottschrift zu erkennen, die sich um Subtilität erst gar nicht bemühte:

»Mutmaßlich hat Murdoch, 80 Jahre alt, eine große Menge Palladium eingenommen, bevor er gestern Nacht in seinen berühmten Garten mit Formschnittgehölzen taumelte, in dem er in den frühen Morgenstunden das Bewusstsein verlor …

Ein Ermittler führt weiter aus: ›Beamte am Tatort berichten von einem zerbrochenen Glas, einer Kiste edlen Weins und von etwas, das ein zerrissenes, über den Boden verstreutes Familienalbum zu sein scheint, mit Bildern vergangener Tage; bei manchen handelt es sich um handgemalte Porträts von Murdoch in jungen Jahren mit Zylinder und Monokel.‹

Ein anderer Beamter berichtet, Murdoch sei auf einer besonders großen, in Form eines galoppierenden Pferdes zurechtgestutzten Hecke zusammengesunken aufgefunden worden. ›Seiner Lieblingshecke‹, wie ein Butler namens Davidson erklärte.«

Rupert Murdoch war wohl alles andere als amüsiert.

Sieben Wochen später, um sieben Uhr an einem Spätsommermorgen, stürmten sechzehn irische Polizeibeamte das Haus der Ó Cearbhaills, zerrten Donncha aus dem Bett, legten ihm Handschellen an und forderten ihn auf, sich zu mehreren Cyberverbrechen zu bekennen. Donnchas Eltern wurden in einem separaten Raum im Haus festgehalten. Seine Mutter war fassungslos und verständlicherweise verängstigt, doch seinem Vater gelang es, den Kopf lange genug aus der Tür zu strecken, um seinem Sohn einen Rat zuzurufen. »Was auch geschieht, sag nichts«, rief er. »Verweigere der Polizei die Aussage.«

Die Ermittler stellten alle Computer sicher, die sie finden konnten, und beförderten Donncha auf die örtliche Polizeidienststelle. Er muss dort einen ziemlich ungewöhnlichen Verdächtigen abgegeben haben – ein schlaksiger Teenager mit einem rundlichen, bartlosen Gesicht; einer, der schnell lächelt und es einem leicht macht, ihn gernzuhaben. Dessen ungeachtet setzten ihn die Polizisten mit ihrer Befragung unter Druck und versuchten, ihn zu verunsichern, indem sie ihm erklärten, der amerikanische Wahlguru, der von Fine Gael angeheuert worden war, habe das FBI eingeschaltet, und dass das FBI fleißig digitale Beweise rund um »Palladium« sammle.

Donncha befolgte den Rat seines Vaters und hielt den Mund. Nach vierundzwanzig Stunden musste die Polizei ihn gehen lassen, länger hätten sie ihn ohne Anklage nicht festhalten können, und darauf, eine solche zu erheben, waren sie nicht vorbereitet. Über seine Festnahme wurde jedoch in allen Zeitungen berichtet, und die Polizei sorgte dafür, dass das achtzehnjährige Computergenie, das sich in wenigen Wochen zum Studium aufmachen sollte, begriff, dass die Sache nicht zu Ende war. »Da wurde es ernst«, erinnert sich Donncha an seine erste Verhaftung. »Oh, andere interessieren sich also doch dafür, was in einem Computer vor sich geht. Mir hat das die Augen geöffnet.« Und doch stellte er sich diesen anderen entgegen, ja, leistete vielleicht sogar ein bisschen Widerstand.

Als Donncha im Frühjahr 2012 sein erstes Jahr am Trinity College in Dublin abschloss, war er berühmt-berüchtigt. Es sah ganz danach aus, als müsse er für das Fine-Gael-Manöver auf die Anklagebank; im Fall Murdoch hatte das FBI ihn zwar identifiziert, aber noch kein Strafverfahren beantragt; und, besonders spektakulär: Er stand jetzt auch unter Verdacht, die Polizei selbst gehackt zu haben. In einer vom FBI im südlichen Distrikt von New York gestellten Strafanzeige hieß es, Donncha O'Cearrbhaill [der FBI-Sonderermittler, der die Anzeige verfasste, schrieb seinen Namen falsch] habe nach seiner ersten Festnahme im September 2011 die digitale Welt mehrerer Polizeidienststellen infiltriert, die gegen ihn ermittelten. »Habe mir gerade Zugang zur iCloud des Leiters einer nationalen Einheit für Cyberkriminalität verschafft«, hatte Donncha angeblich einem namenlos bleibenden FBI-Informanten geschrieben. »Ich habe alle seine Kontakte und kann jederzeit seinen Standort lokalisieren.«

Das FBI behauptete in seinen Unterlagen auch, Donncha habe sich Zugang zu den Gmail-Accounts besagter Leitungsperson und eines seiner Ermittler verschafft und das Passwort gestohlen, das erforderlich war, um sich in eine Konferenzschaltung einzuwählen, die für das FBI, die irische Bundespolizei und die Serious Organized Crime Agency in London anberaumt war.

Die Strafanzeige behauptete außerdem, Donncha habe sich nicht nur eingewählt und die Unterredung belauscht, die kurz Entwicklungen seines eigenen Falls anschnitt, sondern den gesamten Anruf aufgenommen, auf eine öffentliche Website gestellt und zum Zuhören aufgerufen. Die Aufnahme offenbarte eine gewisse Inkompetenz unter den Ermittlern; die Cracks vom irischen Cyberkriminalitätsermittlerteam versäumten es scheinbar gänzlich, sich überhaupt einzuwählen.

Obwohl ihn die irische Polizei dreißig Stunden lang verhörte, führte das Verfahren gegen Donncha nirgendwohin. Das FBI hatte einfach nicht genügend Beweise. Die Strafanzeige des amerikanischen Bundesgerichts und die damit einhergehende, vom FBI veröffentlichte Pressemitteilung brachten Donncha jedoch wieder in die Schlagzeilen. Der Medienrummel machte ihn zum unerwarteten neuen Helden der Hacker-Gemeinschaft, einer Gemeinschaft, die darauf spezialisiert war, »die Wächter zu bewachen«. Doch er fachte auch den Zorn der Mächtigen weiter an, die er öffentlich vorgeführt hatte, wie Rupert Murdoch sowie die Strafverfolgungsbehörden von London über Dublin bis nach New York.

Sein Vater stand ihm zwar stets zur Seite, doch das Risiko juristischer Folgen bedrängte ihn während seines gesamten Studiums und darüber hinaus. Letztlich wurde er von einem irischen Gericht zu einer Schadensersatzzahlung über fünftausend Euro an Fine Gael verurteilt. Indes fütterten Gesetzeshüter die Zeitungen mit wilden Geschichten eines Labors, das der Chemiestudent im Haus seiner Eltern benutzt hatte. *Würde sich das nicht auch für die Herstellung von Ecstasy eignen? Oder für Bomben?* Sie gaben auch Informationen über die Wände in Donnchas Schlafzimmer und seine Facebook-Seite preis: *Er hat Zitate des marxistischen Revolutionärs Che Guevara und des IRA-Märtyrers Bobby Sands gepostet. Er war ein überzeugter Sozialist.*

Im März 2017, als Donncha Ó Cearbhaill schließlich vor Gericht gestellt wurde, wo er seine Mittäterschaft beim Murdoch-Hack im Gegenzug für eine neunmonatige Bewährungsstrafe gestand, hatte er eine wertvolle Lektion über Gerechtigkeit gelernt: Wer die Fähigkeit hat, Code zu schreiben, hat die Fähigkeit, das System zu kontrollieren. »Ich würde es nicht empfehlen«, sagt Donncha hinsichtlich seiner sechs Jahre andauernden Belastungsprobe, »aber es war definitiv eine interessante Lebenserfahrung, mitzubekommen, wie die Welt funktioniert, wie Staaten operieren und wie wütend mächtige Menschen darauf reagieren, wenn man sich lediglich einen kleinen Scherz mit ihnen erlaubt, und wie viel Mittel ihnen zur Verfügung stehen, um dagegen anzugehen.

Es war auch interessant, zu erfahren, wie das Strafrechtssystem funktioniert. Wenn man vor Gericht steht, sieht man all die Akteure, eine ganze Industrie, die durch Menschen am Leben erhalten wird, denen völlig banale Dinge vorgeworfen werden, wie Hacking oder dergleichen: Anwälte und Richter und Polizisten und alle anderen stehen an einer Art Fließband der Justiz. Es ist eine ganze Industrie. Zu sehen, wie all das funktioniert, war faszinierend.

Zum Glück ist für mich alles gut ausgegangen [ohne, dass ich ins Gefängnis musste] … Dennoch war diese Art Aktivismus für mich nicht weiter tragbar. Ich versuchte also herauszufinden, wie ich ein paar meiner Talente in eine positive Richtung entwickeln könnte.«

Als Autodidakt in Sachen Computer, aber studierter Chemiker war Donncha zwischen einer Laufbahn in der Informatik und in der pharmazeutischen Chemie hin- und hergerissen. Beide Fachrichtungen passten zu seiner außerordentlich ausgeprägten Neugier, die sich in dem Wunsch äußerte, herauszufinden, wie die Dinge bis ins kleinste Detail funktionieren. Das methodische Vorgehen besteht in beiden Forschungsfeldern seiner Wahl darin, Betriebssysteme in ihre kleinsten Bestandteile – ihren Code – zu zerlegen und die Teile dann für andere, hoffentlich bessere, Zwecke neu zusammenzusetzen. »Mir gefällt es, Computer dazu zu bringen, Dinge zu tun, für die sie nicht gedacht sind, und Dinge so zusammenzusetzen, dass etwas Neues entsteht«, sagt er. »Und worum geht es bei der Chemie? Zu verstehen, was die Natur konstruiert hat. Es ist ein bisschen so, als würde man die chemischen Moleküle hacken, um etwas Neues entstehen zu lassen.« Das Leben eines Chemikers in einem Labor hatte einen klaren Vorteil – weniger Polizeidurchsuchungen, Verhöre und Anklagen –, doch scheinbar führten alle Wege zurück zum Computer.

Als Donncha als einundzwanzigjähriger Student für ein dreimonatiges Chemieforschungsprojekt nach Berlin kam, fand er sich im gelobten Land der Hacker und Rechnersicherheitsfreaks mitsamt eines eigenen Moses. »Seit der ehemalige Mitarbeiter der National Security Agency Edward Snowden vor einem Jahr ins Rampenlicht katapultiert worden ist, wurde der Spitzbartträger von Street-Art-Künstlern porträtiert, Teil von Installationen, Popsongs und Performances«, berichtete oder vielmehr beklagte das *Wall Street Journal*, »ganz zu schweigen von den Aufklebern und Kühlschrankmagneten. Insbesondere in Deutschland haben die Enthüllungen der Lauschangriffe der NSA an einer tief sitzenden Ablehnung eines allwissenden, allmächtigen Staats gerührt – und unter Kreativen zur Geburtsstunde eines Snowden-Kults geführt.« Gerade einmal zwei Wochen in Berlin, kannte Donncha bereits dreißig verschiedene Netzaktivisten, die einen erbitterten Kampf gegen die zunehmende Überwachung im Internet führten.

Nach Abschluss seines Studiums landete Donncha im Sommer 2015 erneut in Berlin, ein paar Wochen nach der Enthüllung der lebensgroßen Bronzestatue von Edward Snowden, Julian Assange und Chelsea Manning, der US-Whistleblowerin, die Hunderttausende Dokumente an Wikileaks durchgestochen hatte, von denen einige geheim oder vertraulich waren, weit mehr jedoch einfach nur peinlich. Donncha war für ein Sommerpraktikum beim gemeinnützigen Netzsicherheitsprojekt Tor nach Berlin gekommen. »Wir glauben, dass jeder in der Lage sein sollte, das Internet mit Privatsphäre zu erkunden«, heißt es im Leitbild von Tor. »Wir fördern die Menschenrechte und schützen deine Privatsphäre online durch kostenlose Software und offene Netzwerke.« Ihm gefiel die Arbeit, die Sinnhaftigkeit, und er machte Berlin zu seinem Zuhause. Seine erste Vollzeitstelle hatte er bei einer NGO, die digitale Tools entwickelte, um Journalisten, Menschenrechtsaktivisten und unterfinanzierte zivilgesellschaftliche Organisationen dabei zu unterstützen, sich gegen Cyberangriffe und staatliche Zensur zur Wehr zu setzen.

Zu den Berliner Koryphäen des Cyberspace, die Donncha kennenlernte, gehörte auch der **White-Hat-Hacker**, der die IT-Sicherheits-Abteilung von Amnesty International leitete. Tatsächlich *war* Claudio Guarnieri die IT-Sicherheits-Abteilung bei Amnesty und spielte eine einsame Partie **Whac-A-Mole**, um Menschenrechtsaktivisten, politischen Dissidenten und Journalisten, die im Netz immer stärker den Drohungen von repressiven und mörderischen Regierungen aus der ganzen Welt ausgesetzt waren, ein wenig Schutz zu bieten. Anfang 2018 erzählte Claudio Donncha, bei Amnesty Tech seien Gelder frei geworden, um einen zweiten **Threat Researcher** einzustellen. »Ich habe eine Weile überlegt«, sagt Donncha, »und dann dachte ich mir, okay, das entspricht genau meinen Skills.«

Was die Stelle bei Amnesty Tech zusätzlich attraktiv machte, war die Möglichkeit, eng mit Claudio zusammenzuarbeiten. Donncha hatte bereits 2012 oder 2013 damit begonnen, die Blog-Einträge und Fachartikel seines neuen Chefs zu lesen, als er noch Chemiestudent am Trinity College in Dublin war. Claudio hatte nicht nur den Intellekt, sondern, einem Artikel in einem bekannten amerikanischen Hochglanzmagazin zufolge, auch das Durchhaltevermögen, das es braucht, um private Händler von Überwachungssoftware im Internet aufzuspüren. Einmal war es Claudio anhand eines einzigen digitalen Hinweises gelungen, die Firma Gamma Group und ihre Spähsoftware FinFisher mit ein paar ihrer zwielichtigen Kunden in Verbindung zu bringen. »Ihm fiel auf, dass, wenn er die IP-Adresse eines **Collection Servers** anpingte, dieser mit der ungewöhnlichen Antwort ›Hallo Steffi‹ reagierte«, erklärte Bryan Burrough von der *Vanity Fair* in einem sechstausendfünfhundert Wörter umfassenden Artikel über eine Gruppe von IT-Nerds auf der Jagd nach Cyberwaffen. »Dann verwendete Guarnieri ein Programm, mit dessen Hilfe er jeden Server am Netz inspizieren konnte – etwa fünfundsiebzig Millionen –, um herauszufinden, ob andere genauso reagierten. Es zog sich ein paar Wochen hin, doch am Ende ergab die Überprüfung elf IP-Adressen in zehn Ländern, darunter Katar, Äthiopien und die Vereinigten Arabischen Emirate, die dafür bekannt waren, Regimekritiker zu überwachen.«

In einer Szene, deren Mitglieder sich damit rühmten, nichts mit Politik am Hut zu haben, war Claudio eine Ausnahmeerscheinung. Bereits vor seinem dreißigsten Lebensjahr hatte er eine klar umrissene Weltsicht entwickelt, die seine Arbeit bestimmte. Manchmal fasste er sie mit einem Zitat des frühen Computertechnologen und Gründungsredakteurs der Zeitschrift *Wired,* Kevin Kelly, zusammen: »Keine Technologie, die in hohem Maß konstruktiv ist, kann nicht auch in gleichem Maß destruktiv sein. So wie keine große Idee nicht auch dahin gehend missbraucht werden kann, großes Leid zu verursachen. Je größer das Versprechen einer neuen Technologie, desto größer ihr Potenzial, Unheil zu bringen.« Für Claudio waren dies geradezu Binsenweisheiten. »Alles, was wir über die Jahrzehnte erschaffen und als eine Technologie der Befreiung und Selbstbestimmung betrachtet haben«, sagte er bei einer Hacker-Konferenz 2016, »wurde zugleich in ein Werkzeug der Unterdrückung verkehrt. Es war vorprogrammiert …«

Zu seiner persönlichen Einstellung war er gelangt, da er diese Entwicklung mit eigenen Augen verfolgt hatte. Wie Donncha zur Computertechnologie hingezogen, von der Herausforderung, Code zu entziffern – davon, zu enträtseln, wie die Cyberwelt funktioniert und warum –, verdankte sich Claudios politisches Erwachen seiner intensiven Beobachtung des Arabischen Frühlings und dessen Folgezeit. Der anfängliche Erfolg der politischen Aufstände an Orten wie Ägypten, Marokko und Bahrain wurde von den sozialen Medien und der direkten elektronischen Kommunikation befeuert. Doch dann wurde die gleiche Technologie dazu benutzt, die Errungenschaften wieder rückgängig zu machen. So halfen Cyberwaffen, die von französischen Unternehmen entwickelt und dann an staatliche Akteure in Ägypten und Libyen verkauft wurden, abweichende Meinungen auszulöschen. Zahlreiche Menschen, die für Freiheit und Demokratie in der arabischen Welt kämpften, endeten im Exil, im Gefängnis oder auf dem Friedhof. Dies mit ansehen zu müssen, veränderte Claudio grundlegend.

Eine seiner Bürokolleginnen erzählte gerne von Claudios spezieller Arbeitsroutine zu jener Zeit. Sie konnte beobachten, wie er durch das Twitter-Universum surfte und dabei immer wütender wurde, bis er schließlich kurz davorstand zu explodieren. Dann wandte er sich dem Schlagzeug zu, das neben seinem Arbeitsplatz stand, nahm seine Drumsticks und drosch ein wüstes Death-Metal-Solo. Fünfundvierzig Minuten später endlich wieder abgekühlt, legte er die Drumsticks beiseite und nahm seine Arbeit wieder auf.

»Zwischen Staaten und ihren Bürgern herrscht ein technologisches Ungleichgewicht«, mahnte Claudio seine Hacker-Kollegen. »Sowohl für passive als auch für aktive Überwachungssysteme werden Milliarden Dollar ausgegeben, und das nicht nur von den Vereinigten Staaten, sondern von jeder Regierung, die genug Geld hat. Zuverlässige Abwehrmöglichkeiten bleiben dahinter zurück oder unzugänglich und stehen in der Regel nur Konzernen und Unternehmen zur Verfügung, deren Taschen tief genug sind. Die vereinzelten gemeinnützigen Projekte, die hoch ambitioniert versuchen, die Gegebenheiten grundlegend zu verändern, kranken häufig an den wenig nachhaltigen Fördermodellen, deren Mittel nur selten reichen, die Projektarbeit langfristig zu sichern. Und die Nationalstaaten sind sich dieses technologischen Ungleichgewichts vollkommen bewusst und nutzen es zu ihrem eigenen Vorteil.«

Claudio hatte eine gewisse Neigung zum Fatalismus; selbst bei einem leidenschaftlichen öffentlichen Plädoyer konnte es geschehen, dass sich über seine sonst so scharfen Gesichtszüge ein melancholisch-missmutiger Ausdruck legte. Diejenigen, die ihm am nächsten standen, wussten, wie viel Energie es ihn kostete, gegen diesen Fatalismus anzukämpfen – an jedem … einzelnen … Tag. Doch er blieb dem Kampf treu. Während sich andere versierte Hacker als hoch bezahlte Cybersicherheitsspezialisten verdingten und die Interessen großer Konzerne schützten, die ihnen ihre Gehaltsschecks ausstellten, machte es Claudio Guarnieri zu seiner Mission, Cybersicherheit zu demokratisieren und nah und fern zu verbreiten. »Sicherheit darf nicht länger ein Privileg in den Händen weniger sein, die es sich leisten können«, sagte er. »Netzsicherheit muss zum Recht aller, sie muss angewandt und geschützt werden. Netzsicherheit ist die Grundlage für Privatsphäre und damit die zentrale

Voraussetzung für Redefreiheit, die wiederum Grundvoraussetzung ist für eine gesunde Demokratie.«

Im Jahr 2014 entwickelte und veröffentlichte er ein Werkzeug, das politischen Dissidenten, Journalisten und Menschenrechtsaktivisten half, eine Infektion durch Spyware auf ihren privaten Endgeräten zu erkennen. Er wollte den Menschen das Werkzeug an die Hand geben, sich selbst zu schützen. Claudio zufolge war das Werkzeug selbst »hacky« (abwertend gemeint), noch nicht vollständig ausgereift und nicht der Erfolg, den er sich erhofft hatte. »Damals war ich nicht gerade der beste Entwickler«, räumt er ein.

Claudio kehrte sowohl technisch als auch politisch ans Reißbrett zurück, da ihm bewusst geworden war, dass er viel mehr erfahrene Wissenschaftler, Entwickler und Programmierer in seinem Team brauchte. Als er sich bei Amnesty International als leitender (und einziger) Techniker verpflichtete, gründete er zugleich ein Hacker-Kollektiv namens Security Without Borders und rief seine eigenbrötlerischen Mitstreiter dazu auf, sich im Kampf gegen das ungleiche Kräfteverhältnis zwischen Staat und Bürger, im Kampf für mehr Netzsicherheit zu engagieren. »Wir müssen uns unser Privileg bewusst machen, das wir als gebildete Einzelpersonen und technisch versierte Fachleute haben«, sagte er, als er das neue Kollektiv bekannt gab. »Wer seine Zeit und sein Können dem Wohl der Gesellschaft widmet, trifft damit eine politische Entscheidung. Eine Entscheidung, die ihr bewusst und voller Stolz treffen solltet.«

Security Without Borders verfing nicht wirklich, und als Donncha ein Jahr später bei Amnesty Tech anfing, wirkte Claudio, als stehe er kurz vor einem Burn-out. Im Jahr 2018 fuhren die Entwickler von Überwachungssoftware Rekordgewinne ein, indem sie ihre zudringlichen Waffen in die ganze Welt verkauften. Der niemals enden wollende Kampf gegen einen finanziell gut ausgestatteten und durch reiche und mächtige Länder geschützten Feind war mühsam. Das Whack-A-Mole-Spiel wurde langweilig und unbefriedigend. »Er hatte das damals schon sehr viel länger gemacht als ich«, sagt Donncha, »und stand der Hoffnung, irgendetwas bewirken, die Umstände wirklich verändern zu können, etwas zynisch gegenüber.

Im Grunde sagte Claudio, es spiele keine Rolle, woran man arbeitet. Einerseits war diese Flexibilität gut, andererseits fragte man sich aber auch: ›Was sollen wir denn jetzt tun?‹«

Die Antwort auf diese Frage fiel ihnen ein paar Monate, nachdem Donncha seine Arbeit aufgenommen hatte, quasi in den Schoß. Eine Mitarbeiterin von Amnesty International aus Saudi-Arabien kontaktierte sie aufgrund einer WhatsApp-Nachricht, die sie gerade erst von jemandem erhalten hatte, den sie nicht kannte; es war eine dringende Warnung vor einem Protest, der vor der saudischen Botschaft in Washington stattfinden sollte. »Wir bitten um Ihre Unterstützung«, stand da, und dann war da die Aufforderung, für mehr Informationen auf einen Link zu klicken. Die Mitarbeiterin von Amnesty war bereits vor neuen Cyberüberwachungswaffen gewarnt worden, die auf Handys abzielten, und sie befürchtete, jemand versuche, sie auf diese Art anzugreifen. Claudio und Donncha waren derselben Meinung und begannen zu ermitteln.

Bei einer genaueren Untersuchung der Nachricht und des Links stellten sie fest, dass Domain und Server eine besondere Eigenheit in ihrer Signatur aufwiesen. Die WhatsApp-Nachricht und der Link waren unter großem Aufwand so manipuliert worden, dass sie jedwede Information über den Angriff und die Identität des Angreifers verschleierten. Sowohl der Link als auch der Ziel-Server waren auf eine besondere Art konfiguriert worden. Ein Versuch, auf dem Server eine nicht existierende Seite zu öffnen, führte nicht zu der typischen »Not Found«-Nachricht; der Server reagierte auf die Anfrage überhaupt nicht, so, als wolle er das Opfer nicht alarmieren. Allein das ließ Claudio und Donncha vermuten, dass sie es nicht mit einer der üblichen Spam- oder Cyberkriminalitätsattacken zu tun hatten.

Doch da war noch mehr.

Der Verschlüsselungsalgorithmus auf dem Server war für noch mehr Sicherheit sorgfältig optimiert worden. Widersinnigerweise war es genau diese besondere Sorgfalt der Betreiber, die Claudio und Donncha dabei half, die Server zu identifizieren, da sie durch ihre einzigartige Konfiguration besonders herausstachen. Ja, sie waren anders als alle anderen Server im Internet.

Nachdem Claudio und Donncha diese Konfiguration erst einmal nachgezeichnet hatten, lag ihnen eine Art digitaler Fingerabdruck vor. Im Sommer 2018 führten sie dann einen Scan des gesamten Internets durch, bei dem sie sich buchstäblich mit jedem einzelnen Server im Internet verbanden und nach denen Ausschau hielten, die die gleiche Konfiguration, denselben digitalen Fingerabdruck aufwiesen. Sie stießen auf beinahe sechshundert übereinstimmende Server, die als Ausgangspunkt für die entsprechenden Spyware-Angriffe dienten.

Die Wahrscheinlichkeit, die Herkunft der Server und ihre Domainnamen zu ermitteln, wäre gering gewesen, hätte es nicht bereits am Citizen Lab der University of Toronto forensische Untersuchungen gegeben. Wissenschaftler am Citizen Lab hatten schon seit mehreren Jahren einen bestimmten Cyberüberwachungs-Anbieter im Visier. 2016 hatten sie nicht nur Beweise sichergestellt, die belegten, dass dessen Spionagesoftware erfolgreich das Handy eines Menschrechtsaktivisten in den Vereinigten Arabischen Emiraten infiziert hatte; es war ihnen auch gelungen, die gesamte Netzwerkinfrastruktur des Unternehmens zu entschlüsseln. Unter anderem hatten sie Hunderte Domainnamen gefunden, die mit den Servern des Unternehmens in Verbindung standen. Das Citizen Lab veröffentliche zahlreiche der Namen, sodass sie alle Welt sehen konnte.

Das Unternehmen hatte darauf im Handumdrehen reagiert und das gesamte System überarbeitet, das sein »anonymisierendes Übertragungsnetzwerk« ausmachte, und die Domainnamen geändert. Dabei unterlief dem Unternehmen jedoch ein entscheidender Fehler; es hatte zwei Domainnamen der älteren Version wiederverwendet: pine-sales[.]com und ecommerce-ads[.]org.

Und so spürten Claudio und Donncha es dann auch auf. Sie fanden die Domainnamen in der neuen Infrastruktur und wussten daraufhin, wer das System betrieb. Es war die NSO Group. Es handelte sich um Pegasus. »Jeder Pegasus-Installationsserver oder **Command-and-Control-Server** (C&C) hostete einen Web-Server über

Port 443 mit einer einzigartigen Domain und **TLS-Zertifikat**«, schrieben sie. »Diese **Edge-Server** leiteten die Verbindungen mithilfe einer Kette von Servern weiter, die von der NSO Group als ›Pegasus Anonymizing Transmission Network‹ bezeichnet werden.«

Die Suche nach neuen Pegasus-Domains, die mit dem Fingerabdruck übereinstimmten, führte Claudio und Donncha zu einem weiteren Opfer. Yahya Assiri, ein ehemaliger Offizier der Luftstreitkräfte des Königreichs Saudi-Arabien, war der saudischen Königsfamilie ein Dorn im Auge. Assiri war aus seinem Heimatland geflohen, schaffte es aber weiterhin, ein Netzwerk von Menschenrechtsaktivisten in Saudi-Arabien zu koordinieren, und fuhr mit seiner pointierten Kritik an der herrschenden Monarchie fort. In aller Öffentlichkeit hinterfragte er die Frömmigkeit der Königsfamilie, ihre Staatsführung, ihre schlechte Behandlung der verarmten Bevölkerung und ihre Vorliebe für barbarische Strafen wie Steinigungen, Auspeitschungen, Amputationen oder Enthauptungen. Anders ausgedrückt, Assiri sprach genau das aus, was solche Strafen nach sich zog. »Es ist eine absolutistische Monarchie, die ihren Bürgern jegliches Mitspracherecht verwehrt«, erzählte Assiri einer westlichen Zeitung. »Sie benutzen den Islam als Ausrede, um ihr eigenes Volk auszubeuten. Damit stehen sie im Widerspruch zu den Grundsätzen der islamischen Lehre.« Er forderte die Königsfamilie auf, eine nationale Verfassung auszuarbeiten, die sich für demokratische Institutionen und eine gerechte und weniger mörderische Rechtsprechung starkmachte. Andernfalls sollten sie abtreten. Die Königsfamilie forderte daraufhin sprichwörtlich Yahya Assiris Kopf.

Als Claudio und Donncha Assiris Smartphone überprüften, fanden sie eine SMS vom Mai 2018 mit einem Link, der ihn in die schädliche, von der NSO entwickelte, Infrastruktur lockte. Diese Entdeckung gab ihnen zwei Beweisstücke an die Hand, die nahelegten, dass jemand im Königreich Saudi-Arabien mit Pegasus arbeitete – und sie machten diesen Fund nur wenige Monate vor der Ermordung des saudischen Journalisten Jamal Khashoggi.

Amnesty International veröffentlichte die Ergebnisse und später eine Liste aller Domain-Namen, die mit NSO-Attacken in Verbindung standen. Danna Ingleton fand dazu deutliche Worte: »Amnesty International wird nicht tatenlos zusehen, wenn Unternehmen wie die NSO Group aus dem Verkauf ihrer invasiven Pegasus-Software an repressive Staaten auf der ganzen Welt Profit schlagen.« Das Citizen Lab unterstützte Claudio und Donncha mit den eigenen Forschungsergebnissen. Und doch hatte all das nur sehr geringe Auswirkungen.

Die Entwickler bei NSO mussten Zeit und Geld investieren, um die Infrastruktur wieder aufzubauen, was auch beinhaltete, weitere knapp 600 Domainnamen aus dem Verkehr zu ziehen. Auf Wiedersehen, alldaycooking und bargainservice und br-travels und buypresent4me und centrasia-news und classsic-furnitures und easybett und freshsaladtoday und islam-today und mapupdatezone und movie-tickets und novosti247 und pine-sales und rockmusic4u und turismo-aqui und wafflewithnutella. Hallo an Hunderte neue banal klingende Domainnamen, die dazu in der Lage waren, eine der wirkmächtigsten Cyberwaffen auf dem Markt in Gang zu setzen. Die NSO indes machte sich nicht einmal die Mühe, auch nur ein Detail aus dem Amnesty-Tech-Bericht anzufechten. Das Unternehmen veröffentlichte gerade mal eine dünne Stellungnahme, in der es hieß, ihre Technologie werde einzig an Regierungsbehörden lizenziert und einzig mit dem Ziel, sie darin zu unterstützen, Terroristen und Kriminelle abzuwehren. Missbrauch jeglicher Art, behauptete die NSO, richte sich »gegen die Werte, für die wir stehen«.

Das israelische Verteidigungsministerium lehnte die Forderung von Amnesty International ab, der NSO ihre Exportgenehmigung aufgrund des unverhohlenen Angriffs auf Mitarbeiter von Amnesty zu entziehen. Der im Rahmen eines Verfahrens von Amnesty und anderen eingelegte Widerruf wurde von einem Gericht in Tel Aviv abgelehnt. Als das Gericht zugunsten von NSO entschied, nutzte ein namenloser Unternehmenssprecher den Sieg, um zu prahlen: »Die rechtlichen Rahmenbedingungen, innerhalb derer wir uns bewegen, entsprechen höchsten internationalen Standards.« Und für eine Schelte: »Unsere Gegner, die haltlose Anschuldigungen gemacht haben, um ihre eigene Agenda voranzubringen, haben keine

Antwort auf die Sicherheitsherausforderungen des 21. Jahrhunderts.«

Doch im Berliner Büro von Amnesty International Tech, seit Neustem auf den Namen »Security Lab« getauft, hatte diese Erfahrung reale und schwerwiegende Folgen. Claudio und Donncha hatten bei ihrem ersten gemeinsamen Rechercheprojekt eine äußerst wertvolle Lektion gelernt. Das Pegasus-System war nicht unsichtbar, und die Technologen bei NSO nicht unbezwingbar. Sie machten Fehler.

Außerdem hatte sich die NSO Group einen schwerwiegenden Fehltritt erlaubt: Sie hatten Claudio Guarnieri und seinen neuen Partner Donncha Ó Cearbhaill gegen sich aufgebracht. »Der Angriff auf einen Mitarbeiter von Amnesty hat mich ziemlich wütend gemacht«, sagt Donncha mit Blick auf die damalige Zeit. »Ich fühlte mich persönlich angegriffen und war darüber verärgert, dass NSO [Pegasus] an jemanden verkauft hat, der einen unserer Mitarbeiter attackierte. Vermutlich trug ich ihnen das ein bisschen nach.«

Kapitel 10
Drei Tage im März

Sandrine

Es ist also eher ein Verdacht als eine konkrete Information, dass mein Mobiltelefon kompromittiert wurde, nicht wahr?«, fragte Siddharth Varadarajan.

Dies war der Auftakt zu einem der vielen heiklen Tänze, die Laurent und ich (zusammen mit einer Handvoll anderer Journalistinnen und Journalisten, die an diesem noch geheimen Projekt arbeiteten) in den kommenden Monaten aufführen mussten. Siddharth und sein Kollege, beide Mitbegründer der führenden indischen Website für investigative Berichterstattung, *The Wire,* hatten bereits ihr Interesse bekundet, sich dem Projekt anzuschließen. Wir hatten es ihnen sehr allgemein als Recherche rund um das Thema Cyberbedrohungen gegen Journalisten in Indien beschrieben. Gerade hatten wir erklärt, dass wir, bevor wir die Zusammenarbeit eingehen könnten, eine forensische Untersuchung ihrer iPhones durchführen wollten, um festzustellen, ob sie mit Spyware infiziert waren. Dieses Gespräch fand etwas mehr als zwei Wochen nach dem Treffen mit unseren wichtigsten Partnern in Paris statt, und bisher hatten wir nur eine der Zielpersonen, die auf der Liste standen, überzeugt, ihr Smartphone einer Untersuchung unterziehen zu lassen. Das war erst wenige Stunden zuvor geschehen, und wir hatten noch keine konkreten Ergebnisse. Wir taten unser Bestes, um Siddharth nicht merken zu lassen, wie ungeduldig und besorgt wir waren. »Der erste Schritt in diesem Projekt besteht darin, die digitale Forensik durchzuführen«, hatte Laurent zu Beginn unseres Ferngesprächs in ruhigem Tonfall erklärt.

Siddharth war sichtlich interessiert. *The Wire* hatte umfassend über Cyberüberwachung berichtet, nachdem 2019 öffentlich bekannt geworden war, dass über hundert indische Bürgerinnen und Bürger über WhatsApp informiert worden waren, dass ihre Handys höchstwahrscheinlich von den Betreibern von Pegasus ausgespäht wurden. Viele der mutmaßlichen Opfer waren Personen, die sich für Menschenrechte einsetzten, oder Anti-Kasten-Aktivisten sowie politische Gegner des amtierenden Premierministers Narendra Modi. Vier von ihnen waren Journalisten, die Modis antidemokratische Politik und seine Tendenz, den starken Mann zu spielen, kritisiert hatten. Aber weder Siddharth noch sein Kollege, M. K. Venu, gehörten zu denjenigen, die über WhatsApp als Ziele identifiziert worden waren. *The Wire* hatte für eine gute elektronische Kommunikationshygiene gesorgt. Die Redaktion nutzte Signal oder andere stark verschlüsselte Messengerdienste, wenn sie an sensiblen Geschichten arbeitete. Sie schwor auch auf ihre iPhones, denn Apple hatte sich erfolgreich den Ruf erworben, das sicherste mobile Gerät auf den Markt gebracht zu haben. Die beiden Journalisten zeigten sich skeptisch gegenüber der Vermutung, dass ihre iPhones betroffen sein sollten. Vielleicht beunruhigte sie auch etwas, dass Laurent und ich bezüglich der neuen Informationen, die uns zu ihnen geführt hatten, nicht mitteilsamer waren.

An jenem Tag musste unser Angebot an Siddharth und M. K. ziemlich vage ausfallen. Wir waren immer noch vorsichtig, wenn es darum ging, unseren Kreis an Vertrauten zu erweitern, denn wir befanden uns noch ziemlich am Anfang. Wir verrieten ihnen nicht, dass uns eine völlig neue Liste mit möglichen Zielpersonen vorlag, die weit über die WhatsApp-Zielpersonen hinausging; dass das Leak mit NSO zu tun hatte; dass die Liste an die zehntausend Personen betraf, die auf der ganzen Welt verteilt waren; dass es etwa zweitausend potenzielle neue Zielpersonen allein in Indien gab; oder dass Siddharth, M. K. und einige andere Journalistinnen und Journalisten von *The Wire* zu den potenziellen Zielpersonen auf der Liste gehörten.

Gemeinsam brachten es Siddharth und M. K. auf fünfzig Jahre Erfahrung im Journalismus; sie hatten einen Schrank voller Auszeichnungen und genug Sachverstand und Mut gehabt, ihre eigene unabhängige journalistische Website praktisch aus dem Nichts zu gründen. Sie waren ein ziemlich gewieftes Team, das einem auch noch die kleinste Information aus der Nase ziehen konnte. Demnach war es also nicht überraschend, dass Siddharth nachgefragt hatte, ob wir Beweise dafür hätten, dass sein Handy mit einer Spähsoftware infiziert worden sei.

»Wir haben Informationen«, erklärte Laurent, »aber sie sind nicht sehr präzise. Wir müssen das wirklich genau überprüfen.«

»Ehrlich gesagt, würde ich mich viel wohler fühlen, wenn ihr meine Nummer auf irgendeiner Liste gesehen hättet«, drängte Siddharth. »Und wenn ihr mir sagen könntet, woher ihr die Liste habt. Dann wäre ich auch mit dieser Untersuchung einverstanden. Aber auch wenn es sich um ganz allgemeine Informationen handelt, wenn ihr denkt, dass Journalisten betroffen sein könnten, und ihr eure Arbeit als Dienst an der Öffentlichkeit seht, kann ich euer Angebot trotzdem in Betracht ziehen. Nur, ich brauche mehr Informationen.«

»Wir haben einige Quellen und Informationen, die uns vermuten lassen, dass dein Handy ziemlich sicher kompromittiert ist«, sagte ich und kam damit an die Grenze dessen, was wir zu diesem Zeitpunkt preisgeben konnten.

»Und auch mein Kollege Venu?«, drängte Siddharth erneut. »Ist sein Handy auch betroffen?«

Nach einigem Hin und Her willigte Siddharth ein, sein iPhone der forensischen Untersuchung des Security Labs unterziehen zu lassen. M. K. dagegen hatte noch einige Vorbehalte. »Ich hoffe, ihr versteht, dass ich mich nicht von dem gesamten Material auf meinem Handy trennen kann«, erklärte er. »Im Gegensatz zu Siddharth habe ich nicht die Angewohnheit, Nachrichten regelmäßig zu löschen. Er ist sehr akribisch, ich nicht. Daher rühren meine Bedenken, wirklich nur daher.«

Da wir die forensische Untersuchung selbst durchlaufen hatten, konnten Laurent und ich verstehen, dass M. K. Angst hatte, seine gesamte private elektronische Kommunikation preiszugeben. Ich erklärte ihm, dass niemand die persönlichen Mitteilungen auf seinem Handy durchforsten würde: »Bei der Untersuchung dieser Daten gibt es keinerlei Eingreifen durch Menschen. Niemand wird die Daten sehen oder lesen. Sie werden nach Ablauf der digitalen Forensik automatisch gelöscht, sodass niemand darauf zugreifen kann. Und Laurent und ich haben überhaupt keinen Zugang darauf, auch nicht auf Nachrichten oder Fotos. Das geht nicht an uns. Die Daten gehen an ein völlig automatisiertes System und an ein technisches Team, das nur nach Beweisen für Malware sucht.«

Ich bin mir nicht sicher, ob diese Ausführungen M. K. wirklich beruhigt haben, aber er hat nachgegeben. Und Siddharth nutzte eine letzte Gelegenheit, um mehr Informationen aus uns herauszubekommen. »Ihr sucht nach Pegasus, nicht wahr?«

»Was die Software betrifft, ja«, gab ich zu und näherte mich wieder gefährlich unserer selbst auferlegten Informationsgrenze. »Pegasus ist eine der Softwares, die wir untersuchen.«

* * *

Die folgende Szene fand in Siddharths mit Bücherwänden ausgekleideten Arbeitszimmer in Delhi statt. Von außen würde man meinen, dass nichts Besonderes vor sich ging. Die forensische Ferntersuchung, die sich als besonders folgenreich entpuppen sollte, ähnelte eher einer internationalen Sitcom als einem Spionagethriller. Es sollten Back-ups von beiden Handys gemacht werden, die bei Claudio und Donncha in Berlin hochgeladen werden sollten. Die beiden sollten dann mit ihrem forensischen Werkzeug nach Beweisen suchen, dass die Smartphones entweder von Pegasus ins Visier genommen oder tatsächlich infiziert worden waren. Ich hatte Siddharth und M. K. zugesichert, dass die ganze Aktion etwa eine halbe Stunde pro Gerät dauern würde, und dass das Security Lab innerhalb weniger Stunden über erste Ergebnisse verfügen würde.

Das war sehr optimistisch von mir.

Mehr als zwei Stunden nach unserem Gespräch hatten wir noch kein einziges Back-up. Wir hatten inzwischen erfahren, dass Siddharth sein iPhone ein Jahr zuvor ausgetauscht hatte, also versuchten wir, Back-ups von *zwei* Handys zu erstellen – dem aktuellen und dem alten – sowie ein Back-up von M. K.s Handy. Laurent und ich hatten an diesem Tag noch andere Meetings, sodass wir uns immer wieder von unserem Pariser Büro aus in den Videocall ein- und ausschalten mussten. Phineas Rueckert, der Indien-Spezialist für Forbidden Stories, blieb die ganze Zeit in der Leitung und tat sein Bestes, um alle ruhig und konzentriert bei der Sache zu halten.

Die wahre Heldin des Tages aber war Sandhya Ravishankar, eine freiberufliche Reporterin, die von ihrem Wohnort Chennai nach Delhi gereist war, um sich persönlich mit Siddharth und M. K. zu treffen. Für Sandhya war es eine lange Anreise zu einem ungünstigen Zeitpunkt: zwei dreistündige Flüge und mindestens einen ganzen Tag lang Sitzungen für uns, während sie sich mitten in der Berichterstattung über die Kommunalwahlen befand, die in nur drei Wochen stattfinden sollten. Aber als wir ihr zwei Wochen zuvor gesagt hatten, dass wir das Projekt nicht ohne sie durchführen konnten, und dass wir sie als Vermittlerin vor Ort zwischen uns und den Redakteuren von *The Wire* brauchten, stimmte Sandhya sofort zu. »Ihr könnt euch voll und ganz auf mich verlassen«, versprach sie. Zu dem Zeitpunkt wussten wir bereits, dass wir das konnten.

Sandhya war eine unserer wichtigsten und engagiertesten Partnerinnen in der »Green Blood«-Serie von Forbidden Stories. Sie war auch Teil des Cartel Project. Sandhya hatte in ihrem Heimatland den Ruf als hartnäckige Reporterin. Siddharth und andere hatte sie bereits mit einer vierteiligen Serie über Finanzkorruption und Umweltverstöße in der Sandbergbauindustrie in ihrem Heimatbezirk, die in *The Wire* veröffentlicht worden war, zutiefst beeindruckt. Sie wurde von Online-Trollen belästigt und gestalkt, die Kraftstoffleitung ihres Autos war auf mysteriöse Weise durchtrennt worden, und sie war gezwungen, sich (erfolgreich) in einem Strafverfahren wegen Verleumdung zu verteidigen. Nachdem Sandhya also Siddharth kontaktiert und ihm gesagt hatte, dass sie sich mit ihm persönlich treffen musste, hatte er sofort zugestimmt. Siddharth wusste, wer Sandhya war, noch wichtiger war aber, dass er ihr vertraute und sie respektierte. »Sie sagte, sie könne nichts über den Zweck des Treffens sagen«, schrieb er später, »aber ihre Zurückhaltung ließ mich vermuten, dass es sich um etwas Wichtiges handelte.«

Vor ihrer Abreise nach Delhi hatte Sandhya ihre Wahlberichterstattung bereits unterbrochen, um zu lernen, wie man ein iPhone-Back-up auf ihrem Computer durchführt, und wie man die Datei im Security Lab hochlädt. Ihr Tag in Delhi hatte um sechs Uhr morgens begonnen, nachdem sie einen bekannten Journalisten, Autor und Dozenten namens Paranjoy Guha Thakurta überredet hatte, uns die forensische Untersuchung seines Mobiltelefons zu gestatten, damit sie das Durchführen eines Back-ups und Downloads schon einmal üben konnte. Der Erfolg mit Paranjoys Handy hat uns allen ein falsches Gefühl der Sicherheit gegeben. Am Nachmittag desselben Tages lief bei Siddharth zu Hause nichts wie geplant.

Sandhya stieß schon in den ersten Minuten ihres Versuchs, ein Back-up von Siddharths Handy zu machen, auf ein ärgerliches Hindernis. Die Standardplattform für ein Back-up ist iTunes, und es stellte sich heraus, dass viele Nutzer bereits ein Back-up ihres iPhones dort gesichert haben, und zwar mit einem Passwort, an das sich nur wenige noch erinnern. Siddharth war da keine Ausnahme. iTunes ließ ihn ohne das ursprüngliche Passwort kein weiteres Back-up erstellen. Phineas kontaktierte Claudio in Berlin und bat ihn, ins Büro zu fahren, um uns von dort aus durch die technischen Schwierigkeiten zu navigieren. Er war wie immer sehr geduldig, aber nicht gerade ermutigend. »Wenn nach dem Passwort gefragt wird, und es nicht verändert werden kann, dann kann man nicht viel tun«, sagte er. »In dem Fall muss das Handy zurückgesetzt oder wiederhergestellt werden, leider. So ist es nun mal.«

Ähnliche Pannen traten auch in den folgenden Stunden auf, aber Sandhya bewahrte ihre Gelassenheit und ihr natürliches, sonniges Gemüt den ganzen langen und heißen Nachmittag über bis in den frühen Abend hinein. Sie kippte immer weiter Kokoswasser in sich hinein, während der Deckenventilator über ihrem Kopf surrte, ein Kind durchs Arbeitszimmer lief und nach Aufmerksamkeit verlangte, Siddharths Beagle ihr das Gesicht abschleckte oder Siddharth selbst, eine Zigarre im Mundwinkel, über ihre Schulter lugte. Auch Phineas behielt seine gute Laune. »Wir wussten, auf was wir uns da einlassen«, gab Phineas vor den Leuten in Delhi zu. »Paloma hat das schon einmal gemacht, und sie hat gesagt, dass man sich darauf einstellen muss, einen langen Atem zu haben.« Daraufhin kicherten Phineas und Sandhya. *Und das sagst du mir erst jetzt.* Siddharth kaute auf seiner Zigarre. Siddharths Frau kam herein und bot weitere Getränke an. Alle lächelten und machten weiter. Sie schafften es sogar, das Passwort zu finden, das es uns erlaubte, das Back-up durchzuführen.

Ich war gerade zum Videoanruf zurückgekehrt und hörte, wie Sandhya Phineas berichtete, dass ihr iTunes-Programm ihr mitteilte, dass das Back-up von Siddharths zweitem Mobiltelefon noch dreißig Minuten brauchte, und dass er bereit sei, einige Papiere zu unterschreiben, die wir brauchten, um *The Wire* in das Projekt einzubinden. »Jetzt zeigt es siebenundvierzig Minuten an«, sagte Sandhya, als ich dem Gesprächsfaden gerade wieder folgen konnte, »das ist wirklich anstrengend. Es geht im Schneckentempo voran.«

»Tut mir leid, dass ich zwei Stunden lang raus war«, sagte ich. »Was hast du bisher geschafft?«

»Also, von Siddharths altem Handy haben wir ein Back-up, und es ist hochgeladen. Vom neuen machen wir gerade ein Back-up.« Dann ging sie zu M. K.s Handy über, stärkte sich mit einem weiteren Schluck Kokoswasser und besänftigte Siddharths sehr verspielten Beagle.

M. K.s Mobiltelefon, auf dem etwa fünfundfünfzigtausend ungelöschte WhatsApp-Nachrichten gespeichert waren, brauchte fast viermal so lange wie erwartet. Bis zu dem Zeitpunkt, an dem das Back-up von M. K.s Handy im Security Lab angekommen war, hatte Claudio uns bereits einige erste Ergebnisse geliefert, die Siddharths Dateien betrafen.

»Bisher noch nichts Eindeutiges, aber das Technikteam hat einige potenzielle Infektionen deines alten Handys gefunden«, erklärte Phineas Siddharth. »Sie bitten uns, wenn du damit einverstanden bist, dein altes Handy zu ihnen [nach Berlin] zu schicken, damit sie es direkt untersuchen können. So könnten sie zu aussagekräftigeren Ergebnissen gelangen.«

»Also das Handy physisch hinschicken?«, fragte Siddharth nach.

»Ja, dann können sie es gründlicher untersuchen«, erklärte Phineas, »und mehr Informationen erhalten, als über die Online-Plattform zur Verfügung gestellt werden.«

»Gut, einverstanden«, sagte Siddharth, »können wir so machen.«

* * *

Das Forensik-Tool, das Claudio Guarnieri und Donncha Ó Cearbhaill in den zweieinhalb Jahren entwickelt hatten, seit sie die Spyware-Infektion des Smartphones ihres Amnesty-Kollegen untersucht hatten, arbeitete auf ganz neue und einzigartige Weise. Mitte 2019 hatten sie festgestellt, dass die bis dahin bewährte Methode nicht mehr ausreichte: den Link in einer SMS-Nachricht ausfindig zu machen und dann das gesamte IP-Universum zu scannen, um zu sehen, ob es irgendeine Verbindung zur Infrastruktur der NSO gab. Zum Teil war es auch deshalb schwieriger geworden, weil die NSO mit geschickten Gegenmaßnahmen reagierte.

Nachdem das Security Lab im Sommer und Herbst 2018 Berichte veröffentlicht hatte, hat die NSO die dritte Version ihrer Infrastruktur abgeschaltet und eine vierte neu aufgebaut. Außerdem erstellten die NSO-Ingenieure auf ihren neuen Command-and-Control-Servern als auch auf den Servern, von denen die Spyware-Infektionen ausgingen, zusätzliche Barrieren, die die Erkennung verhindern sollten. Unter dem Namen »port-Knocking« oder »DNS-Knocking« waren diese neuen Vorsichtsmaßnahmen das Äquivalent eines geheimen Signals an der Tür einer Spelunke aus der Prohibitionszeit. Wer eintreten wollte, musste eine Reihe von maßgeschneiderten Versuchen unternehmen, um eine Verbindung zu einem C&C-Server herstellen zu können. Tat man dies in der richtigen Reihenfolge – »das geheime Klopfzeichen« –, wurde einem Zugang gewährt, möglicherweise zu einem völlig anderen Server, von dem aus der Pegasus-Angriff gestartet werden konnte. Und, was noch entscheidender war: NSO hatte eine noch heimtückischere Infektionsmethode auf die Beine gestellt.

Claudio und Donncha entdeckten diese neue Waffe erstmals im Herbst 2019, als sie gebeten worden waren, das Handy eines entschiedenen Kritikers von Marokkos König Mohammed VI. zu untersuchen. Maati Monjibs Einsatz für die Meinungsfreiheit in seinem Heimatland hatte ihn nach dem Arabischen Frühling verdächtig gemacht; 2015 wurde Strafanzeige gegen ihn erstattet wegen »Gefährdung der inneren Sicherheit des Landes«. Einen Großteil des Jahres 2019 verbrachte Maati in Frankreich, vor allem, weil er in Rabat in Abwesenheit als verräterischer Propagandist vor Gericht stand. Ihm drohte mit an Sicherheit grenzender Wahrscheinlichkeit eine fünfjährige Gefängnisstrafe. Maati war nicht verstummt, aber da er den Verdacht hegte, dass die marokkanischen Behörden ihn unter ständiger digitaler Überwachung hatten, hatte er seine Flügel erheblich gestutzt. »Ich muss ständig die potenziellen Folgen meiner Äußerungen bedenken und das Risiko, dass sie zu diffamierenden Anschuldigungen gegen mich führen.« Aus diesem Grund wollte Maati wissen, ob sein Mobiltelefon mit Spionagesoftware infiziert worden war. »Das betrifft ja sogar ganz alltägliche Dinge wie Verabredungen von Treffen oder einem Abendessen in der Stadt.«

Claudio und Donncha identifizierten sehr schnell einige Links in alten SMS-Nachrichten, die sich noch auf Maati Monjibs iPhone befanden, und fanden sehr schnell die Verknüpfung der Links zu Servern und Domains, von denen man wusste, dass sie Teil des Pegasus-Systems waren. Als sie ihn fragten, ob er bereit wäre, sein Smartphone noch genauer untersuchen zu lassen, um weitere Beweise zu sammeln, war Maati einverstanden. Also führten die beiden Cybersecurity-Forscher einen **Jailbreak** auf seinem iPhone durch.

Ein Jailbreak, wörtlich: Gefängnisausbruch, ist genau das, wonach es sich anhört: ein Hack, der rechtlich nicht so ganz sauber ist. Und er funktioniert folgendermaßen: Apple Inc. erlaubt es den iPhone-Nutzern nicht, das Gerät so zu benutzen, wie sie es möchten, sondern nur so, wie Apple Inc. es beabsichtigt. Auch wenn uns unsere Smartphones mittlerweile lieb und teuer sind und beinahe eine Erweiterung unserer Persönlichkeit darstellen, besitzen wir sie im Grunde nicht, sondern leasen sie unter unflexiblen, vom Unternehmen aufgestellten Beschränkungen. Avis lässt nicht zu, dass jemand während der Mietdauer den Motor des Autos umbaut. Apple hingegen will nicht einmal, dass die Kunden auch nur unter die Motorhaube schauen, geschweige denn, an irgendetwas herumbasteln.

Ein iPhone-Benutzer kann zum Beispiel auf die Dateien zugreifen, die für die Ausführung der Apps benötigt werden, die er installieren darf, aber nicht für Apps, die Apple Inc. ablehnt. Apple erlaubt ebenfalls keinen Zugriff auf Dateien in seinem Betriebssystem iOS. Vor allem erlaubt das Unternehmen keinen Zugriff auf den sogenannten Kernel, der das gesamte System steuert. Die Ingenieure des Unternehmens haben sogar die Einsicht des iPhone-Benutzers auf die verschiedenen legitimen Prozesse, die aktiv auf dem Gerät laufen, begrenzt. Apple will nicht, dass jemand die Betriebsweise des Smartphones umbaut, oder dass jemand den wertvollen Code der proprietären Software im Inneren des Geräts sieht. Es erfordert Experten, um ins Innere eines iPhones zu gelangen – Cyberspezialisten wie Claudio und Donncha, die gelernt haben, wie man Schwachstellen im Sicherheitssystem von Apple findet und im eigenen Sinne nutzt. Erfahrene Cybersicherheitstechniker können sich Zugriff auf das Smartphone verschaffen – wie Pegasus es auch tut –, und sie können so ziemlich alles sehen (oder ändern), was sie wollen.

Das war es, was die beiden mit Maati Monjibs iPhone vorhatten, und dabei machten sie zwei entscheidende Entdeckungen: eine, die für iPhones im Allgemeinen gilt, und eine für das von Maati im Besonderen. Die erste Entdeckung machten Claudio und Donncha, als sie das vollständige Back-up und Dateisystem von Maatis Handy in iTunes einspielten und feststellten, dass es einen außergewöhnlichen Cache von Daten extrahiert hatte, den sie zuvor nicht gesehen hatten. Anders als bei einem Android-Handy, bei dem viele relevante Daten durch einen Neustart gelöscht werden oder nach ein paar Monaten einfach verschwinden, bewahrt das iPhone jahrelang Informationen in seinen verschiedenen Sicherungsprotokollen. Die Techniker des Security Labs hatten also Zugang zu Standard-Back-up-Daten wie alte Textnachrichten und deren Links sowie auf den Browserverlauf. Aber sie hatten auch Einblick in ein iOS-Protokoll namens DataUsage.sqlite, das den eindeutigen Namen eines jeden Prozesses auf dem Gerät aufzeichnete, und das auch aufzeichnete, wann genau wie viele mobile Daten verwendet wurden. DataUsage.sqlite eröffnete einen völlig neuen Weg, um Pegasus zu tracken.

Da Claudio und Donncha in ihrem Berliner Büro uneingeschränkten Zugriff auf Maatis Back-up-Dateien hatten, konnten sie sich die Zeit nehmen, jede Stecknadel in diesem digitalen Heuhaufen zu suchen. Sie konnten ihren eigenen Code schreiben und aktualisieren, um spezifische Spyware-Marker zu jagen, die die Cybersicherheits-Community bereits veröffentlicht hatte. Ein Prozess, den sie in den Back-up-Protokollen von Maati fanden, hieß »bh«. Der bh-Prozess wurde erstmals im Sommer 2016 identifiziert, als Citizen Lab mit dem privaten Cybersicherheitsunternehmen Lookout zusammengearbeitet und einen Versuch aufgedeckt hat, wie ein iPhone mit Pegasus infiziert werden sollte. Das von der NSO entwickelte bh.c war ein Tool, das bei der Übermittlung von »Next-Stage-**Payloads**« helfen sollte, so die Lookout-Ingenieure, und »ihre richtige Platzierung auf dem iPhone des Opfers«. Bei diesen Payloads handelte es sich laut Lookout um frühe Stadien von Pegasus Webbrowser Exploits. Lookout fand in dem Spyware-Bündel auch Beweise, die nahelegten, dass »bh« die Abkürzung für »Bridgehead«, Brückenkopf, ist.

Was Claudio und Donncha drei Jahre später in Maatis Telefon fanden, war ein bh-Modul, das sich, wie sie der Welt berichteten, »der Nutzung des Browsers bedient, das Gerät ausfindig macht und seine Infektion mit dem vollständigen Pegasus-Paket vorbereitet«.

Bei der forensischen Untersuchung von Maatis Handy machte das Security-Lab-Duo eine noch bemerkenswertere Entdeckung. Als Claudio und Donncha die Datenbank des Safari-Browserverlaufs und die Sitzungsprotokolle durchkämmten, stellten sie bestimmte merkwürdige digitale Umwege fest und rekonstruierten sie. Als sie versuchten festzustellen, ob Maatis Smartphone irgendwelche bekannten Pegasus-Links geöffnet hatte, entdeckten sie, dass das Handy (das bereits achtzehn Monate lang dem Standard-SMS-Angriff von Pegasus ausgesetzt war) im Frühjahr und Sommer 2019 zu seltsamen und bis dahin nie aufgetauchten Websites gesurft war. Claudio und Donncha waren sich nicht sicher, was genau sie in den Datenbanken sahen, aber »es sah verdächtig aus«, sagte Donncha, »und das Timing stimmte«.

Als Maati an einem Tag im Juli 2019 routinemäßig die Yahoo-Homepage geöffnet hatte, wurde er in weniger als drei Millisekunden auf eine verdächtig aussehende Seite umgeleitet: Free247 downloads.com unter https://bun54l2b67.get1tn0w.free247downloads[.]com:30495/szev4hz.

Sekunden später hatte Free247downloads einen bösartigen Code in das Mobiltelefon eingeschleust, ohne dass irgendetwas Maati darauf aufmerksam gemacht hätte, dass etwas Ungewöhnliches passiert war.

Claudio und Donncha hatten nicht nur einen Angriffsversuch auf Maatis iPhone identifiziert, sondern auch Spuren im Gerät selbst gefunden, Spuren einer erfolgreichen Spyware-Infektion. Sie hatten Beweise für eine neue und sehr viel gefährlichere Angriffsart, die als »network injection attack« bezeichnet wird. Laienhaft ausgedrückt, handelt es sich dabei um einen Zero-Click-Exploit. Das bedeutet, dass der Infektionsversuch nicht dadurch ausgelöst wurde, dass Maati Monjib auf einen bösartigen Link geklickt hatte, der über eine Textnachricht gekommen war. Claudio vermutete, dass in diesem Fall ein externes Angriffsnetz, vielleicht ein »abtrünniger Mobilfunkmast oder eine spezielle Ausrüstung bei einem Mobilfunkbetreiber«, Maatis Browser gekapert hatte, während er einfach im Internet surfte.

Für Claudio und Donncha war das eine Premiere. Sie hatten echte Beweise für einen Zero-Click-Exploit. Und sie hatten einen ziemlich starken Verdacht, dass es sich bei der fraglichen Spionagesoftware um Pegasus handelte. Aber als sie ihren Bericht vorbereiteten, konnten sie keine sichere Verbindung zwischen den neuen Exploits aus dem Jahr 2019 und der NSO herstellen – bis ihnen NSO dabei half. Etwa eine Woche bevor Claudio und Donncha die Ergebnisse ihrer forensischen Untersuchung von Maati Monjibs iPhone veröffentlichen wollten, kontaktierten sie NSO, um ihre Ergebnisse mitzuteilen und dem Unternehmen die Möglichkeit eines Kommentars zu geben. Am nächsten Tag wurde der Spyware-Server, der in dem Bericht genannt werden sollte, vom Netz genommen. »Wir hatten diese Informationen nur mit NSO geteilt«, sagt Donncha. »Das Abschalten bestätigte uns, dass die NSO diese Infrastruktur tatsächlich steuerte und in der Lage war, sie vom Netz zu nehmen.«

Claudios und Donnchas bahnbrechende Erkenntnisse bestätigten sich im Weiteren durch eine forensische Untersuchung eines iPhones, das einem marokkanischen Journalisten namens Omar Radi gehörte. Die Website Free247downloads tauchte auch in der Sicherungskopie von Omars Handy auf. Ebenso wie Beweise für die Ausführung von bh-Prozessen, die kurz nach der Umleitung auf eine Pegasus-Installationsdomain ausgeführt worden waren. Tief im Smartphone war auch eine weitere bösartige Konfigurationsdatei vergraben, CrashReporter[.]plist. Diese heimtückisch manipulierte Datei hinderte das Handy daran, seine programmierte Aufgabe zu erfüllen und jeden Software-Absturz automatisch an die Apple-Ingenieure zu melden. Die CrashReporter-Datei war ein einfacher und effektiver Weg für die NSO und ihre Kunden, die Pegasus-Spuren zu verwischen und sicherzustellen, dass sie den Apple-Mitarbeitern nicht verrät, dass es eine Sicherheitslücke gab, die **gepatcht** werden musste.

Die Aufregung, die rund um ihre digitale Schnüffelei entstanden war, hatte Claudio und Donncha geholfen, Domainnamen und Prozessausführungen zu identifizieren, die ermöglichten, andere Opfer mit Pegasus in Verbindung zu bringen; sie verstanden nun auch besser, wie die komplizierten Zero-Click-Exploits funktionierten. Diese Entdeckungen machten ihnen aber auch deutlich, wie groß die Anforderungen der bevorstehenden Aufgabe waren. Sie mussten ein neues und besseres forensisches Tool entwickeln, und es immer weiter entwickeln. »Das große Problem bei mobilen Geräten ist die mangelnde Sichtbarkeit«, sagt Donncha. »Auf Desktop- oder Laptop-Computern haben wir Antivirenprogramme oder EDR-[Sicherheits-]Suiten, aber es gab wirklich nichts Vergleichbares für mobile Geräte. Diese raffinierten Angriffe, insbesondere die Zero-Click-Angriffe, blieben ganz offensichtlich unentdeckt.«

Mitte März 2021, als Claudio und Donncha die Back-ups von Siddharth Varadarajans, M.K. Venus und Paranjoy Guha Thakurtas iPhones bekamen, befand sich das neue forensische Tool von Security Lab noch in der Entwicklungsphase. Die beiden Cyberforscher hatten aber eine Reihe von Pegasus-Markern, nach denen sie in den Back-up-Files suchen konnten. Sie hatten ebenfalls bestimmte Server und Domainnamen der neuen, vierten Version der NSO-Infrastruktur identifiziert. Sie waren auch schon dabei, Millionen von legitimen Apple-Prozessnamen zu katalogisieren, um die Namen der Spyware-Prozesse, die heimlich in iPhones eingeschleust worden waren, leichter isolieren zu können.

Die geleakte Liste lieferte Claudio und Donncha unterdessen wichtige neue Daten: Zeitstempel, die anzeigten, wann ein Zielhandy ausgewählt worden war. Nachdem das forensische Tool von Security Lab eine detaillierte Zeitleiste aller bisherigen Aktivitäten auf den iPhone-Back-ups aus Indien erstellt hatte, wussten Claudio und Donncha, worauf sie ihre Detektivarbeit konzentrieren mussten.

Das Wichtigste war, dass sie eine Handvoll Pegasus-basierter Prozessnamen hatten, die sie in Maatis und Omars Handys gefunden hatten, um andere mögliche Fälle von Zero-Click-Infektionen zu identifizieren. Claudio und Donncha konnten nun eine digitale Suche nach diesen Prozessen im DataUsage.sqlite-Protokoll und im Protokoll des Browserverlaufs starten. Wir hatten also Grund zur Hoffnung, dass die Untersuchung des Security Labs unserer iPhones aus Delhi die ersten kleinen Erfolge in unserer geleakten Liste liefern würde.

Claudio rief Phineas und mich am nächsten Tag an, um uns über die Ergebnisse in Kenntnis zu setzen.

»Auf dem Handy von M.K. war nichts zu finden«, fing Claudio

an. »Das passte aber überhaupt nicht zu unseren Aufzeichnungen.« Ohne Luft zu holen, berichtete er weiter. »Viel interessanter ist da Siddharths altes Handy, nehme ich an. Und Paranjoy hat auch ähnliches Zeug.« Siddharths Smartphone lieferte uns tatsächlich die ersten brauchbaren Beweise, die uns beim Aufbau des Pegasus-Projekts geholfen haben. »Was also passiert sein muss: [Siddharth] sollte etwa im April 2018 infiziert werden, und es scheint, dass sie es nicht geschafft haben, bis er, ironischerweise, ein Update installiert hat«, erklärte Claudio. »Einen Tag später scheint es ihnen gelungen zu sein.«

Claudio wollte uns zu verstehen geben, dass sie nichts wirklich Bahnbrechendes aufgedeckt hatten, aber es war dennoch ein guter Anfang. Siddharths Protokolle wiesen genau die gleichen Prozessnamen auf wie Maatis und Omars Pegasus-infizierte iPhones. Die ersten beiden erfolglosen Versuche auf Siddharths Handy schienen im Paket, innerhalb einer Minute, gekommen zu sein. Der dritte Versuch war erfolgreich. Am 27. April 2018, um 4:41 Uhr an einem Freitagmorgen, wurde die Datei CrashReporter[.]plist in der Root-Domain erstellt. Die Infektion war erfolgreich.

»Wir sehen wieder einige Prozessausführungen, die verdächtig sind«, sagte Claudio. »Und es handelt sich höchstwahrscheinlich um NSO-Komponenten. Dann sehen wir einen weiteren Vorgang, bei dem mehr als dreihundert Megabyte von Siddharths Handy hochgeladen wurden. Den gleichen Vorgang haben wir auch auf Maatis Handy gesehen.«

Claudio erklärte, dass das Exploit möglicherweise eine Schwachstelle in iMessage oder FaceTime ausgenutzt haben könnte, aber er hatte nicht genug Beweise für seine These. Claudio, das hatte ich mittlerweile verstanden, war kein Freund von Spekulationen. Phineas und ich waren beide gespannt zu hören, wie es weitergehen könnte. »Wenn ihr Siddharths Handy vorliegen habt, wie könnt ihr dann vorgehen, um die These vielleicht zu bestätigen oder mehr Informationen zu bekommen?«, fragte Phineas.

»Nun, wir hoffen, dass wir durch den direkten physischen Zugang mehr Daten extrahieren können«, erklärte Claudio. »Wir werden versuchen, das Smartphone zu jailbreaken und **Root-Zugriff** darauf zu bekommen. Back-ups liefern nur eine begrenzte Datenmenge.«

»Du hast gesagt, ihr habt noch nicht den ultimativen Beweis. Aber könnt ihr mit den Details, die ihr bereits habt, beweisen, dass das Handy infiziert wurde?«, fragte ich. »Ist die Verbindung zur NSO noch nicht eindeutig genug? Oder gibt es noch Zweifel daran, dass das Handy überhaupt infiziert worden ist?«

»Ich denke, was wir bisher haben, reicht wahrscheinlich aus, um zu beweisen, dass etwas vorgefallen ist, aber wir müssen noch einiges überprüfen«, mahnte Claudio.

Er sagte, wir könnten versuchen, einen ehemaligen oder aktuellen Ingenieur bei Apple zu kontaktieren, der vielleicht bestätigen kann, dass sie dasselbe beobachtet haben. Aber er machte uns wenig Hoffnung. Als Phineas die Idee ansprach, Apple über die Unternehmenskanäle zu kontaktieren, winkte Claudio ab. Das Unternehmen habe so große Angst vor jeglichem Aufsehen, das seinen Ruf in Sachen Sicherheit schädigen könnte, erklärte er, dass sie lieber blockierten, als zu kooperieren. »Wenn ihr mit Vertretern von Apple sprecht«, sagte er, »werden sie euch im Grunde sofort abwürgen.«

Es gab keine schnelle und saubere Lösung. Die beste Lösung vorerst war, mehr forensische Untersuchungen an einer ganzen Reihe von iPhones aus verschiedenen Ländern durchzuführen, die als Zielobjekte ausgewählt worden waren. »Wenn wir mehr dieser Muster finden, ist das auch ein zusätzliches Element«, sagte Claudio. »Etwa, dass es eine Art wiederkehrende Muster über verschiedene Fälle hinweg gibt. Wenn es wiederkehrende Prozessnamen und so weiter gibt, können wir einen Modus Operandi nachweisen … Das wird zusätzliches Vertrauen und zusätzliche Kontinuität schaffen. Wir werden also nach weiteren dieser [Muster] Ausschau halten und sehen, ob sie wieder auftauchen.«

Wir mussten nicht lange auf neue Ergebnisse warten. Gleich am nächsten Tag rief Claudio an, um uns mitzuteilen, dass das Security Lab die gleichen Spyware-basierten Prozesse, die Maati, Omar, Siddharth und Paranjoy infiziert hatten, in den Back-up-Dateien eines investigativen Reporters aus Budapest gefunden hatte. Ich organisierte einen Videocall mit dem Reporter und dem Herausgeber von *Direkt36,* einer ungarischen Website, die bei unserer allerersten gemeinsamen Recherche, dem Daphne-Projekt, ein Forbidden-Stories-Partner war. Die ungarischen Journalisten waren überhaupt nicht überrascht, dass ich mich bei ihnen meldete.

Frederik Obermaier hatte *Direkt36* bereits im März kontaktiert, weil eine der verifizierten Telefonnummern in unserer Liste Szabolcs Panyi gehörte, einem Reporter, der über Fragen der ungarischen nationalen Sicherheit und Außenpolitik berichtete. »[Mein Herausgeber] András [Pethő] sagte mir beiläufig, dass Frederik Obermaier nach meiner Telefonnummer gefragt habe, und ich freute mich, dass ein so berühmter Journalist mit mir sprechen wollte. Und dann hat András gesagt, dass wir unsere Handys im Büro lassen und einen Spaziergang um den Block machen sollten. Dabei erzählte er mir, dass Frederik Obermaier und Bastian Obermayer uns kontaktiert hatten. Und dass es eine Geschichte gäbe, über die sie nicht sprechen könnten, aber dass sie sich ziemlich sicher seien, dass wir an einer Zusammenarbeit interessiert wären.«

Szabolcs war nicht sonderlich erstaunt, als András ihm erzählte, dass Frederik Grund zu der Annahme hatte, dass er von einer leistungsstarken Cyberüberwachungswaffe ins Visier genommen worden war, und dass Frederik wollte, dass Szabolcs sein Smartphone einer forensischen Untersuchung unterziehen ließ, bevor er den beiden Journalisten von *Direkt36* mehr erzählen konnte.

Es gelang uns, den Zoom-Anruf zu tätigen, nachdem Claudio und Donncha ihre Untersuchung abgeschlossen hatten. Als ich mit Szabolcs, András und Frederik online war und begann, die vorläufigen Ergebnisse der Untersuchungen zu erläutern, konnte ich sehen, wie Szabolcs zunehmend unruhig wurde. »Im Grunde genommen haben wir festgestellt, dass es in Szabolcs' Handy mögliche Spuren einer Infektion gibt«, erklärte ich der Gruppe. »Worum ich euch jetzt wirklich bitte, ist, diese Informationen, wegen der Sicherheit des Projekts und der Risiken, die wir eingehen, für euch zu behalten und sie nicht freizugeben, bevor wir nicht mehr darüber wissen, um welche Art von Targeting es sich handelt. Es sind auch noch andere Personen betroffen. Und wenn wir diese Informationen zu früh veröffentlichen, sind sie in Gefahr … Ich hoffe, ihr versteht das, und ich hoffe, dass ihr uns in den nächsten Wochen bei diesem Projekt unterstützt.«

András ergriff als Erster das Wort. »Das ist überhaupt nicht überraschend, würde ich sagen, wenn man bedenkt, wie heikel die Geschichten sind, an denen Szabolcs in den letzten Jahren gearbeitet hat«, sagte er. »Aber trotzdem müssen wir diese Informationen erst einmal verdauen. Was die Teilnahme an dem Projekt angeht – wir sind natürlich interessiert.«

Ich konnte unten links auf meinem Bildschirm sehen, dass Szabolcs bei der Nachricht, dass er persönlich von dieser unglaublich invasiven Spionagesoftware betroffen war, schwer schlucken musste. Er saß still da und ließ erst mal die anderen drei bis vier Minuten lang reden. Erst später erfuhr ich, was er in diesem Moment gefühlt hatte. Szabolcs war 1986 in Ungarn in eine repressive kommunistische Diktatur hineingeboren worden, aber er war in einer relativ demokratischen Gesellschaft aufgewachsen, die das Recht auf freie Meinungsäußerung und den Schutz der Privatsphäre zu achten schien. Das war die Welt, die er kannte. Er hat diesen Schutz und diese Achtung zwar nicht als selbstverständlich angesehen, aber er hatte kein Verständnis für den bitteren Fatalismus, den ältere Mitglieder seiner Familie nicht abschütteln konnten. »Das sind genau die Methoden, die meine Eltern im sozialistischen Ungarn erlebt haben«, erzählte er mir später. »Die Methoden, die gegen mich angewandt wurden, und die Überwachung, das erinnerte wirklich an die alten kommunistischen Zeiten. Es war, als ob ich eine Zeitmaschine bestiegen hätte, als wäre ich in meine Kindheit zurückgekehrt und würde etwas erleben, das in den 1980er-Jahren stattfand.«

Kapitel 11

»Aus Mangel an gebührendem Respekt vor dem König«

Laurent

Unsere Euphorie über unsere ersten forensischen Erfolge wurde durch die Nachrichten gedämpft, die wir in derselben Woche des März 2021 aus dem Königreich Marokko erhielten. Ein Ermittlungsrichter in Casablanca hatte nach Abschluss seiner vorläufigen Prüfung der Anklagevorwürfe die förmliche Anklage gegen Omar Radi unterzeichnet. Er hatte die fadenscheinig wirkenden Behauptungen der Staatsanwaltschaft praktisch durchgewunken, aus unserer Sicht wichtige, den Angeklagten entlastende Belege und Zeugenaussagen hingegen für nichtig erklärt. Den wichtigsten Zeugen der Verteidigung hatte der Richter sogar der Mittäterschaft bei einem der unterstellten Verbrechen bezichtigt. Omar, der seit nunmehr acht Monaten hinter Gittern saß, während der marokkanische Richter die Beweislage prüfte, sah nun einem Strafprozess mit zwei Anklagepunkten entgegen: »Gefährdung der Sicherheit des Staates« und »Vergewaltigung«. Im Falle einer Verurteilung drohten ihm weitere fünf Jahre Gefängnis – oder gar zehn.

Es war dies nur der letzte einer Folge harter Nackenschläge für den 34 Jahre alten Journalisten, der es immer stolz zu seiner Mission erklärt hatte, die mächtigen Interessengruppen in den Fokus zu nehmen, die in Marokko die Zugänge zu den Reichtümern des Königreichs, zur politischen Macht, zu den Sicherheitskräften und zur Rechtsprechung besetzt hielten. Omar sei, wie einer seiner Freunde uns erklärte, »nur glücklich gewesen, wenn er brisante Recherchen machen und an Themen arbeiten konnte, die den Mächtigen ein Dorn im Auge waren«. Mit besonderer Leidenschaft habe er »Vorgänge erforscht und aufgedeckt, bei denen armen Leuten oder Volksgruppen ihr Land, ihr Wasser, ihr Sand gestohlen und geraubt« wurden.

Omar war studierter Ökonom, erfahrener investigativer Journalist und einer, der die Gabe hatte, verständliche und flüssige Texte zu schreiben; er sprach fließend Französisch, Englisch und Arabisch. Er hätte sich in London, Amsterdam oder Paris niederlassen und aus sicherer Entfernung kämpferische Artikel über die Beutezüge des marokkanischen Staates schreiben können, doch er war in Marokko geblieben und hatte seine Arbeit dort am helllichten Tag und unter aller Augen getan. »Es ist für mich sinnvoll, [in Marokko] zu bleiben«, hatte er einem Kollegen erklärt, der ihn gefragt hatte, warum er nicht das Exil gewählt habe. »Andere haben sich dafür entschieden, aber für mich ist das nicht wirklich eine Option. In Marokko stehen Kämpfe an, und ich möchte ein Teil davon sein: der Kampf um freie Meinungsäußerung, aber auch um die Versammlungsfreiheit und die Freiheit des Volkes.«

Diese beharrliche Entschlossenheit, im Land zu bleiben, die Mächtigen mit der Wahrheit zu konfrontieren und die Anliegen jener Marokkaner zu vertreten, die keine Stimme haben, hatte ihn in eine ernsthaft bedrohliche Lage gebracht. Er musste damit rechnen, ein weiteres Mal an den öffentlichen Pranger gestellt zu werden und für ein paar Jahre hinter Gefängnismauern zu verschwinden.

Die Entwicklungen im Verfahren gegen Omar in jener Märzwoche bedeuteten auch einen Rückschlag für das Pegasus-Projekt. Nach und über Marokko verliefen einige der wichtigsten Rechercherouten, auf die Sandrine und ich uns mit dem innersten Kreis unserer Partner verständigt hatten. Die Namen auf der geleakten Liste deuteten darauf hin, dass der in Marokko sitzende NSO-Kunde der aktivste Pegasus-Nutzer außerhalb Mexikos war; dieser Jemand in Marokko hatte allem Anschein nach Tausende Menschen als potenzielle Zielpersonen benannt. Unter den »Auserwählten« waren hochrangige ausländische Regierungsbeamte, darunter mindestens ein Dutzend aus der Regierungsmannschaft Macrons in Frankreich, aber auch politische Dissidenten, Menschenrechtsaktivisten und

Dutzende aktive Journalisten in Marokko und im Ausland. Wir hätten in den Journalisten unsere perfekten Türöffner für Recherchen in Marokko sehen können, wenn wir nicht von vornherein Bedenken gehabt hätten, mit Mediapartnern aus dem Land selbst zusammenzuarbeiten. Die Gefahr, dass etwas durchsickern würde, war einfach zu groß – für uns selbst und für alle in Casablanca oder Rabat arbeitenden Kollegen. Übrigens begegneten uns Reporter und Redakteure in Marokko mit noch größerer Vorsicht als wir ihnen.

Mit der Eröffnung eines Strafverfahrens gegen Omar und der jüngst erfolgten Verhaftung von Maati Monjib und etlicher weiterer marokkanischer Journalisten hatten die Sicherheitsorgane des Königreichs die Schraube der Repression ein beunruhigendes Stück weiter angezogen, was wir auch als Botschaft an unsere Adresse verstehen mussten. In den Tagen und Wochen vor der Festnahme Omars waren seine Familie, seine Freunde und Kollegen zum Objekt von Einschüchterungsversuchen unterschiedlicher Art und zum Gegenstand einer ihnen nicht willkommenen Publizität geworden. »Jeder Journalist in diesem Land – und viele sind nicht mehr übrig – muss befürchten, das nächste Ziel zu werden«, sagte ein marokkanischer Reporter.

Die Nachrichten über Omar ließen, wie ich zugeben muss, auch viele unserer Leute bei Forbidden Stories und im Security Lab aufschrecken, reichte die Geschichte unserer Zusammenarbeit doch weit zurück und bis in die Gegenwart hinein. Omar Radi – oder Omar Radis iPhone – hatte dem Security Lab als entscheidend wichtiges Vehikel für die Schärfung seiner forensischen Werkzeuge gedient. Lange bevor wir ernsthaft mit dem Pegasus-Projekt loslegten, hatten Claudio und Donncha Nutzen aus ihrer Freundschaft zu Omar und aus dessen professioneller Beziehung zu Maati Monjib gezogen: Sie hatten Omar gebeten, einen Blick ins Innere seines Mobiltelefons werfen zu dürfen. Die Indizien dafür, dass Omars Handy mit der Pegasus-Software infiziert war, waren so erdrückend, dass das Security Lab sich entschlossen hatte, mit einem Report darüber an die Öffentlichkeit zu gehen. Omar selbst hatte uns von Forbidden Stories zusammen mit einigen unserer Medienpartner Einblicke aus erster Hand ins Innere gewährt. Wir hatten den Veröffentlichungszeitpunkt so gewählt, dass er mit dem Erscheinen des Berichts des Security Labs zusammenfiel: Die Veröffentlichung erfolgte am 22. Juni 2020 und zeitigte unverzüglich Wirkung, wenn auch nicht die von uns erwartete.

Omar Radis persönliche Geschichte erwies sich als ein fast lupenreines Destillat von Claudio Guarnieris Warnung, jede als Befreiungswerkzeug konzipierte Technologie lasse sich zu einem Werkzeug der Repression umfunktionieren. Diese Transformation vollzog sich in Marokko im Verlauf eines Jahrzehnts, und Omar war von Anfang an mittendrin. Er erlebte die Begeisterung über die Verheißungen der neuen Technik, war Teil der arbeitsintensiven Bemühungen, sie zum Laufen zu bringen und für die Sache der Freiheit, Gleichheit und Würde einzusetzen, erlebte aber auch das schreckliche Erwachen, als der Staat ebendiese Technologie gegen ihn anwendete.

Einen ersten Eindruck von der Macht der sozialen Medien erhielt Omar schon 2008, als er und seine Freunde herausfanden, dass und wie sie die stets mit Argusaugen wachende marokkanische Gendarmerie austricksen konnten. Omar war damals 22 Jahre alt und als Wirtschaftsreporter für einen Radiosender tätig, gleichzeitig hatte er sich den Ruf eines für demokratische Reformen eintretenden Aktivisten erworben. Er und seine engsten Mitstreiter wussten, dass sie überwacht wurden, und nutzten das zu ihrem Vorteil aus. »Wir tauschten unter uns SMS-Nachrichten aus wie: ›Protest vor dem [Polizeipräsidium] um 18 Uhr‹«, erzählte er uns. Der Demonstrationsaufruf war erfunden, erfüllte aber seinen Zweck, die Polizei aufzuschrecken, sodass sie viel Zeit und Energie auf einen falschen Alarm verschwendete. »Es war ein Kreis von rund acht Personen, die einander diese SMS zuschickten. Und um sechs Uhr abends, als der Zeitpunkt da war, trieben wir uns Zigaretten rauchend in der Nähe des [Polizeipräsidiums] herum und schauten zu, wie Mannschaftstransporter der Polizei den ganzen Platz zustellten.«

Das wahre Potenzial der neuen Technologie offenbarte sich ein paar Jahre später. Als die Selbstverbrennung eines Straßenverkäufers namens Mohamed Bouazizi in Tunesien demokratische Proteste auslöste, halfen Social-Media-Apps mit, einen nie da gewesenen Wildwuchs an Demonstrationen über die gesamte arabische Welt zu verbreiten. Laptops und Mobiltelefone waren die bevorzugt benutzten Waffen der Bewegung. Die Menschen merkten, dass sie über Facebook und Twitter relativ unbehelligt kommunizieren und Verabredungen treffen konnten. Sie nutzten die neue Technik zur Information und Ermutigung Protestwilliger, die eine demokratischere Gesellschaft forderten und ein Regierungshandeln, das den Bedürfnissen aller Bürger Rechnung trug. Freiheit der Meinungsäußerung war plötzlich nicht mehr nur ein Traum einer unverhofften Zukunft auf den Straßen der arabischen Welt; sie brach sich tatsächlich Bahn. Das Publikum für regimekritische Blogger und Vlogger wurde immer größer. Keiner der politischen Machthaber schien zu wissen, wie sie es anstellen sollten, den Geist wieder in die Flasche zu bannen.

Angesichts der nicht nachlassenden Proteste und einer Weltöffentlichkeit, die hinschaute, dankte der tunesische Präsident nach einer Amtszeit von einem Vierteljahrhundert im Januar 2011 ab. Einen Monat später, als in Kairo zahllose Männer, Frauen und Kinder den Tahrir-Platz besetzt hielten und sich weigerten, ihn zu räumen, geriet das scheinbar unantastbare Regime des ägyptischen Präsidenten Hosni Mubarak ins Straucheln. Neun Tage später ging in Marokko die »Bewegung 20. Februar« an den Start. Omar war in seinem Element, obwohl die Präsenz von Polizeitruppen und Sicherheitsbeamten, die mit ihren Schlagstöcken durch die Reihen der Protestierenden marschierten und ihre Knüppel auf den einen oder anderen Schädel niedersausen ließen, das Ganze zu einem gefährlichen Abenteuer machte. Die Bewegung, die sich in Marokko entfaltete, war, wie Omar uns erklärte, »ein Sammelbecken für all die aus dem öffentlichen Raum Ausgesperrten, die diesen Raum wieder in Besitz nehmen, ihn demokratisieren und ihn in einen echten Debattenraum verwandeln wollten«.

Er blieb weiter am Ball, organisierte Proteste, schickte Berichte darüber in die Welt und spornte seine Mitstreiter mit seinem »ansteckenden Optimismus« an, den ihm viele bescheinigten. Hin und wieder ließ Omar dem rhetorischen Überschwang, der ein Attribut der Jugend und der politischen Leidenschaft ist, freien Lauf. »Die einzigen Diktatoren, die nicht stürzen, sind die, welche schon tot sind«, rief er einmal einer Gruppe von Demonstranten und Journalisten zu, die zusammensaß, um die Ereignisse des Tages zu besprechen. Was die Bewegung 20. Februar auszeichnete, war ein ausgeprägtes Bewusstsein für politische Notwendigkeiten und politische Grenzen. Omar und seine Mitstreiter forderten nicht den Kopf von König Mohammed VI.; sie riefen ihn auf, selbst den Weg der Reform zu beschreiten und einen Teil seiner fast absoluten Macht abzugeben.

Was sie wollten, war ein Parlament, das dem Volk, nicht dem König verantwortlich sein würde, und eine vom König unabhängige Justiz. Sie forderten ein Ende des Systems der wirtschaftlichen Privilegien, das die Reichtümer des Landes nach oben kanalisierte und die Korruption innerhalb des Staatsapparats anheizte. Sie wollten eine Verfassung, die die Versammlungsfreiheit und das Recht auf freie Meinungsäußerung und – Omars wichtigstes Anliegen – die Pressefreiheit gesetzlich verankerte.

König Mohammed VI. erweckte den Eindruck, ihnen ein gutes Stück entgegenzukommen. Der marokkanische Herrscher war ein kluger Mann mit einem feinen Gespür dafür, was in der Öffentlichkeit gut ankam. Er hatte immer zugleich sein Ansehen im eigenen Land und sein Ansehen in der westlichen Welt im Auge behalten und hatte vom Tag seiner Thronbesteigung an viel dafür getan, das Image eines liberalen Monarchen zu kultivieren. Im ersten Jahr seiner Herrschaft, 2000, hatte er mit seinem legeren Auftreten einen Reporter der amerikanischen Zeitschrift *Time* schwer beeindruckt. »Das vordere Portal des Palastes öffnet sich, und heraus kommt König Mohammed VI. In einem katzenartigen Wiegeschritt.« Der Journalist geriet geradezu ins Schwärmen: Der neue Herrscher Marokkos sprach ein nahezu makelloses Englisch mit einem allenfalls »leichten Akzent«. Er sei der »Typ von nebenan« geblieben, der er zuvor, als Kronprinz, gewesen war. Der 36-jährige Monarch schnürte seine Nike-Sneakers und ging joggen. Er fuhr eigenhändig zu seinem Amtssitz (und hielt sogar vor roten Ampeln an wie alle anderen). Er rauchte Marlboro, fuhr Jetski. Und »stürzte sich wie ein Popstar in die jubelnden Mengen seiner ihn verehrenden Landsleute«.

Der junge Herrscher verkündete, er wolle »die Menschen kennenlernen und sehen, wie sie leben«. »Wenn ich Menschen zuwinke, bemühe ich mich, nicht die Masse zu grüßen, sondern einzelne Leute persönlich zu grüßen, Augenkontakt herzustellen.«

König Mohammed VI. habe, so vermeldete *Time,* sogar damit begonnen, Wiedergutmachung für einige der Grausamkeiten zu leisten, die sein Vater, König Hassan II., Leuten, die ihm lästig wurden, angetan hatte. Unter der Herrschaft Hassans II. hatten Dissidenten gefährlich gelebt: mit großen Chancen, im Gefängnis oder im Sarg zu landen. Mohammed VI. – oder M6, wie er bald genannt wurde – hatte öffentlichkeitswirksam einige der angeklagten Ketzer auf freien Fuß gesetzt. »Mohammed VI. ist ein Mann der Neuzeit«, hatte einer der Begnadigten gesagt. »Er ist nicht autoritär veranlagt.«

Das 1700 Wörter zählende *Time*-Porträt Mohammeds trug die Überschrift: »The King of Cool … Mohammed VI. ist der Beatle unter den arabischen Königen.«

So war es für uns keine Überraschung, als M6 elf Jahre später die Proteste und Aufstände des Arabischen Frühlings unter PR-Gesichtspunkten sah und entsprechend agierte. Womöglich, ließ der König wissen, seien es die ihm dienenden und zuarbeitenden Männer und Minister, die für den bedauerlichen Zustand der Beziehungen zwischen dem Monarchen und seinem Volk verantwortlich seien. Am 9. März 2011, weniger als drei Wochen nach dem erstmaligen Aufflammen der Proteste, hielt der König eine TV-Ansprache, in der er seinen Untertanen eröffnete, er sei dabei, eine Kommission zusammenzustellen, die eine die Sorgen und Forderungen der Protestierenden berücksichtigende Reform der Verfassung ausarbeiten werde. Er begann mit der Freilassung politischer Dissidenten, die während seiner eigenen Amtszeit inhaftiert worden waren. Die Demonstrationen hörten nicht auf, wohl aber die Prügelorgien der königlichen Polizei.

Als das marokkanische Volk im Juli 2011 die vorgelegte Verfassungsreform guthieß, wurde Mohammed VI. von mancher Seite für seine Bereitschaft, mehr Demokratie zu wagen, gefeiert. In Marokko gab es freilich Kritiker, die darauf hinwiesen, dass die modernisierte Verfassung der Macht des Königs kaum Fesseln anlegte: Er hatte die Befugnis, den Premierminister zu ernennen, hatte nach wie vor die Kontrolle über das höchste Gericht des Landes und ernannte nach wie vor die meisten Richter. Aber auf dem Papier sahen die Reformen ganz gut aus, besonders aus der Ferne.

Die Welt applaudierte M6 für sein Einlenken und das relativ unblutige Ende der Krise. Die US-Außenministerin Hillary Clinton nannte die vom marokkanischen König durchgeführten Reformen ein »Modell« für die arabische Welt, ebenso der französische Außenminister Alain Juppé. Das Königreich Marokko blieb an die Finanztöpfe des Westens angeschlossen. Die EU fügte 2013 ihrer alljährlichen Finanzhilfe an Marokko in Höhe von zweihundertfünfzig Millionen Dollar einen Extrabonus von vierzig Millionen Dollar hinzu, um dem Land beim »Übergang zur Demokratie« zu helfen. Im selben Jahr erntete Marokko Anerkennung von US-Präsident Barack Obama, der Marokko dafür lobte, dass es sich ausdrücklich zu den Menschenrechten bekannte. Die USA gewährten dem Königreich weiterhin einen Jahreszuschuss von mehr als hundert Millionen Dollar als Booster für die marokkanische Wirtschaft.

Die ersten Jahre nach Gründung der Bewegung 20. Februar waren Omar Radis unbeschwerteste Zeit. Er wurde zu einem der wortführenden Blogger der journalistischen Bürgerplattform *Mamfakinch* (grob übersetzt etwa »keine Zugeständnisse«), die die Propaganda der staatlich finanzierten und kontrollierten Medien zerpflückte. Er war einer der Initiatoren einer französischsprachigen Ausgabe der Website Lakome.com, die sich auf investigative Reportagen spezialisierte, schrieb Beiträge für ausländische Medien wie *Orient XXI, BBC* und das englische Programm von *Al Jazeera*. Er war auch Gründungsmitglied von *Le Desk*, einer Nachrichtenplattform, die den Schwerpunkt auf ausführliche investigative Reportagen, Multimedia-Präsentationen und den sogenannten Datenjournalismus legte.

Unterdessen zeigte sich der Palast zunehmend entschlossen, allen dem Staat oder dem Herrscher nicht freundlich gesinnten Medien und Publikationen die Zähne zu ziehen. Die marokkanische Regierung ließ sich die Förderung staatstragender Medien gutes Geld kosten. Sich als Sprachrohr des Königreichs zu betätigen, war ein sehr viel sichereres und lukrativeres Geschäft, als die Regierung kritisch zu beleuchten, ihr zu widersprechen oder wahrheitsgemäß zu berichten; man verschaffte sich damit auch die Chance, von Tippgebern innerhalb der marokkanischen Sicherheitsorgane brisante Informationen zugespielt zu bekommen, aus denen sich schlagzeilenträchtige Meldungen basteln ließen.

Wer in Marokko unabhängigen Journalismus betrieb, musste mit einem gewissen Maß an Schikanen rechnen und tat sich schwer mit dem Geldverdienen, Dinge, die Omar Radi persönlich zu spüren bekam. Sein Computer war, wie die Rechner anderer bekannter Mitarbeiter von *Mamfakinch,* schon 2012 mit der Spyware Remote Control System von HackingTeam infiziert worden. Er erinnerte sich an Momente, in denen sein Computer so »angefressen« war, dass er ihn nicht mehr benutzen konnte. Die Start-up-Firmen aus dem Mediensektor, die Omars Dienste in Anspruch nahmen, wurden regelmäßig zensiert, auf staatliches Geheiß von Werbeeinnahmen abgeschnitten oder zum Aufgeben gezwungen. Immer wieder sah Omar sich genötigt, finanzielle Unterstützung von seinen Eltern anzunehmen. Doch als einer, der miterlebt hatte, wie sein Vater und seine Mutter jeden Morgen um fünf Uhr aufgestanden waren, um zu den Gymnasien in Casablanca zu fahren, an denen sie unterrichteten, der Hafenstadt, in der sie sich damals noch keine Wohnung leisten konnten, hatte Omar keine Angst vor Geldnot und harter Arbeit.

Zwischen 2012 und 2016 gelangen Omar Radi einige wirklich bemerkenswerte journalistische Arbeiten; er konzentrierte sich in dieser Zeit auf Recherchen, mit denen er die Arbeitsweise des Makhzen freilegte, des mächtigen staatlich protegierten Machtklüngels, der die Verfügungsgewalt über Marokkos Volksvermögen und seiner natürlichen Ressourcen hatte. Omars erste große Reportage war ein fünfteiliger Enthüllungsbericht über die marokkanische Sand- und Schotterindustrie, die wichtige Grundstoffe für den Straßen- und Häuserbau liefert. Steinbrüche gehören zu den wenigen ertragsstarken Unternehmen in Marokko, doch die Chance, in diese lukrative Branche Geld zu investieren, war (und ist) ein vom Palast eifersüchtig bewachtes Privileg. Das Königreich ließ einigen Auserwählten ein Stück vom Kuchen seiner Gewinne zukommen, Gewinne, von denen die Bevölkerung, wie Omar herausfand und öffentlich bekannt machte, selten etwas hatte. Das Geld landete oft auf Bankkonten in Luxemburg oder auf den Britischen Jungferninseln, wo es dem Zugriff der marokkanischen Steuerbehörde entzogen war.

Omars zweites investigatives Großprojekt wurde unter dem Titel »Die Affäre der Staatsdiener« bekannt. Omar erhielt Zugang zu den amtlichen marokkanischen Grundbüchern, konnte Kaufverträge, Urkunden und Bescheide über Steuerbefreiungen durchchecken und fand heraus, dass der Staat Grundstücke in den teuersten Gegenden der Hauptstadt Rabat an Freunde der Königsfamilie und loyale Beamte verkaufte, die der Regierung »treue Dienste geleistet« hatten. Omar nannte Namen und Kaufpreise.

Diese Recherchen bescherten dem jungen Reporter einige Aufmerksamkeit, es folgten erste professionelle Auszeichnungen und noch wenig Gegenwind vonseiten der Behörden. In den marokkanischen Sicherheitsorganen gab es freilich etliche, die Omar Radi als einen Mann einstuften, dem es, wie diese Leute zu sagen pflegten, »an gebührendem Respekt vor dem König mangelte«.

Omar betonte immer wieder, er wolle keineswegs am Ansehen des Königs kratzen, sein Verhältnis zum Herrscher sei nie von einem persönlichen Antagonismus geprägt gewesen. Es gehe ihm einzig darum, den Marokkanern die Wahrheit über ihr Land zu sagen, in der Hoffnung, es damit besser zu machen. »Einige deiner Kollegen empfinden deinen Journalismus als zu investigativ und radikal«, sagte ein Freund später zu Omar. »Aber ich weiß noch, wie sehr wir lachten, als wir sagten, solange wir sie ärgern – die wirklich Mächtigen –, wissen wir, dass wir auf dem richtigen Weg sind.«

Auf dem Papier verbesserte sich die Situation unabhängig denkender und arbeitender Journalisten in Marokko auch noch 2016. Gemäß den in diesem Jahr verabschiedeten neuen gesetzlichen Vorschriften konnte ein Reporter nicht mehr ins Gefängnis gesteckt werden, nur weil er etwas geschrieben hatte, das dem Staat oder dem Herrscher gegen den Strich ging. Doch dann musste Omar die Erfahrung machen, dass das Königreich anfing, mit außergesetzlichen Taktiken zu arbeiten, wenn es sich bloßgestellt fühlte. In Absprache mit der französischen Tageszeitung *Le Monde* hatte Omar mit Recherchen zu einer faszinierenden Geschichte über Zuschanzereien innerhalb der königlichen Familie in der Stadt Ifrane im mittleren Atlas begonnen. Das Königreich Marokko hatte allem Anschein nach in dem Gebiet ein riesiges Areal an den Emir von Katar verkauft, damit der sich dort einen Palast in unberührter Gebirgslandschaft bauen konnte. Die Bauarbeiten hatten schon angefangen, als Omar auf die Geschichte stieß; es waren bereits Waldrodungen im Gang, und die einheimischen Bewohner wurden vertrieben. Omar versuchte herauszufinden, wie dieses Grundstücksgeschäft zustande gekommen war. Hatten die enteigneten Einheimischen ihre Zustimmung dazu gegeben? Waren sie entschädigt worden?

Omar merkte vom Augenblick seiner Ankunft an, dass staatliche Agenten ihn beschatteten. Und ihm fiel auf, dass die Ortsvorsteher und Aktivisten in Ifrane, die gegen das Bauvorhaben waren, plötzlich die Lust verloren, mit ihm zu reden. »Meine Gespräche mit den Leuten, mit den Aktivisten vor Ort usw. wurden intensiv überwacht«, berichtet er.

Omar setzte sich mit *Le Monde* in Verbindung und ließ die Redaktion wissen, die Geschichte werde wohl nicht zustande kommen, da das Königreich »mir ständig Prügel zwischen die Beine wirft«. Die Redakteure in Paris waren jedoch nicht willens, so schnell aufzugeben, und so hätte Omar vielleicht weitergebohrt, doch dann stürzte sich plötzlich eine der Monarchie ergebene Website auf die Geschichte – nicht die Geschichte vom neuen Luxusanwesen der Kataris, sondern die Geschichte von Omars Recherchen.

»Meine Telefongespräche tauchten auf einer Nachrichtenwebsite namens *Le360* auf, die der Regierung nahesteht und sich über die Absichten ausließ, die ich mit meinem Artikel angeblich verfolgte«, erzählt Omar. »Am Ende beschloss ich, diese Recherche einzustellen, weil ich die direkte und klare Warnung erhielt, von einem solchen Thema die Finger zu lassen.«

Ein Jahr später wurde Omar während der Arbeit an einer Reportage über Landenteignungen im marokkanischen Rif-Gebirge verhaftet und 48 Stunden lang festgehalten. Das Rif war 2017 ein gefährlicher Ort, aber auch die Gegend, in der die besten Geschichten spielten. Die Bewohner der Region waren ein vergessenes Völkchen, arm und ungebildet. Aber sie waren stolz und zeigten wenig Bereitschaft, als brave Untertanen einem König zu dienen: weder Mohammed V. noch seinem Sohn Hassan II. noch dessen Sohn Mohammed VI. Die Abneigung beruhte oft auf Gegenseitigkeit. Hassan II. hatte die Bewohner des Rif »schmutzige, unwissende Bettler« genannt.

Nach dem gewaltsamen Tod eines einheimischen Fischverkäufers im Rif 2016 – er wurde unter den Augen der untätig bleibenden Polizei bei dem Versuch, seine beschlagnahmten Schwertfische im Wert von zehntausend Dollar zu retten, von einer Müllpresse zerquetscht – brachen in der Region gewalttätige Demonstrationen aus, die an den Arabischen Frühling fünf Jahre zuvor erinnerten. König Mohammed VI. reagierte schnell, indem er die Region einem Polizeistaats-Regime unterwarf: In allen größeren Ortschaften und Städten wurden Polizeieinheiten stationiert, so viele, dass mancherorts auf zwei Einwohner ein Polizist kam. Die Polizei setzte Schlagstöcke, Knüppel und Schusswaffen ein – willkürlich, ungestraft und nach dem Eindruck mancher Beobachter mit Genuss. Hunderte Einheimische fanden sich in den Folgejahren hinter Gittern wieder, die Wortführer der Protestbewegung wurden zu zwanzig Jahren Gefängnis verurteilt. Als Berufungsgerichte diese Urteile bestätigten, war das zu viel für Omars Gerechtigkeitsempfinden. »Merken wir uns den Namen des Berufungsrichters Lahcen Tolfi, der unsere Brüder auf dem Gewissen hat«, verlautbarte er im April 2019 auf Twitter. »In vielen Regimen kommen kleine Schergen wie er später als Bittsteller und behaupten, sie hätten nur ›Befehle ausgeführt‹. Kein Vergessen oder Verzeihen für solche würdelosen Beamten!«

Wegen dieses Tweets wurde Omar festgenommen, von Offizieren der Nationalen Justizpolizeibrigade (BNPJ) fünf Stunden lang verhört und durfte dann gehen. Acht Monate später wurde er ohne Vorwarnung für dasselbe »Delikt« erneut festgenommen. Nach einer Woche Einzelhaft erging eine Anklage gegen ihn wegen »Beleidigung eines Richters«. Im März 2020 wurde Omar zu vier Monaten Freiheitsstrafe mit Bewährung verurteilt. Eine der von der marokkanischen Regierung finanziell gepäppelten Medienplattformen nannte das eine »milde« Strafe.

Ihre erste Unterredung mit Omar Radi führten Sandrine und Cécile drei Monate später, im Juni 2020, als das Security Lab gerade letzte Hand an seinen Bericht legte, der zu dem Schluss kam, dass Omar eines der Opfer der Spionagesoftware Pegasus war. Omar wirkte bei dem Gespräch bemerkenswert gut gelaunt. Er sagte, er freue sich darauf, die Reaktion der marokkanischen Behörden auf die Enthüllungen über Pegasus zu erleben. Der »ansteckende Optimismus«, den seine Mitstreiter von der Bewegung 20. Februar Omar zehn Jahre zuvor bescheinigt hatten, war noch immer unverkennbar; er war immer für ein schnelles Lächeln und einen schnellen Scherz gut. Selbst auf dem per Remoteverbindung übertragenen Videobild konnte man das Blitzen in seinen Augen sehen.

Omar fand es offenbar amüsant, aber auch ein bisschen irritierend, dass das Königreich Marokko ihm ausgerechnet jetzt, zwölf Jahre nach seiner ersten Antragstellung, einen amtlichen Presseausweis ausgestellt hatte. Wie er uns berichtete, hatte er gegen die viermonatige Freiheitsstrafe, zu der er verurteilt worden war, Berufung eingelegt, war aber nicht allzu zuversichtlich. »Wenn ich sehe, wie sie in der Presse gerade mit mir umspringen, fürchte ich, dass sie ein bisschen schlecht auf mich zu sprechen sind«, sagte er. »Ich denke mal, wir werden sehen.« Sein viel dringlicheres Anliegen war es, uns über ein ehrgeiziges neues Recherchevorhaben zu informieren, an dem er arbeitete: Es ging dabei um Kauf und Verkauf von Millionen

Hektar Grund und Boden seit König Mohammeds Thronbesteigung vor zwanzig Jahren. Wie Omar uns berichtete, hatte das Königreich in einem Fall allem Anschein nach Einwohnern im ländlichen Raum Grundstücke um 2,50 Euro pro Quadratmeter abgekauft und die Flächen anschließend für 1500 Euro pro Quadratmeter an Immobilienfirmen weiterveräußert. Die Begeisterung, mit der Omar sich in diese neue Recherche stürzte, schien grenzenlos, vermutlich auch, weil sie den Höhepunkt und Abschluss von zwölf Jahren Ermittlungs- und Detektivarbeit markierte. »Diese Praktiken zielen darauf ab, Landflächen, die nach amtlicher Sprachregelung als ›schlafendes Kapital‹ gelten, das heißt als landwirtschaftlich genutzter Boden für die Erzeugung von Lebensmitteln usw., in den Immobilienmarkt einzuschleusen«, erklärte er uns. »Zahllose dadurch besitzlos gewordene Familien, die nichts anderes können als Landwirtschaft, sind in den Randbezirken der Großstädte gelandet, weil sie nicht wissen, wohin sie sonst gehen sollten … Der Staat vertreibt sie, damit er anschließend diese Bodenflächen an die Privatwirtschaft verkaufen kann und Golfplätze, Luxusbehausungen, Eigentumswohnungen und dergleichen entstehen. Es fällt schwer, hier einen Gemeinnutzen zu erkennen. Das Ergebnis ist die Verarmung der Bevölkerung, die unter der Habgier der Privatwirtschaft zu leiden hat, hinter dem als Schutzmächte die Behörden, die Justiz, die Polizei und das Innenministerium stehen, die sich gegen die Bevölkerung zusammengetan haben, eine Bevölkerung, die schon seit Jahrzehnten unter dem Mangel an Bildung, staatlichen Schulen und Gesundheitseinrichtungen leidet und dabei ist, auf breiter Front zu verarmen dank der von der Wirtschaftspolitik des Landes geschaffenen Zustände.«

Die Recherche war weder leicht noch billig, noch ging sie zügig voran, aber immerhin war Omar jetzt wieder bei *Le Desk,* und er hatte kurz zuvor zusätzliche Geldmittel in Form einer Beihilfe von einer international tätigen Stiftung erhalten, die Projekte in den Bereichen Journalismus, Menschenrechte und wirtschaftliche Gerechtigkeit förderte. Omar war fest entschlossen, an dieser Recherche dranzubleiben, weil er sah, dass diese Verbrechen weiter im Gange waren. »Dem marokkanischen Staat fehlt es im Moment an finanziellen Ressourcen«, sagte er. »Grund und Boden ist eine Ressource, die man den Leuten leicht wegnehmen kann und die von großem Wert ist. Ich glaube, das Phänomen des Landraubs wird sich in den kommenden Jahren vervielfachen.«

Sein Plan, dieses Rechercheprojekt durchzuziehen, hatte, wie er zugab, einen Haken: Er vermutete, dass die Regierung Wind davon bekommen hatte. »Anfang dieses Jahres ist etwas ziemlich Schockierendes passiert«, erzählte er. »Ich war in der Endphase meiner Erkundungen in einem Dorf und machte Interviews mit Angehörigen der Dorfgemeinschaft, mit den Leuten dort, den Einwohnern, den Bauern. Zwei Tage später bekam ich Anrufe von allen Bewohnern des Dorfes, sie sagten: ›Bitte erwähne uns nicht. Zitiere uns nicht. Ich bin von der Polizei bedroht worden. Du bringst uns in große Schwierigkeiten, wenn du einen Artikel über uns herausbringst.‹«

Als Cécile und Sandrine Omar darauf ansprachen, dass er möglicherweise von jemandem in Marokko abgehört wurde, der mit Pegasus arbeitete, gab er sich gelassen. Cyberüberwachung sei für Journalisten in Casablanca und Rabat ein alter Hut. »Wir leben in einem Polizeistaat, in dem eines der Werkzeuge für die Kontrolle des öffentlichen Raums die ständige Überwachung von Personen ist«, erklärte er. »Und unter den Leuten, die unter Überwachung stehen, sind Leute wie ich, politische Aktivisten, Journalisten, die Unruhe stiften, die systematisch überwacht werden müssen.«

Omar ging davon aus, dass er schon seit dem Arabischen Frühling überwacht wurde. Marokko habe schon 2011 das Cyberüberwachungsprogramm Eagle von der französischen Firma Amesys eingesetzt, später die Tools RCS von HackingTeam und FinFisher von der Gamma Group – und jetzt eben Pegasus von NSO. Immerhin zeigte er sich überrascht, als das Security Lab ihn über die schlaue neue Zero-Click-Technologie aufklärte, die NSO für die Durchführung von Cyberattacken entwickelt hatte.

»Das NSO-Virus ist deutlich ausgereifter«, sagte Omar. »Die sind technologisch ganz vorne. Sie wissen alles. Hut ab.«

In den Tagen zuvor hatte Omar das Gefühl gehabt, die Kampagne gegen ihn sei um einen Gang hochgeschaltet worden. Es hatte den Anschein, als hätten die marokkanischen Sicherheitsorgane Informationen über ihn an ihre Sprachrohre in der Medienszene durchgestochen; offenbar begannen diejenigen, die sich Zugang zu seinem Mobiltelefon verschafft hatten, das, was sie dort abschöpften, als Waffe gegen ihn einzusetzen. Regierungsfreundliche Medien fingen an, Details aus Omars persönlichem Leben zu veröffentlichen, die er stets sorgfältig bei sich behalten hatte. Er nannte dies »Barbouzerie« – ein französischer Slangausdruck für schmutzige Agententricks.

»Wenn sie zum Beispiel«, erklärte er, »konkret erzählen, zu welchen Zeitpunkten ich Alkohol getrunken habe oder mit wem ich zusammenlebe, wer mich besuchen kommt usw. Mit einem Barbouzerie-Artikel in der Zeitung lassen sie dich wissen, dass du unter Beobachtung stehst.«

Omar hatte gute Gründe, über diese neue Entwicklung besorgt zu sein. Die Barbouzerie hatte in Marokko in den letzten Jahren eine bedenkliche Wende genommen und Leute, die unabhängigen Journalismus praktizierten, in die Enge getrieben. Die Staatsanwälte des Königs hatten durch Erstattung einer Reihe frivoler Strafanzeigen und Anklagen das Redaktionsteam der Zeitung *Akhbar al-Youm* dezimiert, das es ablehnte, nach der Pfeife der Regierung zu tanzen. Der Gründer und Chefredakteur der Zeitung, Taoufik Bouachrine, war 2018 festgenommen worden, einige Tage nachdem er in einem Kommentar dem vom König berufenen Premierminister vorgeworfen hatte, wichtige Infrastrukturmaßnahmen in den ländlichen Gebieten Marokkos zu vernachlässigen. Die Staatsanwaltschaft von Casablanca hatte gegen Bouachrine Anklage wegen mehrfacher sexueller Nötigung erhoben. Eines seiner angeblichen Opfer, ebenfalls für *Akhbar al-Youm* arbeitend, weigerte sich, die Anklagevorwürfe zu bestätigen. »Ich gab zu Protokoll, dass er unschuldig ist«, sagte sie. »Der Staatsanwalt fand das nicht gut und überzeugte den Richter irgendwie davon, dass ich am Stockholm-Syndrom leide.« Sie floh nach Tunesien, da ihr in Marokko eine sechsmonatige Freiheitsstrafe wegen Meineids und übler Nachrede drohte. Taoufik Bouachrine wurde zu fünfzehn Jahren Gefängnis verurteilt.

Der Nachfolger Bouachrines als Chefredakteur, Soulaimane Raissouni, wurde ebenfalls wegen eines Sexualdelikts angeklagt und zu einer Gefängnisstrafe verurteilt. Seine Nichte Hajar, Reporterin bei *Akhbar al-Youm,* wurde festgenommen, als sie mit ihrem Verlobten die Praxis ihres Frauenarztes verließ. Die Staatsanwaltschaft warf dem Paar vorehelichen Geschlechtsverkehr und einen Schwangerschaftsabbruch vor, beides in Marokko strafbare Vergehen. Im Zuge des Verfahrens wurde die 28-jährige Hajar Raissouni gezwungen, sich einer unnötigen und von ihr nicht gewollten gynäkologischen Untersuchung zu unterziehen. »Es war eine unmenschliche Erfahrung: Stellen sie sich einen ›Doktor‹ vor, der Ihnen mit Gewalt seine Instrumente in die Vagina schiebt, ohne Ihre Zustimmung«, sagte Hajar im Gespräch mit Reportern der französischen Zeitschriften *Mediapart* und *L'Humanité.* »Ich bin vom marokkanischen Staat vergewaltigt worden.«

»Damit nicht genug«, berichtete uns Omar, »fälschten sie auch noch Dokumente, weil der Experte am Ende aussagte, keine Anzeichen für eine Abtreibung gefunden zu haben.« Hajar, ihr Verlobter und der Arzt, dem wahrheitswidrig die Durchführung einer Abtreibung vorgeworfen wurde, wurden allesamt schuldig gesprochen und zu Gefängnisstrafen verurteilt. Als der König sie sechs Wochen später per Dekret begnadigte – damit »die Familie im Einklang mit religiösen Vorschriften und mit dem Gesetz eine Familie gründen kann« –, floh Hajar mit ihrem Verlobten in den Sudan. Sie fühlte sich verpflichtet, ein Entschuldigungsschreiben an den Gynäkologen und seine Praxismitarbeiter zu richten, die auch bestraft worden waren. Die Zeitung, für die Hajar und ihr Onkel gearbeitet hatten, musste im Juni 2020 eingestellt werden.

»Das ist die Art und Weise, wie sie operieren«, erklärte Omar. »Sie versuchen, Rufmord an Leuten zu begehen, Dinge über sie auszugraben und öffentlich zu machen. Die haben keine Ethik, keine Moral. Da wird die sexuelle Orientierung bekannt gegeben. Da werden Paparazzifotos von jemandem mit seiner Geliebten oder von einer Frau mit ihrem Geliebten geschossen und veröffentlicht mit der Botschaft: ›Seht her, sie betrügt ihren Freund oder er betrügt seine Freundin‹ usw. Dabei geht die das doch nichts an.«

Bei einer zweiten Unterredung Sandrines und Céciles mit Omar eine Woche später, nur fünf Tage vor unserem Veröffentlichungstermin, erzählte er ihnen, dass er den Verdacht hatte, die marokkanische Regierung bereite gerade den Boden für eine persönliche Attacke auf ihn, um ihn zu diskreditieren. Einige regimefreundliche Gerüchteküchen hatten vor wenigen Tagen persönliche Informationen über Omars Mitbewohner und seine Freundin veröffentlicht, dazu detaillierte Angaben über Geldbewegungen auf Omars persönlichem Bankkonto – Informationen, an die nur jemand mit Zugriff auf Omars iPhone herankommen konnte. Noch ominöser war, dass ein populärer Klatsch-Kanal namens *Chouf TV* Omar als Agenten einer ausländischen Regierung bezeichnete, ihn einen »Cannabisraucher« nannte und behauptete, er habe im Kreis seiner jungen Freunde aus der Aktivistenszene den Ruf eines »Vergewaltigers«.

Am 22. Juni 2020 veröffentlichte Forbidden Stories den Bericht über den Pegasus-Angriff auf Omar Radi, gleichzeitig mit unseren Medienpartnern *Le Monde, Guardian, Süddeutsche Zeitung* und *Washington Post*. Es war uns nicht möglich, eine Stellungnahme der marokkanischen Regierung in den Bericht aufzunehmen, denn sie hatte unsere Anfragen nicht beantwortet und nicht einmal deren Empfang bestätigt. Für Omar war es vermutlich eine Enttäuschung, dass von der Regierung keine Reaktion kam, aber er schickte uns noch am gleichen Tag eine Dankesbotschaft: »[Die Geschichte] macht hier sehr viel Furore«, schrieb er. »Das ist fantastisch.«

Zwei Tage später erhielt Omar eine Vorladung zum Amtssitz des BNPJ in Casablanca, wo die Staatsanwälte schon fleißig bei der Arbeit waren. Jemand hatte dem YouTube-Kanal *Chouf TV* einen Tipp gegeben, sodass ein Kamerateam bereitstand, Omars Spießrutenlauf aufzunehmen; der Staatsanwalt des Königs hatte bereits eine Pressemitteilung zu den Gründen für die Vorladung fertiggestellt. »Es ist jetzt offiziell«, teilte Omar uns am Nachmittag mit, nachdem er ein sechsstündiges Verhör durchlitten hatte. »Sie beschuldigen mich, mit ausländischen Nachrichtendiensten zusammenzuarbeiten. Sie treiben es mit der Lächerlichkeit sehr weit.«

Unsere Medienpartner brachten Anschlussberichte über Omars Verhaftung, zitierten Aussagen Omars und der marokkanischen Behörden. Die *Washington Post* hängte an ihren Bericht eine kaum verschleierte Drohung der marokkanischen Botschaft in Washington an: »Wegen der Kürze der Zeit«, schrieb eine Sprecherin der Botschaft, »können wir uns dazu nicht äußern, außer dass wir betonen, dass wir uns das Recht vorbehalten, rechtliche Schritte zu ergreifen, falls in dieser Angelegenheit irgendwelche nicht verifizierten oder falschen Informationen veröffentlicht werden sollten.« Omar bewahrte sich seinen Sinn für Humor: »Wir sehen uns entweder in ein paar Stunden wieder«, schrieb er auf dem Weg zu seiner Vernehmung an einen Freund, »oder vielleicht in fünf Jahren.« Und auch seinen trotzigen Mut hatte er nicht verloren. »Ich fürchte mich vor nichts«, erklärte er in einer zur Veröffentlichung bestimmten Stellungnahme.

»Ich gehe erhobenen Hauptes hin.«

In der Woche danach wurde Omar zu einer weiteren Vernehmung vorgeladen. Die Staatsanwälte löcherten ihn mit Fragen über die Beihilfe, die er von der südafrikanischen Stiftung für seine Recherche zum Landraub im Rif-Gebirge bekommen hatte. Unterdessen spielten sie einer ihrer bevorzugten marokkanischen Medienplattformen die Identität von Omars angeblichem Agentenführer beim MI6 in London zu. Drei Tage später wurden Omar und ein Freund unter dem Vorwurf festgenommen, einen Kameramann von *Chouf TV*, der sich an ihre Fersen geheftet hatte, zur Rede gestellt und eine Videoaufnahme von ihm gemacht zu haben. Sie waren mit dem Mann in Streit geraten, worauf die Polizei Omar und seinen Freund festgenommen und über Nacht in eine Gefängniszelle gesperrt hatte. Die Staatsanwaltschaft ergänzte die Liste der Omar vorgeworfenen Vergehen um die Tatbestände der Trunkenheit im öffentlichen Raum und des Erstellens von Bildaufnahmen ohne Zustimmung des Abgelichteten.

Omar klang erschöpft und wohl auch ein bisschen verzagt, als er zwei Tage später, am 8. Juli, in einer Sprachnachricht, die er an Sandrine schickte, von den jüngsten Schikanen berichtete. »Es tut mir leid, dass es euch mehr Arbeit bereiten wird«, sagte er. Seine Stimme klang merklich anders als sonst; es war das erste Mal, dass er sich niedergeschlagen anhörte. »Ich weiß nicht. Wie auch immer, was ich euch sagen wollte, ist, dass drei Vorladungen in zwei Wochen zu viel ist. Das ist zu viel … Die Behörden in Marokko haben mich auf dem Kieker, und sie setzen alle ihre Werkzeuge ein: die Polizei, die Medien und die Justiz.« Er fange auch an zu glauben, sagte er, dass NSO in der Sache mit drinsteckte. Wenn Marokko ihn bezichtigte, ein Spion zu sein, könnten NSO und die marokkanischen Behörden unisono sagen, der Einsatz von Pegasus gegen ihn sei legitim und diene dem Schutz der nationalen Sicherheit.

Wir versicherten Omar immer wieder, wie wir es von Anfang an stets getan hatten, dass wir seine Geschichte warmhalten und weiter über ihn berichten würden, sodass die Strafverfolger in Marokko zumindest wussten, dass sie unter Beobachtung standen. »Du kannst dich auf uns verlassen«, versicherten wir ihm. Doch wirklich etwas für ihn tun konnten wir nicht, und die Stimmung bei uns im Büro war angespannt.

Mitte Juli 2020 verstummte Omar. Irgendwann zwischen seiner fünften und seiner siebten Vernehmung hörte er einfach auf, unsere Nachrichten zu beantworten. Am 29. Juli erfuhren wir, dass sie ihn einkassiert und in Untersuchungshaft genommen hatten. Das Verfahren gegen ihn war in ein neues Stadium getreten. Er wurde jetzt beschuldigt, Geld von ausländischen Nachrichtendiensten angenommen, »die Sicherheit des Staates untergraben« und eine Vergewaltigung begangen zu haben. Das Opfer des angeblichen Sexualverbrechens, eine freie Mitarbeiterin von *Le Desk*, wandte sich ein paar Tage später an die Öffentlichkeit. Ihre Schilderung der Vergewaltigung war detailgenau und wirkte überzeugend. Die Angehörigen und Unterstützer Omars betonten, niemand im Radi-Lager wolle der jungen Frau Böses, doch verdiene Omar einen fairen Prozess – alle Beweise müssten auf den Tisch.

Neun Monate später – das Pegasus-Projekt kam in Mexiko, Indien und Ungarn gut in die Gänge – war Omar noch immer unerreichbar. Er saß nach wie vor im Gefängnis und wartete auf seinen Prozess, wenn auch ohne viel Hoffnung auf eine faire Chance, sich zu verteidigen. Er bekam gelegentlich Besuch von seinen Freunden und seinen Eltern, doch wie wir hörten, hatte sich das typische Blitzen in seinen Augen weitgehend verflüchtigt. Wir alle bei Forbidden Stories und im Security Lab fühlten uns in unterschiedlichem Grad schuldig, weil wir Omar Radi vielleicht ein bisschen zu sehr ins Scheinwerferlicht gerückt und die marokkanische Regierung dadurch indirekt eingeladen hatten, mit voller Wucht gegen ihn vorzugehen.

Eine unserer Mitarbeiterinnen bei Forbidden Stories war so erschüttert, dass sie laut darüber nachdachte, dem Journalismus den Rücken zu kehren. Sandrine und ich versuchten, ihr zu erklären – wie wir auch uns selbst zu erklären versuchten –, dass die Aufgabe eines Reporters nicht darin besteht, auf ein bestimmtes Ergebnis hinzuarbeiten; seine Aufgabe ist es vielmehr, die Wahrheit zu berichten und zu beobachten, wie die Dinge sich entwickeln. Das war freilich, was Omar betraf, ein schwacher Trost für uns alle. Er hatte mutig und offen seine Geschichte mit uns geteilt, und als es für ihn eng und gefährlich wurde, hatten wir kaum etwas für ihn tun können.

»Der Fall Omar war für uns eine wichtige Lehre«, sagte Claudio immer wieder. »Die Dinge können übel ausgehen, auch für die Leute, denen wir zu helfen versuchen.«

Kapitel 12

»Fragil, rar und notwendig«

Laurent

Anfang April merkte ich, wie mir die Energie abhandenkam. Vielleicht war ich ein wenig erschöpft von der Jagd. An manchen Tagen konnte ich mir kaum vorstellen, dass sich unsere Recherchen irgendwann bezahlt machen würden – und ich glaube, damit war ich nicht allein. Nach mehr als sechs Monaten, die wir hinter Pegasus her waren, davon vier Monate in Vollzeit, wurde das gesamte Team von Forbidden Stories allmählich mürbe. Sandrine und unsere Reporter wimmelten Anfragen von Partnern ab, stimmten sich mit Claudio und Donncha ab oder bearbeiteten neue Quellen in den verschiedenen Zeitzonen. Ein Arbeitstag im Büro konnte vor Sonnenaufgang mit ein paar Anrufen aus Indien beginnen und am späten Abend mit Anrufen aus Washington oder Mexico City enden. Manchmal fühlten sich unsere Zimmer wie versiegelte Tanks an, wie ein hermetisch abgeriegeltes Gewächshaus, in das nichts eindringen und aus dem auch nichts herauskommen darf. Ständig hatten wir die Sicherheitsmaßnahmen im Kopf, denn niemand wollte den entscheidenden Fehler begehen, durch den NSO oder irgendein Kunde der Firma Wind von der Sache bekam, sodass unsere Nachforschungen gefährdet würden. Der Grat zwischen kluger Vorsicht und Paranoia war ziemlich schmal.

Wenn mein Teenager-Sohn mich abends zu Hause fragte, woran ich gerade arbeitete, musste ich abblocken. »Eine sensible Sache, ich kann dir nicht viel darüber sagen«, erklärte ich ihm und blickte in sein enttäuschtes Gesicht. Immer wieder dachte ich an den Tag bei einem Schulfest ein paar Jahre zuvor, als der Vater eines seiner Freunde mir anvertraut hatte, dass er »im Bereich Telefonüberwachung« arbeitete. Ich musste wirklich vorsichtig sein und durfte nicht riskieren, dass eine kleine Randbemerkung zu anderen Eltern auf dem Schulhof unser Projekt verriet. Meiner Frau gegenüber konnte ich nicht ganz so verschlossen sein, aber auch sie erfuhr nicht viel. Wenn ich ihr meine nächsten Reisepläne oder irgendeine seltsame neue Sicherheitsmaßnahme erklären musste, die sie berücksichtigen sollte, dann schaltete ich vorher unsere beiden Handys ab und legte sie in den Kühlschrank oder in die Mikrowelle, solange wir sprachen. »Es fühlte sich an wie in einem Film«, hat Aurélia mir später gesagt. »Aber ich war auf eine solche Situation vorbereitet, weil ich mich an die Geschichten erinnerte, die Bastian und [seine Frau] Suzanne uns [über die Untersuchung in Sachen Panama Papers] erzählt hatten. Ich hatte Angst, dass bei uns eingebrochen würde, und ich erinnere mich auch, wie intensiv unsere Gespräche waren, bei denen ich immer möglichst rasch begreifen musste, worum es ging, weil sie nie lange dauerten.«

Inzwischen tauchten an fast jeder Ecke Hindernisse auf. Seit Monaten suchte ich geradezu verzweifelt nach einer Möglichkeit, Khadija Ismayilova in Aserbaidschan vor den neuen Gefahren zu warnen, die ihr drohten. Nur zu gern hätte ich unsere Freundin darüber informiert, dass ihr Handy mit dieser unglaublich invasiven Spionagesoftware infiziert sein könnte, und ebenso gern hätte ich ihr Telefon einer forensischen Analyse unterzogen. Wenn wir herausfinden könnten, dass NSO Pegasus an Aserbaidschan verkauft hatte, dann wäre das ein echter Knüller, und möglicherweise war der Beweis dafür in Khadijas Smartphone zu finden. Doch als wir Paul Radu kontaktierten, ihren Kollegen und Herausgeber beim Organized Crime and Corruption Reporting Project, wo die meisten ihrer jüngsten Arbeiten erschienen waren, bat er uns, im Moment die Füße stillzuhalten.

Khadija und Paul, der Rumäne war und in Bukarest lebte, hatten sich gerade aus zwei Jahre andauernden Schikanen befreit, die in Form einer Beleidigungsklage eines aserbaidschanischen Geschäftsmannes über sie gekommen waren. Und einige sehr mächtige Gestalten im Land hatten immer noch Macht über Khadija. Sie war zwar aus dem Gefängnis entlassen worden, durfte Baku aber wegen eines vom Gericht verhängten Reiseverbots nicht verlassen und wurde ständig vom Geheimdienst beobachtet. »Es ist wirklich eine heikle Situation, vor allem für sie«, sagte Paul. »Sie ist eigentlich nur auf Bewährung freigekommen.« Also stimmten wir zu, die forensische Untersuchung aufzuschieben, bis das Reiseverbot aufgehoben würde und sie das Land sicher verlassen könnte. Doch das konnte Monate dauern – vielleicht zu lange für das Pegasus-Projekt.

Dann erfuhren wir, dass das Telefon, das Siddharth Varadarajan zur weiteren Untersuchung an das Security Lab in Berlin schicken wollte, dort nicht gelandet war und wohl auch nicht so bald ankommen würde. Es gab ein Verbot, Elektronik nach Paris oder Berlin zu senden, und die Covid-Restriktionen machten es unmöglich, jemanden nach Delhi zu schicken, um das infizierte Gerät dort abzuholen. Auch hier waren unsere Nachforschungen also in eine Sackgasse geraten.

Die Situation in Marokko stellte uns vor ebenso nervtötende Schwierigkeiten. Das Security Lab hatte Hinweise darauf gefunden, dass die iPhones von Maati Monjib und Omar Radi vermutlich von Marokko aus mit Pegasus angegriffen worden waren. Doch wir mussten noch weitere Opfer finden und brauchten für unseren neuen Bericht mehr Beweise. In den Daten aus Marokko fanden sich Tausende von Namen und Telefonnummern, unter denen wir auswählen konnten: Reporter, Zeitungsherausgeber, Staatsoberhäupter, Diplomaten, Menschenrechtsanwälte, selbst Beamte aus dem Palast in Rabat. Aber einen idealen Kandidaten fanden wir nicht. Journalisten, die sich noch im Königreich aufhielten, konnten wir nicht auf sicherem Wege kontaktieren. Und wir wussten, dass die französische Regierung niemals offizielle Handys zur Inspektion in ein nicht-staatliches digitales Labor geben würde. Die französischen Geheimdienste scheuten die öffentliche Bloßstellung, wenn dabei herauskäme, dass vor ihren Augen das iPhone eines französischen Ministers – oder gar das von Präsident Macron – mit einer Spionagesoftware infiziert worden war. Ähnliches galt für die belgische und algerische Regierung, deren Beamte ebenfalls auf der Liste der

Zielpersonen standen. Wenn wir nach dem Zufallsprinzip irgendwelche marokkanischen Apparatschiks anriefen, wäre das vermutlich der schnellste Weg, um aufzufliegen. Diese Möglichkeit fiel also auch weg. Und selbst unsere beste Chance war hochspekulativ und einigermaßen riskant. Doch am ersten Dienstag im April 2021 beschlossen Sandrine und ich, dass es nicht anders ging.

Also schickte ich eine Textnachricht an den Leiter der Investigativabteilung einer bekannten Medienwebsite, deren Pariser Büro nur fünf Minuten Fußweg von unserem entfernt lag. »Fabrice«, schrieb ich, »hallo, wie geht's? Wir haben sehr, sehr wichtige Informationen über *Mediapart*. Ultravertraulich und sehr dringend. Bist du zufällig im Büro? Zehn Minuten würden reichen.«

»Absolut keine Zeit«, antwortete Fabrice Arfi. »Kannst du hier mehr darüber schreiben?«

Ich kannte Fabrice' Arbeit seit mehr als zwölf Jahren und hatte großen Respekt davor. Wir hatten gemeinsam den Kampf gegen einen französischen Gesetzesentwurf angeführt, der vorsah, die Veröffentlichung von Firmendokumenten unter Strafe zu stellen, sobald durch eine solche Veröffentlichung die »strategischen Interessen« der betroffenen Firma gefährdet waren. Außerdem war er Mitglied des ersten informellen Beratungskomitees von Forbidden Stories gewesen. Und nicht zuletzt wusste ich, dass er und das gesamte Team von *Mediapart* höchste journalistische Standards vertraten und echt Rückgrat hatten. Zwei Jahre zuvor hatte ich die Berichte darüber gelesen, wie eine Gruppe von Staatsanwälten und Polizisten in den Büroräumen von *Mediapart* aufgetaucht war, um den Newsroom nach Dateien über eine jüngst veröffentlichte Story zu durchsuchen. Der achtundsechzigjährige Mitbegründer und Chef der Website, Edwy Plenel, hatte den Ermittlern gesagt, sie sollten sich zum Teufel scheren, bis sie einen Durchsuchungsbeschluss hätten. Und am besten wäre es, sie würden auch nicht wiederkommen, *wenn* sie einen hätten. »Ich habe es schon früher gesagt, und ich sage es jetzt wieder: Ich muss in der Lage sein, unseren Informanten Sicherheit zu garantieren«, erklärte Plenel jedem, der ihn danach fragte. »Wir wissen, wie wir sie schützen können.«

Abgesehen von den professionellen Aspekten, betrachtete ich Fabrice auch als Freund. Ich vertraute ihm. Seiner Technik jedoch vertraute ich nicht.

»Unmöglich, dir das hier zu sagen«, schrieb ich also zurück. »Es ist sehr wichtig, Fabrice.«

»Ich kann um 18 Uhr bei *Mediapart* sein«, antwortete er. »Kannst du sagen, ob es ernst ist?«

»Ja, ziemlich ernst. Mehr kann ich dazu hier nicht sagen.«

»Okay, allmählich machst du mir Angst. Geht es um mich persönlich?«

»Nicht direkt«, schrieb ich. »Aber um Edwy. Ich komme mit meiner Chefredakteurin Sandrine zu *Mediapart*.«

»Okay, 18:30, zur Sicherheit … Ich kann es aber bis 18 Uhr schaffen, wenn euch das besser passt.«

Ja, das passte mir besser. Zu diesem Zeitpunkt fühlte es sich so an, als zählte jede halbe Stunde.

Wir wussten von mindestens zwei Personen bei *Mediapart*, die von einem NSO-Kunden in Marokko zur Cyberüberwachung ausgewählt worden waren: Edwy Plenel und eine Reporterin namens Lénaïg Bredoux. Das überraschte uns nicht, denn *Mediapart* war König Mohammed VI., seinen für uns nur auf dem Papier stattfindenden Reformen und seinen wichtigsten Helfershelfern schon seit mehr als zehn Jahren auf der Spur. Die Website hatte Protestierende zu Wort kommen lassen, die berichteten, ihr Bauerndorf sei durch die von der Regierung betriebenen Silberbergwerke verseucht worden. »In einem Land wie dem unseren ist alles käuflich«, hatte *Mediapart* bereits 2014 einen der besorgten Dorfbewohner zitiert. »Rund um das Bergwerk befinden sich Berge von Abraum. Zur Gewinnung des Silbers werden Schwermetalle benutzt. Der Anteil bewässerten Bodens ist dramatisch gesunken. Der Wind bläst alle möglichen Giftstoffe auf die Äcker. Und erhebliche Mengen verseuchten Wassers sickern in die Grundwasserschichten, weil der gefährliche Abfall nicht streng kontrolliert wird.«

Mediapart hatte auch über die brutalen Polizeistaatsmethoden des Regimes berichtet, mit denen die Rif-Protestbewegung 2016 und 2017 niedergeschlagen worden war – und über die offensichtlich bewusste Ignoranz der französischen Regierung. »Es steht mir nicht zu, mich hier zur Innenpolitik zu äußern«, hatte Präsident Macron bei einem Besuch in Rabat erklärt.

Unterstützt von Partnern wie *Le Desk*, informierte die Website ihre Leserinnen und Leser über die brutale und sich ständig ausweitende Verfolgung unabhängiger Journalisten in Marokko, die der König zu verantworten hatte. »Wir beobachten eine gnadenlose Unterdrückung von abweichenden Stimmen, Journalisten, aber auch normalen Bürgern«, hatte Omar Radi gegenüber *Mediapart* im Januar 2020 geäußert, nachdem er angeklagt worden war, weil er die Urteile eines marokkanischen Richters infrage gestellt hatte. »Was freie Meinungsäußerung angeht, werden wir stärker unterdrückt als jemals zuvor. Das Regime regiert durch Angst.«

Kürzlich war bei *Mediapart* ein langes Interview mit Hajar Raissouni erschienen, der früheren Reporterin von *Akhbar al-Youm*, die nach ihrem kurzen Aufenthalt in einem marokkanischen Gefängnis (unter der falschen Anklage eines Schwangerschaftsabbruchs) nun im Sudan lebte. »Ich bin hier, weil ich die Rache des marokkanischen Staates fürchte«, sagte sie. »Es gibt in Marokko keine Pressefreiheit; es gibt nur eine Stimme, die der Macht; und die meisten kritischen Stimmen sitzen entweder im Gefängnis, werden von regierungstreuen Zeitungen diffamiert oder sind gerichtlichen Schikanen ausgesetzt. Unabhängigen Zeitungen wird der Geldhahn zugedreht.«

Maati Monjib hatte die große Zahl von marokkanischen Journalistinnen und Journalisten untersucht, die mit Vorwürfen wie Spionage, finanzielle Betrügereien, sexuelle Übergriffe oder Abtreibung überhäuft wurden, und hatte seine Einschätzung auf *Mediapart* geteilt: »Indem man Gegner verleumdet, isoliert man sie, macht allen anderen Angst und verdammt jeden zum Schweigen. Diffamierung ist ein Gift, es ist eine sehr zynische Methode. Denn Reputation ist wie Glas: Wenn sie einmal zerbrochen ist, kann man sie nicht wieder zusammensetzen.«

Im Juli 2019 hatte *Mediapart* außerdem ein langes, wenig schmeichelhaftes Porträt von König Mohammed VI. veröffentlicht, an dem der Herausgeber von *Le Desk* mitgearbeitet hatte. Es erschien zum zwanzigsten Thronjubiläum des Herrschers. »Wenig Jubel«, lautete die Überschrift. »Sein erklärtes Ziel war es, für die Armen des Landes einzutreten, seinem Volk näher zu sein. In dieser Hinsicht hat er kläglich versagt«, war die Einschätzung im Vorspann.

Der Artikel selbst untermauerte diese Einschätzung mit jeder Menge Fakten. Rachida El Azzouzi von *Mediapart* und Ali Amar, Herausgeber und Mitbegründer von *Le Desk,* präsentierten Zahlen zu Bereichen wie Armut, Selbstmordrate, Arbeitslosigkeit, wirtschaftliche und politische Ungleichheit und allgemeine Unzufriedenheit. Sie berichteten über schleppendes Wirtschaftswachstum und Mangel an Arbeitsplätzen, selbst für junge und gut ausgebildete Menschen. »Mehr als sechshundert Ingenieure verlassen jedes Jahr das Land – der Name der Geißel ist Brain-Drain.« Dreihundert Ärzte hatten kürzlich gegen schlechte Arbeitsbedingungen und Bezahlung protestiert, und siebzig Prozent aller marokkanischen Erwachsenen unter dreißig Jahren äußerten den Wunsch, das Land zu verlassen. Die Hälfte der Bevölkerung unterstützte radikale politische Veränderungen, so die Autoren des Artikels.

Sie wagten es sogar, den Spitznamen des Königs – Seine Majetski – und seinen jüngsten Kauf einer Jacht zum Preis von 88 Millionen US-Dollar zu enthüllen. Außerdem schrieben sie über die unbestätigte Auflösung seiner Ehe. Der König und sein Hof waren allem Anschein nach nicht erfreut. Als der Artikel im Juli 2019 erschien, gehörten Journalisten von *Mediapart* – so die geleakten Daten – zu den Tausenden von Pegasus-Zielen, die man in Marokko ausgewählt hatte.

An jenem kühlen Abend im April trafen wir Fabrice bereits auf dem Weg zu *Mediapart,* nahmen ihn mit in unser Büro und berichteten ihm das wenige, was wir preisgeben konnten: dass wir an einer Story über Cyberüberwachung arbeiteten und dass Edwy möglicherweise eins der Opfer war. Fabrice war sauer, weil wir ihm nicht sagten, aus welchen Quellen unsere Information stammte oder wer es war, der seinen Chef ausspionierte. Und warum das Ganze. Aber er erklärte sich bereit, zu *Mediapart* zu gehen und nachzufragen, ob Edwy uns am nächsten Tag treffen wollte.

Ein paar Stunden später bekamen wir eine Textnachricht: Edwy war einverstanden. Er schlug ein Treffen um 15 Uhr vor. Ich bat ihn, das Treffen auf 12 Uhr vorzuverlegen, und Edwy stimmte, wenn auch widerwillig, zu.

Sandrine und mir war es etwas mulmig zumute, als wir am nächsten Tag bei *Mediapart* eintrafen. Edwy war eine Legende unter Journalisten in Paris, seine gesamte Laufbahn war von großer Belesenheit und Energie geprägt. Er war Journalist und Herausgeber einer Zeitung gewesen, hatte zahlreiche Bücher verfasst und weitere herausgegeben. Nicht, dass er sich um Kontroversen riss, aber er scheute auch nicht davor zurück. Mitte der Siebziger hatte er seine lange journalistische Karriere als Reporter für eine trotzkistische Zeitung begonnen, und er hatte den Überzeugungen seiner jungen Jahre nie abgeschworen. Seine Recherchen für *Le Monde* in den Achtzigern über die Geheimdienste zur Regierungszeit von François Mitterrand waren so gründlich und niederschmetternd gewesen, dass die Regierung Mitterrand es ihm heimzahlte, indem sie ihn illegal abhören ließ und ihm das Gerücht anhängte, er sei ein CIA-Agent.

Ein Vierteljahrhundert war er bei *Le Monde* gewesen, die meiste Zeit in führender Position. Unter seiner klugen Herausgeberschaft erreichte die Zeitung die höchsten Auflagen ihrer fünfzigjährigen Geschichte und überholte sogar *Le Figaro,* die beliebteste Tageszeitung Frankreichs. Nach einem Streit über die Frage, wer die Inhalte der Zeitung bestimmte, hatte er seine langjährige journalistische Heimat verlassen und *Mediapart* gegründet.

Jetzt, zwölf Jahre später, hatte Plenel bewiesen, dass ein Online-Nachrichtendienst auf Abonnementsbasis funktionieren und wirtschaftlich arbeiten konnte – und dass er notwendig war. Er lehnte das übliche, durch Werbung finanzierte Modell ab, weil er der Ansicht war, die sensationslüsternen Klatsch-und-Tratsch-Geschichten über irgendwelche Promis mit all den Clickbaits, die dieses Modell förderte, würden irgendwann die Nachrichten verdrängen, die in einer funktionierenden Gesellschaft wirklich eine Rolle spielten. »Zeitungen sind keine Annehmlichkeit wie viele andere, sie sind von entscheidender Bedeutung für die Lebenskraft der Demokratie«, pflegte er zu sagen. »Wir verkaufen ganz besondere Waren, die der Demokratie und der öffentlichen Debatte nützen. Fragile, rare und notwendige Güter … *Mediapart* lebt von dem Motto: Nur unsere Leser können uns kaufen.«

Wir wussten nicht genau, was uns erwartete, als Fabrice uns am Mittag des 7. April 2021, einem Mittwoch, bei *Mediapart* einließ, um Edwy Plenel zu treffen. Der Mann war fast siebzig, aber fit und athletisch, mit dunklem Haarschopf und einem ebenso dunklen, ordentlich geschnittenen Schnurrbart. Wenn er lächelte, kräuselten sich seine Lippen unter dem Bart, und er kniff die Augen zusammen. Er sah aus wie ein koboldhafter, freundlicher Onkel, sicher ein ungemein amüsanter Plauderer auf jeder Party. Doch als er jetzt bestürzt die Zähne zusammenbiss, wirkte er ausgesprochen einschüchternd.

Fabrice und Edwy baten uns in einen Besprechungsraum und schienen nicht besonders erfreut, als wir sie aufforderten, ihre Handys auszuschalten und in einem anderen Zimmer liegen zu lassen. Doch sie taten, worum wir sie gebeten hatten. Edwy setzte sich uns gegenüber, das Kinn eine harte Linie, die Arme verteidigungsbereit vor der Brust verschränkt.

Sandrine und ich erklärten ihm noch einmal, was Fabrice ihm bereits gesagt hatte: dass wir an einer Story über Cyberüberwachung arbeiteten und glaubten, sein Smartphone sei mit einer Spionagesoftware infiziert.

Er wollte mehr Details wissen. »Aber was *wissen* Sie?«, fragte er. »Vor ein paar Jahren kam einer hier rein und behauptete, ich würde auf einer Liste von Leuten stehen, die keine Steuern bezahlen. Aber er konnte es nicht beweisen.«

Wir erklärten ihm noch einmal, was wir sagen konnten: dass sein Name auf einer Liste mit ausgewählten Zielen stand, ohne dass wir bereits wussten, wer ihn auf diese Liste gesetzt hatte.

»Forbidden Stories?«, fragte er nach. »Wer sind Sie? Wer finanziert Sie?«

Er wirkte, als würde er herumdrucksen, aber auch ein bisschen wütend.

Fabrice kam uns zu Hilfe. »Laurent ist ein guter Freund von mir«, sagte er zu Edwy und verbürgte sich dafür, dass ich auch ein anständiger Journalist sei.

Sein Chef drängte uns, mehr Details rauszurücken, und verwendete Sandrine und mir gegenüber ausdrücklich das förmliche »Sie«, als wollte er betonen, dass er uns nicht für Freunde hielt. Wer spioniert mir nach, wollte er wissen, möglicherweise NSO?

»Ich kann Ihnen im Moment noch nicht mehr sagen«, erwiderte ich. »Sobald Ihr Telefon forensisch untersucht wurde, haben wir weitere Informationen.«

»Hören Sie mal«, sagte er. »Sie können doch nicht hier auftauchen und mich mit diesen wenigen Informationen abspeisen, aber gleichzeitig von mir verlangen, dass ich Ihnen mein Telefon gebe. Ich brauche mehr Informationen!«

Fabrice sprang uns ein weiteres Mal bei. »Ich verstehe, dass das alles einigermaßen peinlich für uns ist, wenn wir nur zehn Prozent wissen«, sagte er. »Aber du kannst Laurent und Sandrine wirklich vertrauen.«

»Wenn *Mediapart* durch diese Sache massiv bedroht ist, müssen wir unsere Leute sofort warnen«, sagte Edwy und erklärte Fabrice, sie würden vielleicht mit ihrem Sicherheitsbeauftragten reden müssen. Das überraschte uns nicht. »*Mediapart* gehackt« wäre sicher keine gute Schlagzeile. Ich erklärte ihm, nach allem, was wir wüssten, sei nicht nur seine Website betroffen, sondern es gäbe zahlreiche Opfer, in vielen verschiedenen Mediengesellschaften.

Ich vermute, letztlich siegte einfach die tief verwurzelte Neugier eines altgedienten Reporters, verbunden mit Fabrice' Bereitschaft, für uns zu bürgen – jedenfalls willigte Edwy Plenel am Ende des halbstündigen Treffens ein, uns sein Telefon zur forensischen Analyse zu überlassen.

Am nächsten Tag brachte Edwy sein iPhone in unsere Büroräume bei *Forbidden Stories*. Der Herausgeber von *Mediapart* blieb da und sah zu, wie Cécile ein Back-up seines Telefons machte und beim Security Lab in Berlin hochlud. Claudio schrieb uns eine Nachricht, dass er die Datei erhalten habe, und wenige Minuten später meldete er sich schon wieder mit ersten, vorläufigen Ergebnissen. Die Zeitstempel in den Daten passten perfekt mit dem exakt identifizierbaren Moment überein, in dem Systemprozesse von Pegasus in das Betriebssystem von Edwys iPhone geschrieben wurden. Die Namen dieser Prozesse passten zu denen, die Claudio und Donncha auch in den Telefonen von Maati Monjib und Omar Radi gefunden hatten.

»Sie haben Spuren gefunden«, sagte ich zu Edwy. Er schien weder besonders überrascht noch besorgt. Schließlich war er nicht mehr aktiv im Investigativjournalismus tätig. »Sie werden nichts finden«, sagte er und bemerkte noch, sein Leben sei inzwischen längst nicht mehr so aufregend wie früher.

Cécile teilte ihm, soweit möglich, die Einzelheiten mit. Es gab noch viel zu analysieren, aber klar war: Sein iPhone war infiziert, sie konnte ihm sogar die genauen Daten sagen. Und höchstwahrscheinlich kam der Angriff aus dem Königreich Marokko.

Auch das überraschte Edwy nicht. Er lag schon seit etwa 1990 mit dem Königreich über Kreuz, berichtete er uns, denn damals hatte er eine Biografie des Vaters von Mohammed VI., König Hassan II., herausgegeben, einem Mann, den schon Charles de Gaulle als »unnötig grausam« beschrieben hatte.

Edwy hatte seinen Freund Gilles Perrault ermuntert, dieses Buch zu schreiben, und ihm sogar den Titel *Notre ami le roi*[*] vorgeschlagen. Das Buch enthüllte, dass Hassan II. nicht nur viele Kritiker für zehn und mehr Jahre in geheimen Gefängnissen hatte verschwinden lassen, nur weil sie Flugblätter verteilt hatten – er hatte diese Häftlinge auch allerlei Entbehrungen und körperlicher Folter ausgesetzt. Perrault berichtete, der marokkanische Innenminister habe

* Deutscher Titel *Unser Freund, der König von Marokko – Abgründe einer modernen Despotie*. Leipzig/Weimar 1992, A. d. Ü.

erfolglos versucht, den Verlag mithilfe von Bestechung zur Aufgabe des Buchprojekts zu bewegen. Und Anwälte in Paris verdienten sich eine goldene Nase daran, im Auftrag des Königs Medien zu verfolgen, die Interviews mit dem Autor druckten oder sendeten. Bis heute ist das Buch in Marokko verboten, aber nicht vergessen.

Edwy blätterte seine Kalender durch, um herauszufinden, was im Juli 2019 passiert war, als die Pegasus-Angriffe auf sein iPhone angefangen hatten. Die Verbindung schien offensichtlich: Unmittelbar vor der ersten Infektion war er von einer Konferenz in Marokko zurückgekehrt, bei der er eine Rede gehalten hatte, um die demokratischen Bewegungen im Rif-Gebirge zu unterstützen, die Mohammed VI. niedergeschlagen hatte.

»Ach, jetzt verstehe ich«, sinnierte er.

Einige weitere Journalisten von *Mediapart* standen auf unserer Liste. Als wir Fabrice darüber informierten, erklärte er sich bereit, eine Kollegin zu fragen, ob Claudio und Donncha auch ihr iPhone forensisch untersuchen dürften.

Lénaïg Bredoux war nach Auskunft unserer Daten etwa zur gleichen Zeit zur Zielscheibe geworden wie Edwy Plenel. Auch sie hatte in der Vergangenheit mit Marokko zu tun gehabt – seit fast zehn Jahren war sie König Mohammed VI. und einem seiner vertrauten Offiziere ein Dorn im Auge. Schon 2015 hatte sie beispielsweise einen kritischen Artikel über den Chef des marokkanischen Inlandsgeheimdienstes geschrieben. Der Artikel war genau zu dem Zeitpunkt erschienen, als er mit den höchsten Ehren ausgezeichnet werden sollte, die die französische Regierung zu vergeben hat, nämlich dem Orden der Légion d'honneur. Die Auszeichnung, so ließ Bredoux' Artikel vermuten, war wohl zur Besänftigung von Abdellatif Hammouchi gedacht, der sich zutiefst und hochoffiziell beleidigt gezeigt hatte, als französische Behörden versucht hatten, ihn in Paris festzunehmen, um ihn wegen seiner Beteiligung an mutmaßlichen Folterungen eines marokkanischen Staatsbürgers zu vernehmen.

Bredoux zitierte Experten, die darauf hinwiesen, dass Frankreich dem Königreich auch grünes Licht gegeben hatte, alle Anklagen gegen Hammouchi fallen zu lassen. »Angesichts marokkanischer Forderungen ist Frankreich komplett eingeknickt«, erklärte der Ehrenpräsident der Internationalen Liga für Menschenrechte. »[Frankreich] verhält sich in einer Weise, die seine Interessen über seine Werte stellt! Sie haben zugestimmt, potenzielle Schwerverbrecher und sogar Folterer straffrei ausgehen zu lassen.«

Lénaïg war nervös, aber durchaus bereit, dem Security Lab die forensische Untersuchung ihres Smartphones zu gestatten. Und tatsächlich fanden Claudio und Donncha Beweise für eine erfolgreiche Zero-Click-Infektion. Die Analyse von Lénaïgs Handy half mit, einen kleinen Teil des Bildes zu klären, indem sie ein Muster nochmals bestätigte, was unsere technischen Partner beim Security Lab bereits beobachtet hatten. NSO hatte offenbar eine Schwachstelle in iMessage gefunden, und die Kunden der Firma in Marokko hatten mehrere Angriffe gestartet, bei denen genau diese Schwäche ausgenutzt wurde.

Es war härter, als ich erwartet hatte, als wir Lénaïg darüber informierten, dass sie mit Spionagesoftware angegriffen worden war. Sandrine und ich erklärten ihr, es lägen forensische Beweise dafür vor, dass sie bereits im Juli 2019 von jemandem in Marokko überwacht worden war und dass diese Überwachung zumindest bis in den Juli 2020 fortgesetzt worden war. Das Security Lab konnte nicht sagen, wann (oder ob) die Cyberüberwachung beendet worden war. Lénaïg schwieg einen Moment. Wegen Corona trugen wir alle Masken, sodass ich ihre Reaktion nur schwer deuten konnte. Dann erzählte sie uns, dass sie fürchtete, man habe mit ihrer Überwachung versucht, an ihren Mann heranzukommen, der Algerier ist, also aus einem Land stammt, das zu dieser Zeit mitten in einer eskalierenden diplomatischen Auseinandersetzung mit Marokko steckte. Sie musste uns gar nicht noch mehr sagen, es war klar, dass sie fürchtete, ihren Mann und womöglich auch die gemeinsamen Kinder in Gefahr gebracht zu haben. Ich konnte sehen, dass ihr die Tränen kamen, und spürte selbst, wie die Emotionen in mir aufwallten.

»Möchtest du ein Glas Wasser?«, war alles, was mir einfiel.

Sie fasste sich aber recht schnell und konzentrierte sich wieder auf die Einzelheiten der forensischen Untersuchung. Claudios schriftlicher Report zeigte, dass Pegasus in einem einzigen Monat im Jahr 2020 mehr als 220 Megabytes an Daten aus Lénaïgs Smartphone abgesaugt hatte. Sie wollte genauer wissen, was die Marokkaner ihr gestohlen hatten, aber das konnte Claudio ihr nicht sicher sagen. Solche Details gaben seine forensischen Tools nicht her.

Sie wollte auch wissen, wie sie sich (und ihre Familie) in Zukunft schützen könne, doch wir mussten ihr sagen, dass es dafür keine sichere Lösung gab. Sie konnte iMessage löschen, das offenbar die Hintertür in der iOS-Software war, durch die der Cyberangriff durchgeführt worden war. Vielleicht auch FaceTime, ein weiterer möglicher Zugangsweg. Sie konnte sich ein neueres iPhone besorgen und die Nummer wechseln, aber es gab keine Garantie dafür, dass sie den Endnutzern der Cyberwaffe entkommen würde, wenn diese es wieder versuchten.

Keiner von uns war absolut sicher, was der Grund für die Cyberüberwachung von Lénaïg war. Sie erwähnte ihren Bericht über Hammouchi, der inzwischen Chef des marokkanischen Inlandsgeheimdienstes und der nationalen Polizei war und höchstwahrscheinlich das gesamte Programm des Königreiches zur Cyberüberwachung lenkte. Und sie erzählte uns, dass sie in Kontakt mit einer Gruppe von Journalisten stand, die die jüngsten Entwicklungen im Fall Omar Radi beobachteten. Sie konnte sich nicht erinnern, in letzter Zeit über Omar geschrieben zu haben, aber sie hatte mit einigen Quellen Textnachrichten ausgetauscht, ebenso wie mit anderen Reportern, die an der Story arbeiteten.

Es gab noch viele Fragen zu Pegasus, NSO und Marokko, auf die wir Antworten finden mussten, doch die Untersuchung der *Mediapart*-Smartphones brachte uns einen großen Schritt voran; vor allem stärkte sie unser eigenes Vertrauen in das Projekt. Zwei Handys aus unserem Datenbestand. Zwei Treffer. Erfolgsrate hundert Prozent. Wir hatten Beweise für tatsächliche Infektionen, die man mit den Zeitstempeln in den Daten in Verbindung bringen konnte, und zwar auf beiden Telefonen. Die digitalen Fingerabdrücke passen zu jenen, die Security Lab auch in anderen Handys gefunden hatte, die von marokkanischen Endnutzern angegriffen worden waren. Das bedeutete, wir waren auf der richtigen Spur.

Edwy Plenel erwies sich schließlich als wertschätzend und großmütig, obwohl wir erklärt hatten, es sei uns nicht wohl dabei, Fabrice oder ihm mehr Einzelheiten über unsere Nachforschungen zu enthüllen. Wir erwähnten nicht einmal NSO oder Pegasus und versicherten den beiden lediglich, dass *Mediapart* nicht im Hauptfokus unserer Nachforschungen stand und dass es zahlreiche weitere Opfer in vielen verschiedenen Nachrichtenorganen gab. Und sie drängten uns nicht einmal, ihnen etwas über die Größe und Reichweite des Datenlecks zu sagen. Sie sagten, das Team von *Mediapart* werde eigene Nachforschungen anstellen und ebenfalls darüber berichten, aber sie versprachen uns in die Hand, dass sie sich zurückhalten würden, bis Forbidden Stories und unsere Partner die Geschichte brachten. Edwy verlangte nur, dass wir ihn über unsere Zeitpläne auf dem Laufenden hielten, damit es nicht so aussah, als hätten wir sie kalt erwischt.

Im April fand das Security Lab Spuren von Pegasus-Infektionen in den iPhone-Logs von zwei weiteren marokkanischen Zielpersonen – eines Menschenrechtsanwalts, der in Frankreich lebte, und eines Journalisten von *Le Monde*. Eine weitere marokkanische Zielperson half Claudio und Donncha, etwas zu identifizieren, was aussah wie ein bisher unbekannter Angriffsvektor: Die Hacker von NSO hatten offenbar einen Zugang über Apple Photos gefunden. »Das Smartphone eines französischen Menschenrechtsanwalts wurde kompromittiert, und der ›bh‹-Prozess wurde ausgelöst, Sekunden nachdem zum ersten Mal ein Netzzugang der iOS-Foto-App (com.apple.mobileslideshow) verzeichnet wurde«, berichteten Claudio und Donncha. »Des Weiteren wurde nach einem erfolgreichen Auslesen von Daten das **Crash Reporting** ausgeschaltet, indem eine com.apple.CrashReporter[.]plist-Datei auf das Gerät geladen wurde.« Dieser Angriff war im Oktober 2019 erfolgt. Lénaïg Bredoux' Back-up-Logs zeigten einen Angriff im Mai 2020 mit fast exakt dem gleichen Muster. Die beiden kompromittierten Geräte zeigten auch eine Verbindung mit einem von Pegasus kreierten iCloud-Account namens bogaard-lisa803[@]gmail.com. Diese neuen Ergebnisse lieferten Claudio und Donncha zusätzliche Marker, mit denen sie ihr forensisches Tool füttern konnten.

Ich kann nicht behaupten, dass irgendjemand von uns bei Forbidden Stories oder im Security Lab derartige Ergebnisse erwartet hätte. Vor allem überraschte uns die hohe Trefferquote bei den iPhones auf der Liste, die mit marokkanischen Endnutzern in Verbindung stand. Wir alle hatten den Eindruck, unsere Nachforschungen über die NSO-Marokko-Achse seien nun solide untermauert, doch gleichzeitig fürchteten wir, was wir wussten, sei zu wenig und käme zu spät für allzu viele Journalisten in Rabat und Casablanca.

Ein paar Wochen zuvor hatte die bedrängte Bouachrine/Rassouni-Zeitung *Akhbar al-Youm* dichtgemacht. Nachdem man ihr den Zugang zu Corona-Hilfsgeldern verwehrt hatte, war sie nicht mehr in der Lage, sich aus dem finanziellen Loch zu befreien, das äußere Kräfte gegraben hatten. »Unter Hassan II. sind Journalisten verschwunden«, erklärte der Autor des Buchs *Unser Freund, der König von Marokko* in einem in Frankreich veröffentlichten Interview. »Unter M6 sind es die Zeitungen … Wer Anzeigen in unabhängigen oder kritischen Zeitungen schaltet, bekommt Anrufe: ›Seine Majestät ist sehr traurig, zu sehen, dass Sie in dieser Zeitung inserieren.‹ Und offenbar kommt diese Botschaft in fast allen Fällen an. Die Anzeigen werden gestoppt, und irgendwann ist die Zeitung am Ende.«

Dringlicher war die fortgesetzte Verfolgung des letzten Herausgebers von *Akhbar al-Youm,* Soulaimane Raissouni, und von Omar Radi. Raissouni hatte zehn Monate in einem marokkanischen Gefängnis gesessen, Omar acht Monate, die meiste Zeit in Einzelhaft. Beide Männer hatten nur wenige magere Gelegenheiten gehabt, vor den Untersuchungsrichtern eigene Aussagen zu machen und Beweise zu präsentieren. Und in keinem Fall hatte es ein formelles Verfahren oder irgendetwas gegeben, was einem richtigen Prozess ähnlich sah. Der marokkanische Staat hatte in den letzten zehn Jahren seine Hausaufgaben gemacht und das Ansehen der beiden Männer erfolgreich in den Schmutz gezogen, indem er ganz einfach die

Anklagepunkte – Sexualdelikte und Spionage – öffentlich gemacht hatte. Ein Prozess, wenn es denn dazu käme, würde das nur fortsetzen. »Im Arabischen Frühling und durch den Aufstieg der sozialen Netzwerke haben junge Oppositionelle Legitimität und Glaubwürdigkeit erlangt«, erklärte Maati Monjib. »Am besten bringt man sie zum Schweigen, indem man sie als Verräter, Diebe oder Vergewaltiger denunziert.«

Der Prozessbeginn in den Verfahren gegen Soulaimane und Omar war für April angesetzt, wurde dann aber ohne Begründung verschoben. Mehrfache juristische Bemühungen, sie auf freien Fuß zu bekommen, solange ihre Fälle in der Luft hingen, scheiterten. Petitionen von Menschenrechtsgruppen, internationalen Journalistenorganisationen und führenden marokkanischen Persönlichkeiten aus Kunst, Kultur und Wissenschaft wurden achtlos zur Seite gewischt.

An dem Tag, als wir erfuhren, dass Edwy Plenels Smartphone tatsächlich überwacht worden war, am 8. April 2021, begann der achtundvierzig Jahre alte Soulaimane Raissouni einen Hungerstreik. Seine Frau erklärte, ihr Mann wolle »Freiheit, Gerechtigkeit oder den Tod«. Omar Radi, dessen Morbus Crohn und Asthma sich während der langen Haftzeit verschlimmert hatten, schloss sich am nächsten Tag dem Hungerstreik an.

Für mich war klar, was das bedeutete. Jede halbe Stunde zählte, mehr denn je.

Kapitel 13

»Ein paar Dinge, die ihr bislang übersehen hattet«

Sandrine

An einem kühlen Abend in der dritten Aprilwoche wurde es gerade dunkel in Budapest, als Szabolcs Panyi durch die grelle Lobby eines Hotels in der Innenstadt schritt, auf dem Weg zu einer Besprechung mit zweien seiner Helden. Die renommierten Investigativjournalisten Bastian Obermayer und Frederik Obermaier waren gerade aus ihrer Heimatstadt München angekommen, um sich mit Szabolcs und seinem Redakteur András Pethő bei *Direkt36* zu einer geheimen Besprechung zu treffen. Die Journalisten der *Süddeutschen Zeitung* warteten in einem angemieteten Raum im oberen Stockwerk, mit einem Computer voller sorgsam gesicherter und verschlüsselter Daten, und waren bereit, Szabolcs und András einen Einblick in das Pegasus-Projekt zu geben.

Das Hotel selbst war ziemlich ernüchternd, erinnert sich Szabolcs. »Eine abscheuliche Einrichtung, wie die billige Kopie eines Trump-Hotels, mit überladener goldfarbener Dekoration, du weißt schon«, sagt er. »Ich war wirklich nervös und gleichzeitig gespannt, weil uns endlich das große Geheimnis enthüllt werden sollte.«

Doch als sie schließlich in dem vereinbarten Raum waren, mussten Szabolcs und András noch ein paar nervenaufreibende Hürden nehmen. Zunächst mussten die beiden Journalisten ihre Handys und anderen Geräte ausschalten und sie in einem anderen Raum hinterlegen, wo die elektronischen Geräte bis zum Ende der Besprechung bleiben sollten. Auch mussten sie sich einem Covid-Schnelltest unterziehen und anschließend im Badezimmer Däumchen drehen, bis die Ergebnisse da waren. So tappten Szabolcs und András weitere fünfzehn Minuten im Dunkeln über die Details des Pegasus-Projekts und die Rolle, die sie darin spielen sollten. Für Szabolcs Panyi waren dies die letzten frustrierenden Augenblicke einer bereits langen und beklemmenden Wartezeit.

Es war einen Monat her, dass ich Szabolcs über eine Remote-Verbindung erzählt hatte, die forensische Analyse von Security Lab habe Beweise gefunden, dass sein iPhone erfolgreich mit Spyware infiziert worden sei. Damals war es mir nicht möglich gewesen, ihm weitere Details zu nennen – NSO oder Pegasus erwähnte ich mit keinem Wort. Ich erinnere mich noch gut an Szabolcs' unmittelbare Reaktion; sein erster Impuls bestand darin, dass er seine Informanten warnen wollte. Szabolcs hatte Hunderte von Informanten, viele von ihnen in ungarischen Nachrichtendiensten oder Angehörige von politischen oder wirtschaftlichen Zirkeln, und er hatte in den vergangenen Jahren mit seinen Veröffentlichungen in Budapest und Umgebung bei so manchem einen empfindlichen Nerv getroffen.

Nur wenige Tage bevor wir ihn auf die Spyware-Infektion aufmerksam machten, hatte Szabolcs einen 9000 Worte langen Artikel veröffentlicht, in dem er beschrieb, wie sehr die diplomatischen und finanziellen Verflechtungen der ungarischen Regierung mit China im Laufe der elfjährigen Regierungszeit von Premierminister Viktor Orbán zugenommen hatten. Szabolcs' Bericht auf *Direkt36*, der mit »Wie Orbáns Öffnung zum Osten chinesische Spionagespiele nach Ungarn brachte« überschrieben war, beruhte auf monatelangen Recherchen und Unmengen von Dokumenten und Daten, die seine Erkenntnisse untermauerten, sowie an die sechzig Interviews mit offiziellen und inoffiziellen Informanten – die meisten davon zu ihrem eigenen Schutz anonym. Der Bericht hatte Orbáns Regierungspartei Fidesz in Verlegenheit gebracht.

Im Kern ging es dabei darum, dass China Orbán und Fidesz mit uneingelösten Versprechen in Bezug auf groß angelegte Finanzhilfen und günstige Kredite für die notorisch klamme ungarische Staatskasse an der Nase herumgeführt hatte. Doch Orbáns chinafreundliche Politik der »östlichen Öffnung« hatte nichts weiter erbracht, als dass sie China eine Möglichkeit boten, Tausende chinesische Propagandisten und bürgerliche Spione ins Land zu spülen, und dass China um des Profitstrebens willen weiter Fuß in der EU fassen konnte. »Für Geld tun die alles«, hatte ein namentlich nicht genannter ungarischer Diplomat, der ehemals in Peking stationiert war, Szabolcs gegenüber erklärt.

Szabolcs analysierte *das* große ungarisch-chinesische Kooperationsprojekt des letzten Jahrzehnts, der 1,9 Milliarden Euro teure Wiederaufbau der Eisenbahnlinie Budapest-Belgrad, und entlarvte es als Geldgrab, denn für Ungarn sprang nur wenig dabei heraus. »Ein chinesisch-ungarisches Konsortium bekam den Zuschlag für den Bau, wobei zwei staatliche chinesische Eisenbahn-Bauunternehmen mit einer Firma von Lőrinc Mészáros zusammenarbeiteten, Viktor Orbáns Freund aus Kindertagen und Ungarns reichster Geschäftsmann«, wie Szabolcs schrieb. »Laut einem früheren ranghohen Beamten im Außenministerium zeigt das auch, dass sich die ›Öffnung nach Osten‹ letztlich als eine Art ›Ninja-Nebelschleier‹ entpuppte, der lediglich dazu diente, die ungarischen Bestechungs- und Korruptionsmachenschaften zu verhüllen. Die nationale Wirtschaft Ungarns profitierte kaum von der prochinesischen Ausrichtung der ungarischen Außenpolitik, die alleinigen Nutznießer waren regierungsnahe Geschäftsklüngel.«

An dem Tag, an dem wir Szabolcs über die Spyware-Attacken auf sein iPhone informierten, war dieser gerade dabei, einen Bericht über ein Thema abzuschließen, über das er bereits in früheren Artikeln geschrieben hatte. Es handelte sich um einen jüngeren Geldverschwendungsskandal, »der auf dem gleichen Modell beruhte wie die Budapest-Belgrad-Eisenbahn-Investitionen«, wie er schrieb. Er hoffte, den Artikel Anfang April veröffentlichen zu können.

Der fünfunddreißigjährige Investigativjournalist war sich dessen bewusst, dass seine Berichterstattung für ihn vermutlich unangenehme Folgen haben würde, aber er war es inzwischen gewohnt, Ziel wütender Gegenangriffe von Schlüsselfiguren der Fidesz-Partei zu werden. Der internationale Pressesprecher des Premierministers hatte in Szabolcs bereits einen Staatsfeind ausgemacht und ihn öffentlich der »Orbánophobie und Hungarophobie« beschuldigt.

Fidesz-Befürworter in den Medien verkündeten bisweilen die Lüge, dass Szabolcs ein ausländischer Spion sei, vermutlich der CIA.

Szabolcs Panyi hatte in seiner ganzen bisherigen Journalistenkarriere nie etwas anderes gekannt als das sanft-autoritäre Herrschaftssystem Orbáns, dessen Schlinge sich immer fester um den Hals der Gegner zog. Seit er 2010 das Regierungsamt übernommen hatte, erwies sich der Premierminister immer wieder als gerissener Taktiker. Mittels verschiedener Wahlrechtsreformen hatte er Fidesz die absolute Mehrheit im ungarischen Parlament verschafft und dann die ihm wohlgesinnten Abgeordneten dazu instrumentalisiert, die ungarische Verfassung umzuschreiben. Dieser blutleere legislative Putsch beschädigte demokratische Institutionen, untergrub die Rechtsstaatlichkeit und ließ Orbán weitere Macht zufließen. »Die Verstümmelung der Demokratie hat er durch ein Paket an Gesetzen verschleiert, deren unverständliches juristisches Kauderwelsch, wenn überhaupt, nur eine Handvoll Experten entziffern kann«, sagt ein Beobachter.

Ferner setzten der Premierminister und seine Fidesz-Günstlinge alles daran, die regierungskritischen Medien zu unterdrücken. Zwar wurden Journalisten, die versucht hatten, die Korruption und Amtsvergehen der Regierungspartei ans Licht zu bringen, nicht reihenweise hinter Gitter gebracht oder körperlich verletzt, oder, so wie es in Marokko der Fall war, mit Klagen wegen angeblicher sexueller Vergehen überhäuft, aber sie standen unter Beobachtung.

»Das geht nun schon seit vier Jahren so«, berichtete Szabolcs uns 2021. »Einmal fuhr ich zu einem Informanten, der in einer Kleinstadt wohnte. Auf dem Weg dorthin wurde ich physisch beschattet, ihr wisst schon, von solchen kurz geschorenen Muskelprotzen in braunen Lederjacken, die vor meiner Haustür herumlungerten und dann hinter mir hergingen. Und als ich nach dem Treffen mit besagtem Informanten mit dem Zug nach Budapest zurückfuhr, saß ich in einem leeren Abteil, und ein ähnlicher Typ tauchte auf. Während der gesamten Zugfahrt, mehr als eine Stunde, stand er in der Abteiltür, ohne sich vom Fleck zu rühren. Er hatte kein Gepäck dabei. Wir nennen das ›demonstrative Überwachung‹.

Sie wollen, dass man weiß, sie folgen einem. Es ist zwar durchaus ein bisschen bedrohlich, aber eigentlich wollen sie einem das Signal senden: ›Wir haben dich im Auge. Wir wissen, was du tust. Wir wissen, mit wem du dich triffst.‹ Und tatsächlich hat sich diese physische Beschattung auch auf den Artikel ausgewirkt, an dem ich damals arbeitete, denn ich konnte die Information, die ich erhalten hatte, nicht verwenden. Das Treffen war ja aufgeflogen, und ich wollte den Informanten nicht in Schwierigkeiten bringen.«

Szabolcs hielt sich für technisch nicht sonderlich versiert, aber er war immer sehr vorsichtig. Er benutzte das jeweils neueste iPhone, weil die Apple-Geräte für ihre hohe Sicherheit bekannt sind, und machte einen Bogen um alle in China hergestellten elektronischen Geräte, hatten diese doch mit hoher Wahrscheinlichkeit eine Hintertür in ihrer Betriebssoftware. Auch bediente er sich verschlüsselter Messaging-Dienste wie Signal und Wickr. Desgleichen VPNs (Virtuelle private Netzwerke). Als ein Agent des ungarischen Nachrichtendiensts Szabolcs warnte, dass ein konkurrierender Nachrichtendienst ihn möglicherweise mit digitalen Mitteln ausspionieren wollte, versetzte ihn das daher nicht in Panik. Er hatte Orbáns Geheimdienste noch nie für sonderlich kompetent oder aufgeweckt gehalten.

Doch als ich ihn informierte, dass jemand ihn über sein iPhone ausspionieren wolle, dass er ihre Waffen quasi mit sich herumtrage, erschien ihm das wie ein Quantensprung, sowohl, was die Fähigkeit als auch die Zielsetzung der Dienste anbelangte; diese Information erschütterte ihn. Anders als die demonstrative Überwachung war dies in aller Heimlichkeit geschehen, ohne den geringsten Hinweis und ohne, dass er hatte ahnen können, was die Geheimdienste im Schilde führten oder was sie herausgefunden hatten.

»Ich hatte wirklich Angst, dass meine Informanten gefährdet sind oder Probleme bekommen könnten«, sagt er. »Deswegen habe ich auch so die Nerven verloren.«

Szabolcs hatte das Gefühl, einigen seiner Informanten, die ihm in Bezug auf seine China-Reportagen nützlich gewesen waren, erzählen zu müssen, dass ihre Kommunikation möglicherweise abgehört worden war, aber sein Redakteur bei *Direkt36* warnte ihn davor. »Tu es nicht«, riet András ihm. »Wir haben noch nicht genügend Informationen. Und diese Geschichte, diese Internetüberwachungsgeschichte, meine ich, ist einfach zu heikel.«

Auch Claudio war es gelungen, ihn ein bisschen zu beruhigen. Die Internetüberwachung sei über einen begrenzten Zeitraum hinweg erfolgt, von April bis Dezember 2019, hatte Claudio ihm versichert. In jüngerer Zeit gebe es keinen Hinweis auf eine Infektion oder, wie Szabolcs es nannte, »Infestation«. Also behielt Szabolcs die beunruhigende Information für sich, ergriff sämtliche zusätzlichen Sicherheitsvorkehrungen, die Claudio ihm empfohlen hatte, und überzeugte das Security Lab, sein iPhone alle paar Wochen forensisch zu analysieren, nur um sicherzugehen.

Einen Monat später sollte Szabolcs in diesem grell goldenen Hotel in Budapest endlich erfahren, was genau in seinem iPhone passiert war und wie dies mit einer sehr viel größeren Geschichte der Internetüberwachung zusammenhing.

»Noch einmal, es tut mir leid, euch noch nicht in alles einweihen zu können, weil das gesamte Ausmaß unseres Projekts bei unserem Treffen in Paris im Mai enthüllt werden wird«, sagte Frederik Obermaier einleitend zu Szabolcs und András. »Wir werden uns also auf das konzentrieren, was wir bislang über Ungarn wissen. Wir wissen, dass mehrere Hundert Handynummern aus Ungarn ins Visier genommen wurden. Wir haben gute Gründe anzunehmen, dass die Überwachung von einem ungarischen Regierungsangehörigen in Auftrag gegeben wurde.«

Die Rolle von *Direkt36*, erklärten Frederik und Bastian, werde unter anderem darin bestehen, uns zu helfen, in unserer Datenbank Betroffene auszumachen, die möglicherweise bereit wären, ihre Smartphones forensisch von uns untersuchen zu lassen, Ungarn, bei denen man darauf vertrauen könne, dass sie Stillschweigen bewahrten, solange die Recherche lief. Frederik und Bastian gingen ein paar der ausgewählten ungarischen Zielpersonen durch, die bereits namentlich identifiziert worden waren: zum Beispiel einer von Orbáns wichtigsten Ministern, der inzwischen im Ruhestand war (»Der ist nicht einmal ein ausgewiesener Kritiker«, meinte András), und ein Mitglied einer der wichtigsten Oppositionsparteien Ungarns.

»Werdet ihr es ihm sagen?«, fragte András in Bezug auf den Oppositionspolitiker.

»Wir würden lieber versuchen, zuerst mit ihm zu reden und ihm auf den Zahn zu fühlen«, erwiderte Frederik. »Wenn wir ein supergutes Gefühl haben, und ihr ebenfalls der Meinung seid, dass man ihm trauen kann, dann ja. Aber wir würden die Entscheidung auf jeden Fall euch überlassen.«

»Ich bin skeptisch«, meinte Bastian, der fürchtete, der frühere Minister wäre nicht bereit, Stillschweigen zu wahren, bis wir an die Öffentlichkeit gingen, »weil er grundsätzlich nie ein Blatt vor den Mund nimmt.«

»Ich kenne ihn nicht gut«, warf András ein. »Ich habe nur ein paar wenige Male mit ihm gesprochen. Aber stimmt, genau darin liegt die Gefahr: Er redet gern. Wenn man sich mit ihm unterhält, erzählt er einem alles.«

»Okay«, erwiderte Frederik, »also nein.«

Jetzt klappte Frederik seinen Laptop auf und enthüllte Szabolcs und András das wahre Juwel unserer Sammlung. Er nahm einen unscheinbar aussehenden USB-Stick zur Hand, steckte ihn in den USB-Anschluss und öffnete mithilfe der Protokolle, die Claudio und Donncha eigens für das Pegasus-Projekt erstellt hatten, unsere Liste. Die Datei war verschlüsselt, und Frederik gab drei lange und komplizierte Passwörter ein. Voilà. Da war die Liste endlich, sichtbar für Szabolcs und András – Hunderte ausgewählte Handynummern, unter der Überschrift »Ungarn«. Einige namentlich identifiziert, andere nicht. Später an diesem Abend sollten Frederik und Bastian Back-ups von Szabolcs' und András' separaten Kontaktlisten an das Security Lab in Berlin schicken, damit Claudio und Donncha versuchen konnten, die Namen weiterer bislang anonymer Telefonnummern auf der Liste herauszufinden.

Während Frederik durch die Liste scrollte, hielten Szabolcs und

András nach Namen Ausschau, die sie kannten. »Oh, diese Frau hier, sie war einmal Botschafterin in China, und jetzt ist sie eine Beraterin von Orbán, eine außenpolitische Beraterin«, sagte Szabolcs und deutete auf den betreffenden Namen. »Ich habe ihre Telefonnummer.«

»Und der hier«, sagte András, »ist ein Investmentbanker.«

»Was ich wirklich interessant finde, ist, dass viele Leute nicht wegen eventueller Straftaten auf der Liste stehen, sondern aus rein politischen Gründen«, warf Bastian ein. »Bei uns in Deutschland wäre das ein riesiger Skandal.«

»In Ungarn wird es auch ein Skandal sein, darauf könnt ihr euch verlassen«, erwiderte Szabolcs.

Szabolcs hatte eine Art Déjà-vu-Moment, durchlebte erneut die merkwürdigen Emotionen, die auf ihn eingestürmt waren, als er erfahren hatte, dass er selbst Opfer von Internetüberwachung geworden war. »Es war für mich sehr aufregend, diese Datenbank einsehen zu dürfen, und noch dazu bestand die Aussicht, damit arbeiten zu können, aber es war auch ziemlich nervenaufreibend«, sollte er später sagen. »Vor allem erinnere ich mich an den Namen eines Mannes, der in Orbáns Regierung war. Inzwischen war er im Ruhestand, ein alter, allseits respektierter, freundlicher Mann, ein Wirtschaftsexperte, vom gesamten politischen Spektrum anerkannt. Und dann seinen Namen unter all den anderen Opfern von Internetüberwachung zu sehen, das war der größte Schock für mich, weil … ich mir nicht vorstellen konnte, dass er in irgendwelche Missetaten verwickelt sein konnte.

Und dann diese anderen Namen von ziemlich undurchsichtigen Leuten in derselben Liste zu sehen: Ungarische Mafiosi, die in den Neunzigern die Polizeiberichte und Abendnachrichten gefüllt hatten. Mafiosi, die in organisiertes Verbrechen und Gewaltdelikte involviert waren. Darunter ein paar Araber und Russen, die vermutlich legitime Zielpersonen der Spionageabwehr oder Antiterroruntersuchungen sind, wisst ihr. Und plötzlich sah ich dann meinen Namen unter diesen des Terrorismus und Drogenhandels Verdächtigen. Es ist schockierend, dass Leute darüber entscheiden, denen es egal ist, ob sie einen Schwerverbrecher oder jungen Investigativjournalisten wie mich überwachen.«

Ehe sie die Besprechung für diesen Abend beendeten, versorgten Frederik und Bastian Szabolcs noch mit weitaus detaillierteren Informationen aus der forensischen Analyse seines Smartphones, die Claudio und Donncha inzwischen abgeschlossen hatten. »Im Grunde erstellten unsere Kollegen anhand der Daten auf deinem iPhone eine Art Chronik«, erklärte Frederik ihm. Die Zeitstempel zu den Internetangriffen im Jahr 2019 wurden auf den Tag, die Stunde und Minute genau identifiziert.

Szabolcs holte seinen Kalender heraus und verglich ihn mit dieser Chronik. Ihm fiel wieder ein, dass er damals über die Beziehungen zwischen Trump und Orbán recherchiert hatte, bei denen es viel um Waffengeschäfte gegangen war. »An diesem Tag habe ich mich mit einem Waffenhändler getroffen«, sagte er und deutete auf eine Zeile in der vom Security Lab erstellten Chronik.

»Mit dem hier?«, fragte Frederik. »In Ungarn?«

»Ja, bei dieser Geschichte ging es sowohl um amerikanische als auch russische Interessen.«

»Und ungarische?«

»Ja, auch um ungarische«, erwiderte Szabolcs. »Und israelische auch. Auch erkannte der Typ, mit dem ich mich traf, am Nebentisch jemanden von einer bestimmten Botschaft, von dem man wusste, dass er für den Geheimdienst seines Landes arbeitete.«

»Wow«, sagte Frederik.

Und Bastian dränge Szabolcs: »Kannst du uns ein bisschen mehr darüber erzählen?«

»Es waren die Vereinigten Staaten.«

Szabolcs hatte noch eine letzte Frage zu der forensischen Untersuchung. Claudio hatte ihm erzählt, dass wer immer sein iPhone infiziert hatte, nur zwischen 50 und 100 Megabytes Daten ausgefiltert hatte. »Dann nehme ich an, dass es weder Bilder noch Videos waren, sondern lediglich Text«, sagte Szabolcs, doch weder Frederik noch Bastian konnten das mit Sicherheit bestätigen.

»Wir müssen das Schlimmste befürchten«, erklärte Frederik.

»Ich würde auf Chat-Protokolle tippen«, sagte Szabolcs nunmehr fast flehentlich.

»Wir gehen davon aus, dass sie auf alles, was du auf deinem Smartphone angesehen hast, zugreifen konnten und auf alles, was du gesprochen und geschrieben hast«, sagte Frederik. »Selbst eine Signal-Message, die theoretisch verschlüsselt ist, konnte durch Einsatz dieser Technologie gelesen werden. Sie können den Text abfangen, wenn man ihn tippt. Also nicht erst dann, wenn du ihn verschickst und er bereits verschlüsselt ist. Sondern wie gesagt, in dem Moment, da du ihn tippst.«

»Aber die Spyware kann doch keine verschlüsselten Nachrichten abfangen, die ich erhalte und lese?«, fragte Szabolcs. »Sondern nur die, die ich selbst tippe?«

»Sie können im Grunde auf alles zugreifen, was du siehst«, antwortete Frederik. »Wenn du eine Signal-Nachricht erhältst, die unterwegs verschlüsselt war, dann können sie darauf zugreifen, sobald du sie liest und du sie hier [auf deinem Smartphone] siehst.«

»Okay«, sagte Szabolcs und lächelte, obwohl ihm gewiss nicht zum Lächeln zumute war.

»Darin liegt die große Gefahr«, sagte Frederik. »Denn wir Journalisten haben uns alle relativ sicher gefühlt, selbst nach all den Enthüllungen über die NSA durch Snowden. Dachten, dass solange wir Dienste wie Signal nutzen, unsere Kommunikation einigermaßen sicher sei. Das hier ist eine große Bedrohung für uns alle und unsere Informanten.«

Als sich Frederik und Bastian im Büro von *Direkt36* zu einem zweiten Treffen einfanden, hatten Claudio und Donncha bereits bei mehr als einem Dutzend Telefonnummern aus Szabolcs' Kontaktliste eine Übereinstimmung mit Nummern aus unseren Daten festgestellt. Szabolcs tippte eine der übereinstimmenden Nummern in sein Smartphone. »Tja«, sagte er seufzend, »das scheint unser Kollege zu sein, der hier arbeitet.«

»Hier, bei der Zeitung?«, fragte Bastian. »Wir haben noch keinen Namen zu dieser Nummer.«

Szabolcs identifizierte die Nummer als die von András Szabó, der im angrenzenden Zimmer saß.

»Also ein weiterer Kollege von *Direkt36*«, sagte Bastian. »Ziemlich irritierend.«

Szabolcs rief András Szabó in den Konferenzraum, um seine Erlaubnis für die forensische Untersuchung zu erhalten. Dann lud das Team ein Back-up von András' iPhone auf den Rechner des Security Labs hoch, und ungefähr eine Stunde später kamen bereits die vorläufigen Ergebnisse zurück.

Frederik stellte Szabolcs, András Pethő und András Szabó die Ergebnisse vor. Demnach war genau die Hälfte der Redaktionsmitglieder von *Direkt36* betroffen.

»Sieht aus, als hätte er am 13. Juni 2019 die Spähsoftware eingefangen und dann noch mal am 24. September desselben Jahres«, sagte Frederik.

»Ich?«, fragte András Szabó mit verwirrtem Gesichtsausdruck.

»Ja, du.«

»Herrje.«

»Ich denke, du solltest jetzt deinen Kalender und auch dein Gedächtnis durchforsten«, schlug Frederik vor.

»Tja, und genau das ist ein Problem«, sagte András Szabó. »Letztes Jahr hat mich die ungarische Polizei als Zeugen in einem Fall vorgeladen, und bevor die Polizisten kamen, um mich abzuholen, habe ich einiges aus meinem Kalender gelöscht.«

Unterdessen hatte sich Szabolcs darangemacht, die Archive von *Direkt36* nach den Artikeln zu durchsuchen, die sein Kollege in den betreffenden Monaten von 2019 veröffentlicht hatte. Kurz vor dem ursprünglichen Cyberangriff hatte András die Ergebnisse seiner Recherchen über Orbáns Kommunikationschef publiziert: Der Fidesz-Funktionär und dessen Frau hatten beide Luxusautos von einer Firma geschenkt bekommen, die Beziehungen zu Russland hatte. Ferner hatte András einen Artikel über einen Oppositionspolitiker verfasst, der des Finanzbetrugs verdächtigt wurde. Des Weiteren einen über den Bauauftrag für ein ungarisches Kernkraftwerk an den russischen Energiekonzern Rosatom.

András erklärte, bei diesem Kernkraftwerkprojekt habe er auf wichtige anonyme Informanten zurückgreifen können.

»Also könnte es sein, dass jemand herausfinden wollte, wer deine Informanten waren?«, warf Frederik ein. »Oder aber deine Informanten haben deiner Regierung einen Tipp gegeben.«

»Vielleicht«, sagte András. Er wusste nicht, was er davon halten sollte, aber etwas war dem Team von *Direkt36* klar: dass dies eine große Story werden würde und ihnen jede Menge Arbeit bevorstand.

»Ich glaube, ihr solltet nochmals eure Notizen durchgehen und überlegen, welche Informanten in Gefahr sein könnten«, schlug Frederik vor.

»Nur die von diesen beiden Tagen?«, fragte András.

»Soweit wir bislang aus dem System schlau geworden sind, fand an diesen Tagen die Infektion statt«, antwortete Frederik. »Aber das heißt nicht, dass nur diese beiden Tage relevant sind. Gut möglich, dass jemand auch später zuhörte und mitlas.«

András Pethő, in seiner Rolle als Chefredakteur, erinnerte Szabolcs und András Szabó daran, dass all diese Informationen unbedingt unter ihnen dreien bleiben mussten. Einstweilen sei es besser, niemandem ihrer Kollegen und Kolleginnen davon zu erzählen.

»Und gebt auch nicht in euren Computer ein, dass dieses Treffen stattgefunden hat«, mahnte Frederik. »Kein Wort zu niemandem.«

Die Gewissheit, dass András Szabós' iPhone infiziert worden war, markierte das Ende eines sehr produktiven Monats beim Security Lab in Berlin. Abgesehen von der kürzlich erfolgten Bestätigung, dass ein bestimmtes iPhone einem Journalisten aus Mexiko gehörte, hatten Claudio und Donncha auf zehn verschiedenen Smartphones Spuren gefunden, die Pegasus in diesem kurzen Zeitraum dort hinterlassen hatte, verteilt über mindestens vier Länder. Diese Erfolgsrate war nach Claudios Erfahrung phänomenal. Selbst die Handvoll iPhones, die sich als sauber erwiesen hatten, hatten dem zweiköpfigen Cybersecurity-Team von Amnesty International geholfen, die Millionen von legitimen Prozessnamen in Apples Mobil-Betriebssystem iOS oder in Apps zu katalogisieren, die vom Apple Store heruntergeladen wurden. »Es gibt keinerlei Dokumentation dazu«, erklärte Claudio. »Es ist ja nicht so, dass Apple irgendwelche Details veröffentlicht. Wir haben im Verlauf der Arbeit immer mehr verstanden und wurden mit dem [iPhone-]Betriebssystem immer vertrauter.«

Die plötzliche Fülle an forensischen Analysen hatte die Liste mit legitimen iOS-Prozessnamen des Security Labs geflutet, aber auch die Liste mit von Pegasus generierten illegitimen Prozessnamen. Ganz offensichtlich hatte jemand bei NSO die Angriffe durch geschicktes Umbenennen der heimtückischen Pegasus-Prozesse verschleiert, indem er hier einen Buchstaben hinzufügte, dort einen ausließ oder eine Zahl änderte. So wurde Apples legitimes ckkeyrolld zum Beispiel das heimtückische ckkeyrollfd von NSO; fseventsd wurde zu eventsfssd; aus nehelper wurde nehelprd; CommCenterRootHelper wurde zu CommsCenterRootHelper; xpcroleaccountd wurde zu roleaccountd. »Je mehr Smartphones wir untersuchen«, berichtete Donncha, »umso mehr Indikatoren sammeln wir. Wir müssen gewissermaßen eine Datenbank mit Indikatoren erstellen.«

Das rasante Anwachsen dieser Datenbank war in der Tat ein Meilenstein. Indem das forensische Tool von Security Lab sein Gehirn unentwegt mit weiteren heimtückischen Prozessnamen fütterte, lernte es, wie einer unserer Partner es später ausdrücken sollte, »die weltweit komplizierteste Variante des Spiels ›Wer erkennt den Unterschied?‹ zu gewinnen«.

Ende April waren Claudio und Donncha äußerst zufrieden mit ihrem weiterentwickelten forensischen Tool, und das aus gutem Grund. Gerade erst hatten sie Spuren einer Pegasus-Attacke auf dem iPhone des indischen Journalisten M. K. Venu gefunden, das im März, als sie es zum ersten Mal untersucht hatten, noch sauber zu sein schien. Aber wie sich herausstellte, fand sich mindestens ein von Pegasus generierter Prozessname, den Claudio und Donncha in Lenaïg Bredoux' iPhone entdeckt hatten — otpgrefd – auch im Back-up von M. K.s iPhone, das auf einem Laufwerk von Security Lab gesichert war. »Sobald man das Gefühl hat, eine Tür geöffnet zu haben, von deren Existenz man zuvor nichts wusste, fängt man nochmals von vorn an und sucht nach Beweisen, die schon vorher da waren«, erzählte uns Claudio. »Denn es ist gut möglich, dass man Dinge findet, die einem damals entgangen waren oder die man falsch interpretiert hatte.«

Allmählich schälten sich Muster und Ähnlichkeiten heraus, die sich bei verschiedenen End-Usern von Pegasus beobachten ließen. Claudio und Donncha hatten herausgefunden, dass auf zahlreichen infizierten iPhones die gleichen von NSO generierten multiplen Spyware-Prozesse abliefen, ob sich der Kunde von NSO nun in Indien, Marokko, Mexiko, Ungarn oder irgendeinem anderen Land aus unserer Liste befand.

Auch hatten die jüngsten forensischen Analysen einige charakteristische Unterschiede unter den NSO-Kunden zutage gebracht, die es ermöglichten, zu verfolgen und zu verifizieren, wo genau die digitalen Attacken ihren Ursprung hatten. Jede NSO-Lizenz, legten die Beweise auf den Smartphones nahe, benutzte einen eigenen Satz gefälschter iCloud-Accounts, um Angriffe zu unterstützen. Claudio und Donncha hatten unzählige Hinweise gefunden, dass iPhones in einem entscheidenden frühen Stadium des Pegasus-Exploits durch von NSO generierte iCloud-Accounts mit ganz bestimmten E-Mail-Adressen in Kontakt traten. Anschließend wurden Aufzeichnungen dieser iCloud- oder iMessage-Kontakte, die allesamt falsche Namen benutzten, in einer tiefen Ebene des iPhones abgelegt. Die Opfer der marokkanischen Kunden von NSO wurden dann zum Beispiel von falschen Namen wie bergers.o79@gmail.com oder naomiwerff772@gmail.com oder bogaardlisa803@gmail.com oder linakeller@gmail.com kontaktiert. Opfer indischer Kunden von lee.85.holland@gmail.com oder bekkerfred@gmail.com oder taylorjade0303@gmail.com. M.K. Venus iPhone und das zweier weiterer indischer Opfer waren von herbruud2@gmail.com kontaktiert worden. Die ungarischen Zielpersonen Szabolcs Panyi und András Szabó waren beide unbemerkt von der nicht existierenden jessicadavies1345@outlook.com und ihrer Scheinschwester emmadavies8266@gmail.com kontaktiert worden.

Auch erlaubte es die immer gründlicher werdende forensische Analyse Claudio und Donncha, neue Einsichten in die Fähigkeiten der Ingenieure und Programmierer zu gewinnen, die das Pegasus-System entwarfen und aufbauten. Der Genius des technischen Teams im Hauptquartier von NSO im Norden Tel Avivs trat in der Spähsoftware, die die Lizenznehmer von Pegasus benutzten, um iPhones und ihre Benutzer auszuspionieren, jedenfalls nicht zutage. »Ziemlich beschissen«, nennt Claudio sie, wenn man ihn darauf anspricht. »Der wirklich ausgeklügelte Teil von Pegasus ist nicht die Pegasus-Schadsoftware an sich«, meint Donncha. »Aber der Exploit, die Art und Weise, wie die Malware auf das Smartphone eingeschleust wird, der ist ziemlich kompliziert und ändert sich ständig.«

Das ausgeklügelte Waffenarsenal, das das Pegasus-System von NSO anwandte, um seine ziemlich gewöhnliche Spähsoftware zu injizieren, war so entwickelt, dass es geschickt Schwachstellen ausnützte, zum Beispiel in der Apple-Software und den Apps, die auf einem iPhone laufen. Exploits, bei denen der Angriff durch iMessage und Apple Photos stattfand, hatte das Security Lab bereits entdeckt. Diese Waffen sind auf dem Gebiet der Cybersicherheit als **»Zero-Day-Angriff«** bekannt, ein Begriff, der sich auf die Tatsache bezieht, dass wenn ein Tech-Unternehmen wie Apple oder Google oder Microsoft gerade von einer Sicherheitslücke erfahren hat, es damit »null Tage« Zeit hat, um das Problem vor einer Attacke zu beheben. Also gar keine Zeit. Es ist bereits zu spät.

Wenn ein Exploit genügend Sicherheitsvorkehrungen und technische Abwehrmaßnahmen umgehen kann, kann es das Gerät auch »jailbreaken« und den gewünschten Schadcode in das iPhone hineinschreiben. Aber wie Claudio und Donncha uns erklärten, reicht ein einzelner Exploit nur selten aus, um eine moderne Cyberabwehr einzureißen und Zugang zu dem Gerät zu erlangen. Die Researcher brauchen häufig eine Kette von drei oder noch mehr Exploits, um Erfolg zu haben. Was bedeutet, dass man, um diese Art von Waffen zu entwickeln, sehr viel Arbeitszeit und Geld benötigt. Und vor allem braucht es immer einen äußerst versierten Hacker oder Cyber-Researcher, der oder die eine Schwachstelle in der Apple-

Software entdeckt und sicherstellt, dass es ein Geheimnis bleibt, bis sie »ihr Produkt« dem Meistbietenden verkaufen können.

Claudio und Donncha kannten sich gut genug im Zero-Days-Markt aus, um zu wissen, dass eine einzelne zuverlässige Exploit-Kette eine Million Dollar oder mehr einbrachte. Auch hatten sie genug gesehen und gehört, um davon auszugehen, dass NSO höchstwahrscheinlich beträchtliche Summen für die Forschung im eigenen Haus ausgab, um seine ureigenen Zero-Day-Waffen zu entwickeln. Die Skala der Geschäftstätigkeiten von NSO – mit gut zahlenden Kunden in Dutzenden Ländern – erforderte das quasi. »Für NSO lohnt es sich absolut, wenn sie fünf Millionen im Jahr für eine Exploit-Abteilung für iPhones ausgeben«, meinte Claudio, »wenn sie [Pegasus] an fünfzig verschiedene Kunden verkaufen können, die alle Millionen dafür hinblättern.«

Anhand dessen, was er sah, war Claudio überzeugt, dass sich die Researcher, Programmierer und Ingenieure bei NSO ein unentwegtes Versteckspiel mit einem der (angeblich) sicherheitsbewusstesten Tech-Unternehmen der Welt lieferten – Apple.

»Sobald es von einer Schwachstelle erfährt, patcht Apple sie«, meint Claudio. »Aber Apple kann nur etwas bekämpfen, von dem es weiß. Was sie nicht wissen, können sie auch nicht reparieren. Apples Modell besteht darin, das zu beheben, was sich beheben lässt, und dann so viel Reibungswiderstand wie möglich zu erzeugen.«

»Denkt daran, wenn ihr von einem ›iMessage-Exploit‹ sprecht, dass es nie nur ein Exploit ist«, erklärte er. »Wenn ein iPhone von einem iMessage-Exploit kompromittiert wird, sind möglicherweise drei, vier, fünf verschiedene Exploits in einem einzigen verpackt.

Bei einem iPhone müssen [NSO-Techniker] vieles kompromittieren, das macht die Sache sehr viel komplizierter. Sie müssen etliche [verschiedene] Sicherheitsmaßnahmen kompromittieren, die Apple absichtlich programmiert hat, ein System aus komplizierten Schutzschichten, das es zu überwinden gilt, ehe man das Gerät erfolgreich kapern kann.

Die Schwierigkeit, ein iPhone zu infizieren, besteht darin, dass man ein funktionierendes Exploit für alle diese verschiedenen Sicherheitsschichten braucht, und alle müssen zuverlässig sein und auf Anhieb funktionieren. Sie müssen alle anderen Komponenten des Betriebssystems unterwandern. Möglicherweise wird eines von ihnen über Nacht gepatcht, dann brauchen sie ein anderes, um es zu ersetzen. Es ist also ganz und gar nicht einfach. Es ist ein ziemlich komplizierter Prozess.«

* * *

Laurent und ich hatten noch immer ernsthafte Bedenken – ganz oben auf unserer Sorgenliste standen Omar Radi und Khadija Ismayilova –, aber im April war das Pegasus-Projekt weit vorangeschritten, sowohl was die forensische Analyse als auch die journalistische Seite betraf. Wir hatten wichtige neue Partner ausfindig gemacht, eine Reihe von Infektionen nachgewiesen, uns auf ein paar Schlüsselstorys geeinigt. Wir planten bereits eine Besprechung in einem sehr viel größeren Kreis von Partnern, die uns helfen sollten, den einzelnen Storys nachzugehen. Obendrein hatte ich das Gefühl, dass wir dem Geheimnis von NSO allmählich auf den Trichter kamen – dem, was den Aufstieg und das Wachstum von NSO befeuert hatte. Und warum es zu solch spektakulären Grenzüberschreitungen gekommen war. Die berühmteste (und berüchtigtste) Cyberüberwachungsfirma der Welt – angefangen bei ihren Gründern bis zu ihren überarbeiteten Researchern – hatte ganz klar verstanden, welche Macht und Möglichkeiten in Cyberschwachstellen lagen. Man konnte sagen, ihr ganzes Geschäftsmodell beruhte auf Schwachstellen. Sie betrieben dieses Geschäftsmodell in einem Land, das gelernt hatte, mit Angst zu leben, und wie man sie bezwang.

Kapitel 14
Was gar nicht geht

Als CEO Tim Cook und seine Gurus vor der Entscheidung standen, wo der größte Forschungs- und Entwicklungsstandort von Apple Inc. außerhalb der USA errichtet werden sollte, mussten sie sich nur wenige Beschränkungen auferlegen. Der Jahresüberschuss der Firma lag bei etwa vierzig Milliarden US-Dollar und wuchs weiter, ebenso wie der globale Marktanteil ihrer Mobiltelefone. Cook & Co. hatten den ganzen Planeten zur Auswahl, und sie entschieden sich für einen mittelgroßen, zwischen Meer und Wüste eingezwängten Vorort 12 000 km vom Hauptquartier in Cupertino, Kalifornien, entfernt, in einem Land mit neun Millionen Einwohnern und einem Bruttosozialprodukt in der Größenordnung von Norwegen und Nigeria. An diesem entlegenen Ort baute Apple einen umweltfreundlichen Glaskasten im Stil des 21. Jahrhunderts, in dem eine Bürofläche von 16 700 m^2 für 700 Mitarbeiter vorgesehen war – inklusive Spielraum für Erweiterungen. Nicht nur in diesem Bürogebäude munkelte man, dass hier die künftigen Versionen von Apples Vorzeigeprodukt, dem iPhone, entwickelt werden sollten.

Sollte irgendwer bei Apple geahnt haben, dass gleich um die Ecke ein paar Dutzend NSO-Cyberforscher saßen und praktisch Tag und Nacht nach Schwachstellen in der Betriebssoftware des iPhone suchten, dann ließ er sich jedenfalls nichts anmerken. NSO war zu der Zeit kaum bekannt und wurde auf Apples Radarschirm nicht als potenzielle Bedrohung geführt. Folglich konnte die Nähe der relativ kleinen Firma für Spionagesoftware nicht die Überzeugung erschüttern, dass der Geschäftsbezirk von Herzlia, gleich nördlich von Tel Aviv, genau der richtige Standort war. »Apple ist in Israel«, sagte Tim Cook anlässlich der Einweihung des neuen R&D-Zentrums im Februar 2015, »weil es hier unglaublich talentierte Ingenieure gibt.«

Die Talentdichte in Herzlia war kaum zu übersehen; Ehrgeiz und Selbstvertrauen beherrschten die Atmosphäre in den Restaurants und Bars, in denen Tausende von Cybersicherheitsspezialisten, Programmierern und Softwareentwicklern verkehrten, die für Dutzende von Technologiefirmen in der Nachbarschaft arbeiteten. Die Tischgespräche wurden oft lautstark, fachkundig und kontrovers geführt, ob es um die Vorzüge der neuesten Dating-App ging oder die aktuellen Stellenanzeigen – »fundierte Kenntnisse des radikalen Islam« waren da zum Beispiel gefragt – oder die eben stattgefundenen Wahlen. Diese Kohorte gehörte zum intelligentesten einen Prozent der israelischen Bevölkerung (die Regierung war im Besitz der einschlägigen Testergebnisse) und arbeitete im lukrativsten und glamourösesten Berufsfeld des Landes. Die betreffenden jungen Männer und Frauen waren, mehr oder weniger buchstäblich, Auserwählte – schon im Schulkindalter als Intelligenzbestien identifiziert, dann angespornt, sich mit Mathematik, Physik und Computerwissenschaft zu beschäftigen und sich auf eine außergewöhnliche persönliche Bestimmung vorzubereiten. Auf ähnliche Art, wie in Europa Talente auf dem Fußballplatz und in Amerika auf dem Basketballcourt gesichtet und ausgebildet werden, verwendet man in Israel viel Zeit und Energie darauf, die Zauberer des Cyberspace hervorzubringen.

Die Besten der Besten, genannt »Rosh Gadol« oder »Big Brains«, werden im Alter von siebzehn oder achtzehn aus der Masse herausgesiebt und in die Cyberaufklärungseinheiten der israelischen Armee gesteckt, wo sie ihre Wehrdienstpflicht in angemessener Entfernung von den Gefahren tatsächlicher Kampfeinsätze ableisten können.

»Wenn die IDF (israelische Verteidigungsstreitkräfte) jemanden wirklich haben wollen, dann schicken sie nicht selten Offiziere zu den Eltern der betreffenden Person, um sie davon zu überzeugen, dass es nur zum Besten ihres Sohnes oder ihrer Tochter sei, dieses Studium aufzunehmen, denn das sei für sie der optimale Start ins Leben«, sagt einer der Rosh Gadol. »Das ist praktisch hier Usus. Heutzutage wünschen sich alle jüdischen Mütter, dass ihr Sohn graduierter Ingenieur wird, nicht etwa Arzt. Arzt kommt erst an zweiter Stelle.«

Die IDF verlangen eine längere Dienstzeit von ihren Cyberkriegern, bieten aber im Gegenzug eine Kombination aus Ausbildung, Training, Praxis in der realen Welt und Anerkennung. *Alles ist möglich,* das war die Botschaft, die Mitgliedern dieser Eliteeinheit von ihren Ausbildern vermittelt wurde. *Alle Türen stehen euch offen, wenn ihr euch nur richtig auf das Ziel konzentriert.*

Die etwa tausend Rosh Gadol, die Jahr für Jahr ihren Dienst abschließen und in den Privatsektor wechseln, bekommen sofort Zugang zu hoch bezahlten Hightech-Jobs. Oft folgen sie ihren ehemaligen Teamleitern in neue Start-ups, teilweise angelockt von der sehr realen Möglichkeit, beim nächsten großen Ding mit an Bord zu sein. Spätestens 2015 war es offensichtlich. In Herzlia und anderen israelischen Hightech-Brutstätten gab es viel Gerede über spektakuläre Geschäfte mit Firmen, die von ehemaligen IDF-Cyberspezialisten geleitet wurden: Ein israelisches Tech-Start-up ging dem Vernehmen nach für 50 Millionen US-Dollar an Oracle, ein anderes für 300 Millionen US-Dollar an Apple, ein weiteres für 500 Millionen an Cisco. Microsoft kaufte eine Datenschutzfirma für gemunkelte 320 Millionen US-Dollar. Facebook zahlte 150 Millionen für ein Mobile-Analytics-Unternehmen. PayPal 60 Millionen für eine Firma, die Hacks vorhersehen kann. Selbst, wenn die realen Verkaufspreise nur die Hälfte der kolportierten Summen betragen haben sollten, wären sie immer noch recht ansehnlich. *Alles ist möglich. Alle Türen stehen euch offen, wenn ihr euch nur richtig auf das Ziel konzentriert.*

Die israelischen Cyberspezialisten waren der Stolz der Nation; eines kleinen Landes im Nahen Osten, das sich, wie der damalige Premierminister Benjamin Netanjahu gern herausstrich, auf dem Hightech-Sektor auf eine Stufe mit Mächten wie Russland, China, dem Vereinigten Königreich und den Vereinigten Staaten gestellt hatte. »Israel zieht ungefähr ein Fünftel der globalen Privatinvestitionen im Bereich Cybersicherheit an«, erklärte Netanjahu 2017. »Und angesichts der Tatsache, dass wir nur ein Zehntelprozent der Weltbevölkerung stellen, kann man sagen, dass unser Anteil zweihundert Mal so groß ist, wie man erwarten würde. Nicht doppelt so groß, nicht zehn Mal so groß, und nicht einmal hundert Mal. Soll heißen, hier ist etwas im Spiel, das sich über zahlenmäßige Größe hinwegsetzt.«

Wie kann ein winziges, der Wüste abgerungenes Land innerhalb von siebzig Jahren nach seiner Gründung zu einer der fünf Supermächte in der Cybertechnologie werden? Richtet man diese Frage an jemanden, der seine Cyberausbildung beim israelischen Militär absolviert hat, ob als einfacher Soldat oder hoher Offizier, wird man die Antwort erhalten, dass es letztlich auf zwei Dinge hinausläuft: Verwundbarkeit und Notwendigkeit. Der Staat Israel wurde gegründet, um für das jüdische Volk etwas zu schaffen, das ihm fast zweitausend Jahre lang verwehrt war: ein Ort der Zuflucht, wo alle Juden nach eigenem Wunsch leben und sich entwickeln konnten, ohne vom nächsten Pogrom oder dem nächsten Holocaust bedroht zu sein. Dennoch sehen sie sich bis heute in einem stetigen Kampf, der furchtbar aufreibend und oft genug auch blutig ist, denn Israel ist umgeben von Ländern, die in ihm einen unerwünschten Eindringling sehen. Die Haltung benachbarter Regierungen ist entweder kalt und unfreundlich oder offen feindselig oder gar irrational und hasserfüllt. Mehrfach ist versucht worden, den Rückzugsort der Juden mit Waffengewalt zu zerstören.

Die fortdauernde Existenz Israels konnte nur gesichert werden durch stete Wachsamkeit, die kontinuierliche Identifizierung und Bearbeitung eigener Schwachpunkte und die Fähigkeit zu antizipieren, wo der Feind demnächst vielleicht zuschlagen würde. Angriffe mochten durch Panzerbatterien erfolgen, die auf israelisches Territorium vordrangen, oder durch einzelne Selbstmordattentäter, die darauf aus waren, ein paar Dutzend Zivilisten in Bars, Restaurants oder an Bushaltestellen zu töten. »Wenn [die Israelis] nicht gut sind«, sagt ein ehemaliger technischer Direktor des französischen Geheimdienstes, »dann müssen sie leiden.«

Die Israelis hatten das von Anfang an begriffen, schon Ende der 40er-Jahre, als Premierminister David Ben-Gurion die Verteidigungsdoktrin des neuen Staates entwarf. Militärische Aufklärung – die Fähigkeit, »Bedrohungen vorherzusehen und frühzeitig zu warnen« – war ein Grundpfeiler dieser Doktrin. »Der Grund, warum wir ein Frühwarnsystem brauchen, ist folgender«, sagt Ehud Schneerson, ehemals Befehlshaber der Elite-Aufklärungseinheit der Streitkräfte. »Hätten wir eine Armee [finanzieren wollen], die so groß gewesen wäre wie die unserer Nachbarn, wären wir schon in den ersten zwei oder drei Jahren wirtschaftlich kollabiert, und ich weiß nicht, wie wir das hätten überleben sollen. Wenn man sich die Amerikaner ansieht, bei denen ist Nachrichtenaufklärung nicht so entscheidend – man denke nur an die Zeit zwischen Pearl Harbor und Hiroshima. Die Amerikaner sind groß genug, dass sie zuerst einmal [wie im Zweiten Weltkrieg] einen schweren Schlag einstecken können, aber dann, nicht wahr, nach drei oder vier Jahren, reißen sie dir den Arsch auf. Diese drei oder vier Jahre haben wir nicht. Wir haben 48 Stunden. Das bestimmt unser Leben. Aufklärung ist sehr wichtig.«

Diese Erfordernis wurde erhärtet und gewissermaßen zu Stahl veredelt anlässlich des Jom-Kippur-Krieges von 1973, als ägyptische und syrische Streitkräfte in einer abgestimmten, von der IDF nicht vorhergesehenen Blitzoffensive die Grenze überschritten. Nachdem Israels unzureichend ausgestattete Siebte Panzerbrigade den Vorstoß der syrischen Panzer auf den Golanhöhen Einhalt geboten und mithilfe von Verstärkungstruppen den Gegner bis an den Rand von Damaskus zurückgetrieben (und damit, nach den Worten von Verteidigungsminister Mosche Dajan, »den Staat Israel gerettet«) hatte, beschloss die israelische Militärführung, dass es nie wieder zu einem solchen Aufklärungsversagen kommen dürfe.

In den folgenden fünf Jahrzehnten schleuste Israel seine schlauesten Köpfe in die Eliteabteilung des militärischen Nachrichtendienstes, genannt Unit 8200 (Einheit Acht Zweihundert), um eine Wiederholung des Desasters auszuschließen. Die Top-Secret-Einheit – Mitglieder durften weder ihren Namen aussprechen noch im engsten Familienkreis über ihre Tätigkeit sprechen – entwickelte sich parallel zur Technologie, von analog zu digital, von Festnetz zu Mobiltelefon, und im Zweifelsfall immer einen Schritt voraus.

Innovation war das, was in der Einheit 8200 vor allem zählte, und die Innovation konnte von überallher angestoßen werden, unabhängig vom Dienstgrad. Die Rosh Gadol, die in der Einheit landeten, wurden nicht allein aufgrund ihrer phänomenalen Testergebnisse in Mathematik und Physik ausgewählt. Die Tests waren nur der erste Filter. Die potenziellen Geheimdienstler wurden darüber hinaus auf eine gewisse geistige Geschmeidigkeit geprüft, auf Misstrauen gegenüber allgemeinen Weisheiten und auf die Bereitschaft, auch Vorgesetzten zu widersprechen. Die Diskussionskultur wurde gefördert. Gute Ideen hatten Vorrang vor Dienstgrad. »Man wird in kleine Teams gesteckt, wo man studiert, Brainstorming macht, übt, analysiert und Lösungen findet, von frühmorgens bis sehr, sehr spät abends«, berichtete ein 8200-Veteran 2016 einem Reporter von *Forbes*. »Das ist keine passive Herangehensweise, um an Informationen zu kommen.«

Die Cyberaufklärungsspezialisten der Einheit arbeiteten lange und intensiv, manchmal volle 24- oder sogar 48-Stunden-Schichten, wenn Spezialoperationen anstanden. Beispielsweise mochten die jungen Techniker sich Tage und Nächte um die Ohren schlagen, um mutmaßliche Terrorzellen zu belauschen, Frühwarnsysteme des Feindes vor einem israelischen Luftangriff auszuschalten, bei der Entwicklung Malware Stuxnet zum Schaden des iranischen Atomprogramms zu helfen oder Augen und Ohren (aus der Ferne) für einen geheimen Kampfeinsatz zur Verfügung zu stellen. Durchaus denkbar, dass so eine junge Cybersoldatin plötzlich einen neugierigen Minister am Telefon hatte, oder auch einen General oder Truppenkommandeur, dessen Einheit gerade in diesem Moment in ein Feuergefecht auf Leben und Tod verwickelt war.

»Es ist ein hyperstressiges, extrem arbeitsintensives technisches Umfeld, wo man echt Entscheidungen treffen muss«, sagt ein weiterer 8200-Veteran. »Immer unter Druck, rechtzeitig etwas zu entscheiden, das jemand anderem weiterhilft. Niemand sagt dir genau, was du zu tun hast. Was sie sagen, ist: ›Hier ist das Problem; finde eine Lösung.‹ Und die Deadline ist total verrückt. Also fängst du an, kreativ zu werden, legst einfach los, aber im Grunde verstehst du erst hinterher, was du da eigentlich gemacht hast. Trotzdem musst du es machen, weil du gar keine andere Wahl hast, wenn du deine Aufgabe erfüllen willst.«

»Ich war 19«, erzählte ein anderer Ex-8200-Soldat dem *Forbes*-Reporter. »Während meine Freunde in den Staaten noch mit ihrem Grundstudium beschäftigt waren, machte man in Israel das hier. In meinem Leben war das die Zeit, wo ich die mit Abstand größte Verantwortung und den größten Einfluss auf andere Leute hatte.«

»Man ist außerdem Teil dieser geheimen Sache«, sagt ein weiteres ehemaliges Mitglied der Einheit. »Manchmal weiß man Bescheid über Spezialoperationen oder spezielle Fähigkeiten, von denen Außenstehende nichts wissen, und dann fühlt man sich als etwas Besonderes, als Teil eines ganz besonderen Kreises … Vielleicht wissen noch der israelische Premierminister, der Verteidigungsminister und noch ein paar andere Bescheid, aber nicht viele andere. Das ist also eine ziemlich große Sache.«

In den Folgejahren, nachdem Apple seine R&D-Abteilung im Gelobten Land eingerichtet und dafür die hoch qualifizierten Rosh Gadol von der Einheit 8200 eingestellt hatte, boomte die israelische Cybersicherheitsindustrie. Die entsprechenden Daten prangten auf den Schaubildern, die Premierminister Benjamin Netanjahu mit Genuss auf der großen Leinwand präsentierte, wenn er alljährlich seine Reden anlässlich der Messen Cybertech und Cyber Week in Tel Aviv hielt. Die Zahl der Cybersicherheitsfirmen in Israel war von 171 im Jahr 2013 auf 420 im Jahr 2017 gestiegen; das Volumen privater Investitionen hatte sich im selben Zeitraum versechsfacht, auf über 800 Millionen US-Dollar. Team8, der von einem ehemaligen 8200-Kommandeur gegründete Start-up-Fonds, kratzte nach Neuinvestitionen von Microsoft, Qualcomm und Citi an der 100-Millionen-Dollar-Marke. Der persönliche Investitionsfonds des Google-Vorstandsvorsitzenden Eric Schmidt hatte als einer der Ersten Geld in diesen Fonds gepumpt.

Tim Cook und Apple schwammen also auf einer Welle mit. Amazon, Google und Microsoft waren in Israel tätig, ebenso NEC, IBM und Cisco. »Wir haben spezielle Programme, mit denen wir günstige Bedingungen schaffen für Firmen, die zu uns kommen«, erläuterte Netanjahu.

Netanjahu war zum obersten Verfechter der neuen Industrie geworden und nutzte jede Gelegenheit, sich auch als führenden Visionär der Branche zu präsentieren. Der Premierminister hatte einen gründlichen Blick über den Tellerrand hinaus geworfen und dabei eine Gefahr ausfindig gemacht, die es zu bannen galt. Auch in dieser Sache verfügte Israel über die einschlägigen Statistiken: Cyberangriffe, von 20 000 pro Woche auf fast 700 000 angestiegen – in nur drei Jahren. Und das bedeutete, in den Worten Netanjahus: »Es liegen außerordentliche Geschäftschancen im niemals endenden Streben nach Sicherheit.«

Seine Präsentationen vor einem internationalen Publikum aus regierungsamtlichen Verteidigungsexperten, Spezialisten für Cybersicherheit und Privatinvestoren mit erhöhtem Speichelfluss nutzte Netanjahu obendrein, um sich zum Chefarchitekten der nationalökonomisch bedeutendsten Wachstumsbranche zu erklären. Die Netanjahu-Regierung habe »riesige Summen in unseren militärischen Geheimdienst« investiert, »von denen auch Armee, Mossad, Shin Bet und andere Organe profitieren«, erklärte der Premierminister anlässlich eines Branchentreffens in Tel Aviv. »Auf diese Weise schaffen wir ein enormes Reservoir an Wissensarbeitern … Leute, die mit dem Internet umgehen können. Mit den Auswirkungen dieser Revolution. Als Arbeiter wie auch als Unternehmer. Das ist es, was wir in Israel gemacht haben. Wir haben die gesunkenen Kosten genutzt und optimale wirtschaftliche Rahmenbedingungen geschaffen.«

Im Sinne dieser Rahmenbedingungen folgte die Netanjahu-Regierung einer Reihe von Geboten und Verboten, von Dingen, die gehen, und solchen, die nicht gehen, in Übereinstimmung mit ihrem langfristigen Plan, die mehr oder weniger staatlich gelenkte Wirtschaft Israels (»nicht ganz, aber halb sozialistisch«) in eine Oase des neoliberalen Kapitalismus zu überführen (»Weil die Märkte es besser wissen als Politiker«, pflegte Netanjahu zu sagen, »sogar als Premierminister.«). Zu den gebotenen Maßnahmen gehörten Steuervergünstigungen für Cybersicherheitsunternehmen und ihre Geldgeber sowie Investitionen der öffentlichen Hand. Die Netanjahu-Regierung ließ gleich neben einem großen Universitätscampus ein nationales Sicherheitslabor errichten. »Zu Abrahams Zeiten war Be'er Schewa noch eine Stätte für Kamele und Palmen«, so Netanjahu. »Be'er Schewa heißt Brunnen der Sieben; heute haben wir hier Brunnen der menschlichen Erfindungskraft und der Cyberkreativität. Auf engem Raum arbeiten hier alle zusammen: Regierung, Wissenschaft und der private Sektor. Die besten jungen Köpfe, die wir haben.«

Netanjahus Liste der Verbote war wesentlich kürzer, umfasste eigentlich nur einen Punkt. »Das oberste Verbot«, erklärte er im Januar 2017 den Teilnehmern der Cybertech-Konferenz in Tel Aviv, »ist: Überregulieren – das geht gar nicht.«

Dieses einzige Verbot erwies sich als entscheidender Faktor für die konstant aufwärtsgerichtete Wachstumskurve der israelischen Cyberindustrie. Die NSO-Group gehörte allerdings zu einer kleinen, vergleichsweise prekären Untergruppe dieser Industrie – nach Einschätzung des israelischen National Cyber Directorate aus dem Jahr 2017 machte sie lediglich fünf Prozent dieses Sektors aus –, die durchaus eine stärkere Regulierung erforderte. Die meisten Unternehmen in Israel vermarkteten rein defensive Technologien, die Regierungen und Geschäftsbetriebe vor Cyberattacken schützten. NSOs Vorzeigeprodukt, das Pegasus-System, war darauf ausgerichtet, Mobiltelefone zu infiltrieren und dann deren Kontrolle zu übernehmen, um den Besitzer zu überwachen. Es war somit eine offensive Waffe nach Militärstandard.

Niemand, der die Terrorangriffe auf die Zeitschrift *Charlie Hebdo* und das Bataclan in Paris oder auf die Synagoge in Kopenhagen sowie weitere Vorfälle in San Bernadino, Kalifornien, und Orlando, Florida, beobachtet hatte, konnte die Notwendigkeit oder den Wert von Cyberüberwachungswaffen wie Pegasus anzweifeln. Allein im Jahr 2016 kamen rund um den Globus 7000 Personen bei mehr als

1400 dem IS zugerechneten Anschlägen ums Leben – in Deutschland, Belgien, der Türkei, Kasachstan, Indonesien, Bangladesch, Pakistan und Saudi-Arabien, um nur einige zu nennen. Terrorangriffe zu verhindern, bevor sie zur Ausführung kamen, das war die große Hoffnung in dieser Zeit, daher waren Werkzeuge wie Pegasus äußerst gefragt.

Als Verkäufer solcher begehrten offensiven Cyberwaffen unterlag NSO gewissen regulativen, vom Verteidigungsministerium kontrollierten Bestimmungen. Das Ministerium verlangte zwei gesonderte, im Exportkontrollgesetz definierte Genehmigungen. NSO und jede andere israelische Firma, die Cyberwaffen nach Militärstandard verkauften, benötigten bereits eine offizielle Erlaubnis, bevor sie auch nur Gespräche mit potenziellen Kunden aufnahmen, und dann noch eine zusätzliche Genehmigung, um die Technologie dem Endverbraucher zur Verfügung zu stellen. Das Ministerium beschränkte den Verkauf auf staatliche Einrichtungen wie Strafverfolgungs- und Nationale Sicherheitsbehörden. Ferner beschränkte es, jedenfalls theoretisch, den Kreis der Länder, in die Pegasus exportiert werden durfte. 2017 schienen die Beschränkungen ziemlich gelenkig gehandhabt worden zu sein. Pegasus gehörte zu den relativ neuen Technologien, deren Missbrauchspotenzial die Regierungskontrolleure noch nicht wirklich auf der Rechnung hatten. Außerdem profitierte die Cyberüberwachung von der »Nicht überregulieren«-Maxime, unter deren Schutz die gesamte Cybersicherheitsindustrie in Israel stand. Laut dem Leiter des National Cyber Directorate garantierte die Netanjahu-Regierung dafür, dass »der private Sektor sein Ding machen« konnte.

Die einzige nach dem Exportkontrollgesetz verbindliche Regel besagte, dass die Cyberüberwachungssysteme nicht an Länder verkauft werden durften, über die der Sicherheitsrat der Vereinten Nationen ein Waffenembargo verhängt hatte. Damit waren Nordkorea, der Libanon, Libyen und eine Handvoll weiterer afrikanischer Staaten aus dem Spiel. Es lag jedoch im Ermessen des israelischen Verteidigungsministeriums, den Verkauf von Pegasus an andere ausländische Regierungen zu genehmigen, und der Premierminister wiederum verfügte über die Macht, sich über ablehnende Bescheide des Ministeriums hinwegzusetzen.

Ein Großteil der ministeriellen Lizenzen für NSO ging an europäische Kunden aus dem Bereich Strafverfolgung, denn Europa galt inzwischen, wie uns ein französischer Sicherheitsprofi erläuterte, als idealer Tummelplatz für potenzielle Terroristen. Die europäischen Polizeiorgane benötigten dieses Werkzeug wirklich dringend, und sie bildeten einen relativ unumstrittenen Kundenstamm. (Die Polizeibehörden waren fast immer verpflichtet, eine richterliche Ermächtigung einzuholen, um Personen ausspähen zu dürfen.) Den Großteil ihrer Einnahmen bezog die Firma allerdings von finanzkräftigen Staaten mit zweifelhafter Menschenrechtsbilanz, allen voran das Königreich Saudi-Arabien. Die israelischen Verteidigungschefs genehmigten der NSO Lieferungen an Regime wie Saudi-Arabien, die VAE oder Marokko, wohl im Vertrauen darauf, dass die NSO-Manager sich an die eine ungeschriebene, aber unantastbare Regel halten würden: nämlich die Identität ihrer Endkunden strikt für sich zu behalten.

Unter 8200-Ehemaligen hieß es, die Firma bewege sich auf einem ethisch schmalen Grat; viele von ihnen zogen es daher vor, sich fernzuhalten. Einige erklärten Anwerbern aus anderen Unternehmen sogar ganz offen, dass sie keinen Wert darauf legten, ihre Fähigkeiten für etwas anderes als Abwehr, also wahre Cybersicherheit, einzusetzen, und keinesfalls für ein Unternehmen arbeiten würden, das mit Spionagesoftware handele. Da aber die Einheit 8200 Jahr für Jahr ungefähr eintausend hoch qualifizierte Internetkoryphäen ausspuckte, bereitete es Shalev Hulio und Omri Lavie offenbar wenig Probleme, ihren wachsenden Mitarbeiterstab mit fähigen jungen Männern und Frauen zu besetzen. Shalev hatte dabei etwas mehr Mühe als die meisten, weil er ein Außenseiter unter all den Rosh Gadol war, die Außenseitern grundsätzlich nicht recht über den Weg trauen. »Er ist schon irgendwie nett und so, aber er kommt mir ein bisschen vor wie ein Autoverkäufer«, sagte ein Cybersicherheitsspezialist, den Shalev zu engagieren versuchte. »Hat immer ein strahlendes Lächeln im Gesicht und redet auf dich ein. Er ist ein sehr freundlicher Mensch, aber jedes Mal, wenn ich etwas, das er gesagt hat, genauer unter die Lupe nehme, stelle ich fest, dass es nicht stimmig ist.«

Was Shalev und Omri aber, selbst als Außenseiter, bei der Anwerbung für sich ins Feld führen konnten, waren die Werte, die NSO für sich in Anspruch nahm und die sich von denen der Einheit 8200 nicht wesentlich unterschieden. *Wir retten hier Leben.* Auch die Arbeit selbst war anspruchsvoll: Man hatte die Chance, sich direkt mit Apple-Technikern zu messen, die als die besten und die am besten ausgestatteten in der Cybersicherheitsbranche galten. Und die Chance, sie zu übertreffen. NSO »wurde sehr gut so um 2017, 2018 herum«, so ein ehemaliger 8200-Kommandeur, »weil durch ihre Geschäfte mit den Golfstaaten jede Menge Geld in die Firma floss und weil sie mit den Europäern zusammenarbeiteten und echte Ziele im Visier hatten. Ich glaube, dadurch ist ihre Technologie gereift.« Für junge Rosh Gadol, die frisch auf den Arbeitsmarkt strömten, war auch die Bezahlung ein ernsthaftes Argument; hatten sie in der Armee noch ein Monatsgehalt von 2500 US-Dollar bezogen, waren es über Nacht plötzlich 25 000.

2017 reichte das sicherlich noch aus, um die scheelen Seitenblicke der 8200-Ehemaligen, die sich auf den defensiven Part der Cybertätigkeit konzentrierten, ignorieren und boshaftes Gerede rund um Herzlia zurückweisen zu können. »Was bei denen arbeitet, ist die dritte Liga unter all den Talenten hier in Israel«, so ein Manager eines erfolgreichen Start-ups in Tel Aviv. »Das sind Leute, die keinen richtigen Geruchssinn haben. Im Hebräischen gibt es die Redensart, dass Geld immer einen gewissen Geruch hat. Und diese Leute nehmen nicht wahr, dass das Geld stinkt, weil die Quellen stinken, aus denen es kommt.«

Ungeachtet aller Querschüsse aus der Welt der Einheit 8200 dürften Shalev und Omri sich bestätigt gefühlt haben angesichts der Unterstützung, die ihnen von offizieller Seite zuteilwurde, beispielsweise, als das Citizen Lab Ende 2017 eine Reihe von Berichten über den Missbrauch von Pegasus in Mexiko herausgab. Forscher aus Toronto hatten Angriffe mit der Pegasus-Spähsoftware gegen etwa zwanzig Personen dokumentiert, darunter Reporter, Menschenrechtsanwälte, Oppositionspolitiker und sogar die freimütig protestierenden Eltern eines der Lehramtsstudenten, die 2014 in Iguala von einem Drogenkartell aus einem Bus entführt und später ermordet worden waren. Als Shalev und Omri sich weigerten, gegen die Vorwürfe konkret Stellung zu nehmen, und stattdessen ein von Citizen Lab instrumentiertes antisemitisches Komplott unterstellten, sprangen ihnen Regierungsapparatschiks zur Seite. »Ich kann Ihnen mit Sicherheit sagen, dass wir hier die Fingerabdrücke und Fußspuren israelfeindlicher und sogar antisemitischer Elemente [im Citizen Lab] sehen«, erklärte einer von Netanjahus engsten Beratern, ohne freilich irgendwelche Belege für seine Behauptung anzuführen.

Immerhin gaben die Citizen-Lab-Berichte in Israel Anlass zu einer rechtlichen Petition, in der gefordert wurde, den Verkauf von Pegasus-Produkten an Regierungen zu verbieten, die regelmäßig Menschenrechte verletzten, doch sie wurde abgeschmettert. Das Oberste Gericht lehnte es ab, in den Entscheidungsprozess des Verteidigungsministeriums einzugreifen, die Klage öffentlich zu verhandeln oder auch nur das Urteil vollständig zu veröffentlichen. Die Richter folgten der Auffassung der Netanjahu-Regierung, wonach die Details der Cyberwaffenlizenz unter Verschluss zu bleiben hätten. »Es ist nun mal so, dass unsere Wirtschaft sich nicht unwesentlich auf diesen Export stützt«, hatte Esther Chajut, Präsidentin des Obersten Gerichts, schon bei anderer Gelegenheit geäußert.

Der Schutz des von der Regierung mitgewebten Mantels des Schweigens ließ Shalevs Selbstsicherheit anscheinend dermaßen anschwellen, dass er sich spätestens 2018 für praktisch unbelangbar hielt. Der Glaube an die eigene Unbesiegbarkeit war vor allem im Gefolge der brutalen Ermordung des saudischen Journalisten Jamal Khashoggi, u. a. freier Kolumnist der *Washington Post,* deutlich zu spüren. Die Nachricht vom schockierenden Tod des gelegentlichen Kritikers der saudischen Königsfamilie machte im Oktober 2018 rund um die Welt Schlagzeilen. Khashoggi war in das saudische Konsulat in

Istanbul gelockt worden, wo ein Team aus fünfzehn Personen ihn tötete, um anschließend seine Leiche zu zersägen und verschwinden zu lassen. Nach offizieller Einschätzung der CIA war diese Operation vom saudischen Kronprinzen Mohammed bin Salman abgesegnet worden. Zum Mordtrupp gehörten dem CIA-Bericht zufolge sieben Mitglieder der Schnellen Eingreiftruppe, der persönlichen Leibgarde des Kronprinzen: »Die Eingreiftruppe hat die Aufgabe, den Kronprinzen zu beschützen, sie untersteht allein seinem Befehl und war auch zuvor schon an Unterdrückungsmaßnahmen gegen Dissidenten direkt beteiligt, sowohl im Königreich selbst als auch, auf Anweisung des Kronprinzen, im Ausland. Nach unserer Auffassung hätten Mitglieder der Leibgarde sich ohne Mohammed bin Salmans Zustimmung nicht an der Operation gegen Khashoggi beteiligt.«

Die Pegasus-Spyware war auch in diese jüngste »Unterdrückungsmaßnahme gegen Dissidenten« verwickelt. Pegasus war, wie verlautet, vom Königreich eingesetzt worden, um Khashoggi und eine Reihe von Personen aus seinem Umfeld auszuspionieren. Eine von diesen Personen hatte in Tel Aviv Klage gegen NSO erhoben. Shalev, der gerade in Verhandlungen mit einer weiteren Private-Equity-Gesellschaft stand mit dem Ziel, sein Unternehmen zu restrukturieren und zusätzliches Geld hineinzupumpen, startete eine Publicityoffensive, um NSO und seine mehreren Hundert engagierten Mitarbeiter zu verteidigen. Die Kampagne gipfelte in einem persönlichen Interview mit Lesley Stahl für die Nachrichtensendung *60 Minutes*, geführt im März 2019.

»Berichten zufolge sind Sie persönlich nach Saudi-Arabien, nach Riad gereist, Sie selbst sollen Pegasus für 55 Millionen Dollar an die Saudis verkauft haben«, bemerkte Stahl zu Beginn des gesendeten Gesprächs.

Shalev grinste nur. »Glauben Sie nicht alles, was in der Zeitung steht.«

»Ist das ein Dementi?«, hakte Stahl nach.

Shalev schwieg, das Grinsen blieb.

»Also nein«, sagte Stahl.

Anschließend ging Shalev jedoch durchaus in die Offensive, etwa indem er Pegasus dafür rühmte, »Zehntausende Leben« gerettet zu haben. Er behauptete, dass er nur von drei »echten« Fällen von Missbrauch in den acht Jahren des Bestehens von NSO wisse. »Tausende von Fällen, wo Leben gerettet wurden, und dagegen stehen nur drei Fälle von Missbrauch, und diese Leute oder diese Organisationen, die das System missbraucht haben, sind keine Kunden mehr und werden auch nie wieder Kunden sein.«

Zu dem Vorwurf der Cyberüberwachung von Jamal Khashoggi, seinen Verwandten und engen Freunden mithilfe von Pegasus äußerte Shalev sich direkt und unzweideutig. »Der Mord an Khashoggi ist schrecklich, ganz schrecklich«, sagte er. »Und daher habe ich, als ich von den Anwürfen hörte, unsere Technologie sei gegen Khashoggi oder seine Verwandten eingesetzt worden, sofort eine Untersuchung eingeleitet. Und ich kann Ihnen ganz klar sagen, dass wir mit diesem schrecklichen Mord nichts zu tun hatten… Ich kann Ihnen sagen, dass wir das geprüft haben, und wir haben jede Menge Möglichkeiten, etwas zu überprüfen. Und ich kann Ihnen garantieren, dass unsere Technologie nicht gegen Jamal Khashoggi oder seine Verwandten eingesetzt wurde.«

Kapitel 15

»Neue Techniken«

Sandrine

Claudio Guarnieri hatte in den zehn Jahren, in denen er Cyberüberwachungsprogramme wie Pegasus verfolgte, eine ungewöhnliche geistige und körperliche Geschicklichkeit entwickelt. In just diesem Moment, im schwach beleuchteten Auditorium von *Le Monde,* am Ende eines langen Arbeitstages Anfang Mai 2021, machte er von beidem guten Gebrauch. Der Chef von Amnesty Internationals Security Lab saß mit gespreizten Beinen in einem niedrigen Armsessel; sein rechter Knöchel ruhte auf seinem linken Knie, womit er quasi ein Schreibpult bildete. Er tippte fieberhaft etwas in einen Laptop, den er auf diesem improvisierten Pult liegen hatte, und warf gelegentlich einen Blick auf den Bildschirm eines Android-Handys, das mittels eines kurzen Kabels mit dem Laptop verbunden war und etwas wackelig auf Claudios rechtem Schuh balancierte. Nebenbei behielt Claudio die mit einem Pulitzer-Preis ausgezeichnete Journalistin im Auge, die nur einen oder zwei Meter von ihm entfernt saß und die Buchstaben zu erhaschen versuchte, die über seinen Laptop-Bildschirm tanzten. Dana Priest von der *Washington Post* hatte jede Menge Fragen.

»Okay, was bedeutet das hier?«, fragte sie, mit dem Finger auf seinen Bildschirm deutend.

»Grade noch eine Sekunde, bitte«, sagte Claudio geduldig und tippte schweigend noch ungefähr eine halbe Minute weiter. »Alles klar«, sagte er dann, ergriff das Handy und las etwas, das sein Bildschirm anzeigte. »Ich glaube, ich hab was gefunden.«

»Ah, gut«, gab Dana zurück und sah dann zu, wie Claudio, wieder ohne etwas zu sagen, erneut etwas in die Tastatur seines Laptops eingab, zu dem Handy auf seinem Schuh hinüberschaute, dann weitere Zeichen eintippte. Das ging drei nervige Minuten so weiter, in denen Dana tief Luft holte. Sie wartete wirklich gespannt auf die Entsperrung der Geheimnisse dieses Handys. Am besten gleich. Auch weil die sehr reale Chance bestand, dass sich auf dem Gerät Beweise für den Einsatz der Spyware gegen einen von Jamal Khashoggis Angehörigen im zeitlichen Umfeld von dessen Ermordung finden würden. Für Dana und die anderen von der *Washington Post* wäre das, insbesondere nach Shalev Hulios wiederholten Dementis, »die goldene Gabe« (in Danas Worten), wenn Pegasus nachweislich eine Rolle beim Mordanschlag auf Khashoggi gespielt hätte.

Jedem aus der zunehmenden Zahl unserer Medienpartner war die potenzielle Brisanz dieser Geschichte klar; wenn wir sie festnageln konnten, wäre das die zentrale Story am ersten Tag, wenn das Pegasus-Projekt sein publizistisches Roll-out erlebte. Aber Dana war besonders motiviert. Sie hatte Jamal Khashoggi 2013 auf einer Reise nach Bahrain kennengelernt und ihn als sanften und behutsamen Menschen in Erinnerung behalten. Er hatte einen klaren Blick für die Unzulänglichkeiten und Mängel des damaligen Saudi-Regimes gehabt, gehörte aber auch zu seinen zuverlässigsten Fürsprechern, wie schon seit Jahrzehnten. Jamal hatte immerhin einmal als Medienberater für die saudischen Botschafter in Washington und London gearbeitet. Aber als der neu ernannte Kronprinz Mohammed bin Salman (MBS) anfing, saudischen Bürgern, die er als Gegner seiner persönlichen Herrschaft empfand, Gefängnishaft – und später die Hinrichtung – anzudrohen, hatte Jamal es für seine Pflicht gehalten, Partei zu ergreifen. »Sechs Monate lang habe ich geschwiegen und über mein Land und die vor mir liegenden schicksalhaften Entscheidungen nachgedacht«, schrieb er in seiner ersten Kolumne auf der »Global-Opinion«-Seite der *Washington Post* im September 2017. »Es war eine schmerzliche Erfahrung für mich, als vor Jahren mehrere Freunde von mir verhaftet wurden. Ich sagte nichts. Ich wollte weder meinen Job noch meine Freiheit verlieren. Ich machte mir Sorgen um meine Familie. [...] Ich habe mich jetzt anders entschieden. Ich habe mein Zuhause, meine Familie und meinen Job verlassen und werde jetzt meine Stimme erheben. Es nicht zu tun, wäre Verrat an denen, die im Gefängnis darben. Ich kann reden, während so viele es nicht können. Ich möchte die Welt wissen lassen, dass Saudi-Arabien nicht immer so war, wie es heute ist. Wir Saudis haben Besseres verdient.«

Immer und immer wieder warnte er, der neue Kronprinz Mohammed bin Salman sei eine unberechenbare und rückwärtsgewandte Kraft im saudischen Königshaus. »Alte Praktiken der Intoleranz durch neue Formen der Repression zu ersetzen, ist nicht die Antwort«, schrieb er im April 2018, auf MBS gemünzt.

Für seine Bereitschaft, seine Stimme zu erheben, sollte Jamal Khashoggi einen Preis zahlen. Etwas mehr als ein Jahr, nachdem er die erste seiner vierzehn Global-Opinion-Kolumnen geschrieben hatte, war er tot, brutal abgeschlachtet in einem fremden Land von einem laut US-Geheimdienst vom Kronprinzen zusammengestellten Mordkommando. »Es war ein so ungeheuerliches Verbrechen«, sagt Dana. »Ich kann mich nicht erinnern, jemals gehört oder gelesen zu haben, dass ein Journalist so unzweifelhaft von einer Regierung umgebracht wurde, ohne dass diese Regierung auch nur versucht, es zu verschleiern. Es verstößt gegen jedes Gebot der Menschlichkeit in zivilisierten Nationen und des internationalen Rechts. Und es passierte alles direkt vor unseren Augen.«

Es gab schwerwiegende Anschuldigungen – und sogar vereinzelte Beweise –, dass Jamal oder Personen aus seiner Umgebung Zielpersonen von Pegasus gewesen waren und dass Pegasus genutzt wurde, um ihn direkt vor seinem Tod zu beschatten und gleich danach seine Familie und Freunde. Aber nichts, was triftig genug gewesen wäre, um die von NSO errichtete Mauer des Leugnens zu durchbrechen. Dann jedoch zeichneten sich mithilfe der Daten, zu denen sich Amnesty International, Forbidden Stories und unsere frühen Medienpartner Zugang verschafft hatten, neue Möglichkeiten ab.

Wir hatten in den Daten Mobilfunknummern gefunden, die wir Jamals Verlobter Hatice Cengiz und ihrem Anwalt zuordnen konnten; Nummern von Jamals Sohn Abdullah, Jamals Notfallhelfer in

Istanbul, Yasin Aktay, der zufällig auch ein enger Freund des türkischen Präsidenten Recep Tayyip Erdoğan war; sogar die Nummer das Staatsanwalts in Istanbul, der die Ermittlungen zum Mord an Jamal leitete. Die Auswahl all dieser Zielpersonen hatte unmittelbar nach dem Mord in Istanbul stattgefunden, doch hatten wir noch keine dieser Personen mit der Bitte angesprochen, dem Security Lab die forensische Untersuchung ihres Mobiltelefons zu gestatten.

Das Handy, das an jenem Abend im Mai 2021 auf Claudios linkem Schuh wippte, war ein größeres Kaliber. Die zugehörige Nummer hatten wir auch in unserer Datenliste gefunden. Einen knappen Monat später konnten wir unter Mithilfe eines anderen Mitarbeiters der *Post,* der die Nummer in seiner Kontaktliste hatte, seine Besitzerin identifizieren. Das Handy gehörte Hanan Elatr, einer aus Ägypten stammenden, in Alexandria bei Washington wohnenden Flugbegleiterin, die vier Monate vor Jamals Tod in einer diskreten Zeremonie seine Frau geworden war. (Weder Hanan noch Hatice, Jamals Verlobte, scheinen von der jeweils anderen gewusst zu haben.)

Hanan und Jamal hatten sich seit fast einem Jahrzehnt gekannt. Einander nähergekommen waren sie 2016, als Jamal in Saudi-Arabien unter einer Art Hausarrest gestanden und oft mit Depressionen zu kämpfen hatte. Nachdem Jamal 2017 die Flucht nach Washington gelungen war, hatte Hanan ihn, wie sie uns sagte, jeden Morgen um sieben Uhr angerufen, um ihn aufzumuntern. Seiner verängstigten Ex-Frau in Riad hatte er versprochen, er werde sich stillheimlich in die USA absetzen und kein böses Wort über das saudische Regime verlieren, so lange, bis sich etwas änderte – bis man es gefahrlos tun konnte. Doch Hanan redete ihm zu, das Angebot der *Washington Post* anzunehmen und seine Kolumne zu nutzen, um der Welt reinen Wein über das einzuschenken, was in seinem Heimatland vor sich ging. Aus der Freundschaft wurde im März 2018 eine Liebschaft, berichtet Hanan, und im Juni fand die Hochzeit statt.

Hanan zögerte anfänglich, zu helfen, als Dana mit ihr Kontakt aufnahm. Sie hatte ihren Job bei Emirates Airlines verloren und lebte versteckt, hatte Angst, sie und ihre Familie würden von Sicherheitsdiensten Saudi-Arabiens und den VAE überwacht. Doch dann konnte Dana Hanan mit Unterstützung ihres Anwalts überzeugen, uns behilflich zu sein. Hanan erlaubte Dana, ein System-Back-up der beiden Android-Handys herunterzuziehen, die sie in den Monaten vor der Ermordung Jamals benutzt hatte. Dana lud die Back-up-Datei auf Claudios und Donnchas Forensik-Plattform hoch. Einige Codezeilen sahen interessant aus, als sie in Berlin über den Bildschirm liefen, aber Claudio konnte längere Zeit keine schlüssigen Hinweise dingfest machen, weil Android-Back-ups, wie er aus jahrelanger Erfahrung wusste, nur wenige Daten lieferten, mit denen man etwas anfangen konnte. Claudio bat Dana, die beiden Mobiltelefone zu ihrem nächsten »Alle-an-Deck«-Meeting in Paris in der zweiten Maiwoche 2021 mitzubringen. Hanan vertraute Dana schließlich die beiden Handys und alle nötigen Passwörter an. Jetzt lag also eines dieser Mobiltelefone in Paris auf Claudios Schuh, Gesicht nach oben, und es vergingen drei lange Minuten, in denen er die Tastatur seines Laptops traktierte.

»Okay, hier ist also eine«, sagte Claudio schließlich zu Dana und zeigte ihr eine SMS auf Hanans Handy. »Eine SMS haben wir.«

»Die für sie bestimmt war?«, fragte Dana.

»Ja.«

Dana bemerkte, die SMS erwecke den Anschein, von Hanans Schwester zu kommen, die darin Hanan einlud, von der Plattform Photobucket ein neues Foto herunterzuladen.

»Ja, das ist eine Taktik, die wir oft beobachten«, erklärte Claudio. »Sie schicken eine ziemlich neutrale Message wie diese und tun einen Link dazu.«

Dana notierte sich den Domainnamen in dem an Hanan gerichteten Link: https://myfiles[.]photo/sVIKHJE

»Das ist eindeutig eine SMS, die wahrscheinlich die Kaperung des Browsers getriggert hätte«, sagte Claudio.

»Hätte der Empfänger also diesen Link anklicken müssen?«, wollte Dana wissen.

»Ja. Der hätte angeklickt werden müssen, um den Browser des Handys zu öffnen. Und dann hätten sie bei geöffnetem Browser den Exploit auszulösen versucht.«

Dana fragte, ob Claudio ein Datum für den Exploit sehen könne, und er las den Zeitstempel der SMS direkt vom Handy ab: 15. April 2018.

»Der erscheint sicher auch in der Verlaufschronik des Browsers«, erklärte Claudio und deutete auf den ominösen Domainnamen »my files«.

»Das bedeutet im Grunde, dass sie den Link damals wahrscheinlich angeklickt hat.«

»Moment, sorry. Woran sieht man, dass sie ihn wahrscheinlich angeklickt hat?«

»Vielleicht weil das auch in der Verlaufshistorie des [Handys] auftaucht«, erklärte Claudio.

»Okay«, sagte Dana.

»Und da ist noch eine«, sagte Claudio, während er sich durch die SMS-Liste des Handys blätterte. »Die ist ein bisschen älter.«

»Also nur um das klarzustellen«, funkte Dana dazwischen, die noch immer mit dem zuvor erwähnten Datum 15. April 2018 beschäftigt war. »Das war vor dem Mord.«

Die Enthüllung an diesem Abend war wie so viele in den mittleren Phasen des Pegasus-Projekts: ein großer Schritt vorwärts, aber immer noch nicht ganz am Ziel. Wir konnten ohne Vorbehalt sagen, dass hier ein Pegasus-Endnutzer versucht hatte, ein Mobiltelefon zu kapern, das einer Person aus Khashoggis innerstem Zirkel gehörte: seiner Frau. Aber Android-Telefone bewahrten einfach nicht genug digitale Informationen auf – es lag zum Beispiel keine **Log-Datei** vor, auf der irgendeiner der feindseligen Prozessschritte protokolliert gewesen wäre. Damit hätte das Security Lab die erfolgreiche Infizierung des Handys schnell und leicht nachweisen können. Oder wir hätten mit Gewissheit sagen können, welcher Pegasus-Endnutzer die Kaperung durchgeführt hatte.

Claudio trottete an diesem Abend mit Hanans beiden Handys in seinem Rucksack davon. Er versprach, sie anschließend in seinem Hotelzimmer noch mal genauer zu inspizieren. »Ich werde noch ein bisschen tiefer graben«, sagte er.

Die digitalforensische Sitzung mit Dana Priest markierte den Abschluss zweier langer und schwieriger Tage – sowohl für Claudio als auch für Laurent und mich und alle anderen am Pegasus-Projekt Beteiligten. Wir steckten mitten in einer dreieinhalbtägigen Konferenz, die Laurent und ich anberaumt hatten, um unsere Ermittlungsergebnisse einem breiteren Kreis von Journalisten vorzustellen und unser weiteres Vorgehen zu planen. Wir hatten auf dieser kurzen Strecke schon enorme Fortschritte erzielt, hatten aber noch immer eine Menge unbeantworteter Fragen und es mit jeder Menge nervöser neuer Partner zu tun, die noch nicht wussten, wie sie mit der großen heißen Cyberüberwachungs-Kartoffel umgehen sollten, die wir ihnen gerade in den Schoß gelegt hatten.

Der erste Kreis unserer medialen Partner – *Le Monde, Die Zeit,* die *Süddeutsche Zeitung* und die *Washington Post* – hatte Journalisten und Redakteure hergeschickt, darunter einige, die neu im Team waren. Die später dazugestoßenen Partner hatten, gleichsam als ihren Tribut für die Aufnahme in den Club, dem Security Lab erlaubt, ihre Diensthandys zu untersuchen; sie hatten jetzt ebenfalls Reporter zu uns geschickt. Zu diesen neuen Partnern gehörten *The Wire* aus Indien, *Direkt36* aus Ungarn, *Aristegui Noticias* und *Proceso* aus Mexiko und das Organized Crime and Corruption Reporting Project **(OCCRP)**, das schwerpunktmäßig in Osteuropa, dem Kaukasus und Mittelasien arbeitete. Die am wenigsten festgelegten unter den nach Paris gekommenen Journalisten kamen aus Medienhäusern, die jetzt zum ersten Mal Genaueres über das Pegasus-Projekt erfuhren, Leute, die nichts Näheres über das Leak und kaum etwas über unsere bisherigen Recherchen und Veröffentlichungen wussten: die belgische Tageszeitung *Le Soir,* das investigative belgische Wochenmagazin *Knack,* die Beiruter Medienplattform *Daraj* und der *Guardian* mit Sitz in London.

Der *Guardian* mit einer Redaktion von mehr als sechshundert Mitarbeitern und einer täglichen Leserschaft von durchschnittlich nahezu einer Million bot dem Pegasus-Projekt die Chance auf eine deutlich höhere Reichweite und eine eingespielte Mannschaft aus Reportern und Redakteuren. Es war uns von Anfang an wichtig gewesen, den *Guardian* über das Datenleak auf dem Laufenden zu halten und ihn an Bord zu holen, denn wir wussten sehr genau, wie gut eine Partnerschaft mit dem *Guardian* unserem Projekt bekommen würde. Die Zeitung verfügte über enorme Ressourcen, und Stephanie Kirchgaessner und einige andere *Guardian*-Journalisten veröffentlichten schon seit Jahren sehr gute Reportagen über Cyberaufklärung und Cyberspionage. Der *Guardian* hatte schon bei unserem allerersten Projekt mit Forbidden Stories zu den Partnern unseres Vertrauens gehört. Ihn beim ersten Kreis unserer Pegasus-Medienpartner nicht dazu zu holen, war uns wirklich sehr schwergefallen, aber Laurent und ich waren so besorgt um die Sicherheit unserer Quelle, dass wir die schwierige Entscheidung trafen, den Kreis kleiner zu halten als ursprünglich angestrebt. Als wir uns aber Ende April mit Paul Lewis, dem Investigativredakteur des *Guardian,* kurzschlossen, stellte er sofort für unser Meeting in Paris ein kleines Team zusammen. Wie er uns später eingestand, bestand der Reiz der Sache für ihn nicht zuletzt auch in der Chance, wieder einmal aus London wegzukommen, wo er wegen der Covid-Pandemie ein Jahr lang festgesteckt hatte.

Nicht dass Paris zu der Zeit super unterhaltsam gewesen wäre. Präsident Emmanuel Macron hatte gerade Frankreichs dritten Covid-Lockdown verlängert, was bedeutete, dass Bars, Restaurants, Museen und Theater geschlossen blieben. Auf den Straßen herrschte tagsüber eine unheimliche und nach 19 Uhr wegen der verhängten Ausgangssperre eine fast schon gespenstische Stille. Alle unsere Partner und potenziellen Partner, die am Nachmittag des 11. Mai 2021 zu unserem ersten Meeting eintrafen, hatten die negativen Ergebnisse ihrer kurz zuvor absolvierten PCR-Tests vorgewiesen. Ein Mitarbeiter von *The Wire,* der sich angemeldet hatte, durfte nach einem positiven PCR-Test nicht aus Indien ausreisen.

Die ersten Sitzungsrunden unserer auf dreieinhalb Tage angesetzten Konferenz, am Dienstagnachmittag und Mittwochvormittag, fanden in unserem Büro im Stadtbezirk Bastille statt und waren eine lockere Angelegenheit ohne Tagesordnung. Wir hatten Workstations aufgebaut, an denen sich jeder unserer neuen Partner auf einem sicheren Laptop die Reporte, Faktenchecks und forensischen Analysen anschauen konnte, die wir bis dahin gemacht hatten. Sie konnten hier erstmals die sichere Plattform besichtigen, die wir für die Kommunikation mit allen Partnern eingerichtet hatten, auf die sie ihre jeweils neuesten Texte für alle sichtbar hochladen konnten und wo das Security Lab die Ergebnisse seiner forensischen Analysen mit allen teilen konnte.

Claudio und das Team von Forbidden Stories standen bereit, um den Neulingen zu zeigen, wie man sich in mehreren Schritten in die Plattform einloggt und durch die diversen Dateiordner navigiert, wie man Dateien updatet und dabei stets das Geheimhaltungsgebot beachtet. »Passwörter, jede Menge davon«, so fasste Paul Lewis seine Erinnerung an dieses erste Treffen zusammen. »Diverse Sicherheitsprotokolle. Viele. Aber dann waren wir endlich drin. Und ich erinnere mich, wie ich diesen Wasserfall von Telefonnummern mit den verschiedenen Ländervorwahlen aus aller Welt bestaunte. Zehntausende Telefonnummern.«

»Daten dieses Typs waren nie zuvor geleakt worden, jedenfalls nicht im Zusammenhang mit von Regierungen in aller Welt genutzter NSO-Technologie. Nicht in diesem Umfang.« Paul war bei dieser ersten Einweisung äußerst konzentriert bei der Sache. (»Erst später ist mir klar geworden, dass Paul einfach so ist«, sagte einer seiner Kollegen.) Der leitende Investigativjournalist des *Guardian* machte große Augen, als er in der Liste die Nummern von Leuten erblickte, die wir schon identifiziert hatten: der amtierenden Präsidenten von Frankreich und Mexiko, des Premierministers von Pakistan, eines vormaligen belgischen Premiers, einer Prinzessin aus den Emiraten, von Leuten aus dem inneren Kreis des Dalai-Lama. Die Liste der von uns Identifizierten umfasste Oppositionspolitiker aus den mehr oder weniger demokratischen Ländern Indien, Mexiko und Ungarn, Menschenrechtsaktivisten und Anwälte aus aller Welt, Hunderte Journalisten (darunter einige, die derzeit hinter Gittern saßen oder ermordet waren). Paul erkannte schnell, dass wir hier einen potenziellen Gamechanger vor uns hatten, eine Chance, aufzuzeigen, welche sich potenzierenden Gefahren heraufziehen könnten, falls NSO und andere aus der gewinnorientierten Cyberüberwachungs-Branche außer Kontrolle gerieten.

»Was sich wirklich überwältigend anfühlte«, sagte die Reporterin Stephanie Kirchgaessner vom *Guardian* später, »war die Frage, wie wir mit dieser Schatzkammer an Informationen jemals fertig werden könnten. So begeistert ich vom ersten Augenblick an war …, da kommt auch ein echtes Gefühl der Verantwortung auf.«

Paul ertappte sich dabei, wie er die technischen Aspekte dieser journalistischen Detektivarbeit immer wieder in Gedanken abklapperte: Verifizierung, Faktenchecks, Beweissicherung, forensischer Nachweis eines Angriffs oder der Infizierung, Auswahl der aussagekräftigsten Fallbeispiele, Akquise von Reportern für die journalistische Durchdringung der ausgewählten Fälle. Zusammenarbeit war, das wurde ihm schnell klar, das beste Rezept, um voranzukommen. Der einzige Weg. »Kein einzelnes Nachrichtenmedium, keine Forbidden Stories aus eigener Kraft, keine *Washington Post* oder *Süddeutsche Zeitung* oder *DIE ZEIT*, kein *Guardian* oder *Le Monde* könnte das im Alleingang bewältigen«, sagte er mehr als einmal. »Der einzige Weg, wie das Ziel zu erreichen war, bestand in der Zusammenarbeit aller Beteiligten.« Die Masse an Daten, die Paul an jenem ersten Nachmittag in Paris zu sehen bekommen hatte, trug schwerlich dazu bei, seine Überzeugung, dass diese Detektivarbeit Monate dauern würde, ins Wanken zu bringen. Der beste Zeitpunkt für die Veröffentlichung war nach seiner Abwägung der Oktober 2021.

Der Zeitaufwand war für Paul nicht das einzige Problem. Er und auch etliche andere aus dem Kreis der neuen Partner wollten gerne mehr über unsere digitalforensische Arbeitsweise erfahren. In der dritten Sitzung unserer Konferenz sah Claudio Guarnieri sich mit der Aufgabe konfrontiert, den alten und neuen Partnern, alle gleichermaßen mit professioneller Skepsis begabt, die Methodik des Security Labs und seine bisherigen Ergebnisse zu präsentieren.

Es war dann Danna Ingleton, Claudios Vorgesetzte, die im Auditorium von *Le Monde* den Vortrag über die forensische Arbeitsweise des Security Labs einleitete. Es war das erste Mal, dass alle mittlerweile am Pegasus-Projekt beteiligten Partner in einem Raum zusammengekommen waren, um sich Präsentationen anzuhören und Fragen zu stellen. Wie immer, wenn Journalisten zusammensitzen, wurden die vorbereiteten Redebeiträge und Referate schnell von einer Flut von Fragen überspült. Paul Lewis hatte eine große, die er stellte, bevor Danna das Wort an Claudio übergeben konnte: »Sie haben gesagt, Sie wüssten noch nicht, wer die Peer Review machen soll – können Sie ein bisschen genauer erklären, was Sie damit meinen? Ist es der Bericht, der einer Peer Review unterzogen werden soll, oder ist es die eigentliche forensische Arbeit selbst, die Sie von einem Dritten begutachten lassen wollen? Wie ist das gedacht?«

Danna antwortete, sie wolle die Beantwortung der technischen Aspekte der Frage Claudio überlassen, legte jedoch Wert auf eine Erläuterung: »Als Laie würde man davon ausgehen, dass die Peer Review des Reports eine Peer Review der forensischen Arbeit einschließt, nicht wahr? Das Problem – und ich halte es nicht für ein schlimmes Problem, aber doch für ein großes – ist, dass wir es hier zum großen Teil mit völlig neuen Techniken zu tun haben. Wenn diese forensischen Arbeitsweisen Allgemeingut wären, stünden wir jetzt nicht da, wo wir stehen. Wir haben uns hier an vielen Stellen vorangetastet und bei jedem Schritt dazugelernt. Es ist nicht notwendigerweise so, dass es da draußen jemanden gibt, der sich das anschaut und sagt: ›Ja, genauso ist es richtig, ihr habt das lehrbuchmäßig gemacht.‹« Claudio und Donncha, wollte Danna damit sagen, seien dabei, ein ganz neues Lehrbuch zu schreiben, und fingen teilweise ganz bei null an.

Ich fragte mich, ob Claudio womöglich gerade ein bisschen ins Schwitzen geriet. Ihm musste die Notwendigkeit einer Peer Review klar sein, aber es war, als würden hier seine Fähigkeiten infrage gestellt, bevor er die Chance bekommen hatte, etwas zu sagen. Klar war ihm auch, dass im Zentrum dieser Diskussion über eine Peer Review das (wenn auch nicht beim Namen genannte) Citizen Lab stehen würde, das den wohl aktuell bekanntesten und angesehensten Cyberüberwachungs-Tracker der Welt betrieb und natürlich ebenfalls NSO und ihre Pegasus-Software im Blick hatte. Laurent und ich hatten allerdings – wie die gesamte Mannschaft des Security Labs von Amnesty – gewisse Bedenken, Entwicklern aus dem Team des Citizen Lab zu einem so frühen Zeitpunkt, da Quellenschutz noch oberstes Gebot war, Einblick in unser Projekt zu gewähren. Es gelang uns, die Diskussion über eine Peer Review zu vertagen und die Veranstaltung mit Claudios vorbereitetem Vortrag fortzusetzen.

Die Tagesordnung, die wir ausgegeben hatten, sah für Claudio eine Redezeit von etwas mehr als einer Stunde vor. Er würde den Partnern einen virtuellen Rundgang durch die Dateien bieten, die uns zugespielt worden waren, ihnen die forensischen Methoden erläutern, die er und Donncha anwandten, und ihnen die bislang erzielten Resultate vorstellen. Nach zwei Stunden war Claudio noch immer am Vortragen. Immer wieder hatten Fragen aus dem Auditorium seine vorbereitete Präsentation unterbrochen. Aber je länger er redete, desto weniger wirkten diese Zwischenfragen fordernd, und desto mehr schienen sie aus echter Wissbegier geboren. Je mehr Dinge Claudio offenlegte, desto genauer wollten die Journalisten es wissen.

Claudios Vortrag, so ruckelnd er auch wegen der Zwischenfragen ablief, war detailliert und souverän. Er erklärte präzise die Entwicklung des forensischen Werkzeugs, mit dem das Security Lab arbeitete, in den vergangenen zwei Jahren: wie genau das Tool lernte, bislang unentdeckte Spuren von Pegasus-Attacken und Infizierungen zu finden. Er machte keinen Hehl aus den Grenzen, an die wir stießen; so erklärte er zum Beispiel, dass er und Donncha vermutlich nie Kopien der originalen Spyware auf einem infizierten Handy finden würden. »Die [Malware] wird nie auf dem infizierten Handy abgelegt«, sagte Claudio in seiner Antwort auf eine Frage. »Wenn Sie Ihr Telefon neu starten oder Ihnen die Batterie leer geht, wird die Schadsoftware automatisch gelöscht. Aber das stört [die Pegasus-User] nicht, denn sie können ja bei nächster Gelegenheit eine neue Attacke starten. Und das läuft weitgehend automatisch ab. Die können am Dienstag beschließen: Lass uns heute alle SMS holen, und dann wieder am Donnerstag. Es läuft so spontan, wie man es sich nur vorstellen kann, weil es keine Abwehr gibt, die sie an einem erfolgreichen Eindringen hindern könnte. Solange der Exploit aktiv ist, können die Sie fünfmal am Tag ausspähen und alles aus Ihrem Handy rausholen, was sie in dem Moment haben wollen.«

Claudio hielt den Journalisten im Raum auch eine kurze Geschichtsstunde, in der er sie durch die verschiedenen Entwicklungsstadien der Pegasus-Technologie führte: von den ersten primitiven, SMS-basierten, »sozialtechnisch« orientierten Ein-Klick-Fallen über die sukzessiven Neuaufsetzungen der für Pegasus entwickelten Internet-Infrastruktur und die raffiniert gewählten Namen der ausführbaren Dateien, die täuschende Ähnlichkeit mit legitimen Anwendungsdateien des Apple-Betriebssystems iOS haben, bis zu den Meisterstücken von NSO, ihren Zero-Click- und Zero-Day-Fallen, die sich verwundbare Punkte zunutze machten, die sie bei iMessage und Apple Photos entdeckt hatten. Wenn Apple eine dieser Schwachstellen fand und sie mit einem Patch beseitigte, gelang es den NSO-Entwicklern in vielen Fällen, eine neue Schwachstelle zu finden und einen neuen Exploit zu installieren.

Craig Timberg, der für die *Washington Post* über Computertechnik und Technologieunternehmen berichtet, bat Claudio an dieser Stelle um eine Klarstellung. Er schien etwas verwundert darüber zu sein, dass der sicherheitsbewussteste Tech-Konzern Pegasus nicht längst blockiert hatte. »Wenn iMessage aktuell der hauptsächliche Brückenkopf für Attacken ist, hat dann Apple bei der Programmierung von iMessage irgendetwas falsch gemacht, sodass die App besonders anfällig ist?«, fragte er. »Gibt es etwas, das sie unternehmen könnten, um [Angriffe] zu erschweren, weniger wahrscheinlich zu machen?«

Claudio dachte einen Moment lang nach, wie ich es bei ihm schon Hunderte Male erlebt hatte. Er wollte sich präzise und unmissverständlich ausdrücken. »Es ist nicht unbedingt so, dass Apple bei iMessage etwas falsch gemacht hat«, erklärte er dann. »Der Grund für die große Popularität der App ist derselbe, warum SMS-Nachrichten mit Links eine Zeit lang so populär waren, bis [NSO] davon absah, weil sie zu oft erwischt wurden. Aber der wesentliche

Grund ist, dass sie wussten, dass [iMessage] auf jedem iPhone installiert ist. Das macht sie zu einem sehr saftigen Zielobjekt aus deren Perspektive, denn hat man erst einmal einen Exploit dafür, hat man ihn für alle.«

Gegen Ende seines Vortrags erklärte Claudio der Gruppe, das Security Lab könne womöglich in Zeitnot geraten, weil die Pegasus-Attacken immer ausgeklügelter würden und immer schwerer detektierbar. Er vermute, die Entwicklungsingenieure von NSO hätten vielleicht sogar gemerkt, dass das Security Lab (oder jemand anders) Pegasus auf den Fersen war. Die Ausspäher spähten die Ausspäher aus, die die Ausspäher ausspähten.

»Mit Sicherheit merken sie, dass ihnen da jemand forensisch auf der Spur ist, nehme ich jedenfalls an«, erklärte Claudio. »Wenn das Handy kompromittiert ist, sehen sie, wenn jemand zum Beispiel ein Back-up zieht, oder könnten es sehen. Genau aus diesem Grund wird es immer schwieriger, forensisch vorzugehen. Und wenn ich sage, ›wird schwieriger‹, meine ich die letzten vier Wochen … Sie ergreifen eindeutig Maßnahmen, die es uns schwerer machen, das ist das eine. Das andere ist, dass sie, je mehr wir machen, desto besser aufpassen werden. Und aus meiner Sicht heißt das, es kommt ganz entscheidend darauf an, dass wir so schnell wie möglich handeln. Es gibt aus technischer Sicht keine Möglichkeit, uns und unsere Arbeitsprozesse unsichtbar zu machen.«

Paul Lewis hob die Hand. »Darf ich drei wirklich kurze Fragen stellen?«, fragte er. »Doch zuvor möchte ich Danke sagen, weil Sie etwas wirklich Beeindruckendes geleistet haben.« Im Auditorium brandete lauter Beifall auf. Die Anwesenden waren offenbar geplättet von dem, was sie gerade gehört hatten.

Fragen nach der Peer Review kamen in anderen Sitzungen immer wieder hoch, und bei einem der resultierenden Dialoge entfleuchte Claudio seine vielleicht aufschlussreichste Aussage im Verlauf der Konferenz. Das war, offen gesagt, ziemlich überraschend. Nicht so sehr das, *was* Claudio sagte, sondern die Tatsache, dass er es überhaupt laut aussprach. Ich arbeitete seit nunmehr acht oder neun

Monaten eng mit ihm zusammen, und er hatte sich immer gehütet, die Resultate der forensischen Analysen, die er und Donncha entwickelt und durchgeführt hatten, in ein allzu helles Licht zu rücken. Er war regelrecht allergisch gegen jeden »Hype«, ganz besonders, wenn er es mit Journalisten zu tun hatte, und so trug er diesen Kurzmonolog auf seine eigene unnachahmliche Art vor. Er hob seine Stimme kein bisschen an und änderte auch nichts an seinem Sprachduktus, er rückte nicht einmal auf die Kante seines Stuhls im Auditorium vor. »Ich möchte vielleicht ein paar Worte zur Kontextualisierung dessen sagen, worin nach meiner Überzeugung der Wert der forensischen Belege besteht, die wir inzwischen haben«, sagte er, an die versammelten Partner gewandt. »Die Indizien und Spuren, die wir aus den Daten gewonnen haben, sind bemerkenswert, weil der Erfolg, den wir mit unserer forensischen Arbeit bis jetzt erzielt haben, beispiellos ist. Und lassen Sie mich sagen, dass ich zehn Jahre in der Überwachungsbranche gearbeitet habe. Ich habe in dieser Zeit wahrscheinlich Hunderte Computer und Handys überprüft, und wenn ich damals eine Erfolgsquote von null Komma fünf Prozent gehabt hätte, wäre es ein gutes Ergebnis gewesen. Heute stehen wir meines Erachtens bei knapp achtzig Prozent. Das ist für mich ein Zeichen dafür, dass die Beweise ziemlich stark sind.«

Das war die kühnste Äußerung, die ich von Claudio je gehört hatte, was sein Vertrauen in die Daten und die forensische Arbeit betraf. Er gestattete sich in dem Moment sogar ein kurzes Schmunzeln, als sei er von sich selbst überrascht. »Wir haben die Dokumentation, die wir brauchen«, fuhr er fort. »Die technischen Ergebnisse können jetzt zusammengetragen werden, und wir werden sie, so bald wie nötig, jedem zur Verfügung stellen, der nach Ansicht der Gruppe die Arbeit begutachten soll.«

In den anderen Sitzungen präsentierten u. a. Partner aus dem ersten Kreis, was sie bereits geschafft hatten und an welchen Geschichten sie gerade arbeiteten. Schauplätze der Reportagen waren Mexiko, Ungarn, Marokko, Indien, Aserbaidschan und andere. Die Präsentation über Saudi-Arabien war die längste, weil hier der Fall

Khashoggi eine zentrale Rolle spielte. »Das wäre was ganz Großes, weil, wie ihr wisst, NSO sich aus der Mitverantwortung dafür herausgemogelt hat«, sagte einer der Vortragenden. Debatten gab es über die Frage, wie man die Veröffentlichungen in den verschiedenen Ländern splitten könnte, wer Insiderwissen über NSO haben könnte und welche Art von Reaktion wir im Vorfeld der Veröffentlichung seitens des Unternehmens zu erwarten hätten. Wir nahmen uns die Zeit, einige Grundregeln für unsere Arbeit zu besprechen: niemals einer Quelle gegenüber NSO erwähnen, jede Telefonnummer in der Liste verifizieren – am besten aus zwei oder drei Quellen –, bevor der Name der zugehörigen Person veröffentlicht wird; ausnahmslos die Erlaubnis von Opfern und ausgewählten Zielpersonen einholen, bevor man ihre Namen veröffentlicht, zumindest wenn es sich nicht um Personen des öffentlichen Interesses handelt.

Wir nahmen uns auch die Zeit, die beste Veröffentlichungsreihenfolge der Geschichten zu erörtern, denn das Ganze würde sich wahrscheinlich über vier oder fünf Tage hinziehen. Wir sprachen über die Notwendigkeit, uns einigermaßen klar und einig darüber zu sein, was wir *nicht* behaupten durften, sowie über die Frage, wie viel editorische Freiheit die einzelnen Partner haben sollten, ihr jeweils eigenes Päckchen zu schnüren.

Alle stimmten überein, dass die große Chance, die diese Recherche uns eröffnete, darin bestand, dass wir enthüllen konnten, wie schockierend weit die »Militarisierung« der Cyberüberwachung (will sagen, die Umwidmung ihrer Werkzeuge in Waffen) bereits gediehen war. Die Vervielfachung der Fallzahlen hatte allerdings auch Nachteile, wie sich bei unseren Diskussionen über das Timing zeigte. Die Gruppe hatte sich grundsätzlich darauf verständigt, mit Reportagen über die Ausspähung von Menschenrechtsaktivisten und Journalisten anzufangen und die »großen Namen« für später zurückzubehalten. Wir einigten uns ferner auf die optimalen Zeitpunkte für Interviewanfragen bei Regierungsbeamten, Politikern, Prominenten, Firmensprechern von Apple und anderen Tech-Konzernen sowie nicht zuletzt bei führenden Mitarbeitern von NSO und ihren staatlichen Kunden. Das letzte schwierige Thema war der

Termin der Veröffentlichung. Laurent und ich drängten auf Mitte Juli, bis dahin waren es allerdings nur noch acht Wochen. Der *Guardian* hatte nach Paris die Hoffnung mitgebracht, uns zu einer Verschiebung des Termins in den Herbst hinein überreden zu können. Nach fast drei Tagen intensiver Gespräche wurde klar, dass der *Guardian* damit nicht allein dastand.

Craig Timberg von der *Washington Post* konnte sich nur schwer vorstellen, wie wir diese ganze Ladung Arbeit in einen Zeitraum von nur zwei Monaten würden packen können. Er zählte mindestens acht Geschichten auf, die die *Post* nach seiner Ansicht gerne in Angriff nehmen würde, und meinte, in den acht Wochen könnten allenfalls drei davon in *Post*-Qualität fertiggestellt werden. Er sagte: »Wir werden in eine Welt eintreten, in der Zeit gegen Profundität und Qualität abgewogen werden muss.«

Ich war der Meinung, wir hatten schon solide, veröffentlichungsreife Geschichten aus Mexiko, Indien, Marokko und Ungarn in petto. Mit etwas Glück würden wir die Khashoggi-Geschichte festklopfen. Je länger wir die Veröffentlichung hinauszögerten, desto größer wurde die Gefahr, unsere Quelle zu verbrennen. »Ginge es nur nach den Geschichten und der Arbeit, wäre Mitte Oktober sehr viel vernünftiger«, hörte ich Laurent zu einem unserer neuen Partner sagen. »Aber es geht hier eben auch um die Einschätzung des Risikos für unsere Quelle.«

Bastian Obermayer von der *Süddeutschen Zeitung* ergriff das Wort und verteidigte unsere Präferenz für Mitte Juli. Er erinnerte alle Anwesenden daran, dass wir in den Daten vermutlich genügend Anfangsverdachte gefunden hatten, um sechs Jahre lang über das Thema zu berichten, ohne es zu erschöpfen. Und außerdem: Die Veröffentlichung der ersten Folge würde wohl kaum das Ende aller Recherchen markieren. »Wenn der Stein erst mal ins Wasser geworfen ist, besteht die Chance, dass die Geschichte sich weiterentwickelt«, sagte Bastian, »dass sich mehr Quellen auftun, sich bei uns melden und sagen: ›Hört mal, ich hab da noch was für euch.‹ […] Es ist kein kleiner Stein, den wir da ins Wasser werfen. Es ist ein großer Brocken.«

Am Ende war es Paul Lewis, der das ultimative Fazit der Konferenz zog und die nahe Zukunft des ganzen kollaborativen Unternehmens mit seinen Kompromissvorschlägen auf den Punkt brachte. Er wollte, dass jedem der Partner ein gewisses Maß an redaktioneller Flexibilität zugestanden würde, und äußerte einen noch ambitionierteren Wunsch: »Das ganze Projekt basiert offenkundig auf den Daten, der Interpretation der Daten und der forensischen Analyse«, ließ er die Gruppe wissen. »Die Arbeit, die Claudio und Amnesty geleistet haben, ist phänomenal. Wirklich fantastisch. Meine volle Hochachtung dafür. Aber es ist nur eine Organisation, die das trägt. Und wir müssen unserer Sache hundert Prozent sicher sein können. Für mich ist, so gesehen, die Peer Review hier die *conditio sine qua non*.

Und ich meine, das läge in unser aller Interesse. Es liegt in deinem Interesse, Claudio, und in Amnestys Interesse, dass wir uns in dieser Sache vollständig, hundertprozentig auf sicherem Boden bewegen. Und ich bin sicher, wenn wir diese beiden Dinge hinkriegen – wenn wir uns alle zusammen mit einer Peer Review anfreunden können und uns gegenseitig eine größere Flexibilität als Medien zugestehen –, wird nach meiner Meinung nach Ende Juli für uns machbar sein.«

Kapitel 16

»Ein sehr wichtiger Strang unserer Nachforschungen«

Laurent

Als Sandrine und ich ihn bei unserem ersten vertraulichen Treffen baten, sein Smartphone und seinen Laptop aus seinem Büro hinauszuschaffen, winkte der Anwalt ab. »Schauen Sie, wir wissen doch alle, dass wir überwacht werden«, sagte er. »Ich weiß, dass sie mich hacken können.« Er sagte nicht, wen er mit *sie* genau meinte, aber er war seit Jahren auf Pressefreiheit und Medienthemen spezialisiert und hatte etliche prominente Mandanten, darunter auch unseren Partner *Le Monde*. Natürlich habe er Widersacher, meinte er, die möglicherweise versuchten, ihn einer Internetüberwachung zu unterziehen. Deshalb achte er sehr genau darauf, was er auf seinem Smartphone empfing und was er versandte. Weshalb dann noch dieses Aufheben?

Die Partner des Pegasus-Projekts hatten sich mit einem einheitlichen Datum einverstanden erklärt, an dem alle gleichzeitig an die Öffentlichkeit gehen wollten. In weniger als zwei Monaten sollte es so weit sein, und es war höchste Zeit, dass wir ein Rechtsberaterteam auf die Beine stellten. Unser Hausanwalt musste über alles in Kenntnis gesetzt werden, aber solange noch elektronische Geräte im Raum waren, hatten wir kein gutes Gefühl, über die heikelsten Themen mit ihm zu reden. Sandrine und ich beharrten nochmals darauf – Smartphones und Laptops mussten den Raum verlassen. Schließlich fügte er sich, aber er tat es ganz offensichtlich nur uns zuliebe.

Doch seine lässige Haltung sollte nicht lange währen.

Wir weihten ihn darin ein, dass wir Nachforschungen zum Unternehmen NSO und dem dort entwickelten Spähsoftware-System anstellten. Wir erklärten ihm das »Leistungsspektrum« von Pegasus, wozu zum Beispiel die Zero-Click-Exploits zählten, und wie ein Endbenutzer per Remote-Zugriff das Mikrofon und die Kamera eines infizierten Smartphones einschalten konnte, um live Gespräche abzuhören. Obwohl ein »alter Hase« in diesem Geschäft, war er sichtlich schockiert von dem, was er zu hören bekam. Aufmerksam und ohne viele Fragen zu stellen, hörte er zu, während wir ihm in groben Zügen schilderten, was wir bis zu diesem Tag, dem 21. Mai 2021, zusammengetragen und herausgefunden hatten: die geleakte Liste mit fünfzigtausend Smartphone-Nummern, die von Pegasus-Endbenutzern auf der ganzen Welt als mögliche Zielobjekte ausgewählt worden waren; dass wir unter diesen ausgewählten Nummern Hunderte Personen verifizieren konnten, von Journalisten über Menschenrechtsaktivisten und Oppositionspolitikern bis zu ganz normalen Bürgern, die zufälligerweise Kontakt mit den Zielpersonen hatten. Zahlreiche Anwälte.

Wir umrissen die vom Security Lab angewandte IT-Forensik und wie Claudio und Donncha es gelungen war, auf den meisten der ausgewählten Smartphones, die sie analysiert hatten, Spuren von Angriffen oder tatsächlichen Infektionen nachzuweisen. Bei iPhones waren es sogar etwas mehr als achtzig Prozent. In unseren Augen ein starker Hinweis darauf, dass die Liste überaus solide war. Auch die Witwe Jamal Khashoggis stehe darauf, und wir hätten inzwischen auch Beweise, dass vor seiner Ermordung Angriffe stattgefunden hatten. Selbst Emmanuel Macron stehe darauf, ebenso wie mehr als ein Dutzend Angehörige seiner Regierung, allesamt von einem NSO-Kunden in Marokko ausgewählt. Unsere Enthüllungen würden in Europa, Asien, dem Mittleren Osten und in Amerika für Aufsehen und bestimmt auch geopolitische Erschütterungen sorgen, fügten wir hinzu. Wir erwarteten, dass Forbidden Stories und seine sechzehn journalistischen Partner unter heftigen Beschuss gerieten, es möglicherweise auch mit Gerichtsverfahren zu tun haben würden.

Wir bräuchten seinen fachlichen Beistand für die Kontaktaufnahme zu bestimmten Opfern, erklärte ich ihm, aber auch eine Strategie gegenüber der NSO Group und den Endnutzern von Pegasus. Auch benötigten wir Hilfestellung bei der ein oder anderen Formulierung in unseren Storys, eine eingehende juristische Überprüfung der jeweiligen Anschuldigungen, sowie Rat bei der Frage, wie weit wir mit den Beweisen, die wir gesammelt hatten, gehen konnten. Ferner würde eine Abstimmung mit den verschiedenen Rechtsabteilungen unserer Medienpartner vonnöten sein, um sicherzustellen, dass alles konsistent war. Vor allem aber bräuchten wir seinen Rat bei der Frage, wie wir unser Versprechen, unsere Quelle zu schützen, würden halten können.

Wie alle Topanwälte dachte er weit voraus. Der unmittelbare Zeitraum nach dem Veröffentlichungstermin würde der kritischste sein, warnte er uns, und die Gefahr potenzieller Gerichtsverfahren sei vermutlich nicht das größte Problem, mit dem wir es zu tun haben würden. Am meisten Kopfzerbrechen bereite ihm der Informantenschutz. Dass Präsident Macron und einige französische Regierungsangehörige auf der Liste standen, ließ bei ihm die Alarmglocken schrillen. Mit fast hundertprozentiger Sicherheit würde die Regierung Macron argumentieren, dass die nationale Sicherheit höhere Priorität habe als der Schutz der Informationsquelle eines Journalisten. Womöglich würden die französischen Geheimdienste behaupten, dass ihre Agenten im Ausland in Gefahr seien. Sie könnten sogar fordern, dass wir die gesamte Liste preisgeben, sagte er. Gut möglich sei auch, dass französische Beamte bei Forbidden Stories auftauchten und uns eine Vollmacht präsentierten, die es ihnen erlaube, das Laufwerk, auf dem sich die Liste befand, zu beschlagnahmen.

Die gute Nachricht sei, sagten wir ihm, dass wir gar kein solches Laufwerk besäßen. Einzig und allein Forbidden Stories und Amnesty International, und niemand unserer Medienpartner, hätten Zugang zu den Originaldaten. Das sei gut, stimmte er zu. »Sie [die Sicherheitsbehörden] sollen es ruhig versuchen«, sagte er, »aber lassen Sie uns dennoch sicherstellen, dass, falls die Polizei Ihre Büros durchsucht, sie nichts Problematisches findet.«

Der Countdown zur öffentlichen Enthüllung unserer Recherchen war angelaufen. Jetzt fühlte sich das Pegasus-Projekt wirklich real an, aber auch wie etwas, das sich unserer Kontrolle entziehen könnte. Unsere Partner stellten weitere Journalisten für das Projekt ab und brachten sie auf der ganzen Welt in Stellung. Die Chancen, dass ein Fehler passierte, der unsere Nachforschungen aufdecken könnte, stiegen mit jedem Tag. Ich konnte sehen, wie es Sandrine belastete. Zu ihren zahlreichen Aufgaben bei diesem Projekt zählte es, dafür zu sorgen, dass sich alle an das strenge Sicherheitsprotokoll hielten. Noch bevor unser Pariser Meeting zu Ende ging, hatte es einen verstörenden Verstoß gegeben. Einer der neueren Partner hatte einen Oppositionspolitiker seines Landes angerufen und ihn um ein Interview gebeten, bei dem er ihn fragen wollte, wie es sich anfühle, ein potenzielles Opfer der Pegasus-Spyware zu sein. Die Regel, die Sandrine für alle Partner aufgestellt hatte, lautete, dass sich niemand vor dem Ende unserer Nachforschungen an Oppositionspolitiker – die bekanntermaßen ein loses Mundwerk haben – wenden durfte. Und falls doch, dann nur nach vorheriger Absprache mit uns.

»Was zum Teufel …!«, schimpfte Sandrine, als sie von dem Anruf erfuhr.

Als sie den Journalisten mit diesem Fehler konfrontierte, war sie zwar ein wenig diplomatischer, aber keinen Deut weniger explizit. »Vielleicht hast du einen Teil der Erklärungen verpasst«, sagte sie zu ihm, »aber ein zweites Mal darf das nicht passieren.«

Das Pegasus-Projekt nahm jetzt volle Fahrt auf, und der Druck auf sämtliche Partner nahm zu. Vor allem bedauerte ich die Journalisten und Redakteure von *Le Monde,* die sich nun mit dem gleichen nationalen Sicherheitsdickicht würden abplagen müssen wie Forbidden Stories. Sie waren an zahlreichen Geschichten über Marokko dran, von denen einige garantiert ernste geopolitische Konsequenzen nach sich ziehen würden. Die Journalisten Martin Untersinger und Damien Leloup von *Le Monde,* die beiden Tech-Experten der Zeitung, arbeiteten nun schon seit mehr als vier Monaten mit der Liste an Telefonnummern, die wir ihnen zur Verfügung gestellt hatten, identifizierten Ausspähziele und »Jagdmuster«. Woche um Woche brachte die Datenanalyse neue Überraschungen zutage. Der NSO-Kunde in Marokko hatte nicht nur Macron und die meisten seiner wichtigsten Minister ausgewählt, sondern auch Amtsträger aus anderen europäischen und afrikanischen Ländern, einen früheren amerikanischen Botschafter und sogar Mitglieder des inneren Zirkels von König Mohammed VI. und seines engsten Familienkreises. Damien hatte soeben dessen Schwiegervater in dem Datensatz gefunden. Das Ausmaß und die Reichweite der ausgewählten Zielpersonen (insgesamt mehr als fünftausend) ließen einen manischen Aktionismus in den marokkanischen Geheimdiensten vermuten, im Verein mit einem extremen Mangel an Disziplin.

Martin und Damien brachten sehr viel Zeit damit zu, ein mögliches Motiv zu finden, und das schien mit den Befürchtungen Marokkos in Bezug auf seine unmittelbare Nachbarschaft zu tun zu haben. Macrons Smartphone war zum Ziel geworden, als er sich auf einer Afrika-Reise befand. Zur selben Zeit wurde auch sein Chefberater für Afrika von dem marokkanischen NSO-Kunden ins Visier genommen. Der seit Jahrzehnten währende Kampf der Westsahara um Unabhängigkeit – für König Mohammed VI. eine Sache des marokkanischen Nationalstolzes, die Westsahara als Teil seines Staatsgebiets zu beanspruchen – erschien ihnen als höchst plausibles Motiv. Aber gänzlich erklären konnte sich Damien die Gründe und Gedankengänge, die hinter dieser Abhörmanie steckten, dennoch nicht. »Wir haben uns mehrere Erklärungen überlegt«, sagte Damien zu den Partnern. »Aber keine davon ist wirklich überzeugend.«

Und Abhilfe bei diesem Dilemma war vorerst nicht in Sicht. Das Risiko, der französischen Regierung zu diesem Zeitpunkt konkrete Fragen zu stellen, war so lange vor dem Veröffentlichungstermin einfach zu groß. Sogar bei der doppelt und dreifachen Verifizierung der Identität französischer Amtsträger auf der Liste mussten die Journalisten von *Le Monde* äußerst vorsichtig sein. Zum Beispiel verfügte die Zeitung noch nicht über felsenfeste Beweise, um mit der Behauptung an die Öffentlichkeit gehen zu können, dass es sich bei der fraglichen Nummer in den Daten unzweifelhaft um Macrons Smartphone handelte. Und französische Regierungsangehörige zu bitten, ihre Smartphones forensisch analysieren zu dürfen, kam schon gar nicht infrage. »Natürlich sind wir nicht in den Élysée-Palast marschiert und haben um Macrons Handy gebeten«, hatte Damien lakonisch gegenüber der Gruppe erklärt.

Allerdings hatten sie Verstärkung bei der bislang eher unbefriedigend verlaufenden Recherche in Bezug auf Marokko bekommen. Ein Journalist unseres neuen Medienpartners *Daraj* hatte sich an Hajar Raissouni gewandt, die Journalistin aus Rabat, die in den Sudan geflohen war, nachdem man sie wegen vorehelichen Geschlechtsverkehrs mit ihrem Verlobten verurteilt und kurzzeitig inhaftiert hatte. Hajars Smartphone war nun verifiziert worden, also setzten wir unsere Hoffnungen auf die forensische Untersuchung. *Le Soir* berichtete unabhängig über Marokko, weil ein ehemaliger belgischer Premierminister ebenfalls in den Daten aufgetaucht war. Auch eine Reporterin von *Radio France* war hinter dem Fall her, und bereits eine Woche nach unserer großen Besprechung in Paris hatte sie Joseph Breham kontaktiert, einen Pariser Anwalt, der inhaftierte und exilierte Dissidenten aus Westsahara vertrat, und ihn davon überzeugt, sein Smartphone Claudio und Donncha anzuvertrauen. Am 21. Mai 2021, demselben Tag, an dem wir uns mit unserem Anwalt trafen, fanden sie Spuren einer Infektion auf Brehams Smartphone. Er erklärte sich bereit, sich öffentlich dazu zu äußern. »Es gibt keinerlei mögliche Rechtfertigung für einen ausländischen Staat, einen französischen Anwalt abzuhören«, sagte Breham. »Es gibt weder auf rechtlicher, ethischer noch moralischer Basis eine Rechtfertigung dafür.«

»Die Dinge überschlagen sich«, konnte Sandrine am 25. Mai, vier Tage später, bei unserem ersten projektweiten Update verkünden. Kai Biermann von *Die Zeit* war unterwegs nach Istanbul, um sich mit türkischen Amtsträgern zu treffen, die eventuell Aufschluss zum Mord an Khashoggi und dessen Implikationen geben konnten. Auch Dana Priest hatte eine Reise nach Istanbul gebucht, wo sie hoffte, sich mit Khashoggis Verlobten treffen und die forensische

Analyse ihres Smartphones in die Wege leiten zu können. Szabolcs Panyi wiederum recherchierte zu Hause in Ungarn den Stand der Beziehungen zwischen Viktor Orbán und dem israelischen Premierminister Benjamin Netanjahu, die sich genau zu der Zeit, als NSO ungarischen Behörden eine Pegasus-Lizenz verkaufte, intensivierten.

Stephanie Kirchgaessner vom *Guardian* postete Notizen von ihrem langen inoffiziellen Interview mit einem Informanten, der NSO sehr gut kannte. Michael Safi, ein Kollege von Stephanie beim *Guardian,* recherchierte über die mögliche Bespitzelung des inneren Zirkels des Dalai-Lama durch Indien. »Zuerst Macron, jetzt der Dalai-Lama«, witzelte jemand aus Sandrines Freundeskreis. »Wer ist als Nächstes dran? Jesus?«

Kristof Clerix von *Knack* arbeitete jetzt ebenso wie die *Süddeutsche Zeitung* an Berichten über Ausspähziele, die von Ruanda ausgewählt worden waren. Zu den Menschen, mit denen er sich unterhalten wollte, zählte unter anderem Carine Kanimba, die im Vorfeld des bevorstehenden Prozesses gegen ihren Vater, dem Terrorismus, Entführung und Mord vorgeworfen wurde, die ruandische Regierung der Vorverurteilung bezichtigt hatte. Carines Vater, Paul Rusesabagina, war der »Hotel Ruanda«-Held, der während des Genozids im Jahr 1994 mehr als 1200 Hutus und Tutsis vor der Ermordung bewahrt hatte. Seine kritische Haltung gegenüber der Regierungspartei in den folgenden Jahren hatte ihn 2020 in ein Gefängnis in Kigali gebracht, wo er angeblich gefoltert worden war, und jetzt musste er mit seiner Verurteilung rechnen. Im Vorfeld des Prozesses verkündete der ruandische Präsident nun laut und öffentlich Rusesabaginas Schuld.

Miranda Patrucic vom OCCRP hatte bereits eine Menge der Telefonnummern identifiziert, die von Pegasus-System-Operatoren in Aserbaidschan ausgewählt worden waren, darunter die von fünfzehn Journalisten, achtundzwanzig Menschenrechtsaktivisten und Anwälten, und fünfzig führenden Politikern der aserbaidschanischen Oppositionspartei. Sogar der stellvertretende Verteidigungsminister war darunter. Die beste Neuigkeit vom OCCRP war, dass

Khadija Ismayilova Ende der Woche möglicherweise aus dem Hausarrest in Baku entlassen werden würde. Miranda und ein paar von Khadijas Kollegen beim OCCRP hatten vor, sich mit Khadija in Ankara persönlich zu treffen, wo sie ihr endlich, ohne zu fürchten, abgehört zu werden, von der Pegasus-Infektion ihres Smartphones würden berichten können.

Im gleichen Maße, wie Claudios Vertrauen in die forensischen Ergebnisse des Security Labs zunahm, wuchs auch sein Wunsch, die Nachforschungen so schnell wie möglich abzuschließen. Claudio und Donncha lagen, was NSO anbelangte, sozusagen in den letzten Zügen. Ihre ersten forensischen Analysen zum Pegasus-Projekt hatten sie bereits 2018 und 2019 durchgeführt, als die Zero-Click-Exploits noch in den Kinderschuhen steckten. Doch mindestens ein Smartphone, das sie im Mai analysiert hatten, war wohl erst seit knapp vier Wochen infiziert.

Kürzlich infizierte iPhones offenbarten neue und ziemlich beunruhigende Befunde. Es brauchte einigen Entschlüsselungsaufwand, alte Back-ups mussten mit neueren Back-ups auf denselben iPhones verglichen werden, aber zum Schluss waren Claudio und Donncha überzeugt, dass sich NSO auf ein neues Ausweichmanöver verlegt hatte. Nachdem die Programmierer und Ingenieure der Firma herausgefunden hatten, dass ihre Zero-Click-Exploits von Internet-Researchern entdeckt wurden, weil die Infektionen erkennbare Spuren von Pegasus in Sicherungskopien hinterließen, hatten sie eine zusätzliche Schutzschicht hinzugefügt. Von 2020 an schienen die Pegasus-Exploits wesentlich mehr darauf ausgerichtet zu sein, auf den betroffenen Smartphones jeglichen Nachweis einer Attacke und Infektion zu verwischen, und hinterließen weniger Spuren.

Was jedoch noch mysteriöser war, und Claudio und Donncha erst in den letzten Maiwochen klar wurde, war, dass die Pegasus-Spyware von NSO nun offenbar darauf abzielte, die Geschichte umzuschreiben. Sobald ein Gerät mit der jüngsten Pegasus-Version infiziert war, verwischte die Spyware nicht nur forensische Beweise des neuen Angriffs, sondern versuchte auch, die Spuren, die Pegasus bei früheren Attacken hinterlassen hatte, zu tilgen. Für Claudio und Donncha war das sozusagen eine Win-Lose-Entdeckung. Positiv schlug zu Buche, dass das Security-Lab-Tool noch immer in der Lage war, alte Spuren zu finden, weil die »Reinigungsmittel« von NSO allzu gründlich dann doch nicht waren. Zwar schrubbten sie die Namen von heimtückischen Prozessen aus fast allen Spalten in den Datennutzungslogs der Sicherungskopien weg. Aber eben nicht alle. Die NSO-Agenten waren nachlässig gewesen, weil sie arrogant waren, glaubte Donncha. Offenbar dachten sie, sie seien zu gut, um erwischt zu werden.

Der negative und beunruhigende Teil dieser Entdeckung bestand darin, dass sich Claudios und Donnchas jüngste Befürchtungen, die NSO könnte ihnen auf der Spur sein, bestätigt hatte. »Ich meine, ich weiß nicht genau, welchen Einblick NSO [in unsere Forensik] haben könnte«, sagte Claudio zu mir und Sandrine, »aber es wäre dumm von ihnen, wenn sie keinen Einblick in ein Smartphone hätten, das sie bereits ›besitzen‹. Es ist doch wahrscheinlich, dass sie sehen können, wenn jemand etwas damit macht.«

Als Paloma Ende Mai wieder nach Mexiko reiste, war sie sich dessen bewusst, dass es mehr denn je auf Schnelligkeit ankam. An keiner anderen Geschichte im Zusammenhang mit Pegasus hatten wir schon so lange gearbeitet wie an der in Mexiko; sie reichte auf das Cartel Project von Ende 2020 zurück. Paloma und der Rest des Teams hatten eine Fülle von Fährten aufgetan, deren Verfolgung sich als ein Unterfangen entpuppt hatte, das irgendwo zwischen quälend und zum Verrücktwerden schwierig lag. Wir zählten auf Paloma und auf unsere zunehmend enger werdende Partnerschaft mit Carmen Aristegui, eine der am meisten bewunderten und bekanntesten Journalisten Mexikos.

Carmen hatte uns kontaktiert, um uns zur Veröffentlichung des Cartel Project zu beglückwünschen, und bei dieser Gelegenheit hatten wir sie gefragt, ob sie Lust habe, bei unseren Nachforschungen zur NSO mitzumachen. Sie schien interessiert zu sein. Carmen blickte auf eine lange, quälende Geschichte mit dieser Firma und deren Vertriebspartnern in Mexiko sowie den staatlichen Kontrollgremien zurück, die die Persönlichkeitsrechte und die Pressefreiheit eigentlich hätten beschützen müssen. Das Nachrichtenportal, das sie gegründet hatte, *Aristegui Noticias,* hatte im Sommer 2012, als sie und ihr Team die operativen und finanziellen Details der Verträge zwischen der mexikanischen Armee und NSO-Vertriebspartnern im Land offenlegte, als Erste über die rasante Ausbreitung der Internetüberwachung in Mexiko berichtet. Fünf voneinander unabhängige Verträge im Wert von dreihundertfünfzig bis vierhundert Millionen Dollar, berichtete *Aristegui Noticias,* »wurden ohne vorherige Ausschreibung durchgewunken und per direkter Beauftragung an die Firma Security Tracking Devices, SA de CV, vergeben«. Damals hatte die Geschichte nur wenig Widerhall gefunden. Die mexikanische Armee unterzog die beiden geheimen Verträge einem oberflächlichen Audit und legte den Fall binnen weniger Monate mit der knappen Bemerkung »wegen fehlender Details« zu den Akten.

Carmens erster Bericht über Internetüberwachung sowie ihre kritische Berichterstattung über Präsident Enrique Peña Nietos dubiose Immobiliengeschäfte hatten sie ins Visier der mexikanischen Behörden geraten lassen. So wurde Carmen selbst zu einem der ersten Opfer der Pegasus-Überwachung in Mexiko, zusammen mit ihrem sechzehnjährigen Sohn. Dass sie zu Ausspähzielen geworden waren, war 2017 vom Citizen Lab bestätigt worden. Die Strafanzeige, die sie gegen die mexikanische Regierung erstattet hatte, wurde unterdessen von der Staatsanwaltschaft weiterhin verschleppt. Carmen berichtete länger als alle anderen Kolleginnen und Kollegen auf der Welt über die Internetüberwachung in ihrem Land und kannte sich wie kaum jemand sonst damit aus. Dennoch war sie schon von dem wenigen, was wir ihr mittels einer unsicheren Telefonverbindung verraten konnten, beeindruckt und wollte unbedingt mehr wissen. Ende März 2021 flog Paloma dann nach Mexico City, um Carmen zu erzählen, was wir herausgefunden hatten.

Im März konnten wir Carmen noch nicht von allen Daten, die uns zugänglich waren, berichten, aber wir beschlossen, das Beste, was wir tun könnten, war, uns zunächst auf das »Finde-den-dazugehörigen-Namen«-Spiel zu verlegen, sprich einen Abgleich ihrer Kontaktliste mit den fünfzehntausend möglichen Zielnummern, die die mexikanischen Kunden von NSO ausgewählt hatten. Ungefähr zehn Minuten, nachdem wir den Abgleich gestartet hatten, war Carmen frappiert. Wie sich herausstellte, gab es mehr als sechzig Übereinstimmungen in ihrer Kontaktliste. Jede Menge Journalisten, Eltern der Studenten, die von der Lokalpolizei festgenommen worden und dann von den Drogenbossen in Ayotzinapa ermordet worden waren, der verantwortliche Regierungsbeamte für die ruhenden Ermittlungen der Todesfälle, mehr als ein Dutzend mächtiger politische Akteure, selbst ein katholischer Priester, der für seinen Einsatz für Immigranten mit verschiedenen Menschenrechtspreisen ausgezeichnet worden war. »Politiker und Journalisten und ein Priester«, witzelte Carmen. »Wer kann *uns* jetzt noch retten?«

Immer wieder entdeckte Carmen einen ihr bekannten Namen und rief aus: »Ach herrje«, »O nein«, »Nicht sie auch« oder »Brutal«. Überraschend war für sie auch das ruchlose und extrem aktive Spionagespiel, das jemand in der Regierung Peña Nieto da offenbar betrieben hatte. Die Namen der engsten Freunde und Berater des Oppositionskandidaten Andrés Manuel López Obrador (auch bekannt als AMLO), der 2018 die Präsidentschaft gewonnen hatte, befanden sich in unseren Daten. »Das hier ist einer der intimsten Vertrauten des gegenwärtigen Präsidenten«, sagte Carmen zu Paloma und deutete auf eine der Übereinstimmungen aus unseren Daten.

»Seinen Chauffeur, seinen Kardiologen und den Leiter seines Baseballclubs haben wir auch schon gefunden«, erwiderte Paloma.

»Lass mal sehen«, sagte Carmen und blickte in ihre eigene Liste mit den Übereinstimmungen. »Stimmt. Das da ist sein Chauffeur und das sein Kardiologe. Dann sind da seine Frau und seine drei Kinder. Seine Kinder? Wie viele Kinder [stehen auf eurer Liste]?«

»Er hat vier Kinder«, antwortete Paloma, »und drei davon sind auf der Liste.«

»Der Kleine nicht? Nur die älteren drei?«

»Ja.«

Ein paar der Übereinstimmungen entpuppten sich als Angehörige von Carmens engstem Kreis; die meisten von ihnen waren zu Ausspähzielen geworden, als auch sie zum ersten Mal ausgespäht wurde: ihre Assistentin, eine der Autorinnen, mit denen sie seit Langem zusammenarbeitete, ja selbst ihre Schwester. Als Carmen sich am nächsten Tag bei ihrer Schwester meldete, wies Teresa sie auf eine SMS hin, die sie zu dem damaligen Zeitpunkt erhalten hatte. Sie habe ausgesehen, als stamme sie von einer Freundin. »Mein Vater ist gestorben. Wir sind bestürzt. Hier findest du die Infos für die Beerdigung.« Teresa Aristegui hätte dazu einen Link anklicken müssen. Solche SMS-Botschaften mit Links hatte Carmen 2016 ebenfalls bekommen: »Es ist jetzt fünf Tage her, dass meine Tochter zuletzt aufgetaucht ist. Ich wäre dir dankbar, wenn du dieses Foto teilen könntest. Wir sind verzweifelt.« Und »Liebe Carmen, mein Bruder ist bei einem Unfall gestorben. Ich bin am Boden zerstört. Anbei Informationen für den Trauergottesdienst. Hoffe, du kannst kommen.«

Noch schlimmer die SMS, die ihr sechzehnjähriger Sohn erhalten hatte: »Enthaupteter Journalist in Veracruz gefunden, nachdem er Drogendealer bedroht hatte. Details siehe Fotos.«

»Diese Technologie war in den Händen einer Schar von Agenten, die sich wie Gangster benahmen und die Betroffenen verhöhnten, wenn sie deren Smartphones infizierten«, hatte ein Internet-Researcher entsetzt bemerkt.

An einem bestimmten Punkt unserer Abgleichungs-Session mit Paloma wurde klar, dass Carmen bei unseren Nachforschungen mitmachen wollte. Dabei erwähnte sie etwas äußerst Verlockendes: einen Datenträger mit mehr als zwanzigtausend Dokumenten; sie hatte ihn von einem Informanten erhalten, der für den mutmaßlichen Vertriebspartner in Mexiko gearbeitet hatte, Uri Ansbacher Bendrama. Aber Carmen wollte sich erst noch überlegen, wie man diesen Schatz nutzen konnte; sie war noch nicht bereit, alles mit unserer Gruppe zu teilen.

Den größten Aha-Moment hatte sie indes ziemlich am Anfang unserer Sitzung – bei Übereinstimmung Nummer zwölf. »Dieses Handy gehört Xavier Olea«, sagte Carmen sichtlich betroffen. »Er ist ein Strafverteidiger und der frühere Staatsanwalt von Guerrero … Er war auch der Staatsanwalt, der mit den Ermittlungen zum Tod von Cecilio Pineda befasst war.« Cecilio war ein Journalist, über dessen Fall Paloma bestens informiert war. Seine ungeklärte Ermordung in einem der gefährlichsten Gebiete Mexikos – einem Ort nahe genug an den Bergen, um genügend Schutz für die Drogenherstellung zu bieten, und nahe genug am Pazifischen Ozean für den Transport der Drogen in den gierigen US-amerikanischen Markt – war eine Geschichte, die Forbidden Stories vom ersten Tag an verfolgt hatte. Staatsanwalt Olea, der auf Rund-um-die-Uhr-Personenschutz für seine Frau und Kinder bestanden hatte und in einem gepanzerten Wagen fuhr, erzählte uns später, dass man ihn über die Drohungen gegenüber Cecilio informiert hatte und dass es sich bei dessen Tod ganz offensichtlich um Mord handele, schließlich habe er über Drogenkartelle berichtet, vor allem über deren Praxis, Einwohner zu entführen und sie gegen Lösegeld wieder freizulassen. Olea bezeichnete Cecilio als »kühn«, aber die Art, wie er es sagte, klang nicht nach einem Kompliment.

»Du weißt, dass die Telefonnummer von Cecilio Pineda auch in den Daten enthalten ist?«, sagte Paloma zu Carmen.

»Könnte er ausspioniert worden sein?«, fragte Carmen. »Nun, das ergibt Sinn. Das wird ein eigener wichtiger Recherche-Komplex: Cecilio Pineda.«

Das musste man Paloma nicht eigens sagen. Sie hatte von Tag eins des Pegasus-Projekts an versucht, Cecilios Nummer zu verifizieren. Es war ihr erst zehn Tage vor ihrem Treffen mit Carmen Ende März 2021 gelungen, woraufhin sie ein geheimes Telefonat mit Cecilios verängstigter Witwe Marisol arrangiert hatte. »Ich möchte keine weiteren Probleme«, waren deren ersten Worte. Marisol sagte, sie habe ihren Mann gebeten, seine Nachforschungen über die Drogenkartelle einzustellen, aber er sei dickköpfig gewesen. Das war Marisol auch. »Ich möchte nicht wissen, wer ihn umgebracht hat«, sagte sie Paloma bei deren erstem Anruf. »Das macht ihn auch nicht mehr lebendig.«

Marisol nannte ihr einen weiteren Informanten, der verifizieren konnte, dass die Handynummer, die wir hatten, tatsächlich die von Cecilio war, was bewiese, dass er genau einen Monat vor seiner Ermordung im März 2017 als Ausspähziel ausgewählt worden war. Doch weil Marisol das Smartphone ihres Mannes nicht hatte, war auch keine forensische Untersuchung möglich. Die Polizei hatte ihr Cecilios Kleider und Schuhe zurückgegeben, die er am Tag seiner Ermordung getragen hatte. Sonst jedoch nichts. Sie solle es bei Cecilios Freund Israel Flores versuchen, einem Journalistenkollegen, der sofort zum Tatort geeilt sei, riet sie Paloma.

Paloma hatte Israel Flores Anfang Mai erreicht, und das, was er ihr über den Verbleib des Smartphones sagte, machte die Sache nur noch mysteriöser. Israel sagte, er habe das Handy auf dem Boden neben dem verwundeten Freund liegen sehen, als er am Tatort eintraf, aber sei nicht geistesgegenwärtig genug gewesen, es einzustecken. Er sei mit im Krankenwagen gewesen, mit dem Cecilio in eine Klinik gebracht werden sollte, aber dieser sei unterwegs gestorben. Bald danach habe die Bundespolizei Israel einbestellt, um ihn über Cecilios Tod zu befragen. Israel erzählte Paloma, es sei ihnen im Grunde nur um eines gegangen: Sie hätten wissen wollen, wo das Handy abgeblieben sei. Sämtliche Fragen hätten sich darum gedreht, wer sich am nächsten neben dem Gerät befunden habe. Wo genau waren die Notfallsanitäter? Wer hatte es mitgenommen?

Palomas letzte Reise nach Mexiko gegen Ende Mai 2021 war eine Art Achterbahnfahrt. Weitere Vorstöße bei Marisol, Israel und den Ermittlern der Bundespolizei brachten keine neuen Erkenntnisse. Das Smartphone blieb verschwunden. Aber Paloma bekam von Nina Lakhani vom *Guardian* Schützenhilfe, die wieder zurück in Mexiko war, nachdem sie im Vorjahr dort für das Cartel Project gearbeitet hatte. Und *Proceso* und *Aristegui Noticias* hatten ihren jeweils am besten informierten und fähigsten Investigativjournalisten auf das Projekt angesetzt.

Die allerbeste Nachricht war jedoch, dass Carmen beschlossen hatte, ihre zwanzigtausend geleakten Dokumente allen Journalisten, die am Pegasus Project beteiligt waren, zugänglich zu machen. Die

Datenfreigabe für diesen beschränkten Kreis geschah genau zu der Zeit, als wir unseren letzten, entscheidenden Medienpartner in unserem Rechercheprojekt an Bord begrüßen durften, die israelische Zeitung *Haaretz*.

Amitai Ziv, ein auf Telekommunikation und Tech spezialisierter Journalist bei der Finanzbeilage von *Haaretz,* hatte maßgeblich zum Gelingen des Cartel Project beigetragen. Im Rahmen des Cartel Project hatte Pegasus nur am Rande eine Rolle gespielt, und zwar nur, weil wir in letzter Sekunde hatten bestätigen können, dass Jorge Carrascos Smartphone Ziel der Spähsoftware war. Amitai hatte dem Rechercheteam Schlüsselkontakte bei NSO und konkurrierenden Firmen und in der restlichen israelischen Tech-Industrie verschafft. Wir wussten, Amitai könnte uns auch beim Pegasus-Projekt in diesen und anderen Dingen unterstützen. Aber Sandrine und ich hatten lange gezögert, ihn zur Mitarbeit beim Pegasus-Projekt einzuladen. Israels nationale Sicherheitsbestimmungen stellen für die Journalisten des Landes eine große Hürde dar. Militärzensoren hatten einen großen Spielraum, wenn es darum ging, neue Themen im Keim zu ersticken, und laut gesetzlicher Bestimmung musste man ihnen erlauben, vor der Veröffentlichung alles zu lesen, was die nationale Sicherheit betraf.

Währenddessen hatte Claudio geradezu darauf beharrt, *Haaretz* aus dem Projekt herauszuhalten. Immer wieder warnte er uns, dass das Risiko, abgehört zu werden, zu groß sei, und zwar gerade, weil Israel so klein sei. Internetüberwachung, erklärte er uns, sei sehr viel leichter, wenn sich das jeweilige Zielobjekt um die Ecke befinde. Gleichzeitig bekräftigten alle Partner, wie wichtig es sei, kooperierende Journalisten vor Ort, also in Israel zu haben. Als wir nach unserer zweiten Besprechung in Paris den Konferenzraum verließen, bekamen Sandrine und ich diese Forderung mehr als einmal zu hören. Also drängten wir Claudio erneut, und endlich lenkte er ein.

Ungefähr eine Woche nach diesem zweiten Meeting kontaktierten wir Amitai, und dieser flog eine Woche später nach Paris. Amitai zeigte sich ziemlich überrascht vom Umfang des Daten-Leaks, der Ergebnisse der forensischen Datenanalysen und den bisherigen Berichten der Partner. Aber als wir ihn fragten, welchen Einfluss das Pegasus-Projekt auf NSO und die israelische Regierung nehmen würde, sah er uns ein wenig schräg an. »Nun, gar keinen«, sagte er ganz nüchtern. »Die NSO sieht sich ständig mit solchen Berichten konfrontiert. Aber das juckt sie nicht.« In anderer Hinsicht stimmte er uns jedoch hoffnungsvoller. Unsere Bedenken wegen der militärischen Zensur seien überzogen, meinte er, weil die NSO eine private Firma sei. Also würde er dem MOD nicht sonderlich viel offenlegen müssen.

Oft kommt es auf das richtige Timing an, und in diesem Fall ganz besonders. Amitai und *Haaretz* kamen am 26. Mai 2021 offiziell an Bord des Pegasus Project, am selben Tag, an dem Carmen einen Teil der zwanzigtausend Dokumente ablieferte, die eine Verbindung zwischen verschiedenen mexikanischen Behörden, NSO und deren bevorzugtem Vertriebspartner in Mexiko, dem undurchsichtigen Uri Ansbacher, offenbarten.

Die geleakten Dokumente, erklärte Carmen, hätten sie in Gestalt zweier verschlüsselter USB-Sticks erreicht, die ihr ein Whistleblower aus dem komplizierten Firmenkonglomerat Ansbachers zugespielt habe. Der israelische Geschäftsmann war sehr darum bemüht gewesen, seine Finanzen und Geschäftsaktivitäten zu verschleiern. Der Whistleblower, der seine E-Mails an Carmen mit »Hunter of Hunters« (Jäger von Jägern) unterschrieb, lüftete den Schleier. Die zwanzigtausend digitalen Kopien von Dokumenten, die er Carmen 2019 aushändigte, umfassten Verträge, Kontoauszüge und Zahlungsbestätigungen, darunter enorme Summen, die an »Shalev Holy« gegangen waren. Auch hatte der Whistleblower Carmen erzählt, dass einer von Ansbachers engsten Mitarbeitern, der in Sachen Pegasus im Hauptquartier von NSO in Israel ausgebildet worden war, die Software im Auftrag der gegenwärtigen mexikanischen Regierung auf ausgewählte Ausspähziele gespielt habe. »Sie wussten absolut alles über AMLOs Leben«, erklärte der Informant. Carmen hatte die Handynummer dieses engen Mitarbeiters von Ansbacher im März in unserem Datensatz erkannt. (Die Pegasus-Operatoren fanden sich häufig in den Daten wieder, weil sie ihre eigenen Smartphones in Verkaufsgesprächen mit potenziellen Kunden für Demonstrationszwecke benutzten.)

Im März war Carmen noch nicht bereit gewesen, uns die geleakten Daten in nennenswertem Umfang zur Verfügung zu stellen, da sie noch nicht offiziell am Pegasus-Projekt mitarbeitete, und auch in den ersten Wochen, nachdem sie dazugestoßen war, zögerte sie noch. Aber jetzt, Ende Mai, war sie rückhaltlos dabei. Carmen wusste, dass Mexiko Teil einer sehr viel größeren globalen Story war, aber sie wusste auch, dass ihr Heimatland ein Paradebeispiel dafür war, was passierte, wenn eine Spyware wie Pegasus im großen Stil zum Einsatz kam, und zwar seit Jahren und ohne die nötigen Schutzvorkehrungen. Ohne ihren Whistleblower wäre sie nicht in der Lage gewesen, das Ausmaß aufzuzeigen. Vielleicht würden wir nichts weiter erreichen, als zu beweisen, dass eine *private* Firma in Mexiko Pegasus einsetzte, um ungerechtfertigterweise Menschen zu überwachen, die weder kriminell noch Tatverdächtige waren.

An diesem Punkt spürte ich, dass unser Projekt neue Zugkraft gewann. Durch unsere frühere Zusammenarbeit war mir bereits klar, dass Amitai Carmens außergewöhnlicher Papierspur echte Substanz würde verleihen können.

Ende Mai 2021 erzählte uns unser neuer Partner aus Israel, er sei zuversichtlich, dass ihm Uri Ansbacher bald ein Interview gewähren würde.

Kapitel 17

»Es geht nicht nur um mich«

Die letzten zwanzig Minuten auf dem Flughafen waren die schwersten für Paul Radu. »Sie wird überrascht sein, dich zu sehen«, vermutete seine Kollegin Miranda Patrucic. »Nach so langer Zeit …«

»So lange«, erwiderte Paul wehmütig. »So lange, ja. Sie muss sehr erleichtert sein, jetzt hier zu sein. Ich kann mir nicht mal vorstellen, wie sich das anfühlt, nach so langer Zeit zu reisen und rauszukommen.«

Zwanzig Minuten später tigerten Paul und Miranda immer noch auf dem glänzenden Boden der Ankunftshalle hin und her, ohne mit Sicherheit zu wissen, ob ihre Freundin den Flug von Baku nach Ankara geschafft hatte. Durchaus möglich, dass die aserbaidschanischen Sicherheitsdienste sie am Flughafen in Baku aufgehalten oder sogar in letzter Minute aus dem Flugzeug geholt hatten. Aber die beiden waren voller Hoffnung. »Glaubst du, sie wird uns mit diesen Masken erkennen?«, fragte Miranda.

»Das habe ich mich auch schon gefragt«, erwiderte Paul, der schon in Richtung Gate unterwegs war. »Jetzt kommen Leute. Sie kommen. Jetzt muss es jeden Moment so weit sein. Jeden Moment.«

»Das ist ja wie im Kreißsaal«, sagte Miranda, die ebenfalls die Passagiere des Flugs 2162 beobachtete, die mit ihrem Gepäck herauskamen.

Paul musste an das letzte Mal denken, als er Khadija Ismayilova gesehen hatte – sie hatte ihre Heimatstadt Baku seit 2014 nicht mehr verlassen dürfen. Zunächst war sie in Untersuchungshaft gewesen, dann im Gefängnis und hatte schließlich unter einem Reiseverbot gelebt. Die aserbaidschanischen Behörden hatten während der gesamten Zeit nur wenig Entgegenkommen gezeigt. Als Khadijas Mutter wegen einer Krebsbehandlung von Baku nach Ankara hatte reisen müssen, wurde Khadijas Antrag abgelehnt, sie begleiten zu dürfen. Und selbst als ihre Mutter ein paar Monate später in Ankara auf dem Sterbebett lag, hatte sie das Land nicht verlassen dürfen.

»Weißt du, wie lange das jetzt her ist?«, fragte Paul. Noch immer strömten Reisende aus dem Ankunftsbereich in die Halle. »Fast acht Jahre.«

Endlich entdeckten sie Khadija in einem leuchtend pinkfarbenen Shirt hinter den Glastüren. Sie war eine der Letzten, die den Terminal erreichten, aber sie war da. Endlich! Paul und Miranda liefen ihrer überraschten Freundin entgegen und umarmten sie stürmisch. Die drei lachten und weinten zur gleichen Zeit. Khadija Ismayilova war für einen Moment sprachlos, was eigentlich gar nicht zu ihr passte.

»Wow, hey«, war alles, was Paul herausbrachte. »Wow. Wow.«

»Endlich«, sagte Khadija. »Nach so vielen Jahren.«

»Wir sind auf mindestens sieben gekommen«, antwortete Paul.

»Nein, so lange war es nicht«, korrigierte Khadija, plötzlich wieder ganz gefasst. Schließlich war sie ihrer Ausbildung und Natur nach in allererster Linie Journalistin. Und selbst in einem so emotionalen Moment wie diesem waren ihr akkurate Fakten wichtig. »Im Oktober sind es sieben Jahre.«

Khadija plante in Ankara nur einen vorübergehenden Aufenthalt, sie wollte so bald wie möglich ihre Arbeit in Aserbaidschan fortsetzen. Und so kam sie als Gast und so, wie es ihre Mutter ihr beigebracht hatte: mit Essen im Gepäck. Am Tag zuvor hatte sie Weinblätter mit Rinderhack gefüllt, und ihre Dolma standen neben Salat, Fisch und Wein an diesem Abend auf dem Tisch, an dem Paul, Miranda, Khadija, Pauls Kollege Drew Sullivan, Khadijas Schwester und einige weitere Freunde bis in die frühen Morgenstunden feierten. Wie in alten Zeiten schenkte Khadija den Wein aus, gab Essen auf die Teller und erklärte den anderen, wie man einen richtig guten Pilaw zubereitet. »Die Wände der Pfanne müssen genauso heiß sein wie der Boden«, sagte sie. Wenn sie in der richtigen Stimmung war – und dazu brauchte es nicht besonders viel Wein –, sang sie mit ihrer schönen Stimme den »Marsch von Aserbaidschan«, die Nationalhymne, die seit 1992, nach dem Ende der siebzigjährigen Sowjetherrschaft in ihrem Heimatland, wieder offiziell gesungen werden durfte.

Paul hatte sich schon Tage vorher auf dieses Fest gefreut, zumal er sich aus der Zeit, als er noch nach Baku hatte reisen können, an einige fröhliche Abende mit Khadija erinnerte. Als Gründer des *Organized Crime and Corruption Reporting Project* (OCCRP) arbeitete Paul schon seit fünfzehn Jahren mit Khadija zusammen, zunächst als ihr Mentor, später als Kollege. »Wir gingen immer in diese Bar, ein bisschen außerhalb«, erzählte Paul Miranda, als sie vom Flughafen in Ankara nach Hause fuhren. »Dort feierten wir, dann fuhren wir in ihre Wohnung und feierten weiter. Es gab da diesen riesigen Tisch, auf dem alles Mögliche stand, alle Arten von Essen. Und es kam immer noch was dazu, Getränke, Essen, alles. Wir haben ein paar richtig gute Partys dort gefeiert.«

»Das finde ich an Khadija so wunderbar«, stimmte Miranda ihm zu. Sie arbeitete seit 2006 für das OCCRP und leitete die Berichterstattung über den Kaukasus. Und sie gehörte zu den Journalisten, die Khadijas Berichte aufgriffen und dafür sorgten, dass ihre Storys weiterhin erzählt wurden, auch noch, nachdem die aserbaidschanische Regierung Khadija blockiert hatte. »Sie macht immer Party. Das ist ihr irgendwie angeboren, sie hat ein großes Talent für Freundschaften.«

»Sie arbeitet echt hart, aber sie macht auch ständig Party, Party, Party«, erinnerte sich Paul. »Und wenn ich ehrlich sein soll, ich habe Khadija nie wütend erlebt. Aufgebracht, na klar, vor allem in ernsthaften Diskussionen, aber wütend – nie.«

Am nächsten Tag, als es wieder um die Arbeit ging, waren sich alle einig, dass das große Begrüßungsessen ein rauschender Erfolg gewesen war. Khadija jedoch begann die Besprechung mit einer Entschuldigung. »Meine Schwester hat heute Nacht zu mir gesagt, ich hätte euch alle vom Essen abgehalten. Ich hätte ständig nur geredet, und ihr wärt alle so höflich gewesen.«

»Wir *haben* gegessen«, erwiderte Paul entschieden. »Und du hattest viele wirklich gute Geschichten drauf.«

»Na ja, irgendjemand sollte mich einfangen, wenn ich so viel rede.«

Doch die kleine Gruppe hielt sich nicht mehr lange mit Scherzen auf. Schließlich konnten Paul und Miranda, zusammen mit ihrem Mitherausgeber vom OCCRP, Drew Sullivan, Khadija jetzt über das Pegasus-Projekt informieren, nachdem ihre langjährige Kollegin endlich Aserbaidschan verlassen hatte und in Sicherheit war. »Jetzt kann ich das Geheimnis lüften«, sagte Miranda zu Khadija. »Du kennst doch NSO? Diese israelische Firma, die Überwachungssoftware verkauft?«

»Okay …«, erwiderte Khadija leicht verwirrt.

Miranda berichtete ihr von dem Leak und der Liste und dass mehr als tausend Zielpersonen in Aserbaidschan angesiedelt waren. Darunter auch Khadija, so Miranda, und die Chance war hoch, dass auch ihr Smartphone mit Pegasus-Spyware infiziert war. Ihr Anwalt befand sich ebenfalls auf der Liste. »Das Ganze passiert im Hintergrund, du merkst gar nicht, dass du infiziert bist«, sagte Miranda. »Und *wenn* du infiziert bist, übermittelt das Tool deine Nachrichten, deine Fotos, alles, was auf deinem Handy passiert. Es ist also sehr, sehr gefährlich, weil du nichts davon weißt, und es erlaubt der Regierung oder überhaupt demjenigen, der das Tool gekauft hat, im Grunde alles abzugreifen, was auf dem Handy der Zielperson ist.«

»Und es ist legal, so was zu verkaufen?«, fragte Khadija.

»Ja.«

Khadija willigte sofort ein, dass Miranda ein Back-up ihrer beiden iPhones machte und diese an Claudio und Donncha schickte, damit der Inhalt im Security Lab auf eine Infektion hin analysiert werden konnte. Sie war erleichtert, dass sie die Ergebnisse schon am nächsten Tag bekommen würde. Gleichzeitig äußerte sie sich schockiert über die große Zahl von Aserbaidschanern, die als Zielpersonen geführt wurden (»Was für eine Verschwendung von Staatsgeldern!«, sagte sie), aber dass sie selbst auf der Liste war, überraschte sie nicht besonders. Sie wäre eher verwundert gewesen, wenn sie nicht darauf gestanden hätte.

Denn das Grundproblem in Khadija Ismayilovas Leben, das sie auch auf diese Liste gebracht hatte, besteht darin, dass sie und der aserbaidschanische Präsident Ilham Alijew über fast alles unterschiedlicher Meinung sind – und in Bezug auf Khadija Ismayilova selbst sind die Meinungsunterschiede besonders groß. In den Augen von Alijew ist Khadija – so seine Äußerung gegenüber dem US-Außenministerium bereits im Jahr 2009 – eine »Staatsfeindin« und bedroht die Stabilität in Aserbaidschan. Khadija sieht das anders.

Khadija Ismayilova kann genau sagen, wann ihr zum ersten Mal dämmerte, dass die offiziellen Darstellungen der Regierung nicht unbedingt der Wahrheit entsprachen und damit auch nicht ihren eigenen Ansichten. Da war sie zehn Jahre alt, lebte zu Hause in Baku, der damaligen Hauptstadt einer sozialistischen Sowjetrepublik, und beobachtete ihre Eltern in einem Moment glühender Leidenschaft: Sie sahen sich die Live-Übertragung eines Fußballspiels zwischen der Sowjetunion und der Türkei im Fernsehen an. Khadijas Eltern waren gebildete Leute und erfolgreiche Akademiker, beide Ingenieure. Ihre Mutter hatte ihren Job aufgegeben, um sich um die Kinder zu kümmern, ihr Vater bekleidete einen hohen Posten im Energieministerium in Baku.

Falls ihr Vater sich an den Einnahmen des vitalsten und lukrativsten sowjetischen Ministeriums in Aserbaidschan bereicherte, wie es jedem opportunistischen Beamten möglich schien, dann war davon wenig zu sehen. Die Familie besaß ein komfortables Strandhaus, sodass Khadija und ihre Geschwister die Sommer am Kaspischen Meer verbringen konnten. Doch ansonsten waren die Ismailows für die Versorgung mit Butter, Fleisch, Milch, Zucker und anderen Vorräten, genau wie fast alle aserbaidschanischen Familien Mitte der 80er-Jahre, von kleinen Regierungszuschüssen abhängig. Zusammen mit ihren Geschwistern musste Khadija ihre Mutter oft zum Einkaufen begleiten, wohl auch deshalb, weil ihre Mutter mit vier Stunden Schlangestehen rechnete. Khadija sagt heute noch, dass sie die Hälfte der wachen Stunden ihrer Kindheit in irgendwelchen Warteschlangen auf dem Markt verbracht hat.

Bis zum Alter von zehn Jahren betrachtete Khadija diese nervigen Ausflüge als Beweise eines tiefgreifenden Patriotismus. Es waren Opfer für eine größere Sache – Opfer, für die die Menschen im Westen zu schwach waren. Opfer, die letztlich den Sieg der Sowjetunion im Kalten Krieg garantieren würden. Khadija schrieb gern Gedichte über den Ruhm des Sowjetreichs. Sie war eine hingebungsvolle junge Patriotin.

Doch dann schaute sie im geschützten Rahmen ihres Zuhauses mit ihren Eltern dieses Fußballspiel an, UdSSR gegen Türkei, und ihre Mutter und ihr Vater jubelten – *für die türkische Mannschaft*. Die kleine Khadija war entsetzt. Aserbaidschaner sollten doch stolze Bürger der Sowjetunion sein! Warum hielten ihre Eltern zur türkischen Mannschaft? Sie fragte ihre Mutter, die gerade so lange mit Jubeln innehielt, wie sie brauchte, um es ihrer Tochter zu erklären. Eigentlich sei die Türkei ihr Bruderland, sagte sie, und die Ismailows waren wie die meisten Aserbaidschaner türkischer Abstammung. Hey, Moment mal, dachte Khadija, ist denn nicht Russland unser Bruderland? Das hatte sie schließlich in der Schule gelernt. Khadijas Mutter erklärte weiter. Die Russen hatten Aserbaidschan zunächst besetzt, sagte sie, und jetzt leben wir sozusagen unter sowjetischer Besatzung. Khadijas Vater mischte sich mit einer Warnung ein, die seine kleine Tochter eher noch mehr bestürzte. »Erzähl ihr nicht solche Sachen!«, sagte er zu seiner Frau. »Wenn sie so was in der Schule sagt, bekommen wir Schwierigkeiten. Das kann zum Problem werden.«

Urplötzlich und vollkommen unerwartet war Khadija mit diesen ernsten, nicht offiziellen Wahrheiten konfrontiert worden. Noch heute lacht sie darüber, wenn sie den Moment beschreibt, in dem ihr die Schuppen von den zehn Jahre alten Augen fielen. »Ich erfuhr, dass das Sowjetreich eigentlich ein russisches Reich war und dass wir besetzt waren«, pflegt sie zu sagen. »Ich erfuhr von unserer türkischen Abstammung. Von Zensur und Unterdrückung in unserem Land. Und das alles innerhalb von zehn Minuten. Bis dahin hatte ich Gedichte über den Kalten Krieg und Lenin geschrieben, und ich hatte mich sehr aktiv an Schulveranstaltungen beteiligt. Ich hatte Reden über die Sowjetunion gehalten und darüber, in was für einem guten Land wir leben. An diesem Tag hörte ich auf, Gedichte zu schreiben, und ich nahm auch nicht mehr an den kommunistischen Veranstaltungen in der Schule teil. Ich glaube, an diesem Tag wurde ich zur Rebellin.«

Als Teenager war Khadija eine fröhliche Kämpferin in der aserbaidschanischen Befreiungsbewegung, und als ihr Land sich für die Unabhängigkeit von den Russen und ihrem zerbröckelnden Reich entschied, kannte sie schon den gesamten Text der neuen alten Nationalhymne »Marsch von Aserbaidschan«. Ein Jahr nach der Unabhängigkeitserklärung begann sie ihre Karriere als Journalistin und genoss die Freiheit, über alles schreiben zu können, was ihr in den Sinn kam – zumindest, solange sie sich an »weiche« Themen wie Popkultur und Geschichten aus dem Leben hielt und Politik und Regierungsarbeit außen vor ließ.

Die Republik Aserbaidschan war recht schnell von einer hoffnungsvollen Demokratie zu einem Ölstaat abgerutscht, der von einer Handvoll alter Sowjet-Apparatschiks kontrolliert wurde – unter der Führung des früheren KGB-Chefs in Aserbaidschan, Heidar Alijew. Vor seinem Tod 2003 übergab Präsident Heidar Alijew die Macht an seinen damals einundvierzig Jahre alten Sohn Ilham, der in Moskau studiert hatte und als Vizepräsident der staatlichen Ölgesellschaft fungierte, wo er bis zu seiner politischen Inthronisation Geschäfte mit großen westlichen Ölfirmen einfädelte.

Das Alijew-Regime der zweiten Generation verschreckte schnell jegliche ernsthafte Opposition, kaufte den größten Teil der Medien im Land auf und stellte so ziemlich jeden Journalisten kalt, der Dinge tat, die ein Journalist eigentlich tun sollte – zum Beispiel herausfinden, wofür staatliche Gelder ausgegeben werden. Der einzige Reporter, der 2005 noch versuchte, solche Nachforschungen anzustellen, Elmar Huseynow, wurde im selben Jahr ermordet: Er wurde aus nächster Nähe im Treppenaufgang seines Wohnhauses von sechs Kugeln getroffen. Die Lektion, die Alijew und seine Leute allen offenbar erteilen wollten, die im Journalismus arbeiteten, war mehr als deutlich. Doch es war inzwischen eine ganze Weile her, dass Khadija offizielle Lektionen für bare Münze genommen hatte. Tatsächlich wurde der Mord an Huseynow zum zweiten entscheidenden Wendepunkt in ihrem Leben. Er war »der Einzige, der über die Korruption der Präsidentenfamilie sprach«, erinnert sich Khadija. »Er war der Einzige, der die korrupten Geschäfte der Präsidentenfamilie aufdeckte. Und er hat den höchsten Preis dafür bezahlt: Er hat sein Leben verloren. In der Nacht, als wir von dem Mord erfuhren, kam mir als Erstes in den Sinn, dass wir [die anderen aserbaidschanischen Journalisten] daran eine Mitschuld trugen. Wir sind Teil des Problems, weil er der Einzige war, und sie dachten, sie könnten leicht für Ruhe sorgen, indem sie diesen einen Mann töteten. Wären wir mehr gewesen, dann hätten sie nicht damit rechnen können, durch den Mord eines einzigen Journalisten für komplettes Schweigen sorgen zu können. Also waren wir für seinen Tod mitverantwortlich.«

Khadija beschloss, dort weiterzumachen, wo Elmar Huseynow aufgehört hatte. Allerdings hatte sie absolut keine Ahnung, wie man Betrügereien und Korruption in Regierungskreisen aufdeckt oder wie man den Geldflüssen über staatliche Ölgesellschaften auf die Spur kommt – oder wie man auch nur die Offshore-Scheinfirmen findet, die benutzt werden, um genau diese Geldflüsse zu verschleiern. Um es zu lernen und sich beraten zu lassen, wandte sie sich an das OCCRP, das genau in diesem Jahr von Paul Radu und Drew Sullivan gegründet worden war. Paul setzte sie auf ein frühes Datenleck mit Finanzpapieren aus Panama an, in denen die Besitzer von Scheinfirmen identifiziert wurden, die weltweit in den bekannten Steuerparadiesen operieren. Einige dieser Papiere deuteten auf Alijew und seine Familie hin, und Khadija trug mit äußerster Sorgfalt alle Fakten zusammen und war dann so mutig, die Ergebnisse ihrer Nachforschungen in Aserbaidschan zu veröffentlichen. »Das war ein riesiger Durchbruch«, sagt Paul Radu darüber. »Bis dahin arbeitete die Alijew-Familie im Verborgenen. Khadija hatte den Vorhang zur Seite gezogen, so weit, dass die Welt die Korruption des Regimes erkennen konnte.«

Khadijas Berichte über die offenbar frühreifen Wunderkinder von Ilham Alijew waren besonders erhellend. Als Büroleiterin von *Radio Free Europe/Radio Liberty* (RFE/RL) förderte sie eine ganze Reihe von Dokumenten zutage, die ein bemerkenswertes Portfolio von Vermögenswerten für die Kinder eines Mannes zeigten, der ein Regierungsgehalt von 230 000 US-Dollar bezog. Alijews beide Töchter konnten, schon bevor sie fünfundzwanzig Jahre alt waren, größere Anteile an Fluggesellschaften, Banken, einer Mobiltelefongesellschaft sowie Gold- und Silberminengesellschaften anhäufen. Außerdem besaßen sie Immobilien auf der ganzen Welt mit einem Wert von weiteren 30 Millionen US-Dollar. Ihr kleiner Bruder nannte bereits im Alter von elf Jahren Immobilien in Dubai im Wert von 44 Millionen US-Dollar sein Eigen.

Gleichzeitig kontrollierte Präsident Alijews angeheiratete Verwandtschaft größere Anteile bei Banken, Versicherungen, Reiseunternehmen, Kosmetikfirmen, Autohändlern und Bauunternehmen, alles unter dem Schirm von Pasha Holdings. Die Familie der First Lady, die Pashayews, hatten ein Einkaufszentrum, ein Hochhaus mit Wohnungen, das Hotel Four Seasons, das Hotel JW Marriott und das Amburan Marriott Beach Resort gebaut, und zwar mit einem Tempo und einer Effizienz, die den üblichen Zeitvorstellungen in dieser Weltgegend Hohn sprachen. Kleinere Bauunternehmen wurden regelmäßig von den Steuerbehörden, Brandschutzbeauftragten und Bauinspektoren ausgebremst, die Schmiergelder erwarteten. »Es überrascht nicht«, bemerkte ein ausländischer Diplomat in Baku, »dass Projekte von Pasha Construction nur auf wenige derartige Hindernisse stoßen, wenn überhaupt, und dass die Firma deshalb zu den schnellsten Baufirmen in Aserbaidschan gehört.«

Khadijas erste Berichte sorgten dafür, dass sie in den Fokus derer geriet, die die Interessen des aserbaidschanischen Präsidenten schützen wollten. Die Alijews »wollen als respektable Mitglieder in der Familie der europäischen Demokratien betrachtet werden«, erklärt Gerald Knaus, Gründungsdirektor der Denkfabrik European Stability Initiative. »Deshalb achten sie wesentlich stärker auf ihr Image, als das in früheren europäischen Diktaturen üblich war.«

Ausländische Behörden in Aserbaidschan und Investigativjournalisten, die aus dem Ausland operierten, griffen Khadijas Recherchen auf und unternahmen zusätzlich eigene Nachforschungen in Bezug auf die Finanzen der Familie Alijew und ihre Neigung, ihren Reichtum zu verschleiern und in Steuerparadiese zu transferieren. In einem Report, den ein Beamter des US-Außenministeriums verfasste, wurden die Alijews mit dem fiktionalen Verbrecherclan Corleone aus der Filmreihe *Der Pate* verglichen. (Wobei der Präsident zwischen dem kühlen, rationalen Michael und dem impulsiven, nicht besonders intelligenten Sonny zu pendeln schien.) Alijews Frau bekam einige besonders gehässige und nicht gerade diplomatische Bemerkungen zu ihrer persönlichen Eitelkeit ab: »First Lady Mehriban Alijewa scheint sich sehr umfangreichen kosmetischen Operationen unterzogen zu haben, vermutlich im Ausland, und trägt Kleider, die selbst in der westlichen Welt als aufreizend gelten würden«, heißt es in einem Schreiben eines US-Diplomaten in Aserbaidschan aus dem Jahr 2010. »Im Fernsehen, auf Fotos und bei persönlichen Begegnungen scheint sie nicht in der Lage zu sein, unterschiedliche Gesichtsausdrücke zu zeigen.«

Khadija beschäftigte sich allerdings weniger mit der Frage, wofür die Alijews ihr Geld ausgaben, als vielmehr mit der Art, wie sie ihr Vermögen anhäuften. Ihre Arbeit für RFE/RL konzentrierte sich auf die Schnittstellen von Politik, Regierung und Korruption in Aserbaidschan. Sie wollte herausfinden, wie Präsident Alijew seine Wiederwahl 2008 manipuliert hatte. Wie er das Parlament dazu gebracht hatte, die Begrenzung der Amtszeit abzuschaffen, sodass er lebenslang Präsident bleiben konnte. Und wie er die neuen Regelungen durchgesetzt hatte, die dafür sorgten, dass Informationen über die Staatsfinanzen vor der Öffentlichkeit verborgen blieben.

Tatsächlich kam Khadija mit der Story heraus, dass ein Bauauftrag im Wert von 38,5 Millionen US-Dollar, der Bau des nationalen Flaggenplatzes mit dem weltweit höchsten Flaggenmast (162 Meter hoch, etwa 2 Meter höher als der in Nordkorea) an eine Firma gegangen war, die den Präsidententöchtern gehörte. Die Sache mit dem Flaggenmast lief dann auch nicht so gut, denn Tadschikistan baute nur zwei Monate später einen, der 165 Meter hoch war. Und der RFE/RL-Bericht darüber, dass Aserbaidschan seinen Weltrekord in so kurzer Zeit verloren hatte, wurde in der aserbaidschanischen Regierung als Versuch gewertet, die Nation und den Präsidenten zu demütigen.

Ein inoffizieller Informant, der sowohl als Berater von Ilham als auch von dessen Vater Heidar fungierte, bemerkte die »außerordentliche Dünnhäutigkeit« des Sohnes und seinen zunehmenden Zorn auf unabhängige Journalisten im Land, nachdem die Geschichte über den Flaggenmast veröffentlicht worden war. »Heidar hätte sich niemals zu derart lächerlichen Reaktionen hinreißen lassen«, sagte er nach Auskunft eines Berichts aus Diplomatenkreisen. »Ilham neigt nicht zu Subtilität und Besonnenheit in seinen Reaktionen auf derartige Probleme. [Ilham soll gesagt haben:] ›Ich glaube nicht, dass ich alle auslöschen muss. Nur meine Feinde.‹«

Alijews »Besessenheit in Sachen Ehre führt dazu, dass als Staatsfeind betrachtet wird, wer Korruption kritisiert und öffentlich macht«, erklärte Knaus. »Die Herrschenden wissen, dass ihre Herrschaft letztlich zerbrechlicher ist, als es den Anschein hat. Wenn man unsicher ist, kann man abweichende Meinungen nicht tolerieren. Dann schlägt man auf alles ein.«

Und der Schlag kam schnell und kraftvoll. Kritiker der aserbaidschanischen Regierung wurden verfolgt, verhaftet und ins Gefängnis geworfen. Ein Blogger, der Ilham Alijew auf YouTube im Eselskostüm darstellte, kam für zweieinhalb Jahre ins Gefängnis. Die Strafe wirke zwar hart, erklärte Alijew einem Mitglied der EU-Kommission, sei aber nötig gewesen, »um unseren Staat zu schützen«.

Die erste massive Attacke gegen Khadija kam Anfang 2012, als sie über die jüngsten korrupten Machenschaften der Familie Alijew recherchierte, die alles Bisherige in den Schatten stellten: Sie hatten Geld aus einem Bauauftrag abgezogen, der 134 Millionen US-Dollar schwer war und in dem es darum ging, eine neue Arena mit 23 000

Sitzplätzen für den Eurovision Song Contest in diesem Jahr zu errichten.

Khadija erinnert sich noch an den Tag, als das Päckchen ohne Absender bei ihr zu Hause ankam: den 7. März 2012. Darin fanden sich grobkörnige Screenshots von einem Video, das Khadija und ihren Freund beim Sex zeigte. »Hure«, stand im Begleitschreiben, »benimm dich, sonst wirst du öffentlich bloßgestellt.«

Khadijas Freunde rieten ihr zur Vorsicht, doch sie hörte nicht auf die Warnungen. Stattdessen berichtete sie in ihrer Radiosendung von dem Erpressungsversuch und erklärte, es würde ihren Verfolgern nicht gelingen, sie einzuschüchtern: Sie würde weiterberichten. Eine Woche später, als das komplette Video auf einer aserbaidschanischen Facebook-Seite auftauchte, war sie schon nicht mehr so sicher. Sie notierte mit ihrem Freund die verschiedenen Winkel, aus denen das Video aufgenommen worden war, und suchte daraufhin nach den versteckten Kameras in ihrer Wohnung. Die Kameras waren entfernt worden, aber die Kabel befanden sich noch in den Wänden – sie führten ins Schlafzimmer, ins Wohnzimmer und in die Toilette.

»Und dann versucht man, sich zu erinnern, was man [vor den versteckten Kameras] gemacht hat, und das lähmt das gesamte Leben«, erzählte Khadija. »Tatsächlich stellt der Körper seine Funktion ein. Acht oder neun Tage lang habe ich das durchgemacht. Ich konnte nicht mehr zur Toilette gehen. Nicht mal an fremden Orten. [Mein Körper] schwoll regelrecht an. [Die Überwachung] hatte fast ein Jahr lang echte Auswirkungen auf meine Gesundheit. Ich konnte keine Beziehungen mehr eingehen, weil ich solche Angst hatte. Bis heute weiß ich nicht, ob mein Freund in die Sache verwickelt war oder nicht. Man vertraut niemandem mehr.«

Doch Khadija beschloss, nicht aufzugeben. Sie veröffentlichte ihre Nachforschungen über Korruption beim Bau der Crystal Hall in Baku kaum zwei Monate nach dem Auftauchen des Sex-Videos auf Facebook. »Die Präsidentenfamilie profitiert persönlich von dem großen Bauprojekt, weil sie verdeckt an der Baufirma Azenco beteiligt ist«, erklärte sie und berichtete weiter, dass Azenco in einem einzigen Jahr Bauaufträge im Wert von 79 Millionen US-Dollar abgesahnt hatte. »Und das Eurovision-Event 2012 hat noch eine weitere Verbindung zur Präsidentenfamilie, abgesehen von der neuen repräsentativen Halle: Der Schwiegersohn des Präsidenten, der Sänger Emin Agalarov, soll die Zuschauer zwischen den Auftritten unterhalten.« (Emin gelang es danach ziemlich gut, seinen Namen aus anderen politischen Storys herauszuhalten, bis er den Fehler beging, Donald Trump jr. 2016 anzurufen, um ihm im Auftrag des Kremls die Schmutzkampagne gegen Hillary Clinton anzudienen.)

Die gesamte Erpressungsgeschichte schien auf die Familie Alijew zurückzufallen, als Khadija nach New York eingeladen wurde, um die Auszeichnung der International Women's Media Foundation 2012 für besonderen Mut im Journalismus entgegenzunehmen. Sie nutzte die Gelegenheit, um die Regierung Alijew und andere anzugreifen. »Diese Regime brauchen Schweigen«, sagte Khadija. »Schweigen hilft ihnen, ihre Völker weiter auszubeuten. Nachdem sich die Verbindung von Macht und Geld, Kriminalität und Regierung konsolidiert hat, begleitet durch die Behinderung der Justiz, werden unabhängige Journalisten zum wichtigsten Ziel, weil sie das einzige verbleibende Werkzeug des Widerstandes in der Gesellschaft gegen Korruption und organisierte Kriminalität sind.«

Das war offenbar der Tropfen, der das Fass der Stabilitätshüter Aserbaidschans zum Überlaufen brachte. Wenige Monate später wurde Khadija in Baku verhaftet. Weitere Verhaftungen, Verurteilungen aufgrund von falschen Anschuldigungen, zwei Jahre Haft und ein lang andauerndes Reiseverbot folgten. Die Reise nach Ankara Ende Mai 2021 für das Treffen mit Paul und Miranda wegen des Pegasus-Projekts war das erste Mal seit 2014, dass sie Aserbaidschan verließ.

Claudio war mulmig zumute, bevor er in Ankara anrief, um Khadija seine ersten Ergebnisse mitzuteilen. Manchmal, sagte er, fühle er sich wie ein Arzt im Mittelalter: unfähig, irgendjemanden zu retten, eigentlich nur mit der Aufgabe betraut, die korrekte Zahl der Opfer festzustellen. Claudio hatte in letzter Zeit so vielen Opfern so viele schlechte Nachrichten übermittelt, dass es anfing, ihn psychisch schwer zu belasten. Das Schlimmste daran, so sagte er, war die Tatsache, dass er den sofortigen Schutz, den diese traumatisierten Menschen ganz klar brauchten, einfach nicht liefern konnte. Er konnte ihnen Ratschläge geben, aber er kannte keine sichere Methode, um die Spyware auszumanövrieren. »Ich bin derjenige, der ihnen sagen muss: ›Weißt du, ich kann nichts für dich tun.‹«, gestand er uns lange nach Abschluss des Pegasus-Projekts. »›Ich kann dir nichts anbieten, was verhindert, dass du in einem Monat oder vielleicht sogar schon morgen in dieselbe Lage kommst und wieder infiziert wirst.‹«

Doch an diesem 31. Mai 2021 griff Claudio zum Telefon und rief wie vereinbart in Ankara an. Khadija kam auch gleich zur Sache. »Also, sag mir, wie schlimm es ist«, forderte sie ihn auf.

Claudio erklärte die Grundlagen, während Khadija die Informationen verdaute: In ihrem Smartphone fanden sich Beweise für mehrfache versuchte oder vollendete Infektionen seit 2018. Die Angriffe gingen über den Zeitraum hinaus, den die geleakten Daten hergaben; die letzten waren erst ein paar Wochen alt. Paul, Miranda und Khadija stellten Fragen über den technischen Vorgang der Infektion, die Claudio alle geduldig beantwortete. Dann mischte sich Drew ein mit dem Versuch, den Schlag ein wenig abzufedern. Wenigstens Khadijas Nachrichten über stark verschlüsselte Apps wie Signal waren aber doch sicher privat geblieben, fragte er nach.

Claudio musste zu seinem Bedauern verneinen. Nichts auf Khadijas Smartphone war für Pegasus unerreichbar geblieben. »Wenn diese Art von Spyware auf einem Gerät läuft«, erklärte er, »gibt es kaum eine Form von Verschlüsselung, die dichthält.«

Claudio hatte versprochen, so lange am Telefon zu bleiben, wie sie ihn brauchten, und er hielt sein Versprechen und blieb, bis die Leute in Ankara wirklich keine Fragen mehr hatten. Als das Gespräch beendet war, stand Khadija auf und verließ die Gruppe.

»Keine guten Nachrichten«, sagte Drew zu den anderen.

Selbst im fernen Berlin und ohne Telefonverbindung wusste Claudio genau, was Khadija jetzt durchmachte. Er hatte das Ganze schon viel zu oft miterlebt. »Zuerst wollen sie es nicht wahrhaben. Dann begreifen sie, und das ist eine ganz elende Situation, weil man sieht, dass sie entsetzliche Schuldgefühle haben. Sie denken nicht so sehr an sich selbst als an andere, die sie womöglich mit hineingezogen haben. Wen habe ich kompromittiert, wen habe ich in Gefahr gebracht? Sie nehmen es immer sehr persönlich. Als hätten sie selbst etwas falsch gemacht.«

Claudio hatte natürlich recht. Khadija wusste jetzt, dass auch ihre Nichte, ihre Schwester, selbst ihr Lieblings-Taxifahrer auf der Liste standen. Und besonders schlimm waren die Erinnerungen an ihre Kommunikation mit einer Freundin, die Brustkrebs hatte. Khadija hatte sich nach der Operation um diese Freundin gekümmert und unter anderem nach dem täglichen Verbandswechsel Fotos von der Operationswunde gemacht, um sie an den Arzt zu schicken. Irgendein mieser Typ in der Regierung, so musste Khadija befürchten, hatte diese sehr privaten Fotos mit Pegasus womöglich abgefangen. Sie hatte sich die ganze Nacht im Bett herumgewälzt und darüber nachgedacht, schon bevor Claudio ihr bestätigt hatte, dass ihr Smartphone seit drei Jahren mit Spyware infiziert war. »Ich fühle mich schuldig«, gestand sie ihren Freunden vom OCCRP in den Stunden nach dem Telefongespräch mit Claudio. »Ich fühle mich schuldig wegen jeder Nachricht, die ich verschickt habe. Ich fühle mich schuldig meinen Informanten gegenüber, die mir Nachrichten schicken in dem Glauben, dass einige verschlüsselte Übermittlungswege noch sicher sind. Sie wussten ja nicht, dass mein Telefon infiziert ist. Auch meine Familienmitglieder sind Opfer. Meine Informanten sind Opfer. Menschen, mit denen ich zusammengearbeitet habe, Menschen, die mir private Geheimnisse anvertraut haben, sind Opfer. Ich habe so viele Menschen in Gefahr gebracht, und ich bin so wütend auf diese Regierung! Ich bin wütend auf die Firmen, die solche Tools herstellen und an Schurken wie das Alijew-Regime verkaufen. Das ist widerwärtig. Es ist abscheulich. Es geht nicht nur um mich. Als sie dieses Video veröffentlicht haben, da ging es nur um mich. Jetzt weiß ich nicht, wer alles noch bloßgestellt wurde oder in Gefahr geraten ist – und das meinetwegen.«

Kapitel 18

Die Wahl zwischen Interessen und Werten

Laurent

Weitere forensische Untersuchungen des Security Labs zeigten, dass Khadija Ismayilovas Mobiltelefon schonungslos attackiert worden war. Die erste Pegasus-Infektion schien am 28. März 2019 erfolgt zu sein. Nur fünf Tage später waren die Spyware-Operatoren wieder in ihrem Telefon und dann erneut im Mai, Juni, Juli und August. Allein in den ersten Septemberwochen griffen sie Khadijas iPhone vier Mal an.

Am 10. September 2019, drei Tage nach einem Angriff auf Khadijas iPhone, gab die NSO Group bekannt, ihre Corporate Governance, die Grundsätze der Unternehmensführung, erneuert zu haben. Diese Aktualisierung sollte das Unternehmen in »Einklang mit den UN-Leitprinzipien für Menschenrechte« bringen, hieß es in der Pressemitteilung; des Weiteren verfestige man »die bestehenden ethischen Standards des Unternehmens, die branchenführend« seien. Die NSO kündigte die Gründung eines »Governance, Risk and Compliance Committee« an, zudem solle eine Reihe von externen Experten einbezogen werden, die das Unternehmen in Menschenrechtsfragen beraten könnten: ein ehemaliger Minister und ein ehemaliger stellvertretender Minister des US-Heimatschutzministeriums sowie ein französischer Diplomat, der zuerst Botschaftssekretär in Tel Aviv und dann Botschafter in den USA war. Die NSO kündigte auch die Einstellung eines neuen Leiters der Rechtsabteilung an: Shmuel Sunray.

Sunray ging sehr aufmerksam an die Sache heran, wie er Reportern erklärte. »Wir wissen, was für eine Macht von diesem Programm ausgehen kann, und wir sind uns der Auswirkungen im Fall eines Missbrauchs durchaus bewusst«, sagte er kurz nach seinem Amtsantritt bei der NSO. »Wir versuchen, das Richtige zu tun … das richtige Gleichgewicht zu finden.«

Die angekündigte Strategie und das dazugehörige Personal wären lediglich eine Kodifizierung von Protokollen, die bereits bestünden, so die NSO. Es gäbe weiterhin eine strenge Überprüfung aller potenzieller Endnutzer des Super-GAU-fähigen NSO-Cyberüberwachungssystems. Der Schlüssel zu diesem Prozess sei eine Fall-zu-Fall-Risikoanalyse, um die Wahrscheinlichkeit eines Missbrauchs durch ein Land zu ermitteln, das eine Lizenz für den Einsatz von Pegasus beantrage. Die Anwälte der NSO und das Compliance-Komitee berücksichtigten stets die Menschenrechtslage des Landes, die Rechtsstaatlichkeit, die Presse- und Meinungsfreiheit sowie das Korruptions-Ranking. (Die NSO sagte, sie sei sich des »sehr engen Zusammenhangs zwischen Korruption und Menschenrechten« bewusst.) Dem Compliance-Team liege eine sehr gute Ausgangsbasis für diese Überprüfung vor – die jährlichen Rankings, die von mindestens sieben verschiedenen internationalen Indizes vergeben werden, darunter der Weltbank-Bericht zur Korruptionsbekämpfung und der Freedom-in-the-World-Bericht der NGO Freedom House zur Freiheit in der Welt.

In Bezug auf das Ranking war Aserbaidschan ein interessanter Fall. Im Jahr 2019, als Pegasus zum ersten Mal auf Khadija losgelassen wurde, war die Alijew-Regierung laut Weltbank in Sachen Korruptionsbekämpfung im Bereich der untersten fünfzehn Prozent der Länder gelistet – und das war die höchste Note in der bisherigen, umfassenden Berichtskarte für dieses Land. In der Rangliste mit der größten Freiheit war Aserbaidschan rapide abgerutscht und bewegte sich stets am Rand der zehn schlimmsten Länder. Es schnitt ein wenig besser ab als Nordkorea, Syrien, Südsudan, Eritrea und Äquatorialguinea und lag gleichauf mit Libyen, Somalia, China und Saudi-Arabien. Von den 179 Ländern, die im jährlichen Index von *Reporter ohne Grenzen* gelistet werden, schneiden nur ein Dutzend Länder beim Schutz der Pressefreiheit schlechter ab als Aserbaidschan.

Aber das waren nur Zahlen. Die Beweise, die diese Ranglisten stützten, waren weitaus eindeutiger und vernichtender. Die Aufmacher der Jahresberichte von Human Rights Watch über Aserbaidschan ähnelten sich seit fast zehn Jahren: »Das unerbittliche Durchgreifen der Regierung hat unabhängige Nichtregierungsorganisationen und Medien dezimiert«; »Gerichte verurteilten mindestens 25 Journalisten sowie politische und Jugendaktivisten in politisch motivierten, unfairen Prozessen zu langen Haftstrafen«; »Die erschreckende Menschenrechtsbilanz hat sich 2018 nicht verbessert«; »Die Behörden üben weiterhin eine rigide Kontrolle aus und schränkten die Versammlungs- und Vereinigungsfreiheit sowie die Meinungsfreiheit stark ein«; »… weiterhin brutales Vorgehen gegen Kritiker und abweichende Stimmen. Es gibt keinen Raum mehr für unabhängigen Aktivismus, kritischen Journalismus und oppositionelle politische Aktivitäten.«

Die Organisation Human Rights Watch berichtete auch von konkreten Erkenntnissen über Aserbaidschan. Die stärksten politischen Gegner von Ilham Alijew erhielten in der Regel sowohl bei den Präsidentschafts- als auch bei den Parlamentswahlen etwa drei Prozent der Stimmen, sodass selbst die von der Alijew-Regierung bestochenen europäischen Wahlbeobachter sich nicht dazu durchringen konnten, die Wahlen als frei und fair zu bezeichnen. »Der Ablauf der Wahl war auf hohem Niveau organisiert«, war das Positivste, was ein deutscher Beobachter sagen konnte. Doch irgendwie haben diese drei Prozent immer noch gestört, sodass Alijews Sicherheitsdienste in ihrem Bemühen, die politische Opposition auszumerzen, wachsam blieben.

»Diese Leute befinden sich in einem schlechten psychischen Zustand, und das schon seit vielen Jahren«, sagte Aserbaidschans Präsident über seine Kritiker. »Menschen, die eine so negative Einstellung zu ihrer eigenen Nation, ihrem eigenen Volk und Staat haben, kann man nur als Verräter der Nation und als antinationale Kräfte bezeichnen.«

Immer wieder landeten Oppositionelle in psychiatrischen Anstalten, oft zur Behandlung ihrer »Paranoia«. Andere angebliche

Verräter der Nation (oder genauer gesagt des Präsidenten Alijew und seiner Familie) wurden verhaftet und verprügelt. Einer berichtete, er sei eine Stunde lang mit einem Knüppel geschlagen worden, »so stark, bis ich keinen Schmerz mehr gespürt habe«. Einem Anwalt, der auf diese illegale Folter aufmerksam machte, wurde die Anwaltslizenz entzogen.

Erfundene Anklagen wegen »Hooliganismus« oder Drogenbesitzes brachten viele politische Gegner Alijews für längere Zeit hinter Gitter. Eine Verurteilung wegen »Beleidigung der Ehre und Würde des Präsidenten« konnte zu einer Haftstrafe von bis zu fünf Jahren führen, dank neuer, harter Gesetze, die das von Alijew kontrollierte Parlament erlassen hatte. Zwei Männer, die sich weigerten zuzugeben, die Statue des Vaters des Präsidenten verunstaltet zu haben, wurden von der Polizei verprügelt, man drohte ihnen mit Vergewaltigung und verurteilte sie zu einer zehnjährigen Gefängnisstrafe.

Nach Berichten internationaler Beobachter kam es 2020 bei der aserbaidschanischen Militäroffensive im langjährigen Konflikt mit Armenien auf beiden Seiten zu Kriegsverbrechen. Die Aserbaidschaner griffen Wohngebiete mit Streumunition an, die »wegen ihrer weit verbreiteten willkürlichen Streuung und lang anhaltender Gefahr für die Zivilbevölkerung« verboten waren. Armenischen Kriegsgefangenen wurden Nahrung, Wasser, Schlaf und medizinische Versorgung vorenthalten. Die Gefangenen berichteten, dass sie mit Feuerzeugen, Elektroschockgeräten und Metallstäben gefoltert wurden.

Den Journalisten erging es nicht viel besser als den Kriegsgefangenen. Die öffentliche Berichterstattung legte nahe, dass zwischen Präsident Alijew und der aserbaidschanischen Presse eine Hassliebe bestand. Der Präsident liebte die aserbaidschanischen Medien, die er kontrollierte, und das waren bis 2019 fast alle. Er hatte einst 255 Wohnungen an Reporter verschenkt und nahm zum dritten Mal die Auszeichnung »Freund der Journalisten« des örtlichen Presserats in Baku entgegen. Redakteure und Herausgeber, die sich kritisch über ihn, seine Familie und deren unerklärlichen Reichtum äußerten, verachtete er aber. Solchen Journalisten wurden keine Wohnungen geschenkt, sie wurden belästigt, bedroht und eingeschüchtert, selbst, nachdem sie aus dem Land geflohen waren.

Eine in den Vereinigten Staaten lebende Reporterin wurde ähnlich wie Khadija im Jahr 2019 erpresst. Jemand aus Aserbaidschan schickte ihr intime Fotos von ihr und ihrem Freund und forderte sie auf, ihre Berichte über die Finanzen des Präsidenten einzustellen. »Du hast sieben Tage Zeit, um zu zeigen, dass du damit aufgehört hast«, hieß es in einer Nachricht an sie, »oder wir werden dich bloßstellen.«

Afgan Muchtarli, der Ehemann von Leila Mustafajewa, Khadijas Freundin, der mir 2014 geholfen hatte, meine Aufnahmebänder aus Aserbaidschan herauszuschmuggeln, wurde im Mai 2017 in Georgien entführt (nach seinen Recherchen zur Korruption in der Familie Alijew war es zu gefährlich geworden, in Baku zu bleiben). Die Kidnapper verbanden Afgan die Augen, brachen ihm die Nase und die Rippen, steckten zehntausend Euro in seine Taschen und übergaben ihn den aserbaidschanischen Strafverfolgungsbehörden, die ihn in ein Gefängnis in Baku steckten. Er wurde wegen »Schmuggels« verurteilt (die zehntausend Euro) und verbüßte eine fast dreijährige Haftstrafe.

Präsident Ilham Alijews extrem dünnhäutiges, diktatorisches Verhalten und seine niedrigen Werte auf der Skala der Menschenrechte, der Rechtsstaatlichkeit, der Presse- und Meinungsfreiheit sowie im Bereich Korruption waren für die NSO Group und andere ein großer, unschöner Brocken, der unter die internationalen Teppiche gekehrt werden musste, und das schon seit Jahren. Präsident Alijew, räumte ein US-Diplomat ein, »verkompliziert unsere Annäherung an Baku, was den unglücklichen Effekt hat, dass sich das, was eine strategisch wertvolle Beziehung sein sollte, als Wahl zwischen US-Interessen und US-Werten darstellt«.

* * *

2019 hatte Ilham Alijew eine ziemlich klare Vorstellung davon, auf welcher Seite die Demokratien der Welt bei dieser schwierigen und quälenden Wahl zwischen ihren Interessen und ihren (erklärten) Werten landen würden. In den vergangenen über zwanzig Jahren hatte er schon viele Blicke hinter den Vorhang werfen können, beginnend mit der Einladung, ein Seminar des Strengthening Democratic Institutions Project an der Kennedy School of Government der Harvard University zu leiten. Das war 1997, und die Begriffe Demokratie, Menschenrechte und Meinungsfreiheit fielen bei dieser Veranstaltung zur Stärkung der demokratischen Institutionen kaum. Die Rechtsstaatlichkeit wurde zumindest erwähnt, als es um Finanzinstrumente und Geschäftsverträge ging.

Ilham Alijew hatte bei diesem Seminar zwei Hüte auf: Er war der einzige Sohn des amtierenden aserbaidschanischen Präsidenten und erster Vizepräsident der Staatlichen Energiegesellschaft der Republik Aserbaidschan (SOCAR). Sowohl der Moderator der Veranstaltung als auch der erste Redner nach Alijew waren amtierende Professoren der Kennedy School sowie ehemalige und künftige Beamte des US-Verteidigungsministeriums. Die anderen Redner waren leitende Angestellte von sechs Ölkonzernen, die bereits in dem seit Kurzem unabhängigen Aserbaidschan Geschäfte machten. Der zu dieser Zeit hochrangige Mitarbeiter im US-Verteidigungsministerium, Ash Carter, hielt eine kurze Rede über den Wunsch des Westens nach einer starken militärischen Partnerschaft mit Alijews Vater und die geopolitische Notwendigkeit von Sicherheit und Stabilität in Aserbaidschan. »Ich möchte, dass Sie alle ein Gedankenexperiment machen und sich vorstellen, es gäbe kein Öl in Aserbaidschan«, sagte Carter. »Auch wenn es in Aserbaidschan kein Öl gäbe, wäre es noch ein wichtiger Ort, ein geopolitisch wichtiger Ort für die Vereinigten Staaten. Unser Interesse wäre ungebrochen, und wir sollten auch dann über eine Sicherheitsstrategie verfügen.«

Die nächsten sechs Redner widerlegten diese Behauptung. Erdöl und Erdgas waren anscheinend das eigentliche Thema des Seminars, denn Erdöl und Erdgas waren der entscheidende Punkt für die Beziehungen zwischen Aserbaidschan und dem Westen. Europa und die USA wurden etwas unruhig wegen des schrumpfenden Angebots der für den Komfort ihrer Bürgerinnen und Bürger und die Industrieproduktion ihrer Länder so wichtigen Rohstoffe. Damals ging man davon aus, dass die Ölproduktion in Europa im Laufe des folgenden Jahrzehnts um fast zwei Millionen Barrel pro Tag schrumpfen, die Nachfrage aber um denselben Betrag steigen würde. Auch die USA bereiteten sich auf einen Rückgang der heimischen Ölproduktion und einen Anstieg der Preise an den Zapfsäulen vor. Unterdessen hatten sich drei Länder, die über nachgewiesene Ölreserven von etwa 250 Milliarden Barrel verfügten – Iran, Irak und Libyen –, als unzuverlässige Handelspartner erwiesen. Aserbaidschan war eine der wichtigsten unerschlossenen Öl- und Gasquellen unter den alten Sowjetrepubliken. Daher waren große Ölkonzerne aus Europa und den USA bereit, ihren Teil zur Erschließung beizutragen und die Gewinne einzustreichen.

Der Vizepräsident von SOCAR, Ilham Alijew, hatte bereits Vereinbarungen über die Aufteilung der Produktion zwischen seinem Unternehmen und vielen der größten Öl produzierenden Unternehmen der Welt getätigt. Der »Vertrag des Jahrhunderts« hatte Aserbaidschan mit dem Geld und dem Know-how überflutet, die nötig sind, um das schwarze Gold aus dem kaspischen Meeresboden zu holen und an die bedürftigen europäischen Märkte und darüber hinaus zu liefern. Es sollten drei separate Pipelines gebaut werden, um Aserbaidschans wertvollen Export zu transportieren.

Das erste Rohöl, das im Rahmen der Partnerschaft gefördert wurde, war gerade neun Tage vor dem Harvard-Seminar aus dem Kaspischen Meer in ein neu errichtetes Landterminal gepumpt worden, und versprach nur ein Tropfen in dem neuen, wachsenden Eimer zu sein. Die optimistischsten Schätzungen der Ölreserven unter dem Kaspischen Meer beliefen sich auf mehr als zweihundert Milliarden Barrel, genug, um ganz Europa fast vierzig Jahre lang zu versorgen. Das seien Zahlen ähnlich wie in Saudi-Arabien, bemerkte ein Entwicklungsleiter von Pennzoil. Selbst wenn die meisten dieser Reserven eigentlich dem Iran, Kasachstan, Turkmenistan und Russland gehörten, waren Aserbaidschans nachgewiesene sieben Milliarden immer noch ein sehr verlockender kleiner, eigener Honigtopf. »Für Exxon und den Rest der Industrie haben wir in Aserbaidschan zwei

Aufgaben zu erledigen«, erklärte einer der Redner im Seminar. »Erstens müssen wir die Ressource, die verbleibenden Reserven, ausfindig machen und bemessen, und dann gilt es, hoffentlich mehrere Wege zu verschiedenen Märkten zu entwickeln. Ein Slogan, der in der Branche und bei SOCAR populär geworden ist, lautet: ›Glück ist, wenn man mehrere Pipelines hat‹. Wir unterstützen dieses Konzept.«

Die sechs Ölkonzernvertreter lobten bei dem Treffen in Harvard den Fortschritt, den Aserbaidschan in den nur sechs Jahren seiner Unabhängigkeit von der Sowjetunion gemacht hatte. Die westlichen Ölmänner konnten in Baku Restaurants mit ausgezeichneter chinesischer, mexikanischer und Cajun-Küche besuchen. Sie konnten italienische Anzüge, französischen Wein und andere Luxusgüter kaufen. Die Aserbaidschaner arbeiteten hart daran, Englisch, die Sprache des internationalen Handels, zu lernen.

Bei der Veranstaltung in der Kennedy School lobten alle Redner ausnahmslos Ilham Alijews Vater für seine weitsichtige Politik, die nicht nur ausländische Investitionen anlockte, sondern sie auch unter rechtlichen und juristischen Schutz stellte: »Aserbaidschans blühende säkulare Regierung dient als Modell für andere Regierungen in den neuen unabhängigen Republiken. … Aserbaidschan ist ein sehr zuverlässiger Partner für die industrielle Entwicklung, nicht nur in unserem Geschäft, sondern, wie ich finde, in allen Geschäften. … Der Fortschritt ist beispiellos, zumindest in meiner Berufserfahrung, aber wahrscheinlich in der Geschichte unserer Branche.«

Etwas mehr als zwanzig Jahre später war Ilham Alijew nun seit sechzehn Jahren ein Ölindustrie-freundlicher Präsident, und die Lehren aus 1997 galten immer noch. Seine sehr niedrigen Werte in der Menschenrechts-, Rechtsstaatlichkeits-, Pressefreiheits- und Meinungsäußerungsskala und seine sehr hohen Werte im Bereich Korruption waren im Allgemeinen nebensächlich. Solange Aserbaidschan half, den klaffenden Schlund des europäischen Öl- und Gasmarktes zu stopfen und die Gewinne unter einer Handvoll mächtiger europäischer und amerikanischer Konzerne zu verteilen, würde ihm niemand viel von dem verweigern, was er wollte. Oder ihn zu laut auf sein abscheuliches Verhalten hinweisen.

Ich hatte dies Anfang 2014 direkt miterlebt auf meiner Reportagereise nach Baku. Ich begleitete Präsident François Hollande und Führungskräfte französischer Energieunternehmen, die mit ausgestreckten Händen ankamen. Dass Politiker, Menschenrechtsaktivisten und Journalisten in Aserbaidschan überwacht, erpresst, gefoltert und inhaftiert wurden, kam auf dieser Reise nicht zur Sprache. Als ich mich auf die Suche nach den Opfern von Alijews bösartiger Kampagne gegen seine Kritiker machte, wurde ich zur Zielscheibe von Schikanen und Diebstählen (die aserbaidschanischen Sicherheitsdienste beschlagnahmten unsere Computerlaufwerke); später wurde ich vor ein französisches Gericht gezerrt und erfolglos wegen Verleumdung verklagt. Präsident Alijew beanstandete, dass wir von Aserbaidschan als einer »Diktatur« sprachen.

Bei einem gemeinsamen Auftritt von Präsident Hollande und Präsident Alijew im Élysée-Palast im selben Jahr versuchte ich, die Frage der Menschenrechte in Aserbaidschan anzusprechen. Damit verstieß ich gegen das Protokoll des Palastes – Reporter dürfen bei Fototerminen keine Fragen stellen –, aber es gibt Fälle, da ist das Protokoll egal. Mehr als neunzig aserbaidschanische Bürgerinnen und Bürger waren inhaftiert, weil sie Alijew kritisiert oder herausgefordert hatten. Leila Junus, eine der freimütigsten Menschenrechtsaktivistinnen, die Hollande und ich in Baku getroffen hatten, war sechs Monate zuvor wegen fragwürdigen Betrugs- und Steuerhinterziehungsvorwürfen inhaftiert worden. Außerdem wurde ihr die dringend benötigte medizinische Versorgung verweigert. »Monsieur Hollande«, rief ich hinter einer Absperrung in etwa neun Metern Entfernung hervor, als die beiden Staatsmänner auf Alijews wartende Limousine zugingen. »Haben Sie daran gedacht, Ihren Amtskollegen um die Freilassung der politischen Gefangenen zu bitten?«

»Wir haben darüber gesprochen«, antwortete Hollande.

»Und wie lautete seine Antwort?« Präsident Alijew schaute mich nicht einmal an. Er hielt seinen Blick auf Hollande gerichtet.

»Er sagte, er werde die Angelegenheit eingehend prüfen«, antwortete Hollande.

»Im Fall Leila Junus, die Sie in Baku getroffen haben?«, fügte ich hinzu, was Alijew kurz auf mich aufmerksam werden ließ. Er sprach nicht gut Französisch, aber er erkannte eindeutig diesen Namen.

»Das ist bereits geschehen«, betonte Hollande und meinte damit wohl, dass er das Thema angesprochen hatte. Die beiden Staatschefs lächelten sich an, schüttelten sich die Hände, und trennten sich; Hollande ging zurück in den Élysée-Palast und Alijew über die geschotterte Auffahrt zur offenen Tür seiner Limousine.

Ich versuchte es weiter, jetzt mit Alijew, auf Englisch. »Planen Sie, politische Gefangene in Ihrem Land freizulassen?« Er ging einfach weiter in Richtung Auto, als ob ich gar nicht mit ihm sprechen würde. »Was gedenken Sie im Fall Leila Junus zu tun?«

Ilham Alijew sah offensichtlich keine Notwendigkeit, eine solche Frage zu beantworten, und verpflichtet fühlte er sich offenbar schon gar nicht. Er fuhr davon, ohne mich zu beachten. Später lehnte Hollande meine Bitte um ein offizielles Interview zu den Menschenrechtsverletzungen in Aserbaidschan ab.

Der Status quo blieb bestehen.

Ethikbeauftragte in den USA wiesen die Tatsache zurück, dass die SOCAR 750 000 Dollar für die Bewirtung amerikanischer Kongressabgeordneter auf der jüngsten Konferenz »USA – Aserbaidschan: Vision für die Zukunft« ausgegeben hatte. Den Mitgliedern der Kongressdelegation wurden Seidenschals, Kristallteesets, Teppiche und Reisegutscheine geschenkt. Lobbyisten in den USA und Europa nahmen bereitwillig Millionen Dollar entgegen, um einen vernichtenden Bericht über politische Gefangene in Aserbaidschan zu unterdrücken. Berichten zufolge gaben Alijews Agenten dreißig Millionen Euro aus, um die Mitglieder des Europarats, dessen einzige Aufgabe es ist, die Demokratie auf dem Kontinent zu fördern, davon zu überzeugen, die langen und anhaltenden Berichte über aserbaidschanische Menschenrechtsverletzungen zu ignorieren.

Im Oktober 2017 genehmigte die Europäische Bank für Wiederaufbau und Entwicklung ein Darlehen in Höhe von 450 Millionen

Euro zur Finanzierung der Gaspipeline der SOCAR (und ihrer Partner) von Aserbaidschan nach Westeuropa. Im darauffolgenden März unterzeichnete die Europäische Investitionsbank (EIB) ein Darlehen in Höhe von 930 Millionen Euro für die Pipeline. »Die EIB machte das Darlehen nicht von der Verbesserung der Menschenrechte abhängig«, schrieb Human Rights Watch, »obwohl das Unterzeichnen der EU-Grundrechtecharta bedeutet, dass keine Projekte finanziert werden sollen, die Menschenrechtsverletzungen begünstigen oder unterstützen.«

Genau ein Jahr später, nicht lange nachdem die neue Pipeline in Betrieb genommen worden war, wurde die leidgeprüfte Khadija Ismayilova Opfer einer völlig neuen und systematischen Verletzung der Privatsphäre durch Pegasus. Ende Mai 2021, mehr als eineinhalb Jahre, nachdem die NSO ihre branchenführende Menschenrechtspolitik, ihr All-Star Governance, Risk and Compliance-Committee und ihr robustes Sicherheitsüberprüfungsprogramm angekündigt hatte – und während das Unternehmen seinen ersten *Transparency and Responsibility Report* vorbereitete –, stand Khadija weiterhin unter ständiger Cyberüberwachung durch die aserbaidschanischen Sicherheitsdienste. Als Claudio und Donncha in der ersten Juniwoche einen Jailbreak auf Khadijas Mobiltelefonen durchführten, fanden sie Beweise für mehr als hundert separate Angriffe innerhalb von achtzehn Monaten.

Und das alles auch dank der sich stets verbessernden Beziehungen zwischen Präsident Ilham Alijew und den Staatschefs eines Staates, der sich selbst voller Stolz als die einzige Demokratie im Nahen Osten bezeichnet.

In der Woche, bevor Khadija aus Baku abreiste, um ihre OCCRP-Kollegen zu treffen, erschien Präsident Ilham Alijew auf einer Webkonferenz, die von einer NGO für Außenpolitik in der aserbaidschanischen Hauptstadt veranstaltet wurde. Alijew war an diesem Tag in bester Verfassung, er sonnte sich immer noch im Erfolg der blitzschnell durchgeführten Vierundvierzig-Tage-Offensive gegen Armenien. Er hatte bereits ein Museum zum Gedenken an diesen

Sieg eingeweiht und ein staatliches Kamerateam durch die Reihen der erbeuteten armenischen Militärausrüstung und durch einen Bogen, gesäumt mit Helmen getöteter und gefangener armenischer Soldaten, geführt. Alijew freute sich über die Anerkennung der wichtigsten Verbündeten, die der Armee geholfen hatten, das vor fünfundzwanzig Jahren, in den ersten Tagen der Präsidentschaft seines Vaters, an die Armenier verlorene Land zurückzuerobern. Während des Frage- und Antwortteils der Webkonferenz Ende Mai 2021 in Baku legte er großen Wert darauf, den israelischen Beitrag anzuerkennen. Israel hatte in den vergangenen fünf Jahren hoch entwickelte militärische Ausrüstung im Wert von Milliarden Dollar geliefert, einschließlich der Drohnen, die sich als ausschlaggebend für Alijews jüngsten Triumph erwiesen hatten.

»Unsere Beziehungen sind sehr vielfältig«, sagte Alijew über die Beziehungen seines Landes mit Israel. »Wir sind aktive Handelspartner, und unser Handelsvolumen wächst. Aserbaidschan hat vollen Zugang zu Produkten der israelischen Verteidigungsindustrie. Das ist kein Geheimnis. Und jetzt befinden wir uns in der Phase einer neuen Entwicklung in diesem Bereich.«

Premierminister Benjamin Netanjahu hatte die Beziehungen mit der Republik Aserbaidschan seit Jahren gepflegt. 2016 war er nach Baku gepilgert, um seine bevorzugte Strategie in den Außenbeziehungen zu verfolgen. Für Netanjahu war der Handel die notwendige Vorstufe für jedes internationale Bündnis. Israel war bereits ein führender Importeur aserbaidschanischer Waren und lag in Bezug auf das Bruttovolumen nur noch hinter Italien und der Türkei. Israel kaufte aserbaidschanisches Gold, Tomaten und natürlich Öl und Gas, und bewarb Urlaubspakete am Kaspischen Meer für Touristen aus Jerusalem, Tel Aviv und Haifa. Aserbaidschan importierte israelische Agrartechnik und militärische Ausrüstung im Wert von Milliarden Dollar. Fünf Jahre später sollte sich diese fortschrittliche Waffentechnik als »entscheidend« im Sieg Aserbaidschans über Armenien erweisen, wie ein Nahostexperte und Diplomat schrieb, der im Europäischen Parlament arbeitete.

Israels energische Bemühungen um Handel und Diplomatie in

Aserbaidschan unterschieden sich nicht von seinen Bemühungen im gesamten Nahen Osten. Nach den Beweisen zu urteilen, die das Security Lab und die Reporter in unserem Konsortium in den durchgesickerten Daten gefunden haben, bot Israel seinen potenziellen Verbündeten Ende Mai 2021 militärische Spionagesoftware an. Aserbaidschan, Marokko, die Vereinigten Arabischen Emirate und Saudi-Arabien – sie alle hatten die Pegasus-Systeme von NSO mit Lizenzen betrieben, die von der israelischen Regierung genehmigt worden waren. Die ehemaligen Verteidigungs- und Geheimdienstbeamten, mit denen wir damals gesprochen haben, waren gerne bereit, uns das dahintersteckende Kalkül zu erklären. Es lief alles auf die Förderung einer Sache hinaus, und das war die Sicherheit Israels. Und die lief ebenfalls auf eine Sache hinaus – die Neutralisierung des Landes, das seit Generationen droht, Israel auszulöschen: Iran.

Der gesamte Handel mit Aserbaidschan, zu dem auch die Lizenzierung von Pegasus gehörte, war ein Tausch von Sicherheitsleistungen. Alijew erhielt die Instrumente, die er brauchte, um die Kontrolle über seine nahezu vollständige Macht im eigenen Land zu behalten und um seine Nachbarn abzuzäunen. Und Israel, so der Nahostexperte des Europäischen Parlaments, »erhält einen Stützpunkt an der Nordgrenze von Iran, um Geheimdienstinformationen zu sammeln oder sogar eine Startrampe für einen möglichen militärischen Angriff auf den Iran zu bauen«.

Das gleiche Kalkül gilt für Israels Versuche, die Beziehungen zu Marokko, Saudi-Arabien und den Vereinigten Arabischen Emiraten zu verbessern. Einem ehemaligen israelischen Regierungsbeamten zufolge arbeitete Netanjahu daran, im Nahen Osten eine einheitliche Front gegen Iran zu bilden, und der Zugang zu modernsten israelischen Waffen, einschließlich Cyberwaffen wie Pegasus, gehörte zu den Anreizen, die der Premierminister anbieten konnte. »Natürlich hilft das«, sagt der israelische Experte für nationale Sicherheit Joel Gusanski.

Netanjahus Regierung fehlte es an einfachen und offenen Kanälen, um Anreize dieser Art in den Hauptstädten Rabat, Riad oder

Abu Dhabi zu verbreiten. Es gab keine Botschaften, keine Konsulate, keine Beamten des Auswärtigen Dienstes vor Ort. Israels Hauptansprechpartner für diese misstrauischen Verbündeten war sein internationaler Nachrichtendienst, der Mossad. »Der Mossad ist dafür zuständig, diplomatische Verbindungen zu den Regimen aufzubauen, zu denen wir keine diplomatischen Beziehungen haben«, erklärte uns ein ehemaliger israelischer Geheimdienstchef. Als ihre Geheimdienstkollegen in diesen Ländern nach Unit 8200-Level Spyware-Technologie zur Bekämpfung von ISIS oder einheimischen Terroristen fragten, musste der Mossad ablehnen. Das israelische Militär teilte seine Technologie mit niemandem, nicht einmal mit engen Verbündeten wie den USA und dem Vereinigten Königreich. Aber der Mossad konnte das Nächstbeste anbieten, und das war Pegasus. Die Technologie der NSO war erstklassig, und der NSO konnte man vertrauen, dass sie Stillschweigen darüber bewahrte, wer das Spionagesystem kaufte und betrieb.

In der obersten Managementführung der NSO war man anscheinend so schmallippig, dass man wohl sogar die Identität potenzieller Kunden vor den Mitgliedern der neuen externen Menschenrechtsberatung des Unternehmens, die bei der Prüfung potenzieller Kunden und der Untersuchung von Missbrauchsfällen einbezogen werden sollte, geheim hielt. Die aktualisierte Compliance-Regelung, die wohl eher wie eine aktualisierte Liste von Gesprächspunkten wirkte, wurde offenbar vom neuen Mehrheitseigentümer der NSO Group, dem kürzlich in London gegründeten Hedgefonds Novalpina, durchgesetzt.

Etabliertere Firmen hatten den Kauf der NSO in Erwägung gezogen und waren abgesprungen. Die Partner von Novalpina sahen sich selbst als Freibeuter; sie waren bereit, Risiken einzugehen, vor denen andere zurückschreckten. »Sie sagten mir, es sei ein neuer, auf Problemunternehmen spezialisierter Fonds, weil sie normalerweise nicht börsennotiert sind und viel Geld machen«, berichtet ein potenzieller Investor.

Die drei Hauptakteure des Fonds waren anscheinend begeistert, Shalev Hulio und Omri Lavie dabei zu helfen, Francisco Partners

Anfang 2019 herauszukaufen; anschließend starteten sie eine Kampagne, um das Image des Unternehmens aufzupolieren, das nach den Enthüllungen in Mexiko und den Vorwürfen im Zusammenhang mit dem Fall Khashoggi in einem ziemlich desolaten Zustand war.

Für die Mitgliedschaft in dem neuen Compliance-Ausschuss haben die Novalpina-Geldgeber eine Reihe angesehener europäischer und amerikanischer Diplomaten und Geheimdienstspezialisten umworben und ihnen versprochen, Einfluss auf die Unternehmenspolitik nehmen zu können. Einer der potenziellen Menschenrechtsberater, der ehemalige französische Diplomat Gérard Araud, erhielt einen eintägigen Rundgang durch die Büros der NSO, bevor er im September 2019 unterschrieb. »Ein moderner Turm in den nördlichen Vororten von Tel Aviv, dem schicken Viertel mit vielen Botschaften«, erinnert sich Araud. »Sie haben die obersten drei Etagen eines hypermodernen Gebäudes. Alle laufen in T-Shirts und Shorts rum. Die Mitarbeiter sind alle zwischen achtundzwanzig und fünfunddreißig Jahre alt. Sie kommen mit Rollern zur Arbeit.«

Den Besuchern wurde Pegasus zwar kurz vorgestellt, das System selbst wurde aber nicht vorgeführt. »Mir wurden ein paar sehr unkonkrete Bilder gezeigt«, erzählt er. »Die Präsentation, die ich bekommen habe, war etwas für Kinder, wirklich.«

Araud sagt, dass er und seine Kollegen als Menschenrechtsberater keinen wirklichen Einfluss auf die Geschäfte des Unternehmens hatten. Eine Gruppe von Investoren hatte ihm einmal verraten, dass mehr als vierzig Staaten eine Pegasus-Lizenz erworben hatten, aber niemand bei der NSO nannte ihm jemals die Namen. Oder die Namen potenzieller neuer Lizenznehmer.

Der NSO-Überprüfungsprozess war ein interner Vorgang, der vom Governance, Compliance and Risk Committee abgewickelt und unter Berücksichtigung der Erfordernisse des israelischen Verteidigungsministeriums geführt wurde. »Die [Regierung] betrachtet das Ganze hauptsächlich unter dem Gesichtspunkt, was gut für Israel ist«, sagt ein Cybersicherheitsexperte, mit dem wir in Israel gesprochen haben. »Es geht nicht um die ethischen Aspekte des

Verkaufs. Sie wollen nur sicherstellen, dass es nicht gegen Israel eingesetzt wird.«

Die israelischen Behörden reagierten sehr sensibel auf die Stimmungen und Reaktionen der Regierungen der Vereinigten Staaten und Russlands. Keine US-Telefonnummer konnte von Pegasus angegriffen werden, behaupteten das Verteidigungsministerium und die NSO, ebenso konnte kein Telefon von Pegasus angegriffen werden, wenn es sich auf US-Territorium befand. Jemand im Verteidigungsministerium oder aus dem Büro von Premierminister Netanjahu hat Pegasus-Lizenzvereinbarungen mit der Ukraine und Estland im Keim erstickt, wie Ronen Bergman und Mark Mazzetti von der *New York Times* im März 2022 berichteten, aus Angst vor Wladimir Putins Reaktion, wenn sich herausstellen sollte, dass es gegen Kreml-Beamte gerichtet wurde.

Nordkorea, China und der Iran wurden als nicht vertretbar eingestuft, aber darüber hinaus nicht viele andere Länder. Nicht einmal Saudi-Arabien. Nicht einmal in der Zeit nach dem Mord an Jamal Khashoggi. Die saudischen Machthaber mögen antidemokratisch sein und die Menschenrechte am laufenden Band verletzen, ja, sie mögen sogar regelrechte Mörder sein, aber sie wurden aggressiver in ihren Bemühungen, bei dem zu helfen, was sich Israel am meisten wünschte: Irans Macht zu kontrollieren. Man kann sich seine Verbündeten nicht immer aussuchen, war Netanjahus Meinung. In der existenziellen Frage der nationalen Sicherheit übertrumpfen Interessen Freundschaft.

Holger Stark von unserem Partnermedium *Die Zeit* kam am 29. Mai 2021 in Tel Aviv an, am selben Tag, an dem Khadija Ismayilova in Ankara landete. Drei Tage später, und einen Tag, nachdem Claudio bestätigt hatte, dass Khadijas iPhone von Pegasus ins Visier genommen worden war, war Holger damit beschäftigt, grundlegende Fakten zu bestätigen: NSO hatte Kunden in mehr als vierzig Ländern. Das Unternehmen hatte um die 860 Mitarbeiter, von denen mehr oder weniger 550 in der Forschung und Entwicklung arbeiteten. Mehr als die Hälfte der NSO-Kunden waren Regierungsbehörden in europäischen Ländern. NSO-Mitarbeiter schätzten den Wert des Unternehmens auf etwa 1,5 Milliarden Dollar, etwas weniger, als in der Finanzpresse berichtet wurde. Novalpina besaß nun 70 Prozent der NSO; Shalev und Omri hatten persönliche Anteile an dem Unternehmen im Wert von jeweils etwa 10 Millionen Dollar behalten. Pegasus machte etwa 65 Prozent des Geschäfts der NSO aus, aber das Unternehmen hoffte, dass es bald weniger als die Hälfte sein würde. Drohnentechnologie war das nächste große Ding.

Im Lauf der Reise fand sich Holger irgendwann einmal plötzlich in einem Raum mit Shalev Hulio wieder. Er nutzte die Gelegenheit, um den CEO der NSO unter Druck zu setzen. »Okay, nur um sicherzugehen«, setzte Holger an, »Pegasus wurde also weder vor noch nach dem Mord an Khashoggi eingesetzt, um die Menschen in seinem Umfeld auszuspionieren?«

Shalev antwortete: »Nein, weder seine Frau noch seine Familie … niemals, niemals, absolut nicht. Ich bin gern bereit, mich einem Lügendetektortest zu unterziehen. Keine unserer Technologien wurde in diesem Fall eingesetzt.«

Kapitel 19

»Das wird groß«

Sandrine

Mitte Juni 2021 war Donncha Ó Cearbhaill wieder zu Hause in »the Ring« in Irland. Er wollte seine Familie und Freunde besuchen, auch wenn man die Reise kaum als Urlaub bezeichnen konnte. Einen Großteil seiner Zeit in Birr verbrachte Donncha über seine Arbeit gebeugt am Küchentisch seiner Eltern, seine Laptops und Notebooks vor sich ausgebreitet. Vielleicht stimmte dieser Anblick in ihrer Küche Donnchas Eltern nachdenklich, angesichts seiner verwickelten Vergangenheit in der Cyberwelt. Donncha konnte seinen Eltern nicht genau mitteilen, woran er da arbeitete, doch eines wussten die beiden genau: Wenn ihr Sohn derart viel Zeit am Computer verbrachte, versunken in Geheimprojekte, war das nicht immer gut ausgegangen. »Ist das alles legal?«, fragte sein Vater ihn einmal während seines Besuchs.

Donncha blieb nichts anderes übrig, als seine Arbeit geheim zu halten, ungeachtet der Bedenken seiner Eltern. Das Pegasus-Projekt gewann mit jedem Tag an Fahrt, als würde das gesamte achtzigköpfige Team für eine lange letzte Schlussetappe vor der Ziellinie beschleunigen. Ich merkte es in Paris, und auch Donncha spürte es ganz ohne Zweifel. Er verkörperte die Hälfte des für das Projekt zentralen IT-Forensik-Teams, und die Journalisten, die an Pegasus arbeiteten, luden täglich mehr auf seinen Schultern ab.

Bei einem der Ziele, das wir uns gesteckt hatten, handelte es sich um ein Zahlenspiel: Aus einer Auswahl von fünfzigtausend hatten wir bereits fast tausend Identitäten verifiziert, darunter über hundertfünfzig Journalisten, und unser Ziel war es, bis zur Veröffentlichung auf zweihundert zu kommen. Die Deadline, die wir uns für diese Aufgabe gesetzt hatten, war der 6. Juli; uns blieben also nur drei Wochen. Wir arbeiteten außerdem intensiv daran, so viele Opfer von Pegasus-Angriffen oder gar Pegasus-Infektionen zu bestätigen wie möglich, was dazu führte, dass ein steter Strom an Back-up-Dateien von Smartphones (oder die Handys selbst) ins Security Lab gespült wurde.

So hatte Carine Kanimba, die Tochter des Helden aus *Hotel Ruanda* (die realen Personen, nicht die Schauspieler aus dem Film), eine Woche zuvor Back-up-Dateien ihrer beiden Handys vorgelegt. (Hannes Munzinger von der *Süddeutschen Zeitung* war auf Carine zugegangen, nachdem das Rechercheteam der Zeitung die Handynummer des Anwalts ihres Vaters in den Datensätzen gefunden hatte. Da Carine lautstark für die Rechte ihres Vaters eintrat und das Regime Ruandas ebenso lautstark kritisierte, hielt Hannes es für möglich, dass auch sie in die Schusslinie von Pegasus geraten war.) Auf keinem ihrer iPhones fand sich ein eindeutiger Beweis für eine Pegasus-Infektion, aber doch ausreichend verdächtige Aktivitäten, sodass wir sie baten, uns die Handys für einen Jailbreak nach Berlin zu schicken.

Stephanie Kirchgaessner vom *Guardian* hatte einen weiteren, aus Ruanda vertriebenen Menschenrechtsaktivisten davon überzeugt, Claudio und Donncha zu erlauben, die Log-Dateien seines Handys zu analysieren. Reporter vom Pegasus-Projekt kontaktierten auf der ganzen Welt Menschen, die sie in den Datensätzen gefunden hatten. Siddharth und sein Team von *Wire* hatten vier potenzielle Opfer in Indien ausgemacht, die bereit waren, ihre Handys zur Spurensicherung einzureichen. Phineas trieb zwei weitere Journalisten aus Indien auf, die einer forensischen Untersuchung zustimmten und zusagten, an die Öffentlichkeit zu gehen, sollte sich ein Angriff durch Pegasus tatsächlich bestätigen. Ein Dritter lehnte dankend ab und erzählte Phineas, er stecke inmitten einer sensiblen Recherche und wolle diese nicht gefährden.

Die Ehefrau eines politischen Dissidenten aus Marokko, der eine dreißigjährige Haftstrafe verbüßte, stimmte der forensischen Überprüfung zu. Sowohl Frederik Obermaier als auch Bastian Obermayer und Szabolcs Panyi hatten neue Kandidaten für die Datenauswertung in Ungarn. Eine Reporterin von der *Süddeutschen Zeitung* rechnete damit, an das iPhone eines jungen aserbaidschanischen Dissidenten zu gelangen, der nur einen Monat zuvor in Istanbul ertrunken war; seine Nummer wurde 2019 zum Zielobjekt erklärt, kurz nachdem Khadija Ismayilova zum ersten Mal angegriffen worden war.

Die dringlichste Spurensuche drehte sich in jenem Moment jedoch um den Fall Jamal Khashoggi. Spuren im Android-Handy von Khashoggis Frau Hanan legten nahe, dass sie vor seiner Ermordung ins Visier der Pegasus-Spyware geraten war, aber keine erfolgreiche Infektion stattgefunden hatte. Daraufhin flog Dana Priest von der *Washington Post* mit Arthur Bouvart von Forbidden Stories am 15. Juni nach Istanbul, um Khashoggis engste Kontakte in der Türkei zu treffen, darunter seine Verlobte Hatice Cengiz, die zum Zeitpunkt seiner Ermordung vor dem Konsulat in Istanbul gewartet hatte. Auch Hatice war in unseren Datensätzen. Wenn alles nach Plan lief, würden Claudio und Donncha ihr Mobiltelefon schon bald analysieren.

Zusätzlich zu den fortwährenden Anfragen für forensische Analysen begannen die beiden Cybersicherheitsforscher, einen Bericht über ihre Ergebnisse zusammenzustellen, den sie NSO vor seiner Veröffentlichung vorlegen wollten. Als Journalisten war es unsere Pflicht, dem Unternehmen die Möglichkeit zu geben, sich zu den Fakten zu verhalten, die wir als ausreichend fundiert zur Veröffentlichung erachteten, sie zu kommentieren, zu bestreiten oder zu korrigieren. Auch Amnesty International und das Security Lab fühlten sich ethisch verpflichtet, NSO die Chance einzuräumen, sich zu den forensischen Befunden zu äußern.

Darüber hinaus bereiteten Claudio und Donncha die Unterlagen vor, die mit der Veröffentlichung des Pegasus-Projekts am 18. Juli der Allgemeinheit zugänglich gemacht würden. Die beiden hatten beschlossen, etwas in der kurzen Geschichte der Cybersicherheitsforschung ziemlich Einmaliges zu tun: Sie wollten komplett transparent vorgehen. Sie würden nicht einfach nur ihre Ergebnisse präsentieren, sondern den gesamten Arbeitsprozess, und zwar im

Detail und vor der ganzen Welt. Dies beinhaltete auch einen ausführlichen Bericht über das methodische Vorgehen des Security Labs, einschließlich des Versuchsplans, der Entwicklung und der Implementierung ihres forensischen Tools. Claudio und Donncha arbeiteten außerdem daran, ausführlich über die Beweislage für jeden bestätigten Angriff, jede bestätigte Infektion zu berichten sowie über all die Zero-Click- und Zero-Day-Exploits, die sie identifiziert hatten und alle von Pegasus generierten Prozessnamen und Fake-Accounts, die das Unternehmen NSO seinen Klienten zum Versand der schädlichen Spyware-Payload zur Verfügung gestellt hatte.

Da Claudio und Donncha fast täglich auf neue Spuren stießen, entwickelten sich ihre Berichte immer weiter. Am 14. Juni, Donncha war gerade in Irland, und Dana Priest und Arthur Bouvart machten sich auf die Reise nach Istanbul, befand sich Claudio in seinem Büro in Berlin und führte auf einem von Khadija Ismayilovas Handys einen Jailbreak durch. Nach ihrem Wiedersehen mit Khadija in Ankara hatte Miranda Patrucic die Telefone zur weiteren Auswertung nach Deutschland gebracht. An jenem sonnigen Frühsommermorgen, Claudio hatte eines von Khadijas iPhones mit seinem Laptop verbunden, lugte ihm Miranda über die Schulter und versuchte, die undurchdringbaren Codezeilen zu entziffern, die den Bildschirm in unterschiedlichen Farben markiert füllten. »So sieht es also in Wirklichkeit aus«, erklärte Claudio. »Na ja, zumindest der Output unseres Tools. Im Grunde sehen wir hier Prozesse, die mit Pegasus in Verbindung stehen. Wir sehen ein paar iMessage-Accounts, die mit den Angriffen in Verbindung stehen …«

»Sind es neue oder die, die du bereits in ihren Back-up-Dateien gesehen hast?«, wollte Miranda wissen.

»Ich glaube, die haben wir bereits gesehen, aber nachher muss ich mich dennoch hinsetzen und sie auf die hin durcharbeiten, die mir bislang vielleicht entgangen sind«, erwiderte Claudio und zeigte auf unterschiedliche Zeilen auf dem Bildschirm. Es war alles ziemliche Standardkost, Codezeilen, die er und Donncha inzwischen Dutzende Male beobachtet hatten. »Das hier könnte ein Hinweis auf den Eintrittspunkt sein«, sagte er, und dann plötzlich: »Was zur

Hölle? … Seltsam … Hier sind neue Spuren, die wir noch nicht kennen … Vielleicht deuten sie auf andere Sicherheitslücken, die wir bislang noch nicht gesehen haben.«

An Miranda gewandt, sagte er, er brauche noch ein wenig Zeit, »um ein bisschen weiter zu graben«.

Auch Donncha warf einen Blick auf die Daten und stimmte Claudio zu. Hierbei handelte es sich tatsächlich um etwas Neues, eine Sicherheitslücke, die keiner von beiden je zuvor gesehen hatte. Offensichtlich hatten Researcher der NSO Group bereits kurz vor dem Sommer 2020 eine Schwachstelle in der Software von Apple Music gefunden, denn das Pegasus-System hatte sie sich bereits am 10. Juli jenes Jahres als Zugang für die Übertragung der schädlichen Spyware-Payload auf Khadijas iPhone zunutze gemacht. Die Spuren in Khadijas Handy erlaubten Claudio und Donncha keine genauen Rückschlüsse darüber, an welcher Stelle der **Exploit-Chain** sich Apple Music befand – ob es als Vehikel für die abschließende Übertragung der Payload diente oder nur zu Beginn eine Hintertür öffnete –, wies jedoch in Richtung einer von NSO erstellten Domain, die Claudio und Donncha bereits 2019 identifiziert hatten. Und das URL-Muster, das genutzt wurde, um die Payload herunterzuladen, offenbarte noch ein wichtiges Bindeglied zwischen den Angriffen auf Maati Monjibs Handy 2019, Khadijas 2020 und der Zero-Click-Exploit-Chain, die Pegasus 2021 benutzte. Diese späte Entdeckung hatte zur Folge, dass Claudio und Donncha dem Bericht über ihr forensisches Vorgehen einen neuen Abschnitt hinzufügen mussten: »Apple Music 2020 zur Übertragung von Pegasus ausgenutzt«.

Tags darauf, am 15. Juli 2021, landeten Dana Priest und Arthur Bouvart in der Türkei und pendelten in den Folgetagen zwischen Istanbul und Ankara hin und her, um sowohl Khashoggis Verlobte Hatice Cengiz als auch seinen guten Freund, den türkischen Regierungsbeamten Yasin Aktay, zu treffen. Aktay war nicht nur Khashoggis Notfallkontakt in der Türkei; er war auch einer der wichtigsten Berater und Vertrauter des türkischen Präsidenten Recep Tayyip Erdoğan. Als Dana Aktay eröffnete, sein Name befinde sich in unseren Daten, war dieser nicht überrascht. Nach der Ermordung Khashoggis, erzählte er, hätten ihm Mitarbeiter des türkischen Innenministeriums mitgeteilt, sein Handy sei gehackt worden. Er wollte damals nicht wissen, wer sein Handy kompromittiert hatte, und winkte ab, als Dana ihn aufforderte, jetzt nachzufragen. Aktay stimmte einem Interview zu, verweigerte uns aber, sein Smartphone einer forensischen Untersuchung zu unterziehen. Sein beruflicher Umgang sei bekannt, sein Leben ein offenes Buch, sagte er, und dass er sich schon vor Langem ein neues Handy zugelegt habe.

Aktay schien kein argwöhnischer Typ, doch den Herrscherfamilien Saudi-Arabiens und der Vereinigten Arabischen Emirate, an denen er kaum ein gutes Haar ließ, misstraute er zutiefst. Bislang habe niemand versucht, ihn zu ermorden, erzählte er Dana, aber er wolle nichts dem Zufall überlassen. Er hatte einen persönlichen Leibwächter und einen großen Mercedes mit dunkel getönten, vielleicht sogar kugelsicheren, Fenstern. Als er Dana zum Flughafen brachte, beschleunigte der Fahrer auf hundertzwanzig Stundenkilometer. »Attentatspläne gehen selten auf, wenn man rast«, sagte er.

Hatice Cengiz war nach der Ermordung von Jamal Khashoggi ihre eigene beengende Sicherheitsblase aufgezwungen worden. Obwohl sie rund um die Uhr vom Sicherheitspersonal des türkischen Innenministeriums bewacht wurde, begab sie sich selbst mit ihren bewaffneten Beschützern nur selten in die Öffentlichkeit. Hatice stimmte einem Treffen mit Dana und Arthur zu, und nach viel gutem Zureden der beiden Reporter willigte sie auch ein, ihr iPhone vom Security Lab analysieren zu lassen. Sie schien daran zu zweifeln, dass die Analyse irgendetwas zutage fördern würde, da ihr gesagt wurde, das iPhone sei äußerst sicher.

Donncha saß in jener dritten Juniwoche gerade am Küchentisch seines Elternhauses in Birr – am anderen Ende des Flurs befand sich das Zimmer, in dem er sich sein IT-Wissen angeeignet, in dem er zehn Jahre zuvor Rupert Murdoch vorgeführt hatte und in das die örtliche Polizei gestürmt war, um ihn aufgrund seiner mutmaßlichen »Cyberverbrechen« zu vernehmen –, als der Upload von Hatices iPhone-Back-up begann. Claudio stand draußen auf seinem

Balkon in Berlin und telefonierte. Auf der einen Leitung ging er das weitere Vorgehen mit Dana durch, auf einer anderen war er mit Donncha verbunden. Als die Dateien hochgeladen waren, grub das Security-Lab-Tool das Gesuchte im Handumdrehen aus.

Obwohl zweitausend Kilometer voneinander entfernt, konnten Claudio und Donncha alles zeitgleich mitverfolgen. Sie wussten genau, was sie da gefunden hatten. Da war die Crash-Report-Datei und der »bh«-Prozess und eine Datenextraktion und ein weiterer, durch Pegasus erzeugter Prozessname. Hatices Smartphone war zweifellos von der Pegasus-Spähsoftware angegriffen und erfolgreich kompromittiert worden. Es gab Hinweise auf Angriffe und/oder Infektionen an drei verschiedenen Tagen in einem Zeitraum von sechs Tagen Anfang Oktober 2018. Der erste Angriff trug sich vier Tage nach der Ermordung Jamal Khashoggis durch die Handlanger des saudischen Kronprinzen Mohammed bin Salman zu.

»Das war der Wendepunkt«, erinnerte sich Claudio an jenen Moment. »Wir hatten damals bereits viele Fälle gefunden, aber bei mir machte es da einfach Klick. ›Fuck. Das wird groß.‹ Hier geht es nicht mehr nur um ein paar Journalisten aus irgendeinem Land, das keiner kennt, um das sich keiner schert. Das hier wird Folgen haben. Aufgrund der Brisanz der Ereignisse, in die [Hatice] verwickelt war, und aufgrund der Tatsache, dass [NSO und Shalev] bis zum Erbrechen wiederholt hatten, das alles sei erstunken und erlogen.«

Donncha reagierte ganz ähnlich. »Die ist nicht überbewertet, diese Khashoggi-Sache«, erinnert er sich an das, was ihm durch den Kopf ging. »Es ist tatsächlich, wirklich real. Es widerlegt all die Lügen, die NSO jahrelang in die Welt gesetzt hat, um zu versichern, dass sie nichts mit dem Mord zu tun hätten. Ich erinnere mich daran, wie ich von meinem Tisch aufstand und etwas dachte wie, ›Oh wow. Wir haben den Beweis gefunden.‹«

Die Entwicklung der Dinge hatte zwischenzeitlich derart an Fahrt aufgenommen, dass voller Einsatz gefordert war, um Schritt zu halten. An dem Projekt waren rund achtzig Journalisten beteiligt; unsere Ermittlungen waren in Europa, Asien, Afrika, dem amerikanischen Kontinent und dem Mittleren Osten im Gange. Nina Lakhani vom *Guardian* war gerade aus Mexiko zurückgekehrt; bei der Ortung Cecilio Pinedas Handy war auch ihr, wie zuvor Paloma, das Glück nicht hold gewesen, doch es war ihr gelungen, die Lücken in der Geschichte zu schließen, an der Cecilio zuletzt gearbeitet hatte und was es mit den Drohungen gegen ihn in den letzten Wochen vor seiner noch immer unaufgeklärten Ermordung auf sich hatte. Siddharth hatte Rahul Gandhi getroffen, einen politischen Gegner des indischen Premierministers Narendra Modi, der die Berichte bestätigte, dass ihn jemand (und Gandhi ließ es ganz so klingen, als sei dieser Jemand aus dem Inneren der NSO Group gewesen) gewarnt hatte, er sei ins Visier genommen worden.

Kristof Clerix von der *Knack* in Belgien war unterwegs, um erneut mit Carine Kanimba zu sprechen und ihr ihre Handys für eine weitere Runde forensischer Analysen zu entlocken. Ich verbrachte Stunden mit einer Reporterin von *Radio France,* die kurz vor ihrer Abreise nach Ruanda versuchte, herauszufinden, wie sie dort am besten mit den uns bekannten Angriffszielen von Pegasus Kontakt aufnehmen könnte. Keine leichte Aufgabe: Ruanda war ein gefährlicher Ort für eine Journalistin aus dem Ausland. Sie wusste, dass man sie wahrscheinlich beobachten und ihr der Staatssicherheitsdienst folgen würde. Selbst nachdem sie jahrzehntelang Kontakte in der Region geknüpft hatte, gab es niemanden, dem sie vollkommen vertrauen konnte, die notwendige Diskretion zu wahren.

Craig Timberg von der *Washington Post* erhielt solide Hintergrundinformationen von Cybersicherheitsspezialisten, die zumindest einen gewissen Einblick in die Sicherheitslücken der iMessage-App von Apple hatten. »Sende Text, Fotos, Videos und mehr«, so bewarb Apple seine App. Dieser eine Dienst für alles war äußerst benutzerfreundlich, allerdings war diese Benutzerfreundlichkeit mit Kosten verbunden, von denen die wenigsten wussten. Wenn iMessage nur als Apple-Version von SMS genutzt würde, sei die App relativ gut geschützt, so einer der IT-Spezialisten. Erlaube die App dem iPhone jedoch erst einmal, Videos, GIFs und Spiele herunterzuladen, werde sie sehr viel weniger sicher. Und da Apple iMessage immer mehr Anwendungsmöglichkeiten hinzufüge, schaffe das Unternehmen eine immer größer werdende »Angriffsoberfläche«.

Martin Untersinger von der *Le Monde* konnte Craigs Berichterstattung um die Informationen einer Quelle ergänzen, die eine Zeit lang für Apples Sicherheitsteam gearbeitet hatte. »Zu Beginn hatte Apples Betriebssystem iOS nur wenige Sicherheitslücken, aber in den vergangenen Jahren hat sich die Situation verschlechtert«, gab Martin dem Team als allgemeinen Hintergrund an die Hand. Wahrscheinlich sei das iPhone das sicherste Mobiltelefon auf dem Markt, und im Defensivspiel sei das Apple-Team nach wie vor »kolossal«, erklärte er, aber diesem Team werde viel zugemutet, und zwar sowohl von außen in Form von Hackern, die nach Schwachstellen suchten, als auch von innen, in Form von Programmierern, die diese versehentlich erzeugten. »Fehler schleichen sich ein, wenn Entwickler schlechten Code schreiben, wenn sie mit einer komplizierten **Codebasis** beginnen oder unter Druck gesetzt werden, schnell zu arbeiten. In den letzten Jahren hat Apple seine neuen Modelle immer schneller auf den Markt gebracht.«

Holger Stark war gerade aus Tel Aviv zurückgekommen und hatte haufenweise nützliche Informationen mitgebracht, darunter die Bestätigung einiger Eckdaten über das Unternehmen NSO und seine Verbindungen zur israelischen Regierung und deren Geheimdienste. Shane Harris und einer seiner Kollegen, die für die *Washington Post* über Themen der nationalen Sicherheit berichteten, hatten eine eigene Reise nach Israel für Anfang Juli geplant. Indes war Amitai Ziv unterwegs zu einem Interview mit Uri Ansbacher, den er zu seinen fragwürdigen Geschäften in Mexiko befragen wollte, über die er dank des Zugangs zu den geleakten Dokumenten, die Carmen Aristegui der Gruppe zur Verfügung gestellt hatte, inzwischen sehr viel mehr wusste. Amitai hatte eben erst einen Anruf von Omri Lavie erhalten, Shalev Hulios Gründungspartner von NSO, der ihn in der letzten Juniwoche auf einen Kaffee treffen wollte. Amitai hatte erst kürzlich einen Artikel über die jüngsten Finanzprobleme des Unternehmens in der *Haaretz* veröffentlicht, insofern war es naheliegend, dass Omri versuchen würde, an dieser Front Schadensbegrenzung zu betreiben. Dennoch machte mich die Einladung stutzig: Ob NSO wohl hinter uns her war?

Meine Nerven waren bereits ein wenig angespannt, als mir Laurent am 17. Juni eine beunruhigende Nachricht von Fabrice Arfi zeigte, unserem Freund und Kollegen von *Mediapart,* der uns im April dabei unterstützt hatte, Edwy Plenel davon zu überzeugen, uns sein Smartphone zur forensischen Analyse zu überlassen. Fabrice hatte Edwy eine Textnachricht geschickt, in der stand, ihm sei in Paris Gerede von Edwys Pegasus-Infektion zu Ohren gekommen. Weder Fabrice noch Edwy waren darüber sonderlich glücklich. Neben unserem gemeinsamen Projekt verfolgte *Mediapart* auch seine eigene Berichterstattung zum Thema Cyberüberwachung, hatte uns aber das kollegiale Angebot gemacht, ihre Artikel bis nach unserer Veröffentlichung zurückzuhalten. Fabrice hatte Bedenken, dass ein Artikel über die Pegasus-Infektionen bei *Mediapart* durchsickern und die respektierte Online-Zeitung in Verlegenheit bringen könnte. Edwy war nervös. Fabrice war nervös. Auch ich war ein wenig beunruhigt. Noch immer waren wir einen Monat von der Veröffentlichung entfernt, und es war meine Aufgabe, dafür zu sorgen, dass unsere Recherchen unter Verschluss blieben, bis wir bereit waren, den Startknopf zu drücken.

* * *

Kristof Clerix war fest entschlossen, die Story über Carine Kanimba für *Knack* in trockene Tücher zu bringen, als er sie am 24. Juni 2021 in Belgien besuchte. Kristof war mit Feuereifer beim Pegasus-Projekt dabei und wusste, dass Carine zu jener Zeit in Belgien lebte. Ihr Vater Paul Rusesabagina war ein Jahr zuvor von ruandischen Behörden entführt worden und stand mittlerweile aufgrund äußerst fragwürdiger Vorwürfe vor Gericht. Alles wies darauf hin, dass er in einem Blitzverfahren zu einer Strafe verurteilt würde, die sicherstellte, dass er nie wieder auf freien Fuß käme.

Carine hatte den Genozid in Ruanda als kleines Mädchen überlebt und kurz danach das Land verlassen; sie war in den Vereinigten

Staaten zum College gegangen und hatte einen Teil ihrer beruflichen Laufbahn in New York verbracht. Seit der Entführung ihres Vaters lebte sie jedoch in Belgien. Carine besaß zwei Smartphones, eines mit einer belgischen Nummer und eines mit einer amerikanischen. Keines der beiden Handys erwies sich jedoch als sonderlich dienlich.

Obwohl Kristof Carine in den letzten drei Wochen bereits drei Mal in Belgien besucht hatte, um die forensische Untersuchung ihrer beiden Handys zu erleichtern, lagen noch immer keine zufriedenstellenden Ergebnisse vor. Bei seinem ersten Besuch, bei dem Kristof versuchte, ein Back-up ihres Handys zu erstellen, war die Datei zu groß; beim zweiten Besuch ging eine **Schlüsseldatei** beim Upload im Security Lab verloren. Bei Kristofs viertem Besuch war geplant, ein vollständigeres Back-up des belgischen Handys für Claudios Analyse zu erstellen. Doch just an dem Tag traten weitere Komplikationen auf. Als Kristof versuchte, die Logs von Carines Handy zu übertragen, fror der Prozess ein, etwas, das Claudio nie zuvor erlebt hatte. »Ich dachte, na, das ist ja seltsam«, erinnert sich Claudio. Er schlug Carine vor, das Handy auszuschalten und neu zu starten, was sie tat. Diesmal klappte die Übertragung der Logs ohne Probleme. Damals kam Claudio der Gedanke, dass das Smartphone womöglich genau in dem Moment von Pegasus gehackt worden war, in dem er versuchte, die Daten zu kopieren, und dass die Schadsoftware ihn blockierte. Als er die zeitliche Abfolge der Logs überprüfte, stieß er auf genau die Prozessausführungen, die er in den vergangenen Monaten so oft gesehen hatte: otpgrefd, launchafd, vrn_stats. »Uns lagen Datensätze bis zu genau dem Moment vor, in dem ich ihr sagte, sie solle ihr Handy ausschalten. Sie wurde alle paar Tage infiziert, und bei diesem einen Mal waren wir zufälligerweise mit dabei.«

»Wir dachten, wir seien ihnen auf den Fersen, als wir zum ersten Mal Fälle gefunden hatten, die einen Monat alt waren«, sagt Donncha. »Dann stießen wir auf Fälle, die eine Woche alt waren. Dann fanden wir mit Carine eine Person, deren Smartphone in genau dem Augenblick gehackt wurde, als wir es analysierten. Okay, jetzt ist es wirklich ein Kopf-an-Kopf-Rennen. Sie zielen, und wir finden Infektionen, die gerade jetzt passieren. Jetzt sind wir ihnen wirklich so was von auf den Fersen.«

Die fast vier Monate andauernden forensischen Analysen, die immer näher an die Angriffe herangerückt waren, hatten sich ausgezahlt. Als Claudio und Donncha die früheren Fälle zur Seite legten, um sich laufenden, im Hier und Jetzt stattfindenden Angriffen und Infektionen – Verbrechen in flagranti, wenn man so will – zuzuwenden, lagen ihnen ausreichend Beweismittel von ausreichend vielen Handys vor, um die Zero-Day-Zero-Click-iMessage-Exploit-Chain zusammenzusetzen, die sich Pegasus während des gesamten Jahres 2021 zunutze gemacht hatte. Claudio und Donncha nannten diese anspruchsvolle neue Angriffsform »Megalodon«, nach einem der Namen in ihrer Pegasus-Nachweisdatei. (Dass Megalodon darüber hinaus der Name der größten Haiart ist, die je gelebt hat, dürfte auch den Exploit-Entwicklern nicht entgangen sein.) Im März hatte das Forensik-Tool des Security Labs zum ersten Mal Spuren von Megalodon auf dem Handy eines französischen Menschenrechtsanwalts entdeckt, außerdem waren sie Claudio und Donncha im April und Mai auf anderen Smartphones und jetzt, Ende Juni, auf Carines iPhone aufgefallen.

Das Problem war natürlich, dass, wenn das Security Lab dabei zusehen konnte, wie die beste und neuste Version von Pegasus im Inneren eines Handys ausgeführt wurde, die Wahrscheinlichkeit hoch war, dass auch Pegasus das Security Lab in Echtzeit im Inneren ebenjenes Handys sehen konnte. Claudio und Donncha waren seit Wochen darauf bedacht, ihre Recherchen so schnell wie möglich abzuschließen. Jetzt aber wollten sie sie lieber heute als morgen zu Ende bringen.

Mir kam ihr Bemühen sehr entgegen, vor allem, nachdem mich Amitai Ziv ein paar Tage darauf kontaktierte, um mir mitzuteilen, eine seiner der Cyberindustrie in Israel nahestehenden Quellen habe ihn gefragt, ob uns »eine Liste« vorläge. Offenbar kursierten in Israel Gerüchte von einer Liste, die im Zusammenhang mit NSO stand.

Ich bat Amitai, mir einen Telefontermin mit seiner Quelle zu arrangieren. Amitai, so schlug ich vor, solle ihm erzählen, wir seien an seinem technischen Insiderwissen der Cyber-Exploit-Industrie Israels interessiert.

Als ich ein bisschen recherchierte, fand ich heraus, dass der Kerl in IT-Kreisen in Israel als Störenfried bekannt war – ein selbst ernannter Sicherheitsexperte, der an allen großen IT-Konferenzen teilnahm, auf denen Ministerpräsident Netanjahu der Industrie seine Unterstützung kundtat. Er klang jedoch so, als wäre er an der Eindämmung von Cyberüberwachungstools wie Pegasus interessiert, womöglich war er also doch in Ordnung. Vielleicht war ich paranoid. Vielleicht hätte er etwas Interessantes beizutragen.

Als ich ihn am Hörer hatte, behauptete er, er wolle helfen, doch das Gespräch nahm bald schon einen merkwürdigen Verlauf. Zunächst unterbreitete er mir eine absurde Berechnung, die nahelegte, NSO-Klienten hätten über die Jahre insgesamt an die 1,8 Millionen Menschen ins Visier genommen. Eine Nebelkerze wie aus dem Bilderbuch.

Dann begann er, nach Informationen zu fischen. Auch wenn er keine Liste erwähnte, drängte er darauf, Einzelheiten über unsere Recherchen zu erfahren. »Sandrine, Sie haben mir noch gar nicht erzählt, worum es bei dieser Story geht«, sagte er.

»Es geht um die Bedrohung von Journalisten durch Cyberangriffe«, sagte ich und gab damit so viel preis, wie es mir gegenüber jemandem außerhalb unseres Reporter- und Redakteurszusammenschlusses möglich war. »Wie unsere Artikel über Mexiko und Marokko im Grunde. Wir machen da weiter, wo wir angefangen haben, und versuchen, herauszufinden, welche Cyberbedrohungen für Journalisten relevant sind und wer zum Angriffsziel werden kann. Und im Grunde, wie das Ganze technisch funktioniert.«

Das sei ihm zu wenig, sagte er. Er wolle etwas »Konkreteres«, etwas wie neue »Zeichen«, die er für uns mit seiner Datenbank abgleichen könne. Ich versprach, ihm eine Liste mit Fragen zukommen zu lassen, die er dann per E-Mail beantworten könne. Dann legte ich auf.

Er war hartnäckig und nicht gerade subtil. »Wenn Sie Zugriff auf die geleakte Datenbank haben, die es wahrscheinlich ohnehin nur gerüchtehalber gibt«, schrieb er, nachdem wir den Anruf beendet hatten, »könnten Sie dann darin bitte nach meinem Namen Ausschau halten?« Jetzt fragte ich mich, ob er wohl im Auftrag von NSO handelte.

Ein paar Tage später hörten wir von Shane Harris, einem von etwa einem Dutzend Reporter der *Washington Post,* die zwischenzeitlich für das Projekt tätig waren. Shane hatte beschlossen, seine Reise nach Israel abzusagen. Nur wenige Wochen zuvor hatte eine neue Regierung das Ruder übernommen. Netanjahu war raus und Naftali Bennett an seine Stelle als Ministerpräsident getreten. Es schien jedoch äußerst unwahrscheinlich, dass sich die neue Regierung weniger schützend vor die NSO Group stellte. Die *Post* mutmaßte, die israelischen Behörden wüssten, dass etwas über NSO und seine Technologie am Hochkochen war und dass Bennetts Kabinett Angst vor »einer großen Sauerei« hätte. Außerdem hatte die *Post* angeblich von einer mit Pegasus in Verbindung stehenden »Opfer-Liste« in Israel gehört.

Es waren noch immer drei Wochen bis zur Veröffentlichung, die uns für die Geheimhaltung unserer Recherchen ungemein lang schienen, und so ganz sicher war ich mir nicht, ob wir es alle bis in den sicheren Hafen schaffen würden.

Kapitel 20
»Wir rollen«

Sandrine

Der psychische Stress, den es uns bereitete, das Pegasus-Projekt noch ein paar Wochen unter der Decke zu halten und vor, während und nach der Veröffentlichung unsere Quelle zu schützen, ließ mich ein paar Nächte sehr unruhig schlafen. Die Hauptsorge im Kreis der Medienpartner galt in den letzten Junitagen aber mehr dem Thema Forensik. Claudio und Donncha hatten im gesamten Verlauf der Recherche kühlen Kopf bewahrt und zuverlässig gearbeitet, und jeder aus unserem Konsortium, der ihre Arbeit aus der Nähe mitverfolgt oder in ihren Präsentationen gesessen hatte, war zu der Überzeugung gelangt, dass sie ihr Handwerk beherrschten. Andererseits hatte jeder Einzelne dieser Journalisten zu Hause einen Redakteur sitzen, dem er Rede und Antwort stehen musste, und alle beteiligten Verlagshäuser hatten Anwälte, die dafür bezahlt wurden, skeptisch zu sein, möglichst viele und triftige Belege zu verlangen und zu verhindern, dass ihr Mandant vor Gericht gezerrt werden konnte. Die Chefredakteure und Rechtsabteilungen wollten hieb- und stichfeste Bestätigungen für die Befunde des Security Labs sehen, und wir hatten uns damals im Mai einstimmig darauf verständigt, dass eine Peer Review die denkbar beste Bestätigung wäre.

Es gab eine Option für die fachliche Überprüfung der technischen Forensik: Das Citizen Lab in Toronto galt als der Goldstandard unter den regierungsunabhängigen Forschungseinrichtungen für Cybersicherheit. Das Lab und seine Mitarbeiter waren unter Experten bekannt und genossen Respekt in aller Welt. Deshalb waren alle Projektbeteiligten erfreut, als das Citizen Lab mit seinem Chefinformatiker Bill Marczak den Auftrag annahm, eine Peer Review durchzuführen. Die Leiterin von Amnesty Tech, Danna Ingleton, legte zusammen mit Ron Deibert, dem Direktor des Citizen Lab in Toronto, die Vorgehensweise fest. Im ersten Abschnitt der zweiteilig geplanten Begutachtung sollte die forensische Analyse überprüft werden, die Claudio und Donncha bei einigen der iPhones durchgeführt hatten, auf denen sie Spuren einer Kompromittierung durch Pegasus gefunden hatten. Die Überprüfung würde »blind« erfolgen, ohne Offenlegung der Methoden, die das Security Lab in seiner forensischen Analyse angewandt hatte. Die Hoffnung war, das Citizen Lab werde zu denselben Befunden kommen wie das Security Lab. Im zweiten Abschnitt der Peer Review sollten die von Claudio und Donncha angewandten Methoden einer generelleren Prüfung auf Herz und Nieren unterzogen werden. Ein bisschen, wie wenn ein gastierender Fußballtrainer sich ein Video des letzten Spiels der Mannschaft anschaut und die einzelnen Spielzüge beurteilt.

Ich konnte keine Probleme erkennen, was aber nicht bedeutete, dass ich unbesorgt gewesen wäre. Jede unerwartete Wendung, die die Peer Review nahm, konnte unserer Recherche zum Verhängnis werden. Sollte Citizen Lab sich nicht in der Lage sehen, unsere Ergebnisse nachzuvollziehen, oder sollten sie ein ernsthaftes Problem mit unserer Vorgehensweise haben, müssten wir wahrscheinlich um das Überleben unseres Projekts kämpfen. Am 24. Juni übermittelten wir Back-up-Dateien von drei iPhones nach Toronto, dazu die Einverständniserklärungen der drei Besitzer – Khadija Ismayilova, Szabolcs Panyi und Edwy Plenel –, und baten um baldige Rückmeldung. Die ersten Befunde trudelten nach vier Tagen ein, die uns sehr lang vorkamen.

Bill Marczak und sein Kollege John Scott-Railton teilten uns vorab telefonisch mit, was sie gefunden hatten, und schickten dann einen schriftlichen Bericht hinterher. Als ich ihn öffnete, überflog ich zunächst den kurzen Abschnitt, in dem die von Pegasus generierten Namen aufgeführt waren, die das Citizen Lab in allen drei der neu analysierten Back-up-Dateien gefunden hatte, und sprang dann direkt zu dem Abschnitt, auf den es ankam: »Wir gelangen mit hoher Konfidenz zu dem Schluss«, hieß es da, »dass alle drei iPhones zu den benannten Zeiten erfolgreich mit der Spyware von NSO infiziert worden sind. Unser hoher Grad an Sicherheit rührt daher, dass wir die vorgenannten Prozess-Signaturen nie vorher in einem harmlosen Kontext gesehen haben; gesehen haben wir sie ausschließlich in Fällen der höchsten Geheimhaltungsstufe, bei denen es um eine Infizierung mit der Pegasus-Spyware der NSO-Group ging.« Ich lud meine Synopsis des ersten Abschnitts der Peer Review auf die sichere Plattform hoch, zu der alle unsere Partner Zugang hatten, dazu ein pdf des vom Citizen Lab übersandten Reports, und wartete auf den kollektiven Seufzer der Erleichterung aus den Kehlen von Pegasus-Projekt-Mitarbeitern in aller Welt. Von Craig Timberg von der *Washington Post* kam fast umgehend eine Reaktion: »Das sind tolle Neuigkeiten!«, schrieb er. »Gut gemacht!« Miranda Patrucci von OCCRP sekundierte ihm: »Das ist hervorragend.«

Weder Claudio noch Donncha machten viel Aufhebens von dieser Anerkennung ihrer Arbeit, sie waren beide nicht der Typ, der sich ins Scheinwerferlicht drängt. Während unserer ganzen bisherigen Zusammenarbeit hatte die beiden sich als konzentriert und ausdauernd arbeitende Meister ihres Fachs gezeigt. Dabei würde es bleiben. Dann aber, als Claudio zwei Tage später über eine sichere Teleschaltung mit einer kleinen Teilgruppe der Medienpartner konferierte – sie wollten von ihm, jetzt, da es nur noch achtzehn Tage bis zum Veröffentlichungstermin waren, zitierbare Sätze für ihre Eröffnungsartikel –, wirkte er fast aufgekratzt. Vielleicht huschte ihm sogar ein paarmal ein Lächeln übers Gesicht. Claudio war eineinhalb Stunden lang zugeschaltet, in denen er geduldig Fragen beantwortete und alles erklärte, was im ersten Entwurf für den 18-seitigen Report stand, den er und Donncha am Premierentag zu veröffentlichen gedachten. Claudio hatte den Entwurf am gleichen Tag bereits an alle Partner geschickt.

Er bekam die gleichen Fragen zu hören, die ihm dieselben Leute schon einmal gestellt hatten, manche schon mehrmals – Woher wissen Sie, dass es Pegasus ist und nicht eine andere Spyware? –, aber er schien sie gerne noch mal zu beantworten. »Diese Prozessnamen sind ziemlich einmalig. Sehr eigenwillig. Es gibt nur ein paar Dutzend davon, und es sind keine zulässigen iOS-Bezeichnungen. Und ich kann das mit Sicherheit sagen, weil ich mir die Mühe gemacht habe, jede einzelne iOS-Version herunterzuladen, die seit 2016 herausgekommen ist, und mir jede mit ausgelieferte Systemdatei angeschaut habe. Und keiner dieser Namen taucht da auf. Von daher wissen wir, dass diese Prozesse, die wir hier sehen, keine zulässigen Prozesse sind. Es sind schädliche Prozesse. Dass es Pegasus-Prozesse sind, wissen wir, weil sie an die Netzinfrastruktur angedockt sind, die wir gesehen haben.«

Er kam noch einmal auf die Fähigkeit der NSO-Spyware zu sprechen, in Systeme einzudringen. »Wenn ein iPhone kompromittiert wurde, funktioniert das so, dass es den Eindringenden ermöglicht, sich sogenannte Root-Privilegien einzuräumen, also Administratorenrechte auf dem Gerät, und das wiederum erlaubt ihnen, auf dem Gerät praktisch alles anzustellen.« Praktisch alles – das brachte eine neue Idee in die Diskussion: Wenn ein NSO-Kunde wissen wollte, ob einer der Überwachten auf der Straße zu schnell fuhr, war es den NSO-Technikern ein Leichtes, ein paar Codezeilen zu schreiben und das infizierte iPhone zum Geschwindigkeitsmesser zu machen.

Claudio beantwortete auch Fragen zur Dynamik des Wettstreits zwischen NSO und Handyherstellern wie Apple (der Firma mit dem wahrscheinlich noch immer besten Defensivteam in der Branche). »Ehre, wem Ehre gebührt«, sagte er über Apple, »aber jemand da draußen, der sehr viel Talent hat und dem als zusätzliche Motivation sehr hohe Belohnungen winken, wenn man diese Schwachstellen findet, arbeitet mit allen erdenklichen Mitteln daran, Hindernisse zu umgehen und Schleichwege zu finden.« Er erinnerte die Zeitungsleute an die Wundertüte voller Schleichwege, die NSO ihren Pegasus-Nutzern zu bieten hatte. »Ich kann mir vorstellen, dass NSO vieles davon selbst herausfindet und entwickelt«, erklärte er, »und dann gibt es wahrscheinlich eine gute Portion Sachen, die man von externen Researchern und Informationsbrokern bekommen kann.«

Am Ende der Konferenz dachte ich über die Nützlichkeit dieser Kollaboration zwischen Journalisten und Technikexperten nach.

Alle Berührungsängste und Befangenheiten, die beim ersten Treffen 2020 in Berlin zwischen Claudio, Donncha, Laurent und mir bestanden haben mochten, hatten sich verflüchtigt. Wir hatten einander angespornt, sodass jeder von uns seinen Job besser machte, und das war keine unwichtige Sache. Die technische Expertise, die Claudio und Donncha einbrachten, eröffnete den Journalisten im Projektteam nicht nur ein wesentlich nuancierteres Verständnis des Systems Pegasus, der NSO und der ganzen Cyberüberwachungsbranche, sondern half ihnen sogar dabei, die aussagekräftigsten und prägnantesten persönlichen Storys zu finden. Die am Pegasus-Projekt beteiligten Journalisten waren ausgeschwärmt, hatten mehr als sechzig Mobiltelefone für die forensische Analyse losgeeist und hatten damit den Tech-Detektiven im Security Lab von Amnesty Material für neue Entdeckungen geliefert. »Je mehr Fingerabdrücke von Attacken du siehst, je mehr Spuren du vergleichst, desto klarer wird das Bild«, erklärte Claudio der Gruppe. »Du fängst an, all die Teile des Puzzles zusammenzusetzen, und es nimmt langsam Gestalt an. Eins kommt zum anderen.«

Für mich nahmen die Dinge tatsächlich Gestalt an im Anschluss an diese Konferenz, in der ersten Juliwoche, denn es war meine Aufgabe, die breit angelegte, über fünf Tage laufende, weltweit synchron auf einer Vielzahl von Plattformen startende Veröffentlichung zu koordinieren – nicht weniger als siebzehn Redaktionen waren beteiligt, jede mit ihren eigenen Prärogativen, ihren eigenen Redakteuren und ihren eigenen Anwälten.

Zehn Tage vor dem Veröffentlichungstermin gab es noch immer Rangeleien darüber, wie genau das Platzen der Bombe vor sich gehen sollte. Um maximale Wirkung zu erzielen bei minimalem Rückstoß, musste die Veröffentlichung synchronisiert werden. Inhaltlich mussten die Schlagzeilen und Artikel möglichst deckungsgleich sein. Die Eckdaten meines Ablaufplans nickten alle beteiligten Redaktionen ab. Am Tag eins würde das Konsortium den Umfang und das Ausmaß der von NSO vertriebenen Spyware namens Pegasus offenlegen, wobei im Mittelpunkt vor allem die Opfer stehen würden: die Journalisten und Menschenrechtsaktivisten, die ausgespäht worden waren. Fast alle Partner hatten vor, die Überwachung der Angehörigen Jamal Khashoggis (seiner Frau, seiner Verlobten und eines seiner Söhne) und seiner Freunde und Kollegen zum Hauptthema des ersten Veröffentlichungstages zu machen. Aber nicht alle. *Direkt36* wollte lieber mit der Enthüllungsgeschichte über die Cyberüberwachung ihrer eigenen Reporter durch Pegasus (im Auftrag der Regierung Orbán) starten. *The Wire* wollte in erster Linie Reportagen über Überwachungsopfer aus der indischen Medienbranche groß herausbringen, zumal darunter Kollegen aus ihrer eigenen Redaktion waren. OCCRP plante, die Geschichte von Khadija Ismayilova zu beleuchten.

Alle Partner erklärten sich bereit, die Namen von Staatsmännern und hohen Regierungsbeamten, die Zielpersonen von NSO waren, nicht vor dem dritten Tag ins Spiel zu bringen. Damit wollten wir verhindern, dass die schwerer wiegenden Cyberangriffe auf private Bürger nicht von »Hund-beißt-Mann«-Schlagzeilen über geopolitische Spionagespielchen verdrängt wurden. Die Gefahr, dass genau das passieren konnte, war sprunghaft gestiegen, als unsere Partner von *Le Monde* auf den letzten Drücker bestätigt bekommen hatten, dass eine der Mobiltelefonnummern in der Liste tatsächlich die aktuelle Nummer des französischen Präsidenten Emmanuel Macron war. *Le Monde* hatte zudem festgestellt, dass mehr als ein Dutzend wichtige Mitglieder von Macrons Regierung in der Liste vertreten waren. Es fanden sich auch noch die Nummern einer Handvoll weiterer Präsidenten oder Premierminister, die wir durch Rückgriff auf mehrere verschiedene Quellen bestätigen und jetzt also auch schwarz auf weiß benennen konnten.

Die letzte Bitte um eine Terminänderung kam vom *Wire* in Indien. Ursprünglich war vereinbart gewesen, die Geschichte über die Ausspähung Rahul Gandhis, des ernsthaftesten politischen Rivalen von Premierminister Narendra Modi, bis Tag fünf zurückzuhalten. Die Enthüllung, dass die Regierung Modi einen politischen Gegner ausspionierte, würde in der größten Demokratie der Welt vermutlich wie eine Bombe einschlagen. Wir alle wollten diesem Kapitel des

Pegasus-Krimis seinen eigenen Platz geben, wo er sich nicht gegen Aufmerksamkeitskonkurrenz durchsetzen musste. Doch der *Wire*-Redakteur Siddharth Varadarajan hielt es für kaum möglich, dass seine Website die Geschichte vier Tage lang unter der Decke hielt. Er fürchtete, Gandhi werde, sobald die Reportagen über das Pegasus-Projekt zu erscheinen begannen, mit anderen Medien in Indien reden, und die würden *Wire* dann seinen größten Reportagecoup wegschnappen. Ich fragte bei den anderen Partnern an, ob es okay wäre, die Gandhi-Geschichte weiter nach vorne zu ziehen. »Wie wir wissen, ist das für *The Wire* eine wichtige Story«, erklärte ich, »und sie haben mit ihren Recherchen dazu wertvolle Arbeit geleistet.« Alle waren damit einverstanden, die Gandhi-Geschichte auf Tag zwei vorzuziehen. Für Tag fünf einigten wir uns auf die Ausspähung von Leuten aus dem nahen Umfeld des Dalai-Lama als Hauptthema.

Die andere knifflige Koordinierungsaufgabe bestand darin, sicherzustellen, dass die Medienpartner in den Textpassagen, in denen es um das Leak und die zentralen Schlussfolgerungen aus unseren Recherchen ging, alle dieselbe Sprache sprachen. Was das Leak betraf, so kam es einfach darauf an, weiterhin die persönliche Sicherheit unserer Quelle zu wahren. Was das andere betraf, mussten wir sicherstellen, dass keiner der Partner etwas berichtete, das über die Erkenntnisse hinausging, die wir durch die digitalforensische Analyse und durch unsere Recherchen über NSO und seine Auftraggeber gewonnen hatten. Die Redakteure und Anwälte jedes unserer Partner konnten natürlich selbst entscheiden, wie weit sie gehen wollten, aber es musste klar sein, dass es Grenzen gab, die nicht überschritten werden durften – sowohl um Faktentreue zu garantieren, als auch, um den professionellen Standards gerecht zu werden, zu denen wir alle uns bekannten. Über eine Person aus der Liste, die wir sicher identifiziert hatten, durfte beispielsweise gesagt werden, sie sei für eine Cyberattacke mit dem Pegasus-Programm »ausgewählt«. Aber »was ihr NIE behaupten dürft, ist, dass jemand mit Erfolg attackiert worden ist, ES SEI DENN wir können das per forensischer Analyse des Handys der Person beweisen«, schrieb ich in einem an alle Partner verteilten Fact Sheet.

Wir waren uns zu dem Zeitpunkt unserer Sache sicher genug, um behaupten zu können, dass die Dateien, zu denen wir Zugang erhalten hatten, rund fünfzigtausend Mobiltelefonnummern enthielten. Allein das war schon eine höchst bemerkenswerte Tatsache. Unsere Zuversicht speiste sich aus der forensischen Arbeit, die Claudio und Donncha trotz aller limitierenden Faktoren geleistet hatten. Es war uns zum Beispiel einfach nicht möglich – eingedenk der zeitlichen Zwänge, der Gefahr, dass unsere Recherche publik würde, oder des sehr realen Risikos, unsere Quelle zu exponieren –, alle Personen aus der Liste, deren Identifizierung uns gelang, um die Überlassung ihres Handys zwecks forensischer Analyse zu bitten. Aber immerhin hatten wir es geschafft, mehr als sechzig Handys von Journalisten, Anwälten oder Menschenrechtsaktivisten einer technischen Analyse zu unterziehen. Keiner dieser Betroffenen war ein Krimineller, Terrorist oder Pädophiler. Wie Claudio und Donncha bei der forensischen Analyse herausgefunden hatten, wiesen 85 Prozent der von uns als Verdachtsfälle eingestuften Handys aus der Liste, die zum Zeitpunkt der technischen Analyse noch aktiv genutzt wurden, Spuren einer Pegasus-Infizierung auf. Fast neun von zehn.

»Wir wissen, dass wir es mit Handynummern von Zielpersonen zu tun haben, die Kunden der Firma NSO ausgewählt haben, bevor sie mit Pegasus infiziert waren«, erklärte ich in unserem Fact Sheet. »Wir wissen, dass der Angriff und die Infizierung immer NACH Auswahl als Spähziel erfolgen. … In nicht wenigen Fällen vergehen ungefähr 30 Sekunden zwischen der Auswahl und der Ankunft einer iMessage auf dem Handy. Zwischen dem Erscheinen der iMessage auf dem Handy und dem Beginn des Pegasus-Prozesses auf dem Gerät kann eine unterschiedlich lange Zeit vergehen, die Bandbreite reicht von fünf Minuten bis zu einer Stunde. … Der Schluss, den wir hieraus ziehen können: Die Nummern, die wir sehen, wurden vor einer Pegasus-Attacke in einem von Kunden der Firma NSO benutzten System hinterlegt.«

Laurent und der für das Pegasus-Projekt federführende *Guardian*-Redakteur Paul Lewis riefen in der ersten Juliwoche bei Edward

Snowden an. Paul hatte 2013 an der Snowden-Story gearbeitet, als der ehemalige Mitarbeiter einer Vertragsfirma des US-Geheimdienstes enthüllte, dass die NSA in ganz großem Stil den weltweiten Kommunikationsverkehr überwacht und dabei womöglich auch Telefonate abhört und die Möglichkeit hatte, Dossiers (»biografische Profile«) über jeden Menschen anzulegen, der ein Mobiltelefon nutzte oder im Internet unterwegs war.

Diese Enthüllungen hatten reale Konsequenzen, sowohl gewollte als auch ungewollte. Tech-Konzerne wie Apple begannen, in Verfahren zur sicheren Verschlüsselung des Datenverkehrs zu investieren, und warben damit, sie hätten eine neue Mauer für die Sicherheit persönlicher Kommunikationsdaten eingezogen. Als Reaktion darauf machten staatliche Sicherheitsdienste in aller Welt Druck auf die Konzerne, ihnen einen Schlüssel für eine »Hintertür« zur Verfügung zu stellen, die ihnen den Zugriff auf verschlüsselte Geräte wie Laptops und Mobiltelefone öffnen würde; andernfalls bestehe die Gefahr, dass sie »im Dunklen tappen« und die Fähigkeit einbüßen würden, »Terroristen« und andere Verbrecher aufzuspüren. Die Tech-Konzerne lehnten das wohlweislich ab, mit der Begründung, dass wenn sie solche Hintertüren einbauten und selbst ernannten Vertretern des »Guten« wie dem FBI Zugang gewährten, die »Bösen« sich ebenfalls Zutritt verschaffen würden und dann unschuldigen Leuten Schaden zufügen konnten. NSO und andere private Akteure stießen in diese Lücke, fanden heraus, wie man Software-Schwachstellen in Mobiltelefonen finden und nutzen konnte, und boten interessierten Sicherheitsbehörden und Geheimdiensten die Tools an, mit denen man die »Bösen« dingfest machen konnte.

»Im Zentrum unserer Recherchen steht ein Datenleak aus der NSO-Group.« Mit diesem Satz eröffnete Paul in seiner ersten Zoom-Schalte zu Edward Snowden am 5. Juli 2021 den inhaltlichen Teil des Gesprächs. »Wir haben fünfzigtausend Handynummern.«

Einen Edward Snowden kann man mit Aussagen über eine ausufernde Kultur der Cyberüberwachung nicht so leicht erschrecken, aber diese Mitteilung schien ihn doch zu beeindrucken. Er schwieg ein paar Sekunden, offenbar, um die Zahl zu verdauen. »Fünfzigtausend«, sagte er dann. »Wow!«

»Ja, mehr als fünfzigtausend«, präzisierte Paul.

»Das ist eine ganz andere Größenordnung«, sagte Snowden nachdenklich. »Das Standardargument ist ja, wie ihr wisst, die NSA und auch diese kommerziellen Softwareanbieter, die im selben Teich fischen, würden gezielt vorgehen, also nur gegen Kriminelle. Wenn jetzt herauskommt, dass fünfzigtausend Handynummern auf der Zielliste stehen, dann widerlegt das dieses Argument.«

»NSO hat immer die Position vertreten: Unsere Kunden sind vertraglich verpflichtet, diese Technologie ausschließlich gegen Terroristen und Kriminelle einzusetzen«, erklärte Paul. »Was wir aber jetzt herausgefunden haben, ist, dass auf ziemlich breiter Front überall auf der Welt Staaten von [dieser] Technologie Gebrauch machen, um Journalisten, Aktivisten, Anwälte, Menschenrechtler, Akademiker, Geschäftsleute, hochrangige Kirchenleute und Politiker bis hin zu Staatsoberhäuptern auszuspionieren oder auf ihre Liste zu setzen. So gut wie jeden, wenn man's genau nimmt.«

Das wundere ihn nicht sehr, entgegnete Snowden, aber trotzdem: »Fünfzigtausend Personen. Das ist, puh, ich kaue immer noch auf dieser Zahl herum. Ein Unternehmen wie [NSO] dürfte es eigentlich nicht geben. … Das sind Geräte, die in jedem Kontext vorhanden sind, auf jedem Schreibtisch, in jeder Wohnung, überall auf der Welt, und auf die wir angewiesen sind. Wir können nicht arbeiten, nicht kommunizieren, kein Gewerbe betreiben, können heutzutage unser Leben nicht in gewohnter Weise führen, ohne diese [Geräte] zu benutzen. … Das Einzige, was die NSO macht, ihr einziges Produkt ist, dass sie versucht, Schwachstellen in diesen Geräten zu finden, auf die wir alle angewiesen sind, und daraus ein Geschäft zu machen. … Niemand setzt ihnen Grenzen. Außer dass Israel das Indianerehrenwort gegeben hat, dass ihr Verteidigungsministerium oder wer auch immer die Exportlizenz überprüft.«

Zehn Minuten nach Beginn des Gesprächs war Snowden in Fahrt gekommen. Eine mögliche Lösung sah er in so etwas wie einem weltweiten Regelwerk mit dem Ziel, der Cyberüberwachungsbranche das Handwerk zu legen. Vielleicht könne man die EU bewegen, endlich zu handeln. NSO »hat nicht die Absicht, die Welt zu retten«, sagte Snowden. »Es ist nicht ihr Anliegen, irgendjemandem Gutes zu tun. Sie wollen Geld verdienen, auch wenn sie öffentlich das Gegenteil behaupten. Wenn du das Werkzeug für die [Einschleusung von Spyware] herstellst und es an die Meistbietenden verhökerst, wie die NSO-Gruppe es getan hat und tut und weiterhin tun wird – wenn sich nichts ändert, sorgst du dafür, *garantierst* du, dass die Welt morgen weniger sicher sein wird, als sie es heute ist.«

Bevor Snowden sich ausloggte, versicherte er Paul, er sei gerne bereit, das Pegasus-Projekt im Rahmen seiner Möglichkeiten zu unterstützen. »[Lasst mich wissen,] wenn ihr möchtet, dass ich mithelfe, und sei es nur, dass ich es bekannt gebe«, sagte er. »Denn das ist eine echte Story.«

Paul Lewis erkannte genauso gut wie jeder unserer anderen Partner die potenzielle Brisanz dieser Story – und auch ihr Gefahrenpotenzial. Die strengen britischen Gesetze gegen Verleumdung und üble Nachrede würden dafür sorgen, dass das Risiko, verklagt zu werden, beim *Guardian* größer war als bei den meisten anderen unserer Medienpartner. Paul hatte denn auch etwas in petto, das in seinen Augen eines der wichtigsten abschließenden Bauelemente des Pegasus-Projekts war: Er setzte einen Brief an die Firma NSO auf, in dem er sie um eine Stellungnahme zu unserem Vorhaben bat. An dem Brief führte kein Weg vorbei, er war rechtlich und moralisch ein Muss. Er eröffnete NSO die Chance, etwas zu allen Tatsachenfeststellungen in den Berichten unseres Konsortiums zu sagen. Der diffizilste Balanceakt bei diesem Vorhaben war das Timing. Ein paar unserer Partner hatten dafür plädiert, NSO diesen Brief schon einige Wochen im Voraus zu schicken. Aber es gab andere Partner, die noch am Recherchieren waren, und wir wollten NSO oder ihren Kunden keine Gelegenheit eröffnen, diese Arbeit zu sabotieren, bevor wir damit an die Öffentlichkeit gingen.

Laurent und ich peilten den 10. Juli als Termin für den Versand des Briefes an NSO an; das würde dem Unternehmen vier Tage Zeit für eine Stellungnahme zu konkreten Punkten unserer Geschichte geben, und weitere vier Tage für eventuell sich ergebende Diskussionen mit NSO und/oder für eventuell nötige Präzisierungen oder Änderungen, bevor die Geschichte in Druck ging. Die Partner arbeiteten auch an jeweils eigenen Entwürfen für Anfragen an alle Regierungen, von denen wir ziemlich sicher wussten (und belegen konnten), dass sie eine Pegasus-Lizenz erworben hatten.

Das Team vom *Guardian* übernahm die Federführung bei der Erstellung eines ersten Entwurfs eines Ersuchens um Stellungnahme; in der Londoner Redaktion machte der Scherz die Runde, man habe doch den perfekten Mann dafür: David Peggs erster großer Auftrag beim *Guardian* war 2015 die Mitarbeit an einer Recherche zu Vorwürfen gewesen, die HSBC Private Bank (Suisse) habe ihren reichen Kunden geholfen, ihr Vermögen zu verstecken und Steuern zu hinterziehen. Als Jüngster im Team durfte Pegg damals die undankbare Aufgabe übernehmen, mehr als 150 tatverdächtige Personen brieflich um Stellungnahme zu bitten. David hatte alle Briefe persönlich unterschrieben – was folgte, war eine Lawine von Drohungen reicher und einflussreicher Leute an die Adresse der *Guardian*-Redaktion und ihrer Rechtsabteilung, nach dem Muster: Können Sie sich überhaupt vorstellen, was dieser Bursche namens David Pegg anrichtet? Heute lachte David darüber, wie eingeschüchtert er damals war, eine »Schwäche«, gegen die er sich ziemlich schnell immunisierte. »Ich habe seltsamerweise immer noch ein sehr positives Gefühl, wenn ich daran denke«, erzählte David einmal. »Meine Freunde halten mich alle für sonderbar.«

Sonderbar oder nicht, jedenfalls übernahm David die Aufgabe, mit Pauls Hilfe die Bitte um Stellungnahme an NSO zu formulieren. Sie konfrontierten NSO mit Fragen zu vier Aspekten: zu den Personen, die im Visier von Pegasus waren; zum Umgang der Firma mit Kunden, die allem Anschein nach ihre Spyware missbrauchten; und zu den Schlussfolgerungen, die aus den Ergebnissen unserer Recherche vernünftigerweise gezogen werden konnten. Die vierte Rubrik war eine Art Sammelschublade anderer offener Fragen und Merkwürdigkeiten, auf die wir gestoßen waren, vor allem, was gewisse geschäftliche Deals von NSO und ihre Beziehungen zur israelischen Regierung betraf. Claudio und Donncha fertigten derweil eigens einen 23 Seiten umfassenden Bericht über ihre Ergebnisse an, der der NSO-Group vorgelegt werden sollte. Sie gaben ihm die Überschrift »Technische Analyse forensischer Spuren und Netzwerkmessungen« und konfrontierten darin die Firma mit den von NSO generierten Domainnamen und Prozessnamen, den iCloud-Accounts und konkreten Exploits, die das Security Lab entdeckt und als Fingerabdrücke des Pegasus-Systems identifiziert hatte. Damit würden wir NSO die Chance geben, die forensischen Analysen des Security Labs in konkreten Punkten zu widerlegen.

Niemand aus unserem Projektteam glaubte, dass wir von NSO eine Antwort bekommen würden, jedenfalls keine ernsthafte und sachliche. Amnesty International, das Security Lab und das Citizen Lab hatten seit 2016 mehrmals ähnliche Vorwarnbriefe an NSO geschickt, wenn eine Veröffentlichung zu einem von ihnen recherchierten einschlägigen Thema bevorstand, und hatten kaum einmal etwas zurückbekommen, das man als ernst gemeinte Antwort auf ernst gemeinte Fragen hätte bezeichnen können. »Wir können von uns sagen, dass wir detaillierte, durch eine Peer Review gegangene, evidenzbasierte Berichte veröffentlichen«, sagte der Gründer des Citizen Lab, Ron Deibert. »Ihre Antworten waren zumeist Ad-hominem-Attacken, grobe Anwürfe wegen einer angeblichen Voreingenommenheit, für die sie aber nie konkrete Beispiele genannt haben.« Claudio hatte mit NSO und anderen privaten Cyberüberwachungsfirmen ähnliche Erfahrungen gemacht, rechnete mit dem gleichen Muster, klang aber keineswegs verzagt. »Wir sind auf der richtigen Spur«, sagte er. »Wenn sie gegen uns vorgehen, tun sie das mit leeren Worten. Unsere Beweise können sie nicht widerlegen.«

Paul Lewis rechnete nicht damit, dass NSO auf irgendeinen der handfesten Belege, die wir in der forensischen Analyse oder in unserem Bericht anführten, eingehen würde; andererseits war er der Überzeugung, unser Schreiben werde eine andere Dynamik in das Veröffentlichungsgeschehen bringen. In dem Moment, da der Brief in Herzlia eintraf, würde NSO im Pegasus-Projekt eine existenzielle

Bedrohung erkennen. Die Firma würde sich nichts versprechen von einer vernünftigen Diskussion über unsere Fragen, unsere Befunde oder unsere – journalistischen und forensischen – Schlussfolgerungen. Paul rechnete mit einem Gegenangriff.

Das Schreiben an NSO würde meine Unterschrift und die von Laurent tragen, als Vertreter von Forbidden Stories; wir luden aber unsere Partner ein, uns ihre Meinung über Tenor und Sprachduktus des Briefes mitzuteilen. Paul war dafür, einen aggressiven Ton anzuschlagen; er fand es wichtig, keine Samthandschuhe anzuziehen; niemand bei NSO sollte behaupten können, wir hätten ihnen etwas vorgemacht oder ihnen eine weichgespülte Version dessen geschickt, was wir zu veröffentlichen gedachten. Die Sätze, auf die wir uns mit den Partnern verständigen konnten, lauteten in etwa so: »Unsere Ermittlungen legen den Schluss nahe, dass die von NSO vertriebene Technologie von mehreren Regierungen dazu genutzt wird, systematisch die Menschenrechte von Personen zu verletzen, für deren Überwachung keine Rechtfertigung besteht.« Oder: »Unsere Berichte deuten darauf hin, dass dieser Missbrauch systematisch, weit verbreitet und kontinuierlich geschieht. Wir sind der festen Überzeugung, dass es im öffentlichen Interesse liegt, diese Erkenntnisse publik zu machen, da sie schwerwiegende Implikationen zum einen für das Recht auf Privatsphäre aller Menschen auf der Erde haben, zum anderen für das Recht der Menschen, miteinander unbeeinträchtigt und ohne Angst vor Überwachung oder Unterdrückung zu kommunizieren, besonders in Gesellschaften, in denen Menschenrechtsverletzungen zu erwarten sind.«

In dem Brief zählten wir ausdrücklich die Staaten auf, die wir als lizenzierte Nutzer (und zwar nachweislich missbräuchliche Nutzer) der als militärische Waffe eingestuften NSO-Spyware identifiziert hatten, darunter Aserbaidschan, Bahrain, Ungarn, Indien, Kasachstan, Mexiko, Marokko, Ruanda, Saudi-Arabien, Togo und die Vereinigten Arabischen Emirate. Wir nannten auch Namen von Personen, auf deren Mobiltelefon wir eindeutige Hinweise für eine Pegasus-Infizierung gefunden hatten.

Wir brauchten einen Tag länger als geplant, aber dann waren Laurent und ich so weit, auf den »Senden«-Button zu klicken und den Brief aus Paris, wo gerade die Sonne aufging, an NSO zu schicken. Es war Sonntag, der 11. Juli 2021.

Amnesty International in Berlin hatte beschlossen, einige Extra-Vorkehrungen zu treffen, kurz bevor wir den Brief an NSO schickten und die Firma auf unsere Recherchen und den bevorstehenden Veröffentlichungstermin hinwiesen. Die Chefs bei Amnesty waren ein wenig besorgt um Claudio und Donncha. Die beiden Cyber-Researcher, die bald im Rampenlicht stehen würden als das Team, das NSO und seine staatlichen Kunden in flagranti ertappt hatte, hatten eine zwiespältige Meinung zu der Erhöhung der Alarmstufe. Was Claudio betraf, so hielt er die Gefahr für gering, dass er und Donncha selbst einer Attacke mit der NSO-Spyware ausgesetzt würden. Er achtete sorgfältig darauf, seine Arbeit von seinem Privatleben getrennt zu halten, hatte keine persönliche Mobiltelefonnummer und nutzte selten die sozialen Medien, allenfalls gelegentlich Twitter, aber unter Pseudonym. »Ich habe kein sehr ausgefülltes digitales Leben«, witzelte er. Außerdem könne man doch hoffen, sagte er später einmal zu Laurent und mir, »dass es auf manche abschreckend wirkt, zu wissen, dass, na ja, wir diejenigen sind, die es draufhaben, sie zu schnappen.«

Donncha hatte genauso wenig Angst wie Claudio, gehackt zu werden, aber er hatte dafür andere Sicherheitsbedenken, verständlich bei einem Mann, der einst mitten in der Nacht von einem wütenden Trupp irischer Uniformträger aus dem Bett geholt worden war. Die technischen Fähigkeiten von NSO bereiteten ihm weniger Kopfzerbrechen als die garstigen Stilvorlieben einiger Kunden der Firma, die in Kürze vom Pegasus-Projekt und von der Mitwirkung des Security Labs daran erfahren würden. Darunter waren einige ziemlich brutale Regime, die schon bewiesen hatten, dass sie willens waren, zu hässlichen Praktiken der Einschüchterung zu greifen, nicht nur auf ihrem eigenen Territorium, sondern auch außerhalb davon. Das Königreich Marokko hielt Omar Radi seit mehr als einem Jahr gefangen, immer wieder auch in Einzelhaft, und er bekam erst jetzt seinen Prozess. Der Kronprinz von Saudi-Arabien hatte laut amerikanischen Geheimdiensten die Ermordung Jamal Khashoggis befohlen, der nichts Schlimmeres getan hatte, als ihn zu kritisieren. Er selbst bestreitet das bis heute.

Donncha hatte Pressemeldungen über den Fall des 27-jährigen aserbaidschanischen Bloggers Mahammad Mirzali gelesen, der sich aus Baku abgesetzt und im französischen Nantes, fünftausend Kilometer weiter westlich, Zuflucht gefunden hatte. Mahammad hatte geglaubt, in Frankreich sicher genug zu sein, um über seinen YouTube-Kanal »Made in Azerbaijan« seine kritischen Enthüllungen über Präsident Alijews Korruption und den blutigen Krieg in Armenien zu verbreiten. Allein, die fünftausend Kilometer waren nicht genug, um Mahammad und seine Familie dem Zugriff Aserbaidschans zu entziehen. Seine Familie sah sich ebenfalls gezwungen, nach Frankreich zu fliehen, nachdem Alijews Schergen seinen Vater und seinen Schwager bedroht und ihnen nahegelegt hatten, Mahammad zum Schweigen zu bewegen. Seine Schwester hatte die Demütigung erlebt, eine illegal erstellte Aufnahme von ihr in einem ihrer intimen Momente im Internet zirkulieren zu sehen, ein schrilles Echo des Versuchs, Khadija Ismayilova zu erpressen. Mahammad selbst wurde im Oktober 2020 in München beschossen, als er in einem geparkten Auto saß, und im März 2021 wurde er in Nantes überfallen und mit zehn bis vierzehn Messerstichen traktiert – die veröffentlichten ärztlichen Bulletins gaben keine eindeutige Auskunft. (Alijew hat öffentlich erklärt, er sehe nicht genügend Beweise, um auf, wie er sagte, »grundlose und voreingenommene Vorwürfe« zu reagieren, die besagten, seine Regierung sei für die Überfälle auf Mahammad verantwortlich. Doch entpuppten sich drei der vier Männer, die ein Jahr später wegen des Verbrechens angeklagt wurden, als Aserbaidschaner.) Mahammad Mirzali überlebte dank einer sechsstündigen Operation, doch schon eine Woche später erreichte ihn eine SMS. »Das ist unsere letzte Warnung«, lautete sie. »Es ist uns ein Leichtes, dich zu töten. Wie du gesehen hast, haben wir vor niemandem Angst. Wir lassen dich von einem Scharfschützen erledigen, der dir eine Kugel in den Kopf schießt.« Den letzten Berichten zufolge waren die Drohungen bis in den Juni hinein weitergegangen, und Donncha vermutete, sie dauerten noch an.

Als Amnesty International sich erbot, Claudio und Donncha für die Dauer der Woche bis zum Veröffentlichungstermin in einem niemandem bekannten »safe house« unterzubringen, nahmen beide das Angebot an. Die Überfälle auf den aserbaidschanischen Dissidenten gingen Claudio nicht aus dem Kopf. »Er schreibt satirisch über die Regierung [Alijew], und die versucht mutmaßlich, ihn umzubringen, zweimal, auf französischem Boden«, sagt Donncha kopfschüttelnd. »Wenn die Aserbaidschaner wissen, dass [das Pegasus-Projekt] herauskommt, werden sie nicht alles tun, um uns zu stoppen? Und nicht nur die Aserbaidschaner.«

Laurent und ich klickten den »Senden«-Button für den Brief an NSO kurz nach acht Uhr morgens am Sonntag, den 11. Juli 2021. »Als faire und verantwortungsvolle Journalisten möchten wir Sie einladen, die [enthaltene] Information zu kommentieren und uns wissen zu lassen, ob Sie irgendetwas davon bestreiten«, hieß es am Ende des zehnseitigen Briefes (dem noch 23 Seiten mit den von Claudio und Donncha verfassten technischen Anmerkungen beigeheftet waren). »Bitte antworten Sie bis spätestens Mittwoch, 14. Juli 2021, 18 Uhr französischer Zeit. Jede substanzielle Stellungnahme Ihrerseits wird in der Berichterstattung faire Berücksichtigung finden. Bitte nehmen Sie zur Kenntnis, dass wir pauschale, nicht stichhaltige Erwiderungen, etwa dass wir ›ungenau‹ gearbeitet hätten, nicht akzeptieren.« Wir fühlten uns in dem Moment, ehrlich gesagt, leicht desorientiert. »Es ist ein bisschen so, als würde man auf einer Passhöhe im Auto sitzen und die Handbremse lösen«, schrieb uns Paul Lewis an diesem Morgen in einer SMS. »Wir rollen.«

Claudio und Donncha saßen an jenem Sonntagabend nach Sonnenuntergang noch in ihrem Büro, als ein Server des Security Labs plötzlich offline ging. Der Server war seit zwei Jahren rund um die Uhr gelaufen und nie abgestürzt. Und jetzt, genau an dem Tag, an dem der Brief an NSO rausgegangen war, wumms, diese unerklärliche Hardwarepanne. In Claudio stieg blitzartig die Erinnerung hoch an einen von einem US-Nachrichtendienst veröffentlichten Bericht; darin war von einer Software-Attacke auf Server die Rede gewesen, die zu einem sofortigen Ausfall der Netzwerkkarte führen konnte. Genau so fühlte sich der Systemabsturz an. Donncha hatte genau denselben Gedanken: Scheiße! Vielleicht war jemand ins Gebäude eingedrungen und hatte ein Kabel durchgeschnitten; vielleicht hatte jemand sogar den Server mitgenommen. Donncha rannte hinüber, um nachzuschauen, ob der Server noch da war.

Es folgte ein sehr angespannter Abend am Sitz des Security Labs in Berlin, als sie versuchten herauszufinden, was zum Teufel da vor sich ging. Weder Claudio noch Donncha hielten es für möglich, dass NSO oder irgendjemand anders in ihr System eindringen oder die Pegasus-Daten, die sie zusammengetragen hatten, stehlen könnte, aber es fühlte sich verdammt so an, als habe jemand einen Sabotageanschlag auf das Projekt zu verüben versucht. Donncha ertappte sich bei einem sehr unerwarteten Gedanken, während er den Server überprüfte und anschließend die Logdateien: Wenn mir etwas zustößt, okay. Aber ich will alles dafür tun, dass wir das Pegasus-Projekt erfolgreich zu Ende bringen.

Kapitel 21

»Jetzt passiert es wirklich«

Laurent

Na, seid ihr alle voll gestresst? Oder aufgeregt?«, fragte Sandrine unser kleines Team von Forbidden Stories an dem Montagvormittag, nachdem wir den Brief an NSO abgeschickt hatten. Hier war noch einmal die Gruppe von jungen Journalistinnen und Journalisten versammelt, die von Anfang an mit uns an dem Projekt gearbeitet, sich zu absoluter Geheimhaltung verpflichtet und sieben Monate ohne Unterbrechung Überstunden gemacht hatten, um ihre schwierigen Aufgaben zu bewältigen. »Ich meine, wie geht es euch?«

»So mittel«, meinte Audrey Travère. »Mein Name wird unter dem Artikel über NSO stehen. Und ich möchte wirklich, dass er erscheint, ich möchte, dass alle von dieser Story und diesen empörenden Missbrauchsfällen erfahren. Aber gleichzeitig ist auch Angst dabei.«

»Bei dreien von uns steht der eigene Name unter Artikeln, die sich mit NSO befassen«, ergänzte Phineas. »Können wir irgendetwas zur Vorbereitung tun?«

»Für eure Sicherheit?«, fragte ich.

»Ja«, sagte Phineas. »Was die Sicherheit angeht. Und auch rechtlich.«

»Argentinien!«, schlug ich vor. »Morgen Abend. Terminal F in Roissy. Wir haben schon Flugtickets besorgt. Wir haben eure Reisepässe eingesammelt. Wir fliegen alle nach Argentinien. Es sind bloß sechs Monate unseres Lebens. Alles klar? Wir verschwinden für sechs Monate.«

Es folgte lautes, ja stürmisches Gelächter, und ich war froh darum. Denn ich wusste, dass wir reichlich Zuversicht und Zusammenhalt brauchen würden, um heil durch die nächsten Wochen zu kommen. Die Veröffentlichung stand in weniger als einer Woche an, und ich spürte, dass sich manch Ungutes um uns zusammenbraute.

Sandrine und ich nutzten diese kurze Zusammenkunft bei Forbidden Stories, um noch einmal die Mahnungen zu bekräftigen, die wir seit Beginn der Recherche wiederholt formuliert hatten. Sprecht mit niemandem, der nicht zum Projekt gehört, sagt selbst gegenüber unseren Reportagepartnern nichts, das irgendeinen Hinweis auf die Quelle der geleakten Daten geben könnte, und sorgt dafür, dass sich auf eurem Handy, falls es kompromittiert wird, nichts findet, was auf das Pegasus-Projekt deutet. (Sandrine und ich hatten inzwischen Claudio und Donncha gebeten, unsere Handys regelmäßig auf Anzeichen für eine Pegasus-Infektion zu überprüfen, dreimal allein in der letzten Woche.) Die Unruhe in unserem Büro war mit Händen zu greifen, aber sie hatte auch ihr Gutes, denn wir alle mussten jetzt auf Draht sein – ganz gleich, wie müde wir waren.

Einige der renommiertesten Nachrichtenredaktionen der Welt haben sich beeindruckt von unserer Arbeit gezeigt, und die Zeit wird kommen, versprach Sandrine der Crew an diesem Morgen, um »den Moment zu genießen. So viele gibt es davon nicht in einem Journalistenleben, also nutzt die Gelegenheit.« Aber noch nicht jetzt, fügte ich hinzu. »Jetzt kommt erst der Moment, wo wir uns auf einen harten, na, nicht Kampf, aber auf eine heftige Konfrontation einstellen sollten.«

Sandrine und ich rechneten nicht damit, in den nächsten Tagen eine Antwort auf unseren Brief zu bekommen, aber wir konnten uns ganz gut vorstellen, was da auf uns zukam. Am Abend, bevor wir unsere Bitte um Stellungnahme nach Herzlia mailten, hatten wir einen sehr merkwürdigen Anruf von einem Bekannten erhalten, der in Kontakt zu Shalev Hulio stand. Wir sollten wissen, so der Anrufer, dass Shalev Hulio gesagt habe, er sei den »True Stories«, wie er uns beständig nannte, auf der Spur und wisse alles über die Liste. Shalev wolle uns darauf hinweisen, dass die Liste nichts mit Pegasus zu tun habe, und falls wir die Sache veröffentlichten, würde wir unserem eigenen beruflichen Ansehen schweren Schaden zufügen.

»Shalev Hulio ist sauer auf die von ihm sogenannten ›True Stories‹ und glaubt, dass diese einen unmittelbar bevorstehenden Angriff planen«, teilte ich dem Forbidden-Stories-Team auf unserer montäglichen Sitzung mit. »In Shalevs eigenen Worten, [dem Anrufer] zufolge: ›Sie sind total auf dem falschen Dampfer, diese True Stories. Und tatsächlich ist das, was sie haben, gar nicht das, was sie glauben zu haben.‹ Wir sollten sehr vorsichtig sein, denn es gebe eine riesige Kluft ›zwischen dem, was sie glauben zu haben, und dem, was sie wirklich haben‹. Wir sollen vorsichtig sein, meinte er.«

Es gab allerdings nichts weiter zu tun, bevor wir nicht eine richtige und offizielle Reaktion von NSO vorliegen hatten. Was wir immerhin erledigen konnten, während wir warteten, war unsere normale Arbeit.

Einige der Partner begannen nun, frühe, unredigierte Fassungen ihrer Reportagen auf die von allen geteilte zentrale Datenbank des Pegasus-Projekts hochzuladen, wodurch allen Partnern die Option offenstand, autorisierte Berichte von anderen Reportern aus der Arbeitsgemeinschaft zu veröffentlichen. Einige der frühen Entwürfe enthielten Überraschendes. Wir wussten, dass Szabolcs Panyi in Ungarn ausgezeichnete Reportagen für *Direkt36* gemacht hatte, aber die Story, die er fürs Pegasus-Projekt ablieferte, übertraf unsere Erwartungen, nicht zuletzt aufgrund seiner persönlichen Erfahrung als Opfer von Cyberüberwachung. Er beschrieb seine Empörung, seine Scham, aber auch einen gewissen Stolz. »Während die Regierung Orbán meine offiziellen Medienanfragen in aller Regel einfach ignoriert, stellt sich jetzt heraus, dass sie meine Reportagen doch zu schätzen weiß, wenn auch die Art und Weise, ihr Interesse zu bekunden, ein wenig gruselig erscheinen mag …«

Er sprach auch seine emotionale Betroffenheit an, die daraus resultierte, Opfer einer von einer israelischen Firma geschaffenen und mit Genehmigung des israelischen Verteidigungsministeriums lizenzierten Spähsoftware geworden zu sein. »Wie viele Ungarn jüdischer Herkunft habe ich dem Staat Israel nie viel Bedeutung beigemessen«, schrieb er. »Es ist für mich einfach ein fremdes Land, in dem ich noch nie war. Die einzige echte Verbindung zu Israel ist ein Bruder meiner Großmutter, der, nachdem er Auschwitz überlebt hatte, dorthin auswanderte und Soldat wurde. Ich weiß, es ist albern und macht letztlich überhaupt keinen Unterschied, aber ich hätte wahrscheinlich doch ein etwas anderes Gefühl, wenn meine Ausspähung von einem anderen Land ausgegangen wäre, Russland oder China zum Beispiel.«

Die in *Direkt36* erscheinenden ungarischen Reportagen wurden massiv von Bastian Obermayer und Frederik Obermaier sowie von weiteren Journalisten aus Deutschland, Großbritannien und Frankreich unterstützt, die sämtlich bereits in Budapest und Umgebung gearbeitet hatten. Ein Reporter von *Le Monde* hatte der ungarischen Justizministerin erst wenige Tage zuvor eine interessante Antwort entlockt, als er sie zu der offenkundigen Genehmigung von Überwachungsmaßnahmen gegen Journalisten oder Orbàn-kritische Politiker befragte. »Was für eine Frage«, fauchte sie zurück, ohne sich die Mühe eines Dementis zu machen. »Das ist reine Provokation!«

Die statistische Erfassung der Personen in unseren Daten, die zur Ausspähung markiert, mit Pegasus attackiert oder tatsächlich infiziert worden waren, wurde noch in den letzten Tagen auf den neuesten Stand gebracht. Aus den fünfzigtausend Telefonnummern in unseren Daten hatten wir, jeweils aus mehreren Quellen, mehr als tausend Personen aus fünfzig Ländern identifizieren können. Diese umfassten über 600 Politiker und Regierungsbeamte, darunter drei Präsidenten, zehn Premierminister und einen König. Ferner 65 Geschäftsleute, 85 Menschenrechtsaktivisten oder -anwälte und zwei Prinzessinnen aus den Emiraten. Als Craig Timberg in letzter Minute noch einen in Saudi-Arabien tätigen amerikanischen Reporter hinzufügte, stieg die Anzahl der Journalisten auf 192.

Stand Montag, 12. Juli, hatten Claudio und Donncha 65 Mobiltelefone, die auf der geleakten Liste verzeichnet waren, forensisch überprüft. 35 zeigten Hinweise darauf, dass sie mit Pegasus angegriffen und/oder infiziert worden waren. Fast alle anderen waren entweder Android-Geräte oder neue iPhones, die zur Zeit der Angriffe noch nicht in Gebrauch waren und daher nichts zur Erkenntnis beitragen konnten. Die forensische Erfolgsquote bei iPhones, die zur Zeit der Markierungen verwendet wurden, lag immer noch bei über achtzig Prozent.

Zu diesem Zeitpunkt, in der letzten Woche der Recherche, konnten wir erfolgreiche Pegasus-Infektionen der Telefone von Journalisten, Menschenrechtsaktivisten und Menschenrechtsanwälten nachweisen. Wir hatten keine letztgültigen Beweise für Angriffe oder Infektionen bei Politikern aus der Datenliste, weil wir es für zu riskant gehalten hatten, sie im Frühstadium des Projekts mit der Bitte, uns ihre Handys zur Analyse zu überlassen, aufzuscheuchen. Doch auch an dieser Front hatten wir die Hoffnung nicht aufgegeben, denn noch war ein kleines Zeitfenster offen, um auch das in Gang zu bringen.

Das Team von *Le Monde* bemühte sich, Pegasus-Spuren auf dem Telefon des französischen Politikers François de Rugy zu verifizieren. Siddharth Varadarajan, Herausgeber des Magazins *Wire,* hatte es sich zur Aufgabe gemacht, der Liste von bestätigten Angriffszielen einen indischen Politiker zuzufügen. Zunächst hatte er sich an Rahul Gandhi, den politischen Hauptwidersacher von Premierminister Narendra Modi, gewandt, doch Gandhi war nicht mehr im Besitz des iPhones, das er zur Zeit seiner Markierung benutzt hatte. Am 12. Juli startete Siddharth einen letzten Versuch, diesmal bei Prashant Kishor, der an dem Tag zufällig in Delhi war, um sich mit Rahul Gandhi zu treffen. Die Zusammenkunft von Kishor und Gandhi kann kaum im Sinne von Kishors früherem Auftraggeber, Narendra Modi, gewesen sein. Kishor gehörte zu den ehrgeizigsten und medienaffinsten Politstrategen in Indien. Bekannt geworden war er als Berater Modis, der seinen Aufstieg zur Macht gefördert hatte. In den letzten sieben Jahren allerdings hatte Kishor seine beträchtlichen Fähigkeiten dafür eingesetzt, Modi und seiner zusehends autoritären Regierungspraxis entgegenzuwirken. In politischen Kreisen Indiens hieß es, Kishor arbeite mit Eifer daran, Modi und sein Gefolge beim nächsten großen Wahlzyklus aus dem Amt zu befördern. Die Aufmerksamkeit von Modis Team war ihm jedenfalls sicher.

Siddharth konnte Kishor ohne Mühe dazu bewegen, sein Mobiltelefon für die forensische Analyse zur Verfügung zu stellen, und so schien sich im Rahmen unserer Recherche auf geradezu poetische Weise ein Kreis zu schließen. Sandrine und Sandhya Ravishankar hatten Siddharth vor vier Monaten überredet, sein eigenes Handy vom Security Lab forensisch untersuchen zu lassen, und dieses Gerät hatte dem Projekt den ersten forensischen Nachweis einer Pegasus-Infektion in den Daten beschert. Und hier war jetzt Siddharth dabei, mithilfe von Prashant Kishor die letzte Chance für unser Konsortium zu ergreifen, vor der Veröffentlichung noch einen weiteren wichtigen Nachweis zu sichern.

Es klappte. Am 14. Juli, einen Tag, nachdem Donncha Pegasus-Spuren auf Rugys Handy bestätigt hatte, konnte er eine Pegasus-Infektion auf Kishors Mobiltelefon nachweisen. Jetzt hatten wir also zwei Politiker bestätigt, beide aus Demokratien. Einer aus der größten Demokratie der Welt.

Das Security Lab war selbst nach dem fürchterlichen Serverabsturz noch in der Lage, die Aktivitäten im Berliner Büro fortzusetzen. Wie sich nach gründlicher Diagnose herausstellte, war die zwischenzeitliche Panik unbegründet und das Problem auf ein schlecht getimtes Hardwareversagen zurückzuführen: So als müsste dein Vergaser einfach mal ausgetauscht werden, während du dachtest, jemand hätte dir Zucker in den Benzintank geschüttet. Unsere zwei Technikexperten arbeiteten wie wir alle bis zur letzten Minute, denn es gab noch Wichtiges zu erledigen. Zum einen bereiteten sie die Veröffentlichung einer Version des Forensik-Tools vor, das sie fürs Pegasus-Projekt verwendet hatten. Mir kam das so vor, als würde man Luke Skywalkers Lichtschwert nutzbar machen und allen Leuten zur Verfügung stellen – eine höchst demokratische Waffe, um gegen einen höchst undemokratischen Feind in die Schlacht zu ziehen. Mit dem Mobile Verification Toolkit (MVT) sollte jeder jederzeit und an jedem Ort sein Mobiltelefon auf Spuren einer Infizierung mit Pegasus überprüfen können. Narrensicher war das MVT nicht und auch nur von begrenzter Haltbarkeit, wie Claudio einräumte, aber es war das Beste, was verfügbar war, und man konnte es gratis downloaden. Claudio und Donncha hofften, es würde halbwegs Chancengleichheit für alle herstellen und vielen Leuten ein Stück Seelenfrieden bescheren.

Die Crew des Security Labs beschäftigte sich außerdem damit, abschließende redaktionelle Änderungen an ihrem forensischen Bericht, dem *Forensic Methodolody Report* vorzunehmen, bei dem noch manches im Fluss war. Die Liste der Länder, die die meisten Server bereitstellten, von denen Pegasus-Angriffsvektoren ausgingen, musste zahlenmäßig aktualisiert werden. Das Vereinigte Königreich, die Schweiz, Frankreich und die USA standen ziemlich weit oben auf der Liste, aber ganz oben thronte Deutschland. »Einige der größten Hosting-Unternehmen sitzen in Deutschland, aber auch viele der billigeren«, sagt Claudio. »Ziemlich naheliegender Standort, wenn man im großen Rahmen Infrastruktur aufbauen will.« Claudio und Donncha konnten ferner berichten, dass NSO kürzlich – und reichlich unüberlegt – dazu übergegangen sei, Amazon Web Services als Host für mindestens 73 ihrer Server zu nutzen.

Ein forensischer Fund auf Prashant Kishors Handy enthüllte den beiden nur vier Tage vor der Veröffentlichung neue und verstörende Details. Pegasus hatte allein in der vorangegangenen Woche Daten im Umfang von nahezu 100 Megabytes von dem iPhone exfiltriert – genau zu der Zeit, in der Kishor mit dem bedeutendsten politischen Herausforderer des Premierministers zusammengetroffen war. Das bedeutete, dass NSOs Software immer noch Apples Sicherheitssystem umgehen konnte, ungeachtet aller aktuellen Schutzmaßnahmen. »Erst vor Kurzem, im Juli 2021«, fügten Claudio und Donncha der Einleitung ihres Berichts hinzu, »konnte ein erfolgreicher Zero-Click-Angriff beobachtet werden, bei dem mehrere Zero-Day-Exploits angewandt wurden, um Zugriff auf ein mit allen Updates ausgestattetes iPhone 12 mit dem Betriebssystem iOS 14.6 zu erlangen.«

Immer wieder kontrollierte ich meinen Mail-Posteingang, während die festgesetzte Stunde näherrückte. Immer mit demselben Ergebnis. Nichts war gekommen, jedenfalls nicht das, was ich suchte. Sandrine und ich hatten NSO aufgefordert, bis 18 Uhr französischer Zeit am Mittwoch, dem 14. Juli, zu antworten. Um fünf nach sechs öffnete ich noch einmal meinen Posteingang, doch nach wie vor keine Reaktion. Also griff ich zum Telefon und rief die Pressereferentin der Firma an.

»Wie geht's?«, fragte ich, als sie sich meldete.

»Sehr gut«, antwortete sie und klang dabei überraschend entspannt.

»Danke, dass Sie sich die Zeit nehmen, ans Telefon zu gehen«, sagte ich. »Ich habe mich gerade gefragt, ob Sie wohl die Absicht haben, uns zu antworten.«

»Ja«, erwiderte sie, wiederum kurz und knapp. »Sie können es jetzt in Ihrem Mail-Eingang sehen.«

Ich kontrollierte noch einmal meine Mails. Weiterhin nichts Neues. »Sie haben es gerade abgeschickt?«, fragte ich, während ich mehrfach aktualisierte. »Ich sehe nichts. Können Sie das noch mal prüfen? … Sie haben es, also, vor ein paar Minuten abgeschickt?« Und dann plötzlich war es da. »Okay! Jetzt seh ich's.«

»Danke, Wiederhören«, sagte sie nur und hatte auch schon aufgelegt.

Ich las Sandrine die Antwort vor und versuchte gleichzeitig zu begreifen, was ich da las. »Die NSO Group bestreitet entschieden die falschen Behauptungen, die in Ihrem Bericht aufgestellt werden und die sich in vielen Fällen auf unbestätigte Theorien stützen, sodass sich ernsthafte Zweifel an der Verlässlichkeit Ihrer Quellen sowie der Grundlagen Ihres Berichts erheben. Ihre Quellen haben Ihnen Informationen ohne faktische Basis geliefert, was sich daraus ersehen lässt, dass viele der Behauptungen ohne beweiskräftige Dokumentation daherkommen.«

Das gesamte Schreiben war kaum länger als eine Seite, eine typische NSO-Reaktion – eine standardisierte Antwort auf einen überhaupt nicht standardmäßigen Brief. Obwohl, eigentlich entsprach sie nicht einmal dem Standard. Sie enthielt eine Handvoll Tippfehler und grammatische Schludrigkeiten, so als hätte Shalev sie in zwanzig Minuten aus dem Ärmel geschüttelt, während er nebenbei mit anderen Dingen beschäftigt war. Die Firma dementierte nicht, widerlegte nicht, steuerte keinen Kontext bei und machte sich nicht die Mühe, auch nur auf einen einzigen der im Brief dargelegten Punkte näher einzugehen. »Wenn derart Unruhe stiftende Behauptungen aufgestellt werden, würden die Leser billigerweise wenigstens ein Mindestmaß an Belegen erwarten«, las ich Sandrine weiter vor. »Stattdessen scheinen Sie einfach das obszöne Narrativ über die NSO Group fortzuspinnen, das von mehreren eng verbündeten Interessengruppen in strategischer Absicht ausgeheckt wurde.«

Die unsignierte E-Mail von NSO.com wiederholte einfach das Khashoggi-Dementi, die Beteuerungen, Pegasus werde ausschließlich an »geprüfte ausländische Regierung[en] verkauft, »keinem Kunden [sei] jemals Technologie zur Verfügung gestellt worden, die es ihm ermöglichten, auf Telefone mit US-Nummern zuzugreifen«, und NSO könne und werde das System abschalten, falls Missbrauch bekannt würde. »Schlicht gesagt«, schloss die Mail, »die NSO Group befindet sich auf einer »Lebensrettungsmission, und die Firma wird diese Mission unbeirrt von andauernden Versuchen der Diskreditierung auf der Basis falscher Anschuldigungen weiterverfolgen.«

Sandrine war genauso geplättet wie ich. Es schien, dass sie alle Fakten, die wir in dem Brief aufgeführt hatten, so stehen ließen.

»Das ist großartig für uns«, sagte sie.

»Wirklich sehr gut«, bestätigte ich, während Sandrine erklärte, wie wir die Mail am besten an unsere Partner weiterleiteten.

Das lange Warten hatte ein Ende.

»Das war's?«, sinnierte Sandrine.

»Sie haben keine Antworten«, sagte ich. »Sie versuchen praktisch nur, Punkte rauszupicken, die ein bisschen wacklig sind, aber sie gehen überhaupt nicht auf die Stärken, auf den Kern unserer Fragen ein. Es ist unglaublich.«

»Es ist verrückt!«

Wir gingen raus, um zur Feier des Tages einen Drink zu nehmen, und mir war nicht recht klar, wie ich mich eigentlich fühlte, außer irgendwie seltsam schwerelos. Plötzlich fing ich an, an die Filme zu denken, die ich im Kino sehen, an die Bücher, die ich endlich lesen wollte, überhaupt an die Chance, wieder ins normale Leben zurückzukehren und Zeit für meine Familie zu haben. Endlich könnte ich wieder richtig mit ihnen reden und sie in das große Geheimnis einweihen, das ich vor ihnen hatte verbergen müssen. Ich fuhr noch am Abend mit der Bahn nach Hause, vierzig Minuten vom Tumult des Büros entfernt, und durfte zum ersten Mal nach langer Zeit wieder richtig ausschlafen.

Als ich am Donnerstagmorgen aufwachte, waren jede Menge neue Nachrichten auf meinem Telefon eingegangen. Die erste E-Mail, die ich öffnete, kam von Drew Sullivan, Redakteur bei OCCRP, der einen Brief angehängt hatte, den ich mir ansehen sollte. Unsere Partner hatten nämlich eine ganz andere Botschaft von NSO erhalten, oder genauer gesagt, von deren beauftragtem Rechtsanwalt in Washington, D.C. »Unsere Kanzlei vertritt NSO Group in Fällen von Verleumdung und Rufschädigung«, lautete die Eröffnung. »Es ist offensichtlich, dass Forbidden Stories einen falschen, vorgefassten und hochgradig rufschädigenden Bericht in Bezug auf NSO bereits formuliert hat (vorgesehen für eine Veröffentlichung auf der eigenen Plattform) – und dass die Absicht besteht, diesen ohne Rücksicht auf die tatsächlichen Gegebenheiten zu verbreiten … Wir machen formelle Mitteilung an OCCRP, dass Forbidden Stories in einer Artikelserie verleumderische Unwahrheiten über NSO Group veröffentlichen wird und dass OCCRP, sollte es beliebige Auszüge aus diesen Artikeln veröffentlichen oder neu herausgeben, erhebliches Risiko läuft, verleumderische Unwahrheiten zu verbreiten.«

Nachdem er sich kurz über Aspekte des journalistischen Ethos ausgelassen hatte, verwies der NSO-Anwalt auf sieben Fragen aus unserem Brief, die er für »falsche und verleumderische Anschuldigungen« erachtete. Er erläuterte aber nicht, inwiefern sie denn unkorrekt oder gar verleumderisch seien. Der neue Brief sprach immerhin einige konkrete Punkte an, zum Beispiel machte er geltend, die Telefonnummern in unseren Daten seien keine »Liste von Nummern, die von Regierungen mittels Pegasus ins Visier genommen wurden, sondern sind vielleicht Teil einer größeren Liste von Nummern, die möglicherweise von Kunden der NSO Group für andere Zwecke genutzt wurden«. (Er erläuterte nicht, welche anderen Zwecke das gewesen sein könnten.) Er bestritt, dass Saudi-Arabien den Anwalt von Jamal Khashoggis Verlobten ins Visier genommen habe. Er bestritt, dass NSO in Mexiko in Bezug auf Pegasus »die Kontrolle verloren« habe oder dass nichtstaatliche Nutzer die Möglichkeit hätten, die Spionagesoftware in diesem Land zu missbrauchen, oder dass NSO Group »ein Werkzeug israelischer Diplomatie« oder eine Hintertür für den israelischen Geheimdienst sei.

Sein Schreiben war nicht ganz leicht zu entschlüsseln – die Dementis schienen die in unserem Brief präsentierten Fakten nicht direkt zu adressieren, sondern eher zu umtanzen oder einzunebeln – doch seine Strategie war deutlich. Teile und herrsche. Alle unsere Partner im Pegasus-Projekt hatten ihre jeweils eigene Version des Drohbriefes erhalten.

Ich nahm an diesem Morgen den ersten Zug zurück nach Paris, im Gepäck genügend Kleidung, um mehrere Tage und Nächte hintereinander im Büro bleiben zu können. In den kommenden vier Tagen würde es einen großen Kampf mit NSO geben und eine Reihe von kleineren Scharmützeln mit den für unsere diversen Partner tätigen Anwälten. Zwischen den Zeilen der leeren NSO-Drohungen waren einige nützliche Hinweise darauf zu finden, wo wir vielleicht noch Schwachstellen hatten in unserer Sicht auf das Pegasus-System und wo wir begrifflich noch präziser und differenzierter argumentieren könnten.

Krisenmomente, das ist mir während meines 25-jährigen Berufslebens immer wieder deutlich geworden, bringen guten Journalismus erst richtig zum Vorschein, und sie machen ihn noch besser. Solange eine Story noch nicht veröffentlicht ist, gibt es keine Fehler; bis dahin haben Autoren und Redakteure immer noch die Chance, die Story zu verbessern. Die besten Journalisten gestehen Fehler ein und sind bereit, sie vor der Veröffentlichung zu korrigieren. Es liegt keine Ehre darin, Fehler zu vertuschen.

Wir hatten also noch vier Tage Zeit, um die Richtigkeit unserer Aussagen zu überprüfen, zur Zufriedenheit des gesamten Konsortiums. Wir mussten uns, jeder für sich, davon überzeugen, dass nichts von dem, was wir veröffentlichten, die Reichweite der Beweise überdehnte, die wir gesammelt hatten, und dass die Sprache in allen Beiträgen des Pegasus-Projekts klar und präzise war.

Einer der ersten Anrufer an diesem Morgen war Paul Lewis vom *Guardian.* »Also, wir haben offensichtlich alle den Brief gelesen«, sagte er, ohne sich groß mit Einleitungen aufzuhalten. Für Paul, genau wie für alle anderen, beantwortete der Brief kaum eine unserer Fragen, warf dafür aber einige neue auf. Er wollte mehr wissen über die Funktionsweise der Sperre, mit der NSO die Infizierung von Telefonen mit US-Nummer verhinderte, und er wollte genauere Informationen über den Anwalt von Khashoggis Verlobter. Vor allem aber wollte er von NSO mehr hören über die anderen Zwecke ihrer Kunden, eine Telefonnummer ins Pegasus-System einzugeben.

In allererster Linie jedoch wollte Paul rasch einen neuen Brief an Pegasus schreiben und um Klarstellung bitten. Der Stichtag rückte näher, und er verlangte die klarsten Antworten, die er kriegen konnte. »Ich würde sagen, das Schreiben muss bei denen am Morgen ihrer Zeit eingehen und ihnen eine Frist bis 18 Uhr setzen«, erklärte er.

In den letzten Tagen und Stunden vor der Veröffentlichung übernahm Donncha praktisch rund um die Uhr die Rolle des Ansprechpartners für forensische Fragen und versuchte, Herausgeber und Anwälte von Medienfirmen aus vier Kontinenten und noch viel mehr Zeitzonen zu beruhigen. Amnesty International hatte ihn aus Sicherheitserwägungen in einem recht abseitigen Hotel untergebracht, wo er inzwischen schon die zweite Woche in einem Zimmer hauste, in dem er sich vorkam, als hätte man ihn ins Jahr 1985 zurückversetzt. Es war mit dickem Teppich ausgelegt und mit Möbeln ausgestattet, die keinen Bezug zu ihrer Umgebung und zueinander zu haben schienen. Donncha musste nachts alle seine drei Mobiltelefone stumm schalten, damit er wenigstens ein bisschen Schlaf bekam. Weit nach Mitternacht, nach einem sechzehnstündigen Arbeitstag, ließ er sich ins Bett sinken, und wenn er am nächsten

Morgen gegen acht aufwachte, hatte er auf jedem Handy fünfzig Nachrichten zu bearbeiten.

Der Stress war enorm, erinnert sich Donncha, trotzdem versuchte er, mit jedem Reporter, jedem Herausgeber und jedem Medienanwalt zu sprechen, sie alle hinsichtlich der Beweiskraft der Forensik zu beruhigen und ihnen zu erklären, wie er und Claudio die gefundenen Spuren in den Mobiltelefonen NSO und Pegasus zugeordnet hatten. Um ganz sicherzugehen, hielt Donncha es für das Beste, seine Telefonate im Bad zu führen. »Immer wenn das Licht im Bad an war, lief die ganze Zeit ein lautes Gebläse«, berichtet er. »Da hatte ich also die Wahl, entweder zu schreien, um den Lärm zu übertönen, oder im Dunkeln zu telefonieren.« Er »stand sie durch« diese letzten Tage, erzählte Donncha lange nach Beendigung des Projekts. »[Claudio und ich] haben über die Jahre so viel harte Arbeit da reingesteckt, da können wir doch die Sache nicht platzen lassen. NSO darf nicht gewinnen, nur weil sie mit Klage drohen.«

Freitag, 16. Juli, nur noch zwei Tage bis zur Ziellinie, und überall auf der Welt bereiteten Nachrichtenredaktionen die Veröffentlichung des Pegasus-Projekts vor. Die Publikation der Beiträge würde sich über fünf Tage erstrecken, aber die eigentliche Plackerei fand jetzt statt. Leitende Redakteure und Journalisten legten letzte Hand an die Artikel der kommenden Woche, die Anwälte blickten ihnen dabei über die Schulter und prüften, ob alles wasserdicht war. »Hier herrscht eine ganz schöne Anspannung«, gestand ein leitender Redakteur in einem dieser weit verstreuten Newsrooms. Er litt bereits an Überarbeitung und vermisste seine Familie, aber für Pausen hatte er keine Zeit, sondern musste sich um Schlagzeilen, Grafiken, Titelseitengestaltung, Video-Extras, digitale Werbung und um die Erklärkästen kümmern, die das Projekt, die Technik, die Opfer, die NSO Group und ihre Kunden näher erläuterten. »[Die Erklärkästen] müssen wir jeden Tag bringen«, wies er einen Grafikeditor an.

Noch während es weiter hoch herging, trommelte der Redakteur so viele Reporter, wie gerade zur Verfügung standen, zu einer Telefonkonferenz zusammen, um sie über den vorgesehenen Zeitplan zu informieren. »Wenn alles gut geht, äh – und falls wir weitermachen mit dem Projekt«, erläuterte er, »dann müsst ihr am Sonntag hier sein, noch mal alles prüfen, verbessern und so weiter, und dann fällt auch die endgültige Entscheidung zur Freigabe. Ich glaube aber, der Knackpunkt wird in den nächsten zwölf Stunden liegen.«

Es war die eine Formulierung, die alle Teilnehmer an der Konferenz aufhorchen ließ. »Falls wir weitermachen?«, fragte jemand.

»Ja.«

»Gibt's da irgendwelche Zweifel?«

»Na ja, es ist nie endgültig«, sagte der Redakteur, »solange es nicht endgültig ist.«

NSO-Anwälte und -Sprecher führten unserer Ansicht nach bis zur Stunde der Veröffentlichung das »Guter Polizist, schlechter Polizist«-Spiel auf, was im Ergebnis auf eine Verschleppungstaktik hinauslief. Sie weigerten sich, auf die große Mehrzahl der spezifischen Fragen einzugehen, die wir in unserer Bitte um Kommentar und Klarstellung formuliert hatten, und machten einen großen Bogen um jegliche Erörterung der ihnen vom Security Lab präsentierten forensischen Ergebnisse. Sie könnten die Identität ihrer Kunden nicht preisgeben, gaben sie dem Konsortium zu verstehen; sie bekräftigten ihre große Empörung über etwaigen Missbrauch von Pegasus und pochten auf ihre Fähigkeit und Entschlossenheit, solchen Missbrauch zu unterbinden, sobald sie glaubhafte Hinweise darauf erhielten. Von den 28 Opfern, die wir ihnen konkret aufgeführt hatten, fochten sie nur wenige an – »eine technische Unmöglichkeit«, hieß es in einem der Fälle. Was die Übrigen anginge, hätten wir ihnen nicht genug Zeit zur Prüfung gelassen, so die Behauptung. Sie versuchten, uns jede Menge Sand in die Augen zu streuen in Bezug auf die Daten, die uns zugänglich waren, aber es fiel ihnen offensichtlich mächtig schwer, halbwegs stimmige Erklärungen zu liefern.

Die Partner widmeten sich unterdessen der Aufgabe, die NSO-Reaktionen in ihre Berichte einzuarbeiten und Links bereitzustellen, damit interessierte Leser die Anwaltsbriefe im Ganzen einsehen konnten.

Etwa achtzig Journalisten standen auf Abruf bereit, um noch in letzter Minute vor der Veröffentlichung Fragen aus den Redaktionen zu beantworten oder Formulierungshilfe zu geben. Aber nur wenige der leitenden Redakteure trieben ihre Storys persönlich durch all die redaktionellen Abläufe, zumal es da auch noch Dutzende von Features, Zusatzinformationen und Grafikpakete unter Dach und Fach zu bringen galt und die meisten ohnehin auf dem Zahnfleisch krochen. »Mein Gehirn gibt langsam seinen Geist auf«, gestand einer der Redakteure.

Ein anderer musste kurz unterbrechen, um auf eine Textnachricht von seinen Eltern zu antworten, die offenbar allmählich die Geduld verloren, weil er sie ständig nur vertröstete. »Gibt's ein Problem?«, fragte ein Kollege.

»Ich schreib nur, dass ich sie heute Abend nicht werde anrufen können, weil ich bei der Arbeit bin und sehr viel zu tun habe«, sagte er. »Ich habe ihr nicht alles erzählt, weil ich Angst hatte, dass sie sich Sorgen macht.«

»Sprichst du von deiner Mutter?«

»Meine Mutter, ja. Als ich meine Eltern das letzte Mal besucht habe, hab ich erzählt, dass ich gerade an einer großen Sache arbeite. Einer Story über Cyberspionage. Und sie meinte: ›Aber warum lässt du dich immer auf solche komplizierten Sachen ein?‹«

Die Arbeit in dieser Nachrichtenredaktion ging dann weiter, Formulierungen wurden noch einmal überarbeitet, und es wurde darauf geachtet, dass die relevanten NSO-Reaktionen schon in der Lieferung des ersten Tages Berücksichtigung fanden. Dann klingelte plötzlich ein Telefon. »Oh, verdammt, es ist meine Mutter … Hallo? Hi! Nicht jetzt. Es sei denn, es ist superdringend und jemand ist gestorben … Okay, kann ich dich zurückrufen? Danke, danke. Küsschen.«

»Ich hab mir den Nachmittag [gestern] freigenommen, auch weil es, nebenbei gesagt, mein Hochzeitstag war«, sagte ein mitfühlender Kollege. »Wir sind also essen gegangen. Und die Folge war, dass ich den Anruf aus der marokkanischen Botschaft verpasst habe.«

Unsere eigenen Reporter bei Forbidden Stories bemühten sich

noch immer um brandaktuelle Kommentare. Wir wollten möglichst viele Stimmen von in den Daten markierten Personen gleich in den ersten Tagen zu Wort kommen lassen. Audrey Travère gelang es noch kurz vor dem Startschuss, eine Journalistin ans Telefon zu bekommen und ihr mitzuteilen, dass ihre Nummer in unseren Daten auftauchte und sie somit ein potenzielles Zielobjekt der Pegasus-Spyware sei. Die Frau sprach vierzig Minuten lang mit Audrey, sie bezeichnete sich als »paralysierte Journalistin«, nicht in der Lage, ihren Job auszuüben, weil sie sich in ihrem Heimatland nicht mehr sicher fühle. Sie glaubte, durch ihre Arbeit sei sogar ihre Familie in Gefahr geraten.

Audrey wies die Frau sanft darauf hin, dass uns keine Belege für eine aktuelle Cyberüberwachung bei ihr vorlägen, und bot an, eine forensische Untersuchung ihres Mobiltelefons zu vermitteln, damit sie sicher sein könne, nicht betroffen zu sein. Letztlich aber erklärte die Journalistin, sie habe zu viel Angst und wolle in unserem Bericht nicht namentlich identifiziert werden. »Selbstverständlich werden wir Sie nicht nennen«, versicherte Audrey. »Ich respektiere Ihre Entscheidung natürlich, sie ist auch völlig nachvollziehbar, aber es macht mich nur so traurig, dass Sie Ihrer journalistischen Leidenschaft nicht nachgehen können.«

»Audrey, glauben Sie mir, eines Tages werde ich reden«, sagte sie. »Ich werde reden.« Dann begann sie zu weinen. »Aber im Moment kann ich es nicht. Ich habe so viel auf dem Herzen … aber ich kenne Sie nicht, und ich traue niemandem … Die haben uns zum Schweigen gebracht.«

Am Samstagabend, kurz vor achtzehn Uhr französischer Zeit, arbeitete Paul Lewis immer noch an letzten Änderungen. Seit Tagen war er damit beschäftigt, und jetzt blickte er der Chefjuristin des *Guardian* über die Schulter, die eine abschließende Überprüfung vornahm. »Und was kommt als Nächstes?«, fragte sie.

»Okay.« Er deutete auf einen Abschnitt, der ein wichtiges Erklärungskästchen enthielt. »Was ganz Simples. Vielleicht dreihundert Wörter. Dürfte völlig in Ordnung sein.«

Während sie den Vorspann des Erklärtextes las, gab die Kollegin zu bedenken, dass die Recherche sich doch nicht nur mit NSO befasse.

»Können wir sagen, ›NSO Group und ihre Kunden‹?«, schlug Paul vor.

»Ja«, stimmte sie zu. »›Und ihre Kunden‹. Fügen Sie ›und ihre Kunden‹ ein.«

Drei Minuten später wurde die Reportagereihe des *Guardian* über NSO, ihre Kunden und noch manches andere ins Netz gestellt. »Heilige Scheiße«, verkündete Paul. »Das war total irre.«

Donncha saß an jenem Sonntagabend in seinem angemieteten Zeitschleifenhotelzimmer in Berlin, es war, fiel ihm auf, der 18. Juli 2021, zufällig der zehnte Jahrestag des Streiches, den er Rupert Murdoch gespielt hatte. Er sichtete noch immer Mitteilungen von Journalisten des Konsortiums, denn es standen ja weitere vier Tage kontinuierlicher Veröffentlichungen bevor. »Ich beantwortete all die Fragen auf meinen beiden Laptops«, berichtete Donncha später. Außerdem aktualisierte er laufend die Webseiten. *Le Monde. The Guardian. The Wire. The Washington Post. Die Zeit. Süddeutsche Zeitung. Knack. Daraj. Direkt36. Aristegui Noticias. Proceso.* Und die Übrigen. Siebzehn Medienunternehmen in zehn verschiedenen Ländern, bei allen lief es genau nach Plan. Das Pegasus-Projekt war die Schlagzeile aller Titelseiten. Es kam der Moment, in dem Donncha realisierte: »Jetzt passiert es wirklich.« Nach fünf Jahren Vorbereitung.

Und dann: »Okay. In Ordnung. Zurück an die Arbeit.«

Damien Leloup und Martin Untersinger von *Le Monde* machten das Gleiche durch wie Donncha und alle anderen. Bei ihnen kam noch erschwerend hinzu, dass sie unbedingt eine Reaktion des Élysée-Palasts wollten auf die Enthüllung, dass Präsident Macron und die meisten seiner Kabinettsmitglieder von einer ausländischen Regierung, die eigentlich als Verbündete geführt wurde, als potenzielle Ziele markiert worden waren. Die beiden *Le Monde*-Journalisten gehörten zum ersten Kreis von Mitarbeitern, die Sandrine und ich für das Pegasus-Projekt rekrutiert hatten, das heißt, sie arbeiteten an dieser Story schon fast so lange wie wir selbst.

Wenige Minuten, nachdem *Le Monde* die ersten Berichte freigeschaltet hatte, erhielten sie eine Twitter-Mitteilung.

»Snowden?«

»Snowden ...«, sagte Damien und las den Tweet von Edward Snowden.

»Unterbrich, was du gerade tust, und lies das. Dieser Leak wird die Story des Jahres.«

»Nett!«

Das Team beim *Guardian* begann schon kurz nach 18 Uhr französischer Zeit, die Websites der Partner zu aktualisieren, und Paul Lewis griff zum Telefon, um Craig Timburg von der *Washington Post* anzurufen. Die beiden waren Altersgenossen und schrieben für einige der angesehensten journalistischen Foren der englischsprachigen Welt, und normalerweise waren sie erbitterte Konkurrenten um die besten Storys auf beiden Seiten des Atlantiks. Heute war es anders. »Hi, Craig«, sagte Paul und frotzelte: »Wolltet ihr gar nicht veröffentlichen? ... Ach so, inzwischen seid ihr rausgekommen, okay. Wir haben uns hier nur gefragt, ob ihr vielleicht kalte Füße bekommen habt.«

Craig legte Paul nahe, sich doch mal den Video-Feed der *Post* über das Pegasus-Projekt anzusehen.

»Oh, den muss ich abonnieren«, erwiderte Paul, während er den Feed aufrief. »Nein, alles klar, den abonnier ich. Oh, hübsche Grafik. Sehr hübsche Grafiken.«

Craig schien sich nicht sicher zu sein, ob Paul noch immer am Witzeln war.

»Nein, gefällt mir wirklich«, bekräftigte Paul. »Ihr habt Scrollies drin. Bei uns reichte die Zeit nicht, welche zu basteln. Meine Scrolly-Leute werden ausrasten, wenn sie das sehen.«

»Na ja, lass gut sein. Glückwunsch, dass ihr's rübergebracht habt.«

Inzwischen war ich, quasi auf Knopfdruck, in der Lage, auf eine große Anzahl von rund um den Globus veröffentlichten Storys zuzugreifen, und es war ein ganz bestimmter Name, den ich dabei instinktiv suchte; der Name der Person, die Inspiration und Anstoß für das Pegasus-Projekt gewesen war. Der erste Name, den ich damals, bei Sandrines und meinem ersten Treffen mit Claudio und Donncha in der Mietwohnung in Berlin in den Daten identifiziert hatte: Khadija Ismayilova.

Es hatte etwas sehr Befriedigendes, zu wissen, dass ihre Geschichte sich über die ganze Welt verbreitete, mit einem Mal zugänglich für Hunderte Millionen von Menschen. Khadija war inzwischen nach Baku zurückgekehrt. Sie würde sich vielleicht nicht von staatlicher Überwachung (oder der damit einhergehenden Belästigung und Einschüchterung) befreien können, aber ich hoffte, sie würde in Zukunft dank der Reportagen des Konsortiums wenigstens ein bisschen besser geschützt sein. Natürlich hatte sie schon wieder ihre nächste Recherche über die Machenschaften der Regierung Alijew in Gang gesetzt, im einsamen Kampf für demokratische Reformen in der Heimat, die sie auf keinen Fall aufgeben wollte.

Ein Zitat von Khadija in einer der Pegasus-Reportagen des ersten Tages fiel mir besonders ins Auge: »Es ist wichtig, dass die Leute Beispiele von Journalisten sehen, die nicht aufgeben, wenn sie bedroht werden. Es ist wie im Krieg. Verlässt du deinen Schützengraben, wird er von den Angreifern übernommen … Du musst deine Stellung halten, sonst wird sie dir weggenommen, und dann bleibt dir noch weniger Raum, immer weniger Raum, der Raum schrumpft zusammen, bis du nicht mehr atmen kannst.«

Epilog

Laurent

Als wir am zweiten Tag nach der Veröffentlichung erwachten, warteten jede Menge Nachrichten auf uns, viele in Verbindung mit dem Pegasus-Projekt, einige auch nicht. Und nicht alle diese Nachrichten waren gute Nachrichten, vor allem eine Geschichte aus Casablanca: Omar Radi war an diesem Morgen wegen »Untergrabung der inneren Sicherheit des Staates« und Vergewaltigung zu sechs Jahren Gefängnis verurteilt worden. Omar beteuerte nach wie vor seine Unschuld. Seine Familie und Unterstützer beklagten die fadenscheinigen Beweise der Staatsanwaltschaft und die Tatsache, dass das marokkanische Gericht jede glaubwürdige Verteidigung verhindert hatte. Nach mehr als einem Jahr in Untersuchungshaft, in dem die juristischen Mühlen sich auf ihren unvermeidlichen Urteilsspruch zubewegten, ging es Omar schon jetzt gesundheitlich nicht gut, und er war oft der Verzweiflung nahe. Kaum vorstellbar, dass er nach weiteren sechs Jahren Haft ungebrochen herauskommen würde. Und genau darauf legten es König Mohammed VI. und seine Seilschaften offenbar an. Omar sollte wohl nicht nur zum Schweigen gebracht werden, an ihm wurde ein Exempel statuiert, um zu zeigen, was passieren kann, wenn man den Versuch unternimmt, die Praxis eines unabhängigen Journalismus in Marokko aufrechtzuerhalten und »dem König nicht den gebührenden Respekt entgegenbringt«.

Omar wurde von Stiftungen und NGOs der Zivilgesellschaft unterstützt, deren Mitglieder in Sicherheit und dem Zugriff des Königreichs Marokko entzogen waren, doch es gab keine Regierung weltweit, die protestierte. Das US-Außenministerium hatte angeblich einige Wochen zuvor gegenüber marokkanischen Beamten allgemeine Besorgnis wegen der unbefriedigenden Lage der Menschenrechte und Pressefreiheit geäußert, doch was da hinter verschlossenen Türen geredet worden war, blieb vertraulich. Die ganze Situation erinnerte mich an das, was Khadija Ismayilova nach einer ihrer Verhaftungen in Baku gesagt hatte: Sie sollen entweder aufstehen und die Pressefreiheit und das Recht auf Privatsphäre laut und öffentlich verteidigen. Oder sie sollen es einfach lassen. »Ich will keine Privatdiplomatie in meinem Fall«, hatte sie bereits 2015 gesagt. »Die Menschen in meinem Land sollen sich darauf verlassen können, dass die Menschenrechte unterstützt werden.«

Der Gegenschlag gegen das Pegasus-Projekt selbst kam in dieser Woche aus der erwarteten Richtung, mit Shalev an vorderster Front. Gelegentlich gab er sich versöhnlich: »Unserer Firma sind Journalisten, Aktivisten und die Zivilgesellschaft im Allgemeinen nicht gleichgültig«, erklärte er in Interviews. »Wenn mir jemand sagt, er habe eine bessere Möglichkeit gefunden, um Verbrecher und Terroristen aufzuspüren oder Informationen über pädophile Kriminelle zu bekommen, dann schalte ich Pegasus vollständig ab.« Immer wieder ritt er auf seinen Hauptargumenten herum: NSO ist eine Softwarefirma und nicht der Betreiber von Pegasus. Das Unternehmen verkauft seine Produkte ausschließlich an staatliche Behörden und ist nicht in der Lage, die Zielpersonen seiner Kunden in Echtzeit zu überwachen. Die israelische Regierung bestimmt über sämtliche Lizenzen des Pegasus-Programms. Doch als Medien auf der ganzen Welt in den nächsten vier Tagen die Berichte unseres Konsortiums teilten und darüber berichteten, als klar wurde, dass unsere Nachforschungen eine echte Wirkung entfalteten, wurden die Reaktionen von NSO wütender und gingen immer mehr Richtung Verschwörungserzählung. Shalev erklärte, die Liste mit Telefonnummern habe keinerlei Verbindung zu NSO, und die Zahl der Zielpersonen auf der Liste sei »verrückt«. Er behauptete, unsere Forensiker würden sich irren, konnte aber keinen einzigen wirklichen Fehler in den detaillierten Reports nachweisen, die das Security Lab seiner Firma hatte zukommen lassen. Drei Tage nach der Veröffentlichung hob NSO die Hände und verschickte per E-Mail ein Statement an Medien weltweit: »Genug ist genug. Angesichts der jüngsten detailliert geplanten und gut inszenierten Medienkampagne, die Forbidden Stories und interessierte Kreise betreiben, und angesichts der Tatsache, dass diese Kampagne die Fakten komplett ignoriert, erklärt NSO, dass es in dieser Angelegenheit nicht mehr auf Medienanfragen reagieren wird.«

Inzwischen bedienten sich NSO und die Unterstützer der Firma des berühmt-berüchtigten Skripts der gegnerischen Verleumdung: Forbidden Stories und Amnesty International waren entweder Anführer oder Werkzeuge einer anti-israelischen, antisemitischen Verschwörung, so die Behauptung. Ein israelischer Reservist und Cyberspezialist erklärte vor Reportern, das Pegasus-Projekt sei ein »inszenierter Versuch, Israel zu schaden, indem man eine seiner Software-Firmen in Verruf bringt«. Die »absichtsvolle Hand« hinter diesem Versuch, so Shalev, könne die pro-palästinensische BDS-Bewegung (Boycott, Divestment, Sanctions) sein – oder die Regierung von Katar. »Mir ist aufgefallen, dass Al Jazeera [den Berichten des Pegasus-Projekts] viel Aufmerksamkeit gewidmet hat«, sagte ein israelischer Professor. »Ich bin sicher, das [Verteidigungsministerium] weiß genau, wer dahintersteckt.«

Am Morgen nach der »Genug ist genug«-Tirade von NSO war Sandrine früh im Büro und nahm von einem Kurier ein offizielles Dokument der marokkanischen Botschaft in Paris entgegen. Der Bote war ein liebenswürdiger, lockerer Typ. Das Dokument, das er überbrachte, war alles andere als das: Das Königreich Marokko verklagte mich wegen übler Nachrede. Schon einmal hatte mich eine ausländische Regierung wegen übler Nachrede verklagt, und ich wusste, dass das Königreich Marokko ebenso wie die Republik Aserbaidschan nichts gegen mich in der Hand hatte. Doch der Rechtsstreit war gar nicht das Entscheidende. Es ging um die Nachricht, dass eine solche Klage eingereicht worden war und dass es zum Prozess kommen würde. Sie war nur ein Teil der PR-Kampagne, die Marokko angesichts der peinlichen Enthüllungen über den Gebrauch von Spionagesoftware in Gang setzte. Das Königreich hatte bereits abgestritten, Pegasus gegen irgendjemanden eingesetzt zu haben, und jetzt ließ es seine bezahlten Helfershelfer los, um diejenigen zu vernichten, die das Gegenteil beweisen konnten. Der Anwalt des marokkanischen Regimes in Frankreich verklagte *Le Monde, Mediapart, Radio France* und später noch die Zeitung *L'Humanité* wegen übler Nachrede, auch gegen die *Süddeutsche Zeitung* ging das Königreich vor.

Die staatlich geförderten Sprachrohre des Königreichs griffen Sandrine und mich persönlich an, ohne je etwas Genaueres über das marokkanische Cyberüberwachungsprogramm zu sagen, das wir gemeinsam mit anderen aufgedeckt hatten. Nach ihrer Darstellung war ich ein geldgieriger Scharlatan, der Marokko hasste und von George Soros' *Open Society* finanziert wurde (das stimmt teilweise, und ich bin stolz darauf), deren Ziel es ist, Projekte zu fördern, die »die arabischen Länder destabilisieren« (das ist eine Lüge). Der Anwalt des Königreichs in Paris gab einer ganzen Reihe von Medienorganen Interviews und griff mich persönlich, Forbidden Stories, unser Konsortium und unsere Berichte an, und zwar mit der Begründung, der marokkanische Staat wolle »so viel Licht wie möglich auf diese falschen Anschuldigungen werfen«.

Tatsächlich hatte das Königreich gute Gründe dafür, einigen Staub aufzuwirbeln. An dem Tag, als mir die Dokumente im Zusammenhang mit der Klage zugestellt wurden, berief Präsident Emmanuel Macron, der gewarnt worden war, dass er selbst und viele seiner Minister auf unserer Liste standen, eine Dringlichkeitssitzung zur nationalen Sicherheit ein. Und die Staatsanwälte in Paris untersuchten bereits mögliche kriminelle Aktivitäten marokkanischer Institutionen in Frankreich.

In dieser ersten Woche standen unsere Telefone nicht still, und viele Anrufer kamen mit derselben verzweifelten Bitte auf uns zu: Könnt ihr mal nachsehen? Steht meine Telefonnummer auch auf dieser Liste? Die französische Regierung und die Staatsanwaltschaft waren entschlossen, die Liste selbst zu überprüfen, und schickten einen einzelnen Polizisten, der die Sache mit mir besprechen sollte. Ich erklärte mich bereit, ihn vor einem Café unweit des Bahnhofs Gare de Lyon zu treffen, wo er mit dem Motorrad auftauchte, ein ausgesprochen jovialer Mann. Er machte ein bisschen Small Talk übers Motorradfahren in Paris und berichtete mir dann, er habe das Pegasus-Projekt komplett gelesen und fände es sehr erhellend. Wir seien ganz klar auf derselben Seite. Und dann erklärte er mir, warum ich unsere Liste an die französische Regierung herausgeben sollte. Schließlich seien wir doch alle auf der Suche nach tatsächlichen und potenziellen Opfern. »So viele Menschen«, sagte er. »Wollen Sie sie denn nicht schützen?«

Das Gespräch blieb freundlich im Ton, auch als ich ihm erklärte, wir seien Journalisten und keine Beauftragten der Regierung. Wir hatten unsere Aufgabe erfüllt, indem wir die Welt auf die Gefahren von Pegasus aufmerksam gemacht hatten. Doch die Liste gehörte uns nicht, wir konnten sie nicht einfach weitergeben, und wir hatten versprochen, unsere Quelle zu schützen, die immer noch gefährdet war. Der Polizist erwiderte, er verstehe selbstverständlich die journalistische Ethik und sympathisiere mit unserer professionellen Verpflichtung, unsere Quelle zu schützen. Doch er warnte mich, wenn ich nicht kooperierte, könnten mich die französischen Ermittlungsbehörden möglicherweise mit einer einstweiligen Verfügung dazu zwingen, die Liste herauszugeben, oder sie könnten sie sich mithilfe eines Durchsuchungsbeschlusses holen.

Irgendwie tat er mir leid, weil sie ihn allein zu mir geschickt hatten und er jetzt den guten und den bösen Cop gleichzeitig spielen musste. Er wollte mir klarmachen, wie stark der Druck der Staatsanwaltschaft war, unter dem er stand. Schließlich befanden sich viele wichtige Leute auf dieser Liste. Konnten wir denn da nicht helfen? War das denn nicht unsere patriotische Pflicht? Er drängte mich noch ein Weilchen, doch nachdem klar war, dass ich nicht einlenken würde, verlegte er sich wieder auf die Rolle des guten Cops. Er sagte, er verstehe unsere Position und stimme mir zu. Wenn die Staatsanwaltschaft wirklich versuchen würde, eine einstweilige Verfügung oder einen Durchsuchungsbeschluss zu erwirken, würde er sich für uns einsetzen. Bevor wir uns trennten, stellte er dann noch die Frage, mit der ich gerechnet hatte: Könnten Sie wohl ein paar Nummern für mich checken und nachsehen, ob sie auf der Liste sind?

Am nächsten Tag wurde mir die einstweilige Verfügung zugestellt, und später bekam ich noch eine Nachricht von dem Polizisten, in der er mir schrieb, er sei wirklich aufgebracht darüber, dass wir die Opfer nicht schützen wollten. Und wenn wir der Verfügung nicht folgten und die Liste übergaben, würde die Sache eskalieren.

»Wir sind nicht mehr weit von einem Durchsuchungsbeschluss entfernt«, sagte er am Telefon zu mir.

»Ich dachte, Sie wollten sich für uns einsetzen«, entgegnete ich.

Letztlich wurden wir von den Gerichten nicht dazu gezwungen, die Liste herauszugeben, und die Staatsanwaltschaft unternahm auch nicht den Versuch, einen Durchsuchungsbeschluss zu erwirken. Doch ich konnte einem sehr hohen Beamten aus der französischen Regierung einen Gefallen tun, einem Mann, der unseren Fall sehr genau verfolgte. Er bat mich, ein paar Nummern auf unserer Liste zu checken, wobei ich von jeder Nummer nur sechs Ziffern bekam, nicht die üblichen zehn – ich würde die betroffenen Personen also nicht identifizieren können. Ich stimmte nur deshalb zu, weil ich hoffte, er würde sich ehrenhaft verhalten und Forbidden Stories die Namen übermitteln, damit wir sie irgendwann öffentlich machen konnten. Es war ziemlich eindeutig, dass es sich um die Nummern von französischen Beamten handelte, deren Telefone bei der regierungseigenen forensischen Analyse Hinweise auf Spionagesoftware gezeigt hatten. Jedenfalls konnte ich ihm bestätigen, dass einige auf der Liste standen, einige aber auch nicht.

»Es ist schlimmer, als ich dachte«, sagte er, als ich ihn informierte.

»Haben Sie auch Infektionen bei Ministern gefunden, die wir nicht genannt haben?«, fragte ich.

Er bejahte. »Allmählich frage ich mich«, bemerkte er kryptisch, »ob überhaupt irgendjemand verschont geblieben ist.«

Seit der ersten Woche nach unserer Veröffentlichung liefen bei uns offizielle Bestätigungen von Pegasus-Angriffen ein, aber auch neue

Bestätigungen von bisher unbekannten Angriffen. Und der Strom reißt bis heute nicht ab. Threads mit Berichten darüber, die wir begonnen hatten, wurden von anderen Medienorganisationen weltweit aufgegriffen. Wir hatten das Gefühl, diese Story würde nicht so bald in Vergessenheit geraten. Forensiker der Nationalen Agentur für Cybersicherheit in Frankreich (ANSSI) bestätigten Claudios und Donnchas Ergebnisse in Bezug auf die Telefone von Edwy Plenel und Lénaïg Bredoux und ergänzten die Liste von Pegasus-Opfern um einen Journalisten von *France24 Télévision*. *Mediapart* brachte später die Story, dass die ANSSI auch »die Präsenz verdächtiger Marker« in den Telefonen von fünf französischen Ministern bestätigt hatte. Tatsächlich bestätigte die ANSSI im Laufe der Zeit fast alle französischen Staatsbürger, die wir als Opfer identifiziert hatten, und noch mehr, die wir nicht kannten. Das Security Lab stellte fest, dass ein britischer Anwalt, der eine Prinzessin aus den Emiraten vertrat, einem Pegasus-Angriff ausgesetzt worden war. Gerichtsdokumente, die Anfang Oktober in London veröffentlicht wurden, zeigten, dass der Emir von Dubai vermutlich Pegasus genutzt hatte, um seine Noch-Ehefrau, ihren prominenten Scheidungsanwalt (der auch Parlamentsabgeordneter war) und einige weitere Mitglieder aus der Entourage seiner Frau auszuspionieren. Eine in Dublin angesiedelte NGO fand heraus, dass Israel mithilfe von Pegasus sechs palästinensische Menschenrechtsaktivisten überwachte. (Citizen Lab und das Security Lab bestätigten diesen Fund unabhängig voneinander.) Die israelische Regierung hatte die Arbeitsplätze von dreien dieser Opfer, einige Wochen, bevor unser Bericht erschien, einfach als »Terrororganisationen« eingestuft, die Überwachung ohne richterlichen Beschluss aber lief schon lange zuvor.

Carmen Aristegui und ihrem Informanten war es zu verdanken, dass Mexiko Anfang November 2021 einen früheren Angestellten von Uri Ansbacher verhaftete und ihn verurteilte, weil er mit Pegasus mindestens eine Journalistin ausspioniert hatte, nämlich Carmen selbst. Dies war der erste bekannte Fall, bei dem ein Privatunternehmen eine Privatperson mit Pegasus überwacht hatte – so etwas kann offenbar passieren, wenn in einem Land niemand die

Nutzung und Verbreitung von Cyberwaffen militärischen Zuschnitts kontrolliert. Doch die mexikanische Regierung versprach jetzt Transparenz und hatte bereits damit begonnen, der Öffentlichkeit erschreckende Details mitzuteilen. »In der letzten Woche erklärte der leitende staatliche Ermittler gegen Geldwäsche, Beamte früherer [mexikanischer] Regierungen hätten etwa dreihundert Millionen US-Dollar an Steuergeldern für den Kauf von Spionagesoftware ausgegeben«, berichtete Associated Press. »Der Leiter der Financial Intelligence Unit in Mexiko bestätigte außerdem, auf den Rechnungen für Programme wie die Spionagesoftware Pegasus seien offenbar auch zusätzliche Zahlungen aufgetaucht, die möglicherweise als Schmiergelder an die Beamten zurückgeflossen seien.«

Es zeigte sich außerdem, dass auch die polnische Regierung Pegasus genutzt hatte, um politische Gegner auszuspionieren, ebenso wie die spanische Regierung, die sich damit in eine Reihe mit Staaten wie Mexiko, Ungarn und Indien stellte, um nur einige zu nennen.

Apple startete einen kleinen Gegenangriff, indem die uralte Schwachstelle geschlossen wurde, die Claudio und Donncha gefunden und die von Citizen Lab bestätigt worden war. Anschließend entwickelte Apple einen Lockdown-Modus, um die neue Generation von iPhones, iPads und Computern vor erneuten Angriffen mit Spionagesoftware zu schützen. Und das Unternehmen verklagte Ende November 2021 NSO und bezeichnete die Softwarefirma als »amoralische Söldner des 21. Jahrhunderts … Die bösartigen Aktivitäten von NSO haben Apple-Produkte beschädigt, Nutzer von Apple verletzt und den Geschäften und dem guten Ruf von Apple geschadet. Die bösartigen Produkte und Dienstleistungen von NSO haben Apple außerdem gezwungen, Tausende von Stunden zu investieren, um die Angriffe zu untersuchen, den Schaden festzustellen, das Ausmaß zu diagnostizieren und die nötigen Reparaturen und Patches zu entwickeln und zu implementieren, damit die Server, Produkte, Plattformen und Anwendungen von Apple für mehr als einer Milliarde Einzelpersonen, Unternehmen und Organisationen sicher bleiben.«

Apple kündigte auch eine neue Politik an, iPhone-Nutzer proaktiv zu warnen, wenn sie mit Überwachungssoftware angegriffen worden waren. Unmittelbar danach folgte die Meldung, dass elf Angestellte der US-Botschaft in Uganda mit Pegasus gehackt worden waren. (Die Namen aktiver iMessage-Exploit-Accounts, die das Security Lab Apple mitgeteilt hatte, waren dabei nach Aussage der Apple-Techniker von »grundlegender Bedeutung« für die Möglichkeit, die NSO-Spyware aufzuspüren und die Betroffenen zu warnen.) Die US-Regierung wusste möglicherweise schon von dem Hack in Uganda, weil sie NSO bereits auf eine schwarze Liste gesetzt hatte, sodass die Firma fast komplett daran gehindert wurde, wichtige Technologie von Dell, Intel, Cisco und Microsoft zu kaufen. Dies war ein beispielloser Schritt, denn damit hatten die USA ohne Vorwarnung eine Privatfirma in einem verbündeten Land von sämtlichen Handelsverbindungen abgeschnitten.

»Die Vereinigten Staaten«, so Wirtschaftsministerin Gina M. Raimondo, »sind verpflichtet, Exportkontrollen aggressiv einzusetzen, um Firmen zur Rechenschaft zu ziehen, die Technologien für schädliche Aktivtäten entwickeln, verkaufen oder nutzen, die die Cybersicherheit von Mitgliedern der Zivilgesellschaft, politischen Dissidenten, Regierungsbeamten und Organisationen im In- und Ausland bedrohen.«

Im November 2021, vier Monate nach unserer Veröffentlichung, drang ernsthaft Wasser ins NSO-Schiff, und es zeigte sich, dass es keine funktionierenden Pumpen gab. Der Mann, der sich bereit erklärt hatte, an Bord zu kommen, um das Leck abzudichten, machte eine Woche nach der Nachricht über das Embargo einen Rückzieher, noch bevor er offiziell angefangen hatte. »Angesichts der besonderen Umstände, die eingetreten sind«, schrieb Isaac Benbenisti an den NSO-Vorstand, sehe er sich »nicht in der Lage, den Posten eines CEO anzutreten«. Die Investorenfirma Novalpina, seit 2019 Mehrheitseigner, war ihrerseits zusammengebrochen, sodass jetzt neue Berater die Interessen der Aktionäre vertraten, die bei NSO investiert hatten. Der Pensionsfonds des US-Bundesstaats Oregon beispielsweise zeigte sich aus naheliegenden Gründen unsicher, was sein starkes finanzielles Engagement in einer Firma anging, die von der US-Regierung als Werkzeug »transnationaler Repression« bezeichnet wurde.

Die Angestellten von NSO marschierten weiter und lieferten eine gute Show ab. *Wir retten Leben!*, hieß es weiterhin. Die Einladung zu einem Chanukka-Retreat in einem Strandresort am Roten Meer, das Shalev finanzierte, galt ihnen als gutes Zeichen, dass NSO durchhalten würde. Doch die Programmierer und Ingenieure in Tel Aviv berichteten durchaus auch von NSO-Angestellten, die verlegen schwiegen, wenn sie am Freitagabend beim Schabbatessen mit der Familie gefragt wurden, wie ihre Arbeitswoche gewesen sei.

Die Verkaufszahlen für Pegasus gingen in den Keller; Moody's stufte die Firma als gefährdet ein, ihre Kreditwürdigkeit zu verlieren. Zweifel kamen auf, ob NSO die Novembergehälter 2021 noch würde bezahlen können. Dank der exzellenten Berichte der *Financial Times* wissen wir, was in dieser schwierigen Phase bei NSO passierte: Shalev verkündete kühn einen neuen Plan, um die Umsätze zu steigern, nämlich die Wiederaufnahme des Verkaufs an »Risikokunden«. Die neuen Finanzverantwortlichen bei der Berkeley Research Group waren verständlicherweise alarmiert. BRG hatte noch nicht einmal die nötigen Sicherheitschecks der israelischen Regierung durchlaufen und besaß deshalb noch keinen echten Einblick in die Waffenexporte, auf die sich NSO spezialisiert hatte. »Sie verlangen, dass [BRG] den Verkauf von … Pegasus … an Risikokunden … blind und ohne gründliche Überprüfung der Unternehmensführung … absegnet«, stand in einem Brief, den die Reporter der *Financial Times* einsehen konnten. »Bitte nehmen Sie zur Kenntnis, dass [BRG] unter keinen Umständen bereit ist, das zu tun.«

Shalev tobte. Als BRG, so die *Financial Times,* darauf bestand, dass »der Plan mit Risiken behaftet« sei, »kalauerte er zurück, es sei auch riskant, seine Kredite nicht bedienen zu können«.

Immerhin brachte Shalev BRG dazu, ein Darlehen in Höhe von zehn Millionen US-Dollar bereitzustellen, damit er noch eine Weile die Gehälter bezahlen konnte. Dann braute er etwas zusammen, was NSO-Insider den »Phönix-Plan« nannten. Dieser Plan lief darauf hinaus, dass NSO all die hässlichen Verbindlichkeiten innerhalb des Pegasus-Systems abtrennen und auf dem offenen Markt verkaufen könnte, vielleicht sogar an einen Auftragnehmer des US-Militärs. Doch Mitte 2022 war ziemlich klar, dass NSO sich nicht aus der Asche erheben würde. Die Firma war mit dem Produkt, das den Namen ihres Wappentieres trug, bis auf den Gipfel des Berges geritten, doch die Flügel des Spionagepferdes schienen irreparabel gebrochen.

»Hulio erzählt jedem, dass die Firma kurz vor dem Turnaround sei«, zitierte die *Financial Times* einen israelischen Beamten. »Aber das stimmt nicht.«

Der Untergang von NSO ist eine Warnung für alle, die bereits mit derartigen Cyberwaffen nach Militärstandard dealen oder es gern täten. Diese Geschichte sollte aber auch alle Kritiker von Spionagesoftware und alle Verteidiger der Menschenrechte warnen, die die Hoffnung hegen, einer Orwellschen Zukunft vorzubeugen, in der Cyberüberwachung ein fester Bestandteil unseres Lebens als Staatsbürger ist. Die Themen Schutz der Privatsphäre, Freiheit der Meinungsäußerung und Pressefreiheit liegen auf dem Tisch, aber es gibt noch nicht einmal den Ansatz einer Lösung.

Etwa ein Dutzend Regierungen rund um den Globus haben Anhörungen durchgeführt, Nachforschungen begonnen und Gerichte ins Leben gerufen, die sich mit dem Problem illegaler Cyberüberwachung beschäftigen und Vorschläge zu seiner Lösung erarbeiten sollen. In den achtzehn Monaten seit der Veröffentlichung des Pegasus-Projekts hat es eine Unmenge von Lippenbekenntnissen, aber sehr wenige konkrete Maßnahmen zur Regulierung gegeben. Die Wahrheit ist: Was rechtliche Restriktionen angeht, arbeitet die Industrie der Cyberüberwachung nach wie vor ohne echte Leitplanken.

Oh, und NSO lebt zwar nicht mehr, aber es gibt jede Menge private Spyware-Firmen da draußen. Die Vereinigten Arabischen Emirate haben ihr eigenes Spyware-Monster DarkMatter erschaffen, und zwar mithilfe von Programmierern und Ingenieuren, die sie von NSO abgeworben haben sollen, und einigen Söldnern, die früher für die erste Organisation für Signalüberwachung in der Welt gearbeitet haben: für die National Security Agency (NSA) der Vereinigten Staaten.

Und schließlich sollte man auch beachten, dass zwar die profitorientierte Industrie, die »Eindringen als Dienstleistung« anbietet, nach all der hässlichen Presse der letzten Jahre etwas vorsichtiger geworden ist. Die Kunden dieser Industrie sehen die Notwendigkeit zur Vorsicht aber nicht unbedingt. Warum denn auch? In all den Jahren, die Pegasus von verschiedenen Regimen als Werkzeug bösartiger Unterdrückung gegen die eigenen Bürger eingesetzt wurde, hat keine einzige demokratische Regierung lauten Protest angemeldet. Die schlimmsten Überwachungsstaaten – Aserbaidschan, Vereinigte Arabische Emirate, Marokko, Ruanda, Saudi-Arabien – haben kaum oder gar keine Konsequenzen zu spüren bekommen.

Stellen wir uns einmal die folgende Geschichte über den CEO eines Privatunternehmens vor, das sich auf Cybersicherheit spezialisiert hat. Seine Firma dealt nicht mit Spionagesoftware, besitzt aber durchaus die Programmierer und Ingenieure, die mit derlei zurechtkommen könnten. Und jeder auf dem Markt weiß das. Jahrelang hofieren ihn die Potentaten des Nahen Ostens, fliegen ihn mit ihren Privatjets in ihre Hauptstädte ein und bieten ihm zweistellige Millionenbeträge in harter Währung, wenn er sie mit einer Überwachungssoftware ausrüstet, die es mit Pegasus aufnehmen kann. Und er hat immer Nein gesagt.

Doch jetzt berichtete er uns, dass sich die Verhältnisse in der Folge unserer Nachforschungen geändert haben, seitdem NSO seine Produkte in Bahrain, den Emiraten und Saudi-Arabien nicht mehr verkaufen kann. Und der Effekt, den er beschreibt, sieht ganz anders aus, als ich es erwartet hätte. »Wenn Sie verstehen wollen, welche Folgen das Pegasus-Projekt hat«, bemerkte er letztes Jahr zu uns, »dann kann ich Ihnen dazu eins sagen: Vor vier Monaten kamen die

Saudis zu uns und haben uns zweihundert Millionen Dollar angeboten.« Er hat das Angebot wieder abgelehnt und sagt, er werde das auch weiterhin tun, aber … »Ein Deal mit einer Laufzeit von zwei Jahren, und man bietet mir zweihundert Millionen Dollar dafür«, sagt er. »Wenn Sie das wissen, verstehen Sie, wie diese Branche funktioniert.«

Dank

Dieses Buch ist ein Kind des Pegasus-Projekts, und wir möchten allen Menschen danken, die dieses Projekt möglich gemacht haben. Sie alle haben auch zu diesem Buch beigetragen.

Wir danken der Quelle der geleakten Liste, deren Mut dazu geführt hat, dass ein großer Skandal aufgedeckt wurde, und den vielen Pegasus-Opfern, die wir während unserer Nachforschungen getroffen haben. Wir denken dabei vor allem an Khadija Ismayilova und Omar Radi, die ihre persönlichen Geschichten mit uns geteilt haben.

Ein riesengroßer Dank geht an Claudio Guarnieri, Donncha Ó Cearbhaill und Danna Ingleton aus dem Security Lab von Amnesty International, ohne die das Pegasus-Projekt nicht existiert hätte. Ohne ihre Hartnäckigkeit, mit der sie Pegasus aufgespürt haben, ihre einzigartige Expertise und ihr Vertrauen wäre das Ausmaß des Missbrauchs dieser Spionagesoftware niemals ans Licht gekommen. Für ihr Engagement in dem Projekt und ihre unglaublich wichtige Arbeit bei Amnesty International danken wir herzlich Agnès Callamard, Etienne Maynier, Fanny Gallois, Katia Roux, Likhita Banerji, Raed Labassi und Tom Mackey.

Von Herzen danken wir auch unserem jungen und sehr begabten Team bei Forbidden Stories: Cécile Schilis-Gallego, Phineas Rueckert, Arthur Bouvart, Paloma de Dinechin, Audrey Travère und Clément Lemerlus, die monatelang an unserer Seite gearbeitet haben, um die Liste zu einem großen weltweiten Medienereignis zu machen – mit Erfolg.

Und wie könnten wir die Mitglieder des Pegasus-Projekts vergessen, die unter strikter Geheimhaltung daran gearbeitet haben, die Welt über das Ausmaß des Skandals aufzuklären: Alia Ibrahim, Amitai Ziv, Andras Petho, Anuj Srivas, Astrid Geisler, Bartosz Wieliński, Bastian Obermayer, Carmen Aristegui, Craig Timberg, Damien Leloup, Dan Sabbagh, Dana Priest, Drew Harwell, Elodie Guéguen, Frederik Obermaier, Hala Nouhad Nasreddine, Hannes Munzinger, Holger Stark, Jacques Monin, Jean-Baptiste Chastand, Joanna Slater, Joël Matriche, Jorge Carrasco Araizaga, Julien Bouissou, Kabir Agarwal, Kai Biermann, Kristof Klerix, Lilia Saúl Rodriguez, Madjid Zerrouky, Martin Untersinger, Mary Beth Sheridan, Mathieu Tourliere, Michael Safi, Michal Kokot, Miranda Patrucic, Niha Masih, Nina Lakhani, Omer Benjakob, Paul Lewis, Pavla Holcová, Peter Jones, David Pegg, Sam Cutler, Sascha Venohr, Sebastian Barragan, Shane Harris, Shaun Walker, Siddharth Varadarajan, Souad Mekhennet, Stephanie Kirchgaessner und Szabolcs Panyi.

Wir sind auch den Herausgebern und Partnern sehr dankbar, die immer an das Pegasus-Projekt geglaubt haben: Alexandre Marionneau, Anne Grolleron, Anne Poiret, Cameron Barr, Caroline Monnot, Drew Sullivan, Fabrice Puchaullt, Grégoire Allix, Jeff Leen, Katharine Vinner, Paul Radu, Phil Bennett, Philippa Kowarsky, Raney Aronson-Rath und Sally Buzbee.

Und wir danken Anne Poiret, die so freundlich war, uns einige Interviews zur Verfügung zu stellen, die sie für die Dokumentation über das Pegasus-Projekt geführt hatte.

Dank schulden wir auch dem Team des Citizen Lab für seine Hilfe: John Scott-Railton, Bill Marczak und Ron Deibert haben Pegasus über einen so langen Zeitraum rund um die Welt verfolgt. Ohne ihre unerbittlichen Anstrengungen und ihre Expertise hätten die Kunden von NSO die Spionagesoftware noch jahrelang benutzen können.

Zutiefst dankbar sind wir unserer Literaturagentin Laurie Liss für ihre unermüdliche Unterstützung, Deborah Kauffman für ihren hochgeschätzten Rat und unserem Lektor Tim Duggan bei Henry Holt für seine ruhige Begleitung und seinen klugen Rat. Tims scharfäugiger Assistentin Anita Sheih, Hannah Campbell und Carol Rutan danken wir für ihren sorgfältigen Umgang mit dem Manuskript. Und Sarah Crichton, Cheflektorin bei Holt, die all diese Menschen und noch mehr um das Projekt versammelt hat.

Das Buch wäre nicht möglich gewesen ohne das Talent und den unschätzbaren Beitrag von Mark Zwonitzer, dessen Fähigkeiten beim Schreiben und Bearbeiten des Textes von größtem Wert für uns waren, ganz zu schweigen von seiner Begeisterung und Unterstützung. Wir werden dir ewig dankbar sein, Mark.

Schließlich – und eigentlich am wichtigsten: Dieses Buch wäre nicht denkbar gewesen ohne die Unterstützung unserer Familien, deren grenzenlose Geduld es uns erlaubt hat, uns dieser herausfordernden und langwierigen Investigation zu widmen:

Meiner Frau Aurélia und meinen Kindern Marius und Swann. Meinen Eltern André und Danièle. Und meinen Brüdern Guilhem und Olivier.

Meinem Ehemann José und meinen Töchtern Lilie und Apoline. Meinen Eltern Christian und Shahira. Und meiner Schwester Carole.

Glossar

Codebasis: der gesamte, zu einem Projekt gehörende Programmcode.

Collection Server: Logserver mit dem Ziel, Überwachungsereignisse bereitzustellen und damit eine Erkennung, Auswertung und Analyse der Ereignisse zu ermöglichen.

Command-and-Control-Server (C&C): Überwachungscomputer als Kommunikationskanal, der Befehle an eine Gruppe von Schadprogrammen gibt, die auf infizierten Computern (Botnet) empfangen und ausgeführt werden.

Crash-Reporting: automatisch weitergeleitete Absturzberichte.

Edge-Server: Leistungsstarke Computer, die sich am Rand des Netzwerks (engl. »edge«) »vor Ort« befinden.

Exploit: Software, mit der Sicherheitslücken und Schwachstellen ausgenutzt werden, um sich Zugang auf ein Smartphone oder Computersystem zu verschaffen und dort Schaden anzurichten.

Exploit-Chain: Cyberangriffe, bei denen mehrere Exploits kombiniert werden, um ein Ziel zu kompromittieren.

Infektions- oder Angriffsvektor: Angriffsweg, bzw. ungesicherte Zugänge, über die Unbefugte in ein Smartphone oder Computernetzwerk eindringen, um es zu »kompromittieren«, also die Kontrolle über das System zu übernehmen.

Jailbreak: deutsch »Gefängnisausbruch«, Veränderung des Betriebssystems eines mobilen Endgeräts. Der Begriff wird ausschließlich für mobile Endgeräte von Apple mit dem Betriebssystem iOS verwendet (bei Android-Geräten spricht man von »Rooten«). Da es sich bei iOS um ein sogenanntes geschlossenes System handelt, können nur von Apple autorisierte Apps installiert werden. Durch einen Jailbreak erhält man vollen Zugriff auf das System des Geräts.

Kompromittieren: In technischem Kontext bedeutet Kompromittierung die Manipulation eines Systems oder von Daten bzw. deren Ausspähen und die Übernahme der Kontrolle des Systems durch Nicht-Autorisierte.

Log-Datei, kurz Log: eine Protokoll-Datei, die Ereignisse auf einem Smartphone oder Computer dokumentiert.

Malware: Schadprogramme, Schadsoftware, die Computersysteme infizieren und dort unerwünschte bzw. schädliche Funktionen ausführen.

OCCRP: Organized Crime and Corruption Reporting Project. Globales Netzwerk von Investigativjournalisten, das sich auf organisierte Kriminalität und Korruption spezialisiert hat.

patchen: mit einem Software-Update Fehler und Sicherheitslücken beheben.

Payload: (dt. »Nutzdaten«) Daten eines Datenpakets, die bei der Kommunikation zwischen zwei Partnern ausgetauscht werden.

Python: Name einer Programmiersprache.

Remote: Steuerung eines Rechners, Smartphones oder Rechnersystems aus der Ferne.

Root-Zugriff: wie Jailbreak, aber auf Unix- und Android-Systemen (nicht Windows und iOS), volle Zugriffs- und Schreibrechte (Administrationsrechte) auf das System.

Schlüsseldatei (auch »Keyfile«): eine Datei, die einen oder mehrere kryptografische Schlüssel zum Ver- und Entschlüsseln der Daten enthält. Sie ermöglicht die verschlüsselte Kommunikation zwischen Sender und Empfänger.

Spyware: Software mit schädlichem Verhalten, die ohne die Zustimmung des PC- oder Smartphone-Nutzers verwendet wird, um heimlich Daten zu sammeln und an Dritte weiterzugeben.

Threat Researcher: Fachleute, die Cyberbedrohungen identifizieren und nach spezifischen Lösungen suchen.

TLS-Zertifikat (Transport-Layer-Security-Zertifikat): TLS bzw. SSL-Zertifikate (Secure Sockets Layer) sind zentraler Teil des

TLS-Verschlüsselungsprotokolls. TLS wird zur Absicherung von https verwendet, aber auch zur Transportverschlüsselung von E-Mails und anderen Netzwerkprotokollen.

Whac-A-Mole: Computerspiel, bei dem Maulwürfe aus Löchern dringen und zurückgeschlagen werden müssen.

White-Hat-Hacker: Hacker, die legal und nach ethischen Kriterien arbeiten, etwa um Informationsinfrastruktur auf Sicherheitslücken zu testen, die dann behoben werden können.

Zero-Click-Infektionsvektor: Infektionsvektor (siehe dort), bei dem keine Interaktion durch den Nutzer – etwa das Anklicken eines Links – erforderlich ist.

Zero-Day-Angriff: Die Ausnutzung einer Sicherheitslücke mit einem Exploit, solange noch keine Zeit war, die Sicherheitslücke zu schließen.